教育部人文社科项目"文化记忆理论谱系研究"

(22XJA752001)

祁和平 著

On Contemporary Cultural Memory Studies in the West

当代西方文化记忆理论研究

中国社会科学出版社

图书在版编目（CIP）数据

当代西方文化记忆理论研究 / 祁和平著 . —北京：中国社会科学出版社，2023.3
ISBN 978 - 7 - 5227 - 1430 - 1

Ⅰ.①当⋯　Ⅱ.①祁⋯　Ⅲ.①文化理论—理论研究—西方国家　Ⅳ.①G0

中国国家版本馆 CIP 数据核字（2023）第 028985 号

出 版 人	赵剑英
责任编辑	张　浩
责任校对	姜志菊
责任印制	李寡寡

出　　版	中国社会科学出版社
社　　址	北京鼓楼西大街甲 158 号
邮　　编	100720
网　　址	http://www.csspw.cn
发 行 部	010 - 84083685
门 市 部	010 - 84029450
经　　销	新华书店及其他书店
印　　刷	北京明恒达印务有限公司
装　　订	廊坊市广阳区广增装订厂
版　　次	2023 年 3 月第 1 版
印　　次	2023 年 3 月第 1 次印刷
开　　本	710×1000　1/16
印　　张	19.75
字　　数	316 千字
定　　价	108.00 元

凡购买中国社会科学出版社图书，如有质量问题请与本社营销中心联系调换
电话：010 - 84083683
版权所有　侵权必究

将此书献给我的父亲祁九中和母亲李启芝!

摘　　要

20世纪90年代，扬·阿斯曼（Jan Assmann）、阿莱达·阿斯曼（Aleida Assmann）、阿斯特莉特·埃尔（Astrid Erll）等一批德国学者发起建立了跨学科的文化记忆研究，自此文化记忆成为近三十年学术界研究的热点。文化记忆具有较强的融合性和跨学科性，通过记忆将历史学、文化学、社会学、心理学、认知学、神经生物学、文学、宗教等多个领域交叉融合在一起，为人文社会研究开辟了新的视角。本书以西方文化记忆理论研究的领军人物阿斯曼夫妇和阿斯特莉特·埃尔等人的理论著述为研究对象，运用多学科研究方法对当代西方文化记忆理论进行全面、系统的分析和研究。

首先，本书在认识论层面对文化记忆理论的谱系结构、文化记忆的本质内涵和形态特点条分缕析，逐一厘清。运用史学、文化学的研究方法对文化记忆理论的谱系进行梳理，补全其前历史，绘制出完整的文化记忆理论谱系结构图。回溯20世纪末兴起的文化记忆理论的缘起和发展史，以此为阿斯曼夫妇提出的文化记忆理论建立一个历史参照系。文化记忆理论的本质内涵可以从修辞学和文化学的角度加以阐释。"文化记忆"作为一个新生概念，面临的首要问题是如何证明自身的合法性以及如何自我定义。从修辞学角度来看，"文化记忆"是对个人记忆的一种比喻，将各种客体化的文化形式比作一个群体的记忆，其合法性的依据在于文化与记忆一样具有身份认同功能。文化记忆是文本，或者更确切地说，文化记忆是文化文本，其中居于中心位置的权威性文本被称为卡农。"文化记忆"和"交流记忆"这一组概念是文化记忆理论建立的基础。与交流记忆不同，文化记忆超越现在，延伸到历史的远古纵深处。从文化学的视角来看，"文化记忆"也可以理解为理查德·伯恩斯坦的"传统"、雅克·德里达的"档案"或者托马斯·拉克曼的"隐形宗教"。

　　文化记忆的形态特点包括文学性、物质性和媒介性。文化记忆具有天然的文学性。纵观东西方文明史，一个民族的文化记忆大多源于文学作品，尤其是诗歌作品。文学是一种记忆的媒介。它既是记忆的客体和内容，也可以成为记忆的主体，通过文本间性形成"自身的记忆"，赋予旧文本新的文化生命。此外，文学也是观测和模拟文化记忆生产的手段，具有反思性。文学对认知学、伦理学以及集体记忆的运行方式进行反思，由此参与到与历史学家和社会学家的对话之中，共同探讨如何阐释过去以及阐释过去的正确方式。文化记忆的另一个突出特点是具有物质性。文化记忆不只是一个抽象概念，它必须依托于物，以具象化的形式呈现，才能不受制于人类有限的生命长度，得以世代传承。传统记忆观长期建立在精神、物质二分法的本体论上，认为记忆的本质是一种以人作为主体的认知活动，从而忽略了其物质性基础和具象化维度。从实践存在论的角度来看，在文化记忆中，人与物之间是主体间性关系，即人与物通过实践结合在一起，共同参与记忆过程。由此我们可以重置记忆活动中人与物的关系，物由被动变为主动，积极地引发回忆，获得与人平等的地位。人在记忆的同时也被物所记忆。文化记忆是一种客体化的集体记忆，其形成、保存和传承必须依赖于外部的物，即媒介，例如：文学文本就是文化记忆的一种媒介。因而，媒介是文化记忆形成和发展的主要内驱力，在塑造文化记忆的过程中发挥着某种决定性的作用。媒介在个人和群体之间建立起一种联系机制，在定义集体边界的过程中起到了重要作用，所以文化记忆是一种媒介化的记忆现象，只有经历持续不断的"媒介化"和"再媒介化"的过程才能保持经久不衰的生命力。随着新的数字媒介技术的广泛应用，媒介记忆出现了"联结性"转向和"国际化"转向，它将各种实时交流的数字媒介、社交网络和实践活动融为一体，并且跨越国界，在全球范围内传播和流动。数字新媒介打破了媒介之间、文化之间以及国家之间的界限，以媒介为主动力的文化记忆由此获得"融媒介性"，转型为一种"跨媒介"、"跨文化"的全球化记忆形式。

　　然后，本书着重从价值论层面对文化记忆的动态机制和伦理性进行剖析和评述。文化记忆的选择性涉及记忆与遗忘的关系。文化记忆是一个在记忆和遗忘之间不断进行选择的动态过程：一方面，一个群体或社会对文化文本进行筛选，精选出"卡农"，将之置于文化系统的中心；另一方面，群体或社会通过"社会性遗忘"剔除与群体身份无关或无益的记忆，由此造就了瓦尔特·本雅明所说的胜者的历史和"无名者"的沉寂。文化记忆也是历史与神话协商、竞争的建构过程。学界普遍认同记忆具有两个核心特征：与现在的关联性和建构性。回忆的时候个人和群体依据当下的需要和利益进行选择，所以记忆不是过去现实的客观再现，而是具有高度选择性的主观重构。阿斯曼反复强调文化记忆是一个动态的建构过程，而且他和美国犹太哲学家阿维夏伊·玛格利特都明确指出，文化记忆具有"反事实性"和"神话式"社会功能。但是文化记忆肩负着一定的历史责任，求真是其价值所在，所以神话不能替代文化记忆，文化记忆必须以历史的真实性作为基础。文化记忆的道德和伦理问题涉及记忆本身的合法性。人类为什么要记忆？记忆有什么价值？记忆是一种责任或义务吗？这些问题构成了记忆研究的前提，因而是我们不能忽视、必须回答的问题。尼采是最早关注记忆与道德之间关系的哲学家。他对记忆持激烈的批判态度，认为记忆是一种道德要求，是社会强加于个体的文化枷锁。但是他也承认记忆具有自身的价值，因为正是历史孕育造就了我们，所以我们无法割断自己与前人之间的联系。阿维夏伊·玛格利特在《记忆的伦理》中提出用"浓厚"关系和"浅淡"关系来划分"伦理"和"道德"这两个哲学概念。他认为，记忆基于"浓厚"关系，本质上是一种伦理责任；但是记忆也可以是一种道德责任，例如："极端的恶行以及反人类罪行"破坏了道德基础，所以必须被记住，这是全人类的道德责任。

基于上述阐释和分析，作者认为，文化记忆是一个以记忆媒介为主要内驱力，由文学性、物质性、选择性、建构性和伦理性构成的多维、动态系统。历经三十年，以阿斯曼夫妇为代表的西方学者建立了一套完整的文化记忆理论体系，成果丰硕，建树斐然。文化记忆理论通过记忆将众多相关学科交叉融合在一起，为人文社会研究开辟了一个新的探索领域。同时，作者从中国学者的立场出发，指出西方文化记忆理论研究存在的不足之处：潜藏西方中心主义思维；个体层面的实证主义研究薄弱；如何在当下发挥文化记忆的凝聚和教化功能,这一问题依然悬而不决。

随着记忆媒介的革新,当代的文化记忆在数字媒介网络环境中出现了一系列新的变化,对现有的文化记忆理论体系提出挑战。当务之急在于对文化记忆进行重新定义,推进记忆研究范式的转型,打造新的记忆生态系统。唯其如此,我们才能充分利用信息丰富、存取便捷的新媒介塑造出连贯、稳定并且具有深度的文化记忆。

关键词:文化记忆,动力系统,物质性,融媒介性,伦理性

目　　录

导　论 ·· 1
　　第一节　问题的提出 ··· 1
　　第二节　研究现状 ··· 8
　　第三节　研究思路与方法 ··· 17

第一章　文化记忆理论谱系 ·· 38
　　第一节　尼采：历史的利弊与道德谱系 ····················· 42
　　第二节　弗洛伊德：图腾与一神教的起源 ················· 50
　　第三节　瓦尔堡：记忆女神与激情公式 ····················· 56
　　第四节　哈布瓦赫：记忆的社会框架 ························ 60

第二章　文化记忆的本质内涵 ·· 70
　　第一节　"文化记忆"的合法性 ································ 71
　　第二节　文化记忆的核心概念 ·································· 82
　　第三节　"传统""档案"和"隐形宗教" ················· 93

第三章　文化记忆的文学性 ·· 99
　　第一节　文学与记忆的交汇 ····································· 100
　　第二节　塑形的记忆 ·· 106
　　第三节　文学的记忆价值 ······································· 114

第四章　文化记忆的物质性 120
 第一节　"印刻"隐喻 122
 第二节　身体记忆 127
 第三节　空间记忆 133
 第四节　文化记忆的空间性 141
 第五节　记忆与物质 148

第五章　文化记忆的融媒介性 154
 第一节　媒介与文化记忆 155
 第二节　记忆的媒介隐喻 160
 第三节　记忆的媒介化与再媒介化 166
 第四节　媒介记忆的转向 173
 第五节　数字网络记忆系统 181

第六章　文化记忆的选择性 198
 第一节　社会性遗忘 199
 第二节　卡农与审查制度 206
 第三节　"无名者"的沉默 209

第七章　文化记忆的建构性 213
 第一节　记忆与历史 215
 第二节　历史、神话与文化记忆 220
 第三节　历史与神话之间的互动 228

第八章　文化记忆的伦理性 234
 第一节　尼采论记忆之利弊 235
 第二节　玛格利特论记忆的伦理 241
 第三节　记忆、身份和责任 248
 第四节　道德、伦理与集体记忆 254
 第五节　跨国文化记忆的道德责任 262

结　语 ··· 268
　　第一节　文化记忆的"变"与"新" ························ 268
　　第二节　西方文化记忆研究的"瑜"与"瑕" ················ 277

参考文献 ··· 281

后　记 ··· 303

导 论

第一节 问题的提出

记忆是一个古老的话题，比如，希伯来圣经《申命记》32:7中反复地说"Zakhor"（记住!），摩西教导以色列会众要"追想上古之日/思念历代之年"。作为先知的摩西本能地知道记忆具有加强族群凝聚力和行动力的作用，几千年来诗人、作家和哲学家都不约而同地关注到人类记忆这一复杂的现象，试图解开其中的奥秘。近代文化理论和文化研究中"记忆"这个术语和概念频繁地出现，从20世纪70年代末期开始出现了"记忆热潮"（memory boom），从此人们对于记忆的思考进入了一个新阶段。

杰弗里·奥立克（Jeffrey K. Olick）曾经就此发问，"我们的常识告诉我们，记忆从本质上说是一种个人现象。……当我们说社会记忆或者集体记忆的时候我们想要说的是什么呢?"[1] 法国社会学家莫里斯·哈布瓦赫[2]以及年鉴派历史学家暨共同创始人马克·布洛赫（Marc Bloch）[3] 在其1925年所出版的著作中使用术语"集体记忆"描述社会对于个人记忆的形

---

[1] Olick, Jeffrey K. "From Collective Memory to the Sociology of Mnemonic Practices and Products." *Cultural Memory Studies*: *An International and Interdisciplinary Handbook*. Eds. Astrid Erll and Ansgar Nünning. Berlin/New York: Walter de Gruyter, 2008. pp. 152–153.

[2] Halbwachs, Maurice. *Les cadres sociaux de la memoire*. Paris: Alcan, 1925.

[3] Bloch, Marc. "Memoire collective, tradition et coutume." *Revue de Synthese Historique* 40 (1925). pp. 73–83.

成所产生的影响。但是,正如阿兰·康费诺(Alan Confino)在其文章《记忆和精神史》中指出,"上一代人新的记忆史……已经出现了一种明显不同的特点,不再以法国为中心"①。扬·阿斯曼于1988年发表了题为《集体记忆与文化身份》②的文章,这篇文章意义深远,标志着德国文化记忆理论的诞生。

描述个人记忆通常采用心理学或者神经生物学的方法,文化记忆则与之不同,其研究方法是"文化的",也就是说将记忆这种现象的社会、历史、哲学、艺术等诸多维度全部纳入考虑之中。所有文化记忆理论都始于看待记忆现象的视角的反转或者变化,即由个人记忆转向集体记忆,前者受到人的生存时间的限制,而后者是指某个群体世代相传的记忆。文化记忆一方面要依靠外部存储媒介进行传递,另一方面这些媒介是供整个群体集体使用。因而,文化记忆与我们所说的文化之间具有双重联系。首先,从外部存储媒介的角度来说,从书写到计算机,都是人类社会历史的特定产物,因而是人类摆脱自然的限制、寻求解放的一部分,或者说是"第二"自然的一部分。再者,通过与存储内容的互动,从经典史诗的口头再现到数字数据库的管理,每个人的意义系统之间形成了一种联系,即传统。

个人记忆依靠大脑的运行,而文化则要依靠社会交流活动来保存和传递记忆,这不仅意味着记忆的主体改变了,还意味着人们认知记忆的探索由自然科学转到了人文科学,具体来说归属于文化史研究。研究个人记忆的时候对记忆结构和记忆过程从心理学以及神经生物学方面进行描述,这是一种以经验为基础的认知学和生物学理论。换言之,这些研究方法宣称要对世界上存在的各种事实如实地进行解释。而事实上这些理论和描述在科学史的进程中不断地被争论、被替代,所以很明显这个说法本身就具有历时性和相对性。

文化记忆的主张正好与此相反,从根本上是采用历史的视角研究记

---

① Confino, Alan. "Memory and the History of Mentalities." *Cultural Memory Studies: An International and Interdisciplinary Handbook*. Eds. Astrid Erll and Ansgar Nünning. Berlin/New York, 2008. pp. 78–79.

② Assmann, Jan. "Kollektives Gedächtnis und kulturelle Identität." *Kultur und Gedächtnis*. Eds. Jan Assmann and Tonio Hölscher. Frankfurt am Main: Suhrkamp, 1988. pp. 9–19.

忆。文化研究包括众多人文学科，如：哲学、种族志、宗教学、历史学、古典学、现代文献学、艺术史和媒介研究，以及那些归入"文化研究"的其他学科。对于一个文化记忆理论来说，这意味着它所要追问的并非记忆是什么，其旨归在于研究特定的历史语境中在不同的时期人们是如何以不同的方式来描述记忆并且使之概念化的。

在20个世纪先后出现了两次记忆研究的热潮。20世纪20年代，文化研究作为一个学术研究领域蔚然兴起，法国社会学家莫里斯·哈布瓦赫提出的集体记忆理论业已成型，并且引起了学界的讨论。于是在欧洲大陆，主要是法国和德国，出现了第一次记忆研究热潮，但是到了20世纪40年代突然中断了。经历了一段时间的沉寂，到了20世纪70年代，德语语境中再次有学者发起并且建立了多学科的文化研究，由此掀起了第二次"新记忆研究"的热潮。它涉及种族志、历史、文学、社会学、宗教学、古典学等众多学科，而且这一波"记忆潮"同样也伴随着新的集体记忆理论的出现。扬·阿斯曼于1992年出版了专著《文化记忆与早期文明》，开启了具有突破性的文化记忆研究。在这本书中，他指出记忆研究的兴起归因于三个因素：

> 我们正在经历一个过渡期，在此期间至少有三种因素合起来使这个主题［记忆，笔者注］成为关注的焦点。首先出现了外部存储的新的电子媒介（一种人工记忆），由此引发了一场文化革命，其意义重大，不亚于印刷术以及早期的书写发明。第二个因素关系到下面这一点，即现在我们整个的文化传统充盈着乔治·斯坦纳所说的"后文化"，在后文化中有一样东西正在渐入末路——尼可拉斯·卢曼称之为"老欧洲"——但是它依然存在，成为人们记忆和评论的对象。第三点，而且也许是最为重要的一点，另外还有一样影响到我们每个人生活的东西也正在渐入末途。在当代见证了整个人类史上最可怕罪行和灾难的那一代人，如今逐渐逝去，余者无多。①

---

① Assmann, Jan. *Cultural Memory and Early Civilization: Writing, Remembrance, and Political Imagination*. Cambridge: Cambridge University Press, 2011. vii.

由此我们可以看出，阿斯曼认为他所处的时代，即 20 世纪末，正面临着一场集体记忆危机，此时文化的自我形象和传递方法已经失效，正是在这样一个危机时刻他提出并且建立了文化记忆理论。记忆理论可以被看作是这场危机的一个表征，同时近几十年来传统的社会科学出现了"文化转向"，这也可以被看作是由这种自我定义危机所造成的一个后果。

所有文化记忆理论都始于看待记忆现象的视角反转或者视角变化，即由个人记忆转向集体记忆，前者受到人的生存时间的限制，而后者则指某个群体世代相传的记忆。一方面文化记忆必须依靠外部存储媒介进行传递，另一方面这些媒介供整个群体集体使用。因而，文化记忆与我们所说的文化之间存在双重联系。首先，从外部存储媒介的角度来看，从书写到计算机，都是人类社会的历史产物，因而是人类摆脱自然的限制、寻求解放的一部分，或者说是"第二"自然的一部分。其次，通过与存储内容的互动，从经典史诗的口头再现到数字数据库的管理，每个人的意义系统之间形成了一种联系，即传统。

文化的定义是一个群体内部连续不断的传统，因而任何文化研究从一开始就是以文化记忆理论作为基础的，至少是以一种隐性的方式，换言之即假定文化具有连续性和稳定性[①]。文化记忆理论勾勒出社会在各个特定历史阶段的自我形象，它远离经验式的或者现象学的记忆研究，同时也脱离了纯属历史重构的记忆理论。我们不禁要问：什么样的历史、社会和政治危机导致了这些理论的产生？

在传统的进程中当历史连续性出现各种危机时人们便会求助于记忆，以此来应对危机。在 20 世纪 20 年代当时的人们经历了一场政治、技术和美学动荡，历史出现了大规模的断裂，而在这之前人们一直认为历史具有相对的连续性。在这种背景下，在现代的毁灭性武器、交通和媒介技术面前，本雅明谈到了传统经验的终结，他是 20 世纪初最早勾画出文化记忆理论的主要学者之一。文化理论家奥斯瓦尔德·斯宾格勒（Oswald Spengler）预言了《西方的衰落》；西格蒙德·弗洛伊德对于意识的自主性提出质疑；

---

① Pethes, Nicolas. *Cultural Memory Studies：An Introduction*. Trans. Manjula Dias-Hargarter. Cambridge Scholars Publishing, 2019. p. 6.

法西斯主义揭示出欧洲文明和野蛮之间仅仅一线之隔。所有这些方面都表明世界正在打破传统的思维模式、感知形式以及历史连续性，以往的传统观念认为个人记忆和集体记忆具有连续性，如今面临新的断裂无序的世界却显得岌岌可危。当今的文化研究同样也是出现在连续的传统链似乎陷入混乱状态的时候，之前因为存在这个传统链，所以西方世界认为自己拥有一部持续稳定的思想史。在随后的几十年间，涌现了一大批学者，他们对记忆和回忆的文化功能进行研究。尼古拉斯·佩斯（Nicholas Pethes）强调说："每当具有连续性的、一脉相传的观念和活动（传统）遭遇危机时记忆理论就会应运而生"①，这是他对这两波记忆潮进行理论分析和历史观察所得出的结论。他认为，除此之外记忆理论研究还具有补偿功能。一方面是记忆语境的断裂，身份、永恒这些世代传承的传统观念正面临解构和终结的危险；另一方面社会的有识之士加倍努力，想要恢复并重建传统。记忆理论则是在这种情境下做出的一种积极回应和补偿。

我们看到文化记忆研究的第一个兴盛期出现在19世纪末到20世纪初的转折点上，当时西方刚刚进入现代时期，与此同时社会出现了多重断裂。如果说第一波文化记忆热潮的出现是现代性的标志，那么第二波记忆潮则是在"后现代主义"背景下爆发的。扬·阿斯曼的文化记忆理论和皮埃尔·诺拉的《记忆之场》分别在德国和法国引发了文化记忆研究的热潮。

新兴的记忆研究源于当代这样一个大的趋势：即人们对于事件的关注点由相关的历史知识转向了人们的各种记忆，也就是说，从"我们知道什么"转为"我们是如何记忆的"。同时，代际记忆发生了各种变化；记忆技术以及媒介迅猛发展；人类一直在想方设法地增强记忆力，这已成为一种执念，而新媒介有可能导致人类记忆力的下降，因而有人为此忧心忡忡；另外，在重塑过去的过程中发展出了创伤叙事。

如今，纪念碑、博物馆、纪念仪式遍布各地，有关记忆的讨论和书籍文章连篇累牍，记忆话语大量增殖，记忆现象无处不在。人们对于记忆如

---

① Pethes, Nicolas. *Cultural Memory Studies: An Introduction*. Trans. Manjula Dias-Hargarter. Cambridge Scholars Publishing, 2019. p. 17.

此痴迷，其中的原因何在？阿斯特莉特·埃尔（Astrid Erll）认为这是过去二十年中三种因素共同作用的结果①：

其中的首要因素是历史变革。犹太人大屠杀和二战的亲历者逐渐逝去，他们的经历无法以口头的方式传承下去，所以社会必须依靠媒介进行各种形式的回忆，如果借用阿斯曼的说法，这意味着由"交流记忆"过渡为"文化记忆"。此外，随着冷战的结束，东西方记忆文化的二元格局崩塌。在苏联解体之后，大量的民族记忆和种族记忆涌现出来。而在南非、阿根廷和智利这些国家中社会体制由独裁制过渡为民主制，真相与和解成为一种主要的社会记忆形式。此外，去殖民化和大规模移民将现代社会中记忆和文化的多元化属性凸显出来成为焦点。最后，9·11事件以及反恐战争也深深地影响了这一时期的记忆。在所有这些领域中，记忆都成为一种带有强烈的伦理含义的政治现象。

其次是因为媒介技术，尤其是大众媒介的革新。计算机、互联网、硬盘、云盘这些新的媒介技术提供了前所未有、难以想象的数据存储能力，形成了一个全球性的、宏大的数据库。但是这些海量的信息和数据如果存而不用，反倒会成为记忆的负担和累赘，有可能使人类面临文化失忆症的危险。此外，全球的媒介文化以及对于过去的大众化再现在当前的"记忆潮"中起到了重要的作用，它既是"记忆潮"的一种表现，也是"记忆潮"背后的一个推手。比如，有关犹太人大屠杀的半小说、半纪实的专题电影（其中最为出名的当属斯皮尔伯格的《辛德勒名单》），各个时期的图片，战争电影，重述古代神话的电影，电视纪录片，事件亲历者的访谈等等，诸此种种构成了当代媒介与记忆版图中的特色风景。

另外一个重要的因素是学界内部的发展。20世纪80年代兴起的后结构主义和后现代的历史哲学顺带地造就了记忆观念的兴起。历史传记学被解构，呈现出解构性和叙事性。弗朗西斯·福山提出的"历史的终结"，或者让·弗朗索瓦·利奥塔的"宏大叙事的终结"，成为人们热衷谈论的话题。由此人们不再将历史看作是既定事实，科泽勒克所说的铁板一块的"集体特质"或者目的论的发展进程似乎已经过时。记忆研究的重点不在

---

① Erll, Astrid. *Memory in Culture*. New York: Palgrave Macmillan, 2011. pp.4-5.

于"真实的过去",而在于"作为人类建构物的过去"。因而,在记忆范式之下,有关过去的研究可以与这些后现代主义的洞见结合起来。同时,记忆范式为人文学科赋予了一种新的合法性。此前许多人认为人文学科与历史无关,于是干脆将之一笔勾销。其实,人文学科一直具有管理文化遗产的体制性功能。最近出现的一个明显趋势是所有人文学科都已经加入了当前的记忆对话系统,应用其理论话语对文化记忆实践活动进行批评性反思,并且在不同的记忆文化之间进行比较。

在第二次"记忆潮",即"新记忆研究"热潮中,文化记忆理论是其中最重要也是最为活跃的一支。文化记忆理论是一个涉及时空的概念。首先,作为一种记忆理论必然关涉到现在和过去的关系问题,同时作为文化理论它意味着从时间的维度研究各种群体或者民族的特定属性,而群体和民族都是与特定的地域和空间相连的,这也是确定集体身份的一个外部条件。况且文化记忆理论本身就是一个文化和历史现象,与其产生的背景和时空条件有着不可分割的联系。

文化记忆理论出现在德国,当时的德国在重新统一后将自己重新定义为德意志联邦共和国。这种自我定义以过去作为基础,从中选择适当的内容作为参照系,以此维持一种对自己有利的自我形象,并且为其合法性提供证明。文化记忆理论形成的时间与德国重新定义和建构自我的过程大致发生在同一个时期,即1990之后的一二十年。最初的原因是第三帝国那段历史的见证人人数日渐减少,迫不得已德国只好寻找其他的方法来保存对于过去的记忆。所以20世纪90年代文化记忆研究在德国的兴起反映出当时德国国内关于本国的民族身份和历史形象存在诸多争议,同时也为这场论争提供了强力的理论基础和支持。当我们回顾历史的时候会发现扬·阿斯曼于1992年出版《文化记忆与早期文明》,正式提出了"文化记忆"这一概念,这正好发生在德国重新统一之后,而且此后不久因特网便开始在全球广泛传播。或许这不仅仅只是历史的巧合,它暗示出文化记忆理论的产生和兴起与当时的政治和媒介环境存在某种内在的必然联系。

第二节 研究现状

20个世纪90年代，文化学和历史人类学框架下的文化记忆研究在德国蓬勃展开。近三十年来文化记忆成为学术界研究的热点，因为它涉及历史、社会、心理、语言学、人类学和文学等多个学科，具有很强的融合性和跨学科性，为人文社会研究提供了新的视角。

1925年法国涂尔干学派的社会学家莫里斯·哈布瓦赫发表了《记忆的社会框架》①这篇文章，明确提出集体记忆的概念，并且作了系统地阐释，由此记忆研究由个人记忆迈入了集体记忆的阶段，这也标志着第一次"记忆潮"的开始。哈布瓦赫的集体记忆理论在"记忆的社会框架"之中讨论个体记忆如何在集体互动中得以塑造，强调集体记忆具有维护群体身份的社会功能，他这样写道："个人回忆一般要使用社会框架。必须从群体的视角出发。"②哈布瓦赫的译者路易斯·科赛（Lewis A. Coser）指出，美国结构主义学派喜欢用曼海姆的方法，以历史志和生物学为基础，但是哈布瓦赫的社会学方法与此不同，他所关注的是符号和形式，将之看作是理解过去的关键③。

1988年德国的古埃及学家扬·阿斯曼（Jan Assmann）发表了题为《集体记忆与文化身份》（"Kollektives Gedächtnis und kulturelle Identität"）④的文章，正式提出"文化记忆"的概念，之后他于1992年出版了著作《文化记忆：早期高级文化中的书写、回忆和政治身份》（Das kulturelle Gedächtnis:

---

① Halbwachs, Maurice. *On Collective Memory*. Chicago: University of Chicago Press, 1992.

② Halbwachs, Maurice. *On Collective Memory*. Chicago: University of Chicago Press, 1992. p. 52.

③ Coser, Lewis A. Introduction: Maurice Halbwachs. In Halbwachs, Maurice. *On Collective Memory*. Edited and translated by Lewis A. Coser. Chicago/London: The University of Chicago Press, 1992. p. 2-3.

④ Assmann, Jan. "Kollektives Gedächtnis und kulturelle Identität." *Kultur und Gedächtnis*. Eds. Jan Assmann and Tonio Hölscher. Frankfurt am Main: Suhrkamp, 1988.

Schrift, Erinnerung und politische Identität in frühen Hochkulturen）①，由此开启了 20 世纪的第二次记忆理论热潮。文化记忆理论延续了集体记忆理论的历史，直接承续了哈布瓦赫的集体记忆思想，但是他在此基础上对哈布瓦赫提出的"集体记忆"观念做了进一步的区分和厘清。在阿斯曼看来，文化记忆是集体记忆的一种，但是它又不同于其他的集体记忆，因此必须对文化记忆和其他的集体记忆，尤其是对"交流记忆"进行区分，这也是阿斯曼建立起文化记忆理论的一个重要基础。扬·阿斯曼将集体记忆分为"交流记忆"和"文化记忆"，阿斯曼所说的"交流记忆"大致等同于哈布瓦赫的"集体记忆"，但是文化记忆超越了交流记忆的范围，打开了记忆的时间维度。交流记忆构成共时性的记忆空间，一般是三代人一个循环，持续时间为八十到一百年；而文化记忆则回溯到遥远的过去，形成一个历时性的纵向记忆轴，将记忆内容从当下、从群体成员口头交流的互动过程中独立出来，以此摆脱时间范围的限制。文化记忆以客观的物质文化符号为载体，是一种体制化的记忆，正如扬·阿斯曼所定义：文化记忆是"每个社会和每个时代特有的重新使用的全部文字材料、图片和礼仪仪式……的总和。通过对它们的'呵护'，每个社会和每个时代巩固和传达着自己的自我形象。它是一种集体使用的，主要（但不仅仅）涉及过去的知识，一个群体的认同性和独特性的意识就依靠这种知识。"② 因此，文化记忆理论开辟了通过记忆来考察文化传承与历史变迁的新视角与新途径。

扬·阿斯曼的夫人阿莱达·阿斯曼（Aleida Assmann）与他一样同为德国康斯坦茨大学的教授，不过她任教于英美文学系。记忆研究也是她的主要研究领域，包括德国"二战"后的记忆问题、文学与社会中的代际关系以及记忆理论等方面的研究。她先后出版了《创伤的阴影》③《文化记

---

① Assmann, Jan. *Cultural Memory and Early Civilization: Writing, Remembrance, and Political Imagination*. Cambridge: Cambridge University Press, 2011.

② ［德］哈拉尔德·韦尔策：《社会记忆：历史、回忆、传承》，季斌、王立君、白锡堃译，北京大学出版社 2007 年版，第 5—6 页。

③ Assmann, Aleida (1996). *Shadows of Trauma: Memory and the Politics of Postwar Identity*. Trans. Sarah Clift. New York: Fordham University Press, 2016.

忆和西方文明：功用、媒介、档案》①《回忆空间：文化记忆的形式和变迁》② 和《记忆中的历史》③ 等有关文化记忆的专著，她与扬·阿斯曼一起被视为"文化记忆"理论的奠基人。虽然文化记忆理论是由扬·阿斯曼和阿莱达·阿斯曼夫妇两人共同建立起来的一个理论系统，两位学者深层的概念结构基本相同，但是他们有着明确的专业分工和不同的研究倾向，因而对于理论的表述存在明显的区别。扬·阿斯曼侧重古代文明，主要是用文化记忆这一概念来描述古代文明的传承和阶段性特点。而且他注重宗教与记忆之间的关系，在《宗教和文化记忆》④ 中他提出，记忆是宗教最为关切的问题，同时详细说明了如何将宗教作为一种文化记忆的范式或者形式进行研究。阿莱达·阿斯曼主要将文化记忆理论用于历史政治学以及现当代德国的记忆问题。她建立起复杂的概念体系，侧重于分析现当代文学及其背后的文化历史内涵，大大拓展了文化记忆理论体系。

　　文化记忆理论首先在德国国内被接受、传播和应用。1997 年德国吉森大学来自 11 个学科的 30 名大学教师和 70 名研究者获得德国研究学会（DFG）的资助，开展"回忆文化"（Erinnerungskulturen）的专项研究，着眼于研究自古希腊罗马时期至 21 世纪的文化记忆。吉森大学研究组认为，阿斯曼夫妇的文化记忆模型是静态和超历史的，所以他们着重研究文化回忆的多样性、动态性、创造性和过程性。首先，他们将"回忆"概念（Erinnering）置于"记忆"概念（Gedachtnis）之上，侧重记忆唤起过程，认为"回忆"本身是动态的概念；其次，他们强调回忆文化的复述概念（Erinnerungskulture*n*），认为回忆概念及实践是多样化的，随着历史文化的变迁而发生变化，而阿斯曼夫妇的文化记忆更多地倾向于文化的同一性。在此基础上，吉森研究组从回忆的框架条件、特定回忆文化的形式和具体的回忆过程三个层面对"回忆文化"进行了探讨，他们的研究出版物主要

---

① Assmann, Aleida. *Cultural Memory and Western Civilization*: *Functions*, *Media*, *Archives*. New York: Cambridge University Press, 2011.

② [德] 阿莱达·阿斯曼：《回忆空间：文化记忆的形式和变迁》，潘璐译，北京大学出版社 2016 年版。

③ [德] 阿莱达·阿斯曼：《记忆中的历史》，袁斯乔译，南京大学出版社 2017 年版。

④ [德] 扬·阿斯曼：《宗教与文化记忆》，黄亚平译，商务印书馆 2018 年版。

集中在第二个层面"特定回忆文化的形式"以及建筑、印刷品、文学、身体等记忆媒介和文化史记忆研究的概念上面。

记忆并不属于某一单一的领域，它涉及哲学、历史、社会学、人类学、考古学、心理学、神经科学、宗教研究、文艺史以及媒介研究。文化记忆的基本特点是多学科性，因而越来越多的学科以此作为研究视角，进入文化记忆研究领域，近三十年来成果丰硕。"记忆研究"、"文化记忆研究"都是作为跨学科领域出现的，要求不同学科之间进行对话，并且使之成为可能。这种国际性的、跨学科的对话机构包括：期刊《记忆与历史》（Memory&History）（创建与1989年，由 Saul Friedlander 编辑）；《重新思考历史》（Rethinking History）（始于1997年）；系列丛书《记忆与叙事研究》（Studies in Memory and Narrative），1998年由路特里奇出版社发行，后来转归交易出版社；1998年斯坦福大学出版社的系列丛书《当下的文化记忆》（Cultural Memory in the Present），其中包括扬·阿斯曼所著的《宗教与文化记忆：十论》（Religion and Cultural Memory: Ten Studies）①；2004年德古意特的系列丛书《媒介与文化记忆》（Media and Cultural Memory），其中一部分书为德文，英文书中包括《文化记忆研究——国际研究和跨学科研究手册》（Cultural Memory Studies: An International and Interdisciplinary Handbook）② 和《文化记忆的媒介化、再媒介化和动力》（Mediation, Remediation, and the Dynamics of Cultural Memory）③；2008年创刊的《记忆研究》（Memory Studies）；帕尔格雷夫·麦克米兰公司2009年出版的同名系列丛书，其中包括《文化中的记忆》（Memory in Culture）④ 和《论媒介记忆：新媒介时代的集体记忆》（On Media Memory: Collective Memory in a New

---

① Assmann, Jan. *Religion and Cultural Memory: Ten Studies*. Trans. Rodney Livingstone. Stanford, CA: Stanford University Press, 2000.

② Erll, Astrid and Ansgar Nunning (Eds.). *Cultural Memory Studies: An International and Interdisciplinary Handbook*. Berlin: Walter de Gruyter, 2008.

③ Erll, Astrid and Ann Rigney. (Eds.). *Mediation, Remediation, and the Dynamics of Cultural Memory*. Berlin/New York: Walter de Gruyter, 2009.

④ Erll, Astrid. *Memory in Culture*. New York: Palgrave Macmillan, 2011.

Media Age)①。而且，全球已经建立起了越来越多的记忆研究中心。

同时，有关记忆与文化的研究也并不局限于某一个国家，而是一个国际性的现象。皮埃尔·诺拉于1984至1992年先后出版了3部、7卷本《记忆之场》，对象征法国的文化符号做了全景式描绘。后来这一史学巨著纷纷为他国所仿效，在美国、以色列、荷兰、德国、意大利和英国社会和学界引起了一场"记忆热潮"。例如：2001年弗朗克斯·艾德瓦尔德（Francois Edwald）和黑根·舒尔茨（Hagen Shulze）借用诺拉的模式编著了《德国记忆之场》，其中包括查理曼大帝、马丁·路德、贝多芬的第九交响曲、德国足球甲级联赛、布兰登堡门、希特勒的地下防空指挥所以及奥斯维辛等各种代表德国文化的象征性符号。

德国文化记忆研究的领军人物阿斯特莉特·埃尔（Astrid Erll）和安斯加·纽宁（Ansgar Nunning），与阿莱达·阿斯曼一样，也是英美文学方向的学者，她们出版了多本记忆理论方面的著作，并且合作编著了《文化记忆研究——国际研究和跨学科研究手册》（Cultural Memory Studies: An International and Interdisciplinary Handbook）②。这是一本重要的文化记忆研究方面的论文集，对于该领域中的研究成果进行了全面的梳理和总结。其中所收录论文的作者来自于十几个不同的研究领域，包括语言学、文学、社会学、心理学和神经学，他们全都以个人记忆和集体记忆作为研究的出发点。埃尔和纽宁在梳理历史源流和理论架构的同时，将记忆理论与文学研究结合起来，共同提出了"记忆中的文学"这一理念，丰富了文学学科中的记忆概念，并且深入探讨了文学作为记忆媒介的表现。她们将记忆理论在文学中的应用分为三个基本方向："文学的记忆""文学中的记忆"和"作为记忆媒介的文学"。"文学的记忆"可以有两种理解方式，一方面是文学作为主体的记忆，主要表现为互文性；另一方面文学作为客体的记忆，通常表现为卡农或者文学史的形式。"文学中的记忆"指的是文学作品中对记忆和回忆的描述和呈现，主要探讨记忆内容在文学中的再现方

---

① Neiger, Motti., Oren Meyers & Eyal Zandberg, et al. *On Media Memory: Collective Memory in a New Media Age*. Basingstoke: Palgrave Macmillan, 2011.

② Erll, Astrid and Ansgar Nunning (Eds.). *Cultural Memory Studies: An International and Interdisciplinary Handbook*. Berlin: Walter de Gruyter, 2008.

式;"作为记忆媒介的文学"主要讨论的是文学的媒介性和媒介间性。

此外,近年来媒介记忆,尤其是数字记忆,日益成为文化记忆研究的热点,媒介记忆研究被视作是记忆研究一个重要的突破口和创新点。英国格拉斯哥大学的安德鲁·霍斯金斯教授一直从事跨学科的媒介记忆研究,他于2017年主编了《数字媒介记忆研究:过渡中的媒介过去》(*Digital Memory Studies: Media Pasts in Transition*)①,在这本书中他提出由于新的数字媒介的广泛使用记忆文化正在经历"联结性"转向,由传统的大众媒介所塑造的"集体性"记忆转型为具有即时性、连续性和社交性并且国际化的数字媒介网络记忆,他认为急需革新大众媒介时代所遗留下来的记忆研究范式,以应对正在形成的新媒介记忆生态系统。

相对于热闹的媒介记忆研究,记忆的道德和伦理研究领域显得有些冷清。2002年阿维夏伊·玛格利特出版了《记忆的伦理》(*The Ethics of Memory*)②,这是一本系统阐述记忆的伦理责任的哲学专著,他的关注重心在于集体记忆,首先对道德和伦理做了明确的区分,在此基础上将记忆定义为一种伦理责任。六年之后杰弗里·布勒斯坦(Jeffrey Blustein)的著作《记忆的道德要求》(*The Moral Demands of Memory*)③ 延续了这一话题,对记忆的道德和伦理责任进行了翔实细致的解析和阐述,是一部颇具分量的力作。同年美国华人学者徐贲《人以什么理由来记忆》④ 以《记忆的伦理》为基础,对20世纪的集权统治所造成的政治灾难这个公共政治问题进行了深入的反省,他从汉娜·阿伦特的生存主义哲学出发集中讨论了记住人类的这些苦难并且为之作见证的道德价值和哲学意义。

文化记忆理论在中国的接受和移植始于《中国海洋大学学报》(社科版)2004年第6期上的两篇文章,一篇是扬·阿斯曼的《论有文字和无文字的社会——对记忆的记录及其发展》,另一篇是该文译者王霄兵的《论

---

① Hoskins, Andrew. *Digital Memory Studies: Media Pasts in Transition*. New York: Routledge, 2017.
② Margalit, Avishai. *The Ethics of Memory*. Cambridge, MA: Harvard University Press, 2002.
③ Blustein, Jeffrey. *The Moral Demands of Memory*. New York: Cambridge University Press, 2008.
④ 徐贲:《人以什么理由来记忆》,吉林出版集团有限责任公司2008年版。

汉字在传统社会中的文化功能》。前者探讨在古代文明中文字在文化记忆中扮演的角色，后者将文化记忆理论用来分析汉字在中华文明发展各阶段所担负的文化功能，将西方文化的理论直接运用到本土文化的事实上，寻找文化事实与外来理论的贴合之处。随后关于这一理论的评介工作主要来自北京外国语大学的研究群体：《国外理论动态》2006 年第 6 期的关键词栏目收入了黄晓晨的《文化记忆》一文，简要介绍了文化记忆理论；王炳钧等的《空间、现代性与文化记忆》和王炎、黄晓晨整理的《历史与文化记忆》是"文学空间与文化记忆"和"历史与文化记忆"两次学术研讨会的发言记录，其中对文化记忆理论多有涉及，尤其是后一篇不仅限于扬·阿斯曼的观点，而且介绍了阿莱达·阿斯曼的理论和在文学中的应用。另外还有王霄冰的《文字、仪式与文化记忆》，不过由于作者的学术背景和研究视野这篇文章主要探讨的是古代文明中以文字和仪式为主要媒介的文化记忆。①

近二十年来有关文化记忆的文章多不胜数，涉及的学科范围包括历史、语言、民族、民俗、教育、传媒和文学艺术等各个方面。其中大多数文章是对于文化记忆理论的具体应用，理论本身并非研究的重点，因而少有涉及文化记忆理论的基本问题或核心内容。当然，也有不少学者对文化记忆理论做了局部深入的学理阐释和研究，例如：王建的《从文化记忆理论谈起——试析文论的传播与移植》②、王蜜的《文化记忆：兴起逻辑、基本维度和媒介制约》③ 以及时晓的《当代德国记忆理论流变》④ 这三篇期刊上的论文分别从不同的角度对文化记忆理论的发展、兴起和流变作了综述。此外，还有中国海洋大学张欣的硕士学位论文《文化记忆理论研

---

① 王建：《从文化记忆理论谈起——试析文论的传播与移植》，《学习与探索》2012 年第 11 期，第 133 页。

② 王建：《从文化记忆理论谈起——试析文论的传播与移植》，载《学习与探索》2012 年第 11 期，第 130—134 页。

③ 王蜜：《文化记忆：兴起逻辑、基本维度和媒介制约》，载《国外理论动态》2016 年第 6 期，第 8—17 页。

④ 时晓：《当代德国记忆理论流变》，载《上海理工大学学报》（社会科学版）2016 年第 2 期，第 154—158 页。

究》①，对记忆研究的发展脉络做了概述，着重阐释阿斯曼夫妇的文化记忆理论。尤其值得注意的是，陶东风在《文艺研究》和《学术月刊》上连续发表了两篇文章：《〈记忆的伦理〉：一部被严重误译的学术名著》② 和《阿维夏伊·玛格利特论道德见证者》③，推介美国哲学家玛格利特的专著《记忆的伦理》，阐发其记忆伦理观的核心内容，并且聚焦于其对于道德见证者的现象学描述，做了细致梳理和深入探究。同一年康澄在《国外文学》上发表文章《文化记忆的符号学阐释》④，介绍20世纪70年代以尤里·洛特曼为首的塔尔图-莫斯科符号学派提出的"文化记忆"概念，其基本出发点是将文化作为一个符号系统，以此来解释文化记忆保存、创造和遗忘信息的内在机制，阐明不同类型文化记忆的特征，寻觅最适宜担当文化记忆职责的符号元素。这篇文章提醒我们在欧美西方国家之外的苏联存在另外一支文化记忆理论研究的流派，而且它对德国的文化记忆理论产生过直接的影响，但是囿于地域和语言等各种因素，未能在国际学术界广泛传播。

除了单篇论文之外，国内的文化记忆理论研究中有相当一部分是对于理论著作或者文集的译介。目前已译为中文并在国内出版的文化记忆理论著作包括：阿斯曼夫妇的四本专著（《文化记忆：早期高级文化中的文字、回忆和政治身份》⑤、《宗教与文化记忆》⑥、《回忆空间：文化记忆的形式和变迁》⑦ 和《记忆中的历史》⑧），阿斯特莉特·埃尔的《文化记忆理论

---

① 张欣：《文化记忆理论研究》，中国海洋大学2015年硕士学位论文。
② 陶东风：《〈记忆的伦理〉：一部被严重误译的学术名著》，《文艺研究》2018年第7期，第149—160页。
③ 陶东风：《阿维夏伊·玛格利特论道德见证者》，《学术月刊》2018年第7期，第133—141页。
④ 康澄：《文化记忆的符号学阐释》，《国外文学》2018年第4期，第11—18页。
⑤ ［德］扬·阿斯曼：《文化记忆：早期高级文化中的文字、回忆和政治身份》，金寿福、黄晓晨译，北京大学出版社2015年版。
⑥ ［德］扬·阿斯曼：《宗教与文化记忆》，黄亚平译，商务印书馆2018年版。
⑦ ［德］阿莱达·阿斯曼：《回忆空间：文化记忆的形式和变迁》，潘璐译，北京大学出版社2016年版。
⑧ ［德］阿莱达·阿斯曼著：《记忆中的历史》，袁斯乔译，南京大学出版社2017年版。

读本》① 以及诺拉的《记忆之场》②。

除了选编和翻译,也不乏一些关于文化记忆的专著和文集,例如:冯亚琳编著的《德语文学中的文化记忆与民族价值观》③ 以及她编译的《文化记忆理论读本》④ 和《德国文化记忆场》⑤。其中《德语文学中的文化记忆与民族价值观》⑥ 这本书对于文化记忆的理论建构和谱系关联进行了梳理,探讨普遍意义上"文化记忆"与文学的关联,尤其侧重于"二战"以后的德语文学,重点讨论德语文学作为德意志民族的"文化记忆场",其知识体系形成的"特殊道路"。赵静蓉是另外一位活跃于国内记忆研究领域的学者,她的著作《文化记忆与身份认同》⑦ 在后现代语境下,以文化记忆为切入点,针对当代人的身份认同危机,探讨记忆之于身份认同的有效性和合法性,并作了具体的文本解读和案例分析。同年她还主编出版了《记忆》,这是一本以文化、记忆和历史为主题的文集,其中不仅收录了主题会议的论文,而且记录了与会学者之间的口头和书面对话。此外,陈新、彭刚主编的文集《文化记忆与历史主义》⑧ 收录了有关文化记忆理论和历史主义的论文以及一些中外书评;景天魁、冯波主编的《时空社会学:记忆和认同》⑨ 试图以时空理论作为视角解读中国社会发展过程中的记忆和身份问题;邵鹏的《媒介记忆理论——人类一切记忆研究的核心与

---

① [德] 阿斯特莉特·埃尔:《文化记忆理论读本》,冯亚琳主编,北京大学出版社2012年版。
② [法] 皮埃尔·诺拉主编:《记忆之场:法国国民意识的文化社会史》,黄艳红等译,南京大学出版社2017年版。
③ 冯亚琳等著:《德语文学中的文化记忆与民族价值观》,中国社会科学出版社2013年版。
④ [德] 阿斯特莉特·埃尔:《文化记忆理论读本》,冯亚琳主编,北京大学出版社2012年版。
⑤ 冯亚琳选编:《德国文化记忆场》,中国言实出版社2016年版。
⑥ 冯亚琳等著:《德语文学中的文化记忆与民族价值观》,中国社会科学出版社2013年版。
⑦ 赵静蓉:《文化记忆与身份认同》,生活·读书·新知三联书店2015年版。
⑧ 陈新、彭刚主编:《文化记忆与历史主义》,浙江大学出版社2014年版。
⑨ 景天魁、冯波主编:《时空社会学:记忆和认同》,中国传媒大学出版社2017年版。

纽带》①聚焦于媒介记忆理论，对包括媒介记忆在内的各种记忆作了多方位、多层面的综合性概述。

文化记忆理论自20世纪90年代开始在欧洲兴起，至今已有三十余年。国内外相关研究成果丰硕，跨学科特征凸出。国外文化记忆理论研究与各学科的交叉研究系统而深入，但是在研究对象的选择上呈现出明显的西方中心主义，对东方世界观照不足。国内研究也表现出明显的跨学科特点，取得了长足的发展，但研究成果主要关注文化记忆理论在文学研究中的应用，集中于对个别理论家及其理论的推介和阐释，缺乏对当代西方文化记忆理论的系统性深入研究。已有研究存在的不足概况如下：关于文化记忆理论的发轫、发展和演变过程，尚未绘制出完整的谱系图；文化记忆系统的动力和机制尚未明晰；文化记忆的动态建构过程缺乏细致勾勒，其物质性基础隐而未揭，其伦理维度有待深入探讨。

本书在国内外学者已经奠定的基础上，秉持中国学者的立场，联系当前的历史、文化语境，着重针对以上问题对当代西方文化记忆理论进行全面审视和深入研究。

第三节 研究思路与方法

本书将当代的西方文化记忆理论置于20世纪末后现代的社会、文化、理论和诗学背景下，运用哲学、历史学、社会学、人类文化学、修辞学、伦理学、媒介学等学科的理论和方法，对当代文化记忆理论进行全面、系统的研究。首先从历史、文化研究的角度对当代文化记忆理论的谱系进行梳理，然后厘清文化记忆的本质内涵，着重从文学、哲学、社会学、史学、人类文化学、伦理学和媒介学等维度出发对其进行系统的阐释，揭示出当代西方文化记忆理论发生、发展的历史文化脉络，呈现其理论研究的全貌，对其主要的研究维度进行条分缕析，并且指出其未来发展所面临的

---

① 邵鹏：《媒介记忆理论——人类一切记忆研究的核心与纽带》，浙江大学出版社2016年版。

变革和挑战。

本书总共八章，对当代西方的文化记忆理论做了一个总体的梳理、阐释和评述，研究的主要内容包括文化记忆研究谱系、文化记忆理论的基本问题、文化记忆的建构过程、物质性、文化记忆的道德和伦理观、文学与文化记忆的关系、文化记忆的媒介动力系统。

第一章首先对19世纪末到20世纪初西方文化记忆理论的缘起和发展史进行梳理，以此为阿斯曼夫妇在20世纪末正式提出的文化记忆理论建立一个历史的参照系，形成一部完整的文化记忆理论谱系。

当今的文化记忆研究主要源于两个传统：德国传统和法国传统。弗雷德里希·尼采是最早提出文化记忆的理论家，他在《论历史于生活之利弊》这篇文章中描述了三种不同形式的历史："丰碑式历史"，"古董式历史"和"批判式历史"，以此说明对待文化记忆的三种不同的态度：无条件的尊崇、保存或者质疑批评的态度。对于那种宣称过去优于现在、过去具有权威性的看法尼采持批评的态度，而且他还认为当生活固守于曾经发生的过去时，便会迅速丧失其自身的增殖动力。因而，他主张采用第三种历史视角，即批判性的历史视角，对过去进行质疑和责问。尼采对于记忆的反思涉及一个与文化相关的问题，即社会的道德标准是如何产生的。他于1887年出版了《道德谱系学》，用谱系学的方法研究了各种道德标准的起源和意义。他认为健忘是人的天性，记忆的本质是为了补偿人性的弱点而采用的一种权力工具，是一些饱蘸鲜血和痛苦的、残忍的控制手段。尼采对记忆持一种激烈的批判态度，他坚信一个充满活力的社会绝对不能受制于历史的束缚和道德的规训，否则就会丧失与生俱来的塑造未来的潜力。尼采所要强调的是记忆绝非人类的天然需要，相反它是为了特定的权力和利益而使用的一种文化控制手段。

弗洛伊德在《摩西和一神教》这本书中以文化理论家的眼光将"俄狄浦斯情结"、图腾崇拜以及创伤病原学研究结合在一起，关于一神教的出现提出了一个神话般的解释，由此揭示出一神教与创伤之间可能存在某种神奇的关联。弗洛伊德将摩西之死看作是群体经历的一次创伤性体验，对此他作了一个病原学的分析。他认为，这种创伤使一神教具有一种特别的控制民众精神的力量，而一神教的创伤其根源在于人类的俄狄浦斯深层心理结构。对他而言，宗教史像是一出记忆与遗忘交替并存、经受创伤并且产生负罪感的心理闹剧。弗洛伊德的《摩西和一神教》从文化心理学的角度研究摩西遇害这一创伤性事件被群体同时记忆和遗忘的交替重复过程，涉及集体记忆的无意识维度，并且在时间维度上超越了当下，回溯到几千年前人类的远古时代，因而成为阿斯曼所提出的文化记忆理论的一个重要资源。

20世纪20年代德国艺术史学家阿比·瓦尔堡提出了"社会记忆"，尝试用一种以记忆为基础的方法改写传统的艺术史。瓦尔堡的兴趣点在于艺术记忆，即生动的图像和符号如何在不同时期和文化中被反复使用。他将某些艺术形式的复归现象归因于文化符号所具有的引发记忆的功能，并且借用心理学领域的"记忆痕迹""记忆基质""心理能量"等术语，将文化记忆描述为不断重复和修正变形两者之间辩证互动的过程。瓦尔堡曾经用多个术语来指称自己针对图像所提出的文化记忆的概念，"社会记忆"就是其中之一，因此他被看作是现代跨学科文化研究的主要开创者之一。瓦尔堡将艺术作品作为文化记忆的核心媒介，而艺术作品可以跨越各个不同时期，穿越广阔的空间一直延续下去。因而，瓦尔堡的记忆概念大大扩展了记忆的范围，不仅指"社会记忆"，也指"欧洲的集体记忆"，不仅包含文化记忆的历史变迁和本土印记，同时也表明文化记忆嵌套于整个欧亚记忆群体之中。

亨利·柏格森和弗洛伊德分别在哲学领域和心理学领域就个人化的记忆概念进行了批判式讨论，在此基础上法国的社会学家莫里斯·哈布瓦赫于20世纪二三十年代详细阐释了记忆的社会性和集体性。哈布瓦赫先后师从亨利·柏格森和埃米尔·涂尔干，其所写的三篇论著奠定了集体记忆理论的基础，在当今的文化记忆研究中居于中心地位。哈布瓦赫有关集体记忆的研究和分析最主要的贡献在于提出个人记忆依存于社会结构之中，由此正式将记忆作为社会和文化研究的客体，使记忆研究跳出个体心理学和生物学的范围，进入更为宏阔的社会和文化研究的领域。

第二章对文化记忆的本质内涵加以阐释和厘清。文化记忆理论面临的首要问题是为其自身合法性进行辩护。文化记忆理论使用"记忆"这一个体化的概念来指称集体性的文化现象，对此常常有人提出质疑，认为这是对"个人记忆"的不合法延伸。"文化记忆"这个概念本身可以看作是一种比喻，对"个人"记忆的转喻或者对"记忆"的隐喻，其合法性问题归根结底涉及个人记忆与集体记忆之间的关系。实际上，当我们进行研究记忆时，很难将这两种记忆截然分开。它们是两个互相依存的领域，只有通过彼此之间的互动我们才能理解文化记忆的概念，缺一不可。记忆原本是一个个体的概念，记忆与个人的身份认同紧密相关。阿斯曼将记忆概念用于文化现象，其合法性的依据在于文化与集体身份和个人身份之间存在密切关联。从这个角度来说，文化是有记忆的，或者更准确地说，文化本身就是一种记忆，其核心功能是身份认同。对于一个群体来说身份认同既是文化传统存在的前提条件，也是文化传统不断传递和延续的产物。因而，文化之于群体就好比记忆之于个人，对于一个群体来说文化即记忆，这是文化记忆作为一个理论概念其合法性所在。

接下来要解决的问题是，文化记忆是什么？为此有必要对文化记忆理论中最基本的、也是最为核心的词汇进行阐释，包括：文本、文化文本和卡农这三个术语。阿斯曼借用语言学家康拉德·艾里希的观点，将文本定义为"能够提取的交流"。这样文本就具有了"联结特性"，不仅将单个的词语连接起来，形成文本的"质地"，而且在时空分离的听者和说话者之间形成各种联系。文本是具有联结力的表达形式，文化文本则是强化版的文本。文化文本具有两个基本功能：规范性和形成性，我们可以以此来定义文化文本。这两个功能分别对应着"我们应该做什么？"以及"我们是谁？"这两个问题。"文化文本"指所有的符号综合体，不仅包括文本，也包括舞蹈、庆典、符号以及其他在意义和身份建构过程中具有某种规范性和形成性权威的符号综合体。文化文本没有明确的媒介限定，可以存在于口头、视觉和书面媒介之中。口头叙事、绘画、仪式或者法律文件，甚至于纪念碑和博物馆，全都可以被认作是"文化文本"。文字社会中文化文本一直面临着变化和革新的压力，当下以及当下的语境永远处在不停地变化之中，文化文本亦随之发生变化。文化文本总是处于变动不安的状态之中，但是有些神圣化的书面文本却严禁改动，不允许有丝毫的误差。这一过程被称作为卡农化。这些从传统中精挑细选出来并且占据中心地位的权威性文本被称作"卡农"。为了将文本固定下来，人们制定了"卡农公式",要求字句完全忠实于原文,也就是说,必须一字不差、完全准确地传递文本。卡农作为权威性的核心文化文本,是文字社会中文本连贯性的源头,确保了文化符号系统的连续性和稳定性。

"交流记忆"和"文化记忆"是一组重要的集体记忆概念,构成了文化记忆理论的基石。扬·阿斯曼在哈布瓦赫的集体记忆理论的基础上,将集体记忆划分为"交流记忆"和"文化记忆",记忆研究由此超越当下,进入历史的远古纵深。对于阿斯曼来说,交流记忆采用的是个人视角,个体对于群体事件的回忆遵循的是一种日常实践模式;文化记忆则采用集体视角,是社会对于其创建时期的回忆,属于体制性记忆。交流记忆的内容是具体的、个人化的,而且由于记忆的承载者生命长度有限,所以持续的范围有限,局限于三代之内并且缺乏稳定性。将交流记忆中值得长久保存的内容转变为外部存储的形式,以此世代相传,这样就形成了文化记忆。文化记忆涵括所有那些对于群体有用的、指涉过去的内容,其内容与事件的具体参与者无关。因而文化记忆脱离了个人,具有一种体制化的形式。阿斯曼提出文化记忆概念,对记忆在个人层面和集体层面进行划分和阐释,这是社会理论领域的一大进步。但是海因里希(Heinrich)和威兰(Weyland)[①]认为文化记忆理论中存在一个缺口,即微观层面的集体记忆和宏观层面的文化记忆之间是如何互动的,这是集体记忆研究领域里有待解决的问题。海因里希和威兰通过研究交流记忆和文化记忆之间的协商以及互动过程,就这一互动模式提出了一个理论框架。他们借鉴哈特穆特·埃瑟(Hartmut Esser)和罗纳尔德·雅各布斯(Ronald Jacobs)提出的社会结构理论将这一过程整合为"中间层"这样一个理论概念,以此将两者联系起来,探寻对于历史事件的阐释所经历的协商过程。依据这一理论模式,记忆在 Web. 2.0 或者维基百科等公共平台形成的中间层经历讨论和协商过程,最终形成一致的群体意见并且转化为文化记忆,这样就可以填补文化记忆理论在交流记忆和文化记忆之间相互转化过程方面的空白,解

---

① Heinrich, Horst-Alfred and Verena Weyland. "Communicative and Cultural Memory as a Micro- meso-macro Relation." *International Journal of Media and Cultural Politics*, Volume 12, Number 1 (2016). pp. 27-41.

释为什么宏观层面的文化记忆会得到公众的普遍认可，并且具有如此强大的影响力。

然后，借用"传统""档案"和"隐形宗教"这三个概念厘清文化记忆的本质内涵。扬·阿斯曼将集体记忆分为"交流记忆"和"文化记忆"，"交流记忆"大致等同于哈布瓦赫的"集体记忆"，但是文化记忆超越了交流记忆的范围，打开了记忆的时间维度。阿莱达·阿斯曼在此基础上将文化记忆进一步划分为功能记忆和存储记忆。功能记忆这一概念大致等同于"传统"，指文化意识和文化活动的接受与传承，以及所传承之物的持续存在。而存储记忆的概念深入到无意识层，指的是无意识的各种文化表现形式。这也是为什么人们通常所理解的传统概念根本无法描述文化记忆这一现象的原因。"传统"这一概念作为一个动态过程，只能通过文化产品以一种可控的、有意识的方式表现出来，因而无意识根本没有容身之地。而文化记忆中具有身份认同功能的功能记忆与无意识层面的存储记忆一直在不停地互动，由此构成文化记忆形成和发展的动力，生成一个不断发展和变化的动态系统。文化记忆概念对应的是雅克·德里达所说的"档案"和理查德·伯恩斯坦的"传统"，而且这三个概念全都得益于弗洛伊德对于文化的心理、历史维度和驱动力的洞见。因而文化记忆内部具有差异化，是一个比传统更为复杂的概念。阿斯曼将传统描述为是一条绵延不断的河流，一直延续，从不中断；文化记忆则不同，它为不连续性、断裂、消失和回归保留了空间，其动力系统显现出一个类似于压抑、潜伏和回归的程式化过程。此外，文化记忆与宗教的关系也有助于我们理解"文化记忆"这一概念。阿斯曼借用托马斯·拉克曼所提出的"隐形宗教"概念，将文化记忆理解为是"体制化"的隐形宗教，因为文化记忆和隐形宗教都在追问同一个问题，即如何保持传统，将符号世界世代延续下去。总而言之，对于阿斯曼来说，文化即记忆，文化记忆理论"提出了文化的功能问题，并且以记忆作为关键词顺藤摸瓜，寻求答案"[①]。

第三章论述文化记忆的文学性。文学构成了文化记忆的一个重要部

[①] Assmann, Jan. *Religion and Cultural Memory: Ten Studies*. Trans. Rodney Livingstone. Stanford, CA: Stanford University Press, 2000. p.169.

分，两者在人文领域中形成了一种相互支持合作的关系。文学作为文化记忆的一部分，其中一部分作品成为具有权威性的卡农文本，在文化记忆中占据着中心地位，对于塑造集体身份发挥着重要的功能。文学"在构建记忆的同时也测评记忆"，在某些情况下文学本身就建立在记忆的基础之上。

文学之所以能够对文化记忆产生影响，其原因在于文学与记忆和遗忘的过程之间存在异同之处。首先，文学和记忆过程具有许多相似之处，两者都会形成凝练的"记忆形象"，而且倾向于通过叙事和体裁样式制造意义，所以文学成为理想的文化记忆的媒介。与此同时在记忆的建构过程中文学作为一种象征形式展现出一些与其他文化记忆符号系统不同的特性：虚构性、复义性以及反思性。

彼得·伯克称文学为"塑形的记忆"，一方面文学记忆是主动的、具有塑造功能的文化文本，同时文学记忆也是被动的，它本身就是由之前的文本所塑造的，尤其是那些具有强大影响力的文学经典。

记忆对于文学的塑造，从回忆录到小说，包括经过移置或伪装的自传，都是记忆的产物。文学在很多方面与文化记忆相关，其中西方的古代修辞学为我们提供了一个理解文学与文化记忆之间关系的视角，从这个角度来说文学是一种记忆术。欧洲文学延续了古代修辞学和诗学中的传统主题，通过标准化的和图式化的再现模式来激发读者的记忆和联想，因而能够借助于想象跨越不同的时间和空间，形成了一种连续稳定的文化线索。

记忆方式和记忆结构造就文学文本和文学体裁的同时，文学也为文化记忆的结构、功能以及再现过去的方式做出了贡献。文学可以被看作是个人记忆和社会记忆的媒介。文学的功能是一种媒介，由这个媒介派生出具有参照作用的社会框架。无论是群体内部的社会互动，还是通过其他非虚构性媒介进行交流，文学都参与了个人记忆和集体记忆的塑造。阿斯特莉特·埃尔提出文学记忆具有反思模式，这是所有文学记忆最基本的模式。从这个角度来说，文学不仅能够呈现过去的人物和事件，还可以呈现出不同的记忆模式及其文化功能。

文学对于文化记忆一向具有重要的价值，因为书写的文本是过去的文化最为直白清晰的见证。文学是文化记忆的一个重要组成部分，不仅构成了其中的主动记忆，即卡农文本，而且它还是更为广泛的文化记忆档案的一个重要来源。文化记忆很大程度上是以文本为基础的，所以文学文本不仅在构成主动文化记忆的"文化文本"中占据了重要的位置，而且还在参照记忆或"档案"中存储了大量更多的文本。文学作品的特征是以虚构的方式再现历史，它并非只是停留在纯粹的认知层面，更多的是在感情层面上发挥作用，因而具有高度的影响力。

文学作品作为记忆的媒介具有凝练性，以叙事形式回忆过去，有助于集体记忆的生产。同时，文学也是记忆的客体和内容，文学作品通常会流传至后世，成为构成代际联系的重要桥梁。换言之，重温前人所著的文本成为文化记忆不可或缺的一部分。这时候文学又成为记忆的主体，通过文本间性形成"自身的记忆"，赋予旧文本新的文化生命。此外，当文学通过想象呈现出各种回忆活动时，回忆就变成可观测的了，这时候文学也便成为观测文化记忆生产的手段。因而文学不仅能够生产集体记忆，还能生产文化知识，解释记忆对于个人和群体的作用。另一方面，文学是对于文化记忆的一种模拟，具有强烈的反思性，它对认知学、伦理学以及集体记忆的运行方式进行反思，由此参与到与历史学家和社会学家的对话之中，共同探讨如何阐释过去以及阐释过去的正确方式。

第四章从书写和印刻的隐喻、身体记忆和文化记忆的空间性三个角度出发集中阐述文化记忆的物质性。如果我们仔细审视和梳理，会发现在西方世界探究记忆奥秘的历程中物质性一直是人们理解记忆的一个重要方面。

在西方的记忆历史中存在一个明显的传统，即大脑被当作是一个书写的平面，在大脑中刻下对于过去的印记，就成为记忆。从一开始，记忆就与书写和印刻这两个比喻紧密地联系在一起。柏拉图在《泰阿泰德篇》提出了记忆的蜡板模式，这对于后来的思想家产生了持久的影响，后来的作者，包括亚里士多德，都十分关注记忆的物质或感官基础。亚里士多德在《记忆与回忆》(*De memoria et reminiscentia* [*Of Memory and Reminiscence*])（350 BC）中解释了记忆的性质、起因，记忆在大脑里所对应的功能，并且对记忆和回忆进行了区分。他继承了柏拉图的蜡板模式，但是他的观念更加倾向于经验主义。与柏拉图不同，亚里士多德认为思想不可能脱离感官的物质世界而存在。1924 年弗洛伊德发表了一篇题为《"神秘写字板"

小注》的文章，写下了他有关记忆的思索。在文中他总结了印刻过程中心理的构造和布局，当他对无意识进行定义时重新回到柏拉图的蜡板这一记忆隐喻。柏拉图将印刻在心灵上的书写看作是不会被腐蚀的永恒真理的复制品，同样地弗洛伊德也将刻在无意识之上的印记看作是永恒不变的。

关于记忆的第二个基础词汇是"身体记忆"。身体记忆是一种沉积在身体之中的日复一日、常规性的反应，伴随着一套固定的程序和动作。哲学家爱德华·凯西（Edward S. Casey）认为柏格森是第一个关注到身体记忆的研究者，也是最早认识到身体在记忆模式中重要作用的哲学家。1896年柏格森出版了《物质与记忆》，在书中他提出记忆不是单数的，可以分为两类：习惯记忆和纯粹记忆。柏格森的"习惯记忆"和"纯粹记忆"常常被人们与普鲁斯特的"自主记忆"和"非自主记忆"相对应。不过普鲁斯特不同于柏格森，因为对于他们两个人而言身体在记忆的过程中起到的作用和具有的价值大不相同。对于柏格森，身体与纯粹的机械记忆相关联，其地位微不足道，但是对于普鲁斯特身体是非自主记忆的基本要素，并且能够引起各种准确而生动的回忆。这类身体记忆或者"习惯记忆"正好对应皮埃尔·布迪厄所提出的"惯习"概念，此外苏珊·桑塔格和保罗·康纳顿也注意到了身体行为的社会性以及在人际关系方面的象征意义。

记忆的第三个特点是具有空间性。文化记忆这个概念本身就包含着空间的维度，因为文化记忆是集体记忆下属的一个概念范畴，一般指居住在某个地理空间范围之内的某个群体对于群体起源和身份的共同认知，其主要功能是将所有群体成员凝聚起来形成一个共同体。在书写被发明之前，人类社会没有外部的存储媒介，所以空间就为个人与社会框架的互动，为文化记忆的产生、形成和传递提供了一个场域，成为群体成员保存和回忆过去的记忆之场。在口述社会中庆祝活动是社会生活的核心内容，因为缺乏外部的记忆存储媒介，所以人们只能通过庆祝活动将记忆内容展演出来，并且通过定期地重复这些仪式来保证集体记忆的稳定性和持久性。哈布瓦赫在他的最后一本著作《圣地福音书传奇图志》里指出在宗教活动中，集体记忆必须有一个具体的地点。扬·阿斯曼在他的著作中也提到了巴勒斯坦和罗马的一些纪念性的地理空间，澳大利亚原住民举行图腾崇拜的空间地形，以及美索不达米亚文明的文化中心区域，他称这些地方为"记忆所"（mnemotopes）。记忆所具有仪式性功能，而且记忆所一般历史很长，经历了多个历史时期，由一层一层的历史积淀而成。空间作为集体记忆的背景和象征及其与仪式的关系，有关这一话题的讨论在20世纪80年代和90年代因为诺拉的《记忆之场》而出现了一个转折点。诺拉认为，地点在集体记忆中起到了核心作用，而且"地点"应用的范围很广。诺拉的"记忆之场"不只是具体的空间位置，还是活态的过去的参照点，而且同时具有物质性、象征性和功能性，是三者的统一结合。因而，诺拉提出的记忆之场的模式将文化记忆的地理空间和仪式性联系在了一起。记忆和空间之间的联系对于文化记忆研究的重要性还有另外一个原因。文化记忆的空间结构不仅指涉物质性的空间场域，其另外一个参照点是古代修辞学的记忆术。记忆术不仅是一种个人记忆的策略，而且其自身也是一种具有稳定作用的文化记忆框架，从古典修辞学到中世纪的书页，再到文艺复兴时期的建筑，一直到现代的语言理论和意识理论。在文学研究中，人们发现文学文本也会遵循空间和意象的结构，这被归结为是文本的一种特定的记忆结构，即文本间性。文本间性是一种基本的文化记忆模式，它不再是个人记忆或心理学意义上的记忆，指的是文本之间独立于作者的各种相互关系。

通过对于记忆历史的追溯和梳理，我们看到，无论是印刻的物的隐喻，还是身体记忆或者空间记忆，物的痕迹始终贯穿在记忆之中。传统记忆观长期建立在精神、物质二分法的本体论上，认为记忆的本质是一种以人作为主体的认知活动，从而忽略了其物质性基础和具象化维度。正如安德鲁·琼斯所指出，物或者人工制品可以被看作是连接不同的时间和空间场域的节点，将过去与现在以及不同的地域空间融汇为一体，形成动态的记忆过程。由此，我们可以重置记忆活动中人和物的关系，即人和物通过实践结合在一起，共同参与记忆的过程。物为人类的记忆体验提供场域，并且积极地引发回忆。所以，在记忆的过程中物的作用由被动转为了主动，人在记忆的同时也被物所记忆。

第五章着重分析媒介与文化记忆的关系，揭示文化记忆的融媒介性：媒介是文化记忆形成和发展的内驱动力，在塑造文化记忆的过程中起到了决定性的作用。文化记忆是一个抽象的概念，我们只能通过具象化的公众行为和话语才能感受到文化记忆的存在和影响。因而，文化记忆天然就是一种媒介化的现象。媒介主导了我们的日常生活，其影响无所不在，而且媒介在塑造当前的集体记忆方面起到了决定性的作用。媒介在个人和群体之间建立起一种联系机制，在定义集体边界的过程中起到了重要作用。哈布瓦赫提出集体记忆，使记忆由具体的个人记忆向隐喻式的集体记忆迈进了一大步，媒介在这个转化过程中起到了关键性的作用。扬·阿斯曼的文化记忆理论延续了哈布瓦赫的集体记忆概念，他强调从媒介史的维度来看待记忆文化。当讲到修辞记忆术的历史以及文化记忆的仪式性展演时阿斯曼探讨了媒介的变化对于文化记忆的形式和功能所产生的影响，这也是其文化记忆理论体系中的一项核心内容。

记忆是一个抽象的概念，所以长期以来人们一直用媒介作为隐喻来理解和解释记忆，而且隐喻的形式多种多样。有关记忆的媒介隐喻从一个侧面说明文化记忆的形成和传承离不开媒介的支持和辅助。正如杜威·德拉埃斯马所说，记忆理论史也是一部媒介史。历史上记忆理论一直都在随着当时的媒介发展状态而不断演进：柏拉图论书写，当时正处于口述文化向文字文化的过渡期，中世纪的记忆理论家则是用书本作比。自19世纪中期以来，摄影成为记忆的一个隐喻，而当今神经生物学中的网络理论则用计算机作为模型。因而记忆理论在研究记忆的运行方式的同时也显示出记忆媒介技术在当时的历史状态。

故事的兴衰以及边缘化构成了记忆发展的动力，因而这也成为记忆研究的核心问题。但是如果想充分地理解文化记忆动力系统，我们不仅要考虑社会和文化的因素，还必须考虑到记忆还有一个"媒介框架"，而且记忆只有通过特定的媒介才能进入公众领域成为集体记忆。在过去人们认为媒介只是一项一项具有稳定性的技术，现在人们认识到媒介自身就是一个复杂的动态系统。媒介并非是固定不变的，它一直在发展更新，而且各种用以进行意义建构和人际社交的技术之间是一种彼此互动，相互催生的关系。大卫·博尔特（David Jay Bolter）和理查德·格拉辛（Richard Grusin）提出了"再媒介化"的概念，"再媒介化"就是"媒介化的媒介化"现象。各种媒介彼此相依，互相媒介化，这一过程始于文艺复兴时期，并非是当今新媒介文化中独有的新现象。

　　阿斯特莉特·埃尔指出，研究文化记忆动力系统必须从社会和媒介两个角度同时切入，毕竟再媒介化是在大的社会框架中发生的，虽然它具有自身的发展动力，但依然会受到各种社会力量的影响和限制①。文化记忆构成一个动态系统，它所指向的是一个多模态过程，其中包括媒介现象与社会现象之间各种复杂的互动过程。

　　此外，第五章还着重阐释了数字媒介记忆的联结性转向、国际化转向及其主要特点。在当代的社会生活和记忆环境里，群体和自我定义的方式发生了迅速而广泛的本质性的变化，出现了大量新的记忆隐喻，并且掀起了一场相关的思想和理论方面的革命。对此安德鲁·霍斯金斯（Andrew Hoskins）提出了"联结性转向"，以此作为记忆研究和理解范式转型的标志②。联结性转向是对于已然存在的"跨文化"记忆的一种衍生，它打破了记忆和记忆研究在生物学、社会和文化方面的划界和区分，对各种记忆类型的划分构成了挑战，但是同时这也重塑了记忆在当前"跨文化"的潜力，所以联结性转向的最终任务是要揭示出记忆的媒介技术结构。这些变化发生的大背景是人们由广播时代进入了后广播时代。数字媒介的到来对于记忆和遗忘所产生的影响是全方位的。数字时代电视等大众媒介的覆盖范围扩大了，再加上因特网的广度和速度，这些因素增强了个人记忆与公众记忆之间的融合度，而且档案里的数据不仅包括事件本身，还包括其他那些人们认为与之相关的事件。

　　传统的记忆研究将集体记忆或共享记忆概念化为国家或国家的边界，或者是国家内部的族裔、部分群体的边界。近些年来在社会科学里提出的一个主要观点是人们应该更多的关注"国际化转向"，即国内社会对于跨国领域的敏感性。新的媒介生态系统以及高度全球化的记忆要求研究范式进行转型，对媒介化记忆重新进行定义，同时对之产生新的认知。数字记

---

① Erll, Astrid & Ann Rigney. "Introduction: Cultural Memory and its Dynamics." *Mediation, Remediation, and the Dynamics of Cultural Memory.* Eds. Asrid Erll&Ann Rigney. Berlin, New York: Walter de Gruyter, 2009. p. 5.

② Hoskins, Andrew. "Media, Memory, Metaphor: Remembering and the Connective Turn." *Parallax* 17.4 (2011). p. 20. DOI: 10.1080/13534645.2011.605573.

忆是一种动态的记忆组合,包括跨媒介、全球化、动态的联结性以及流动性。这种记忆跨越、重构,并且扩展了人们所公认的二元记忆结构。正如约翰·乌瑞(John Urry)① 所指出,全球化意味着社会在以新的方式发生变化,不仅是人和物具有流动性,数据也在流动。安娜·雷丁(Anna Reading)② 提出了一个新的术语"全球数字记忆场域"(Globital Memory Field),一方面这个概念沿用了记忆研究、数字文化研究和全球化理论中之前已有的概念,另一方面这个概念也有自己的"生成"过程,它以新的方式描述交流和记忆之间的关系,并且以新的方式与其他概念共享已有的模式和深层结构。

新的数字媒介作为本体具有实在的意义,它是一种与集体记忆时代的大众媒介完全不同的媒介,因而显现出一种完全不同的媒介与记忆之间的关系。马诺维奇③提出了区分新旧媒介的五原则:数字再现,模块化,自动化,变异性和转码。安德鲁·霍斯金斯(Andrew Hoskins)④ 提出,现在出现了一种"新记忆",记忆在新媒介技术的推动下一直处于常变常新的状态,这些新的媒介改变了记忆的时间性、空间性以及流动性。新记忆产生于数字媒介生态系统之中,其所处的条件正在日渐网络化,而且是以主动的方式即时生成的。同时,记忆研究范式出现了转型,重心由媒介内容转向社会技术实践。自我和文化之间存在一个持续的协商过程,两者通过当今各种新兴的技术进行互动,由此塑造出一个"常新常变"的过去。

人类作为有机生物体其记忆能力存在局限性,所以需要用媒介来增补和替代人类的记忆。数字记忆与神经系统紧密相连,其生产过程要求有机体的参与和技术器具结合起来。数字媒介与记忆之间是一种补充关系,通过数字化共享可以产生远程记忆,这些都是数字记忆具有的人工辅助功

---

① Urry, John. *Mobilities*. London: Polity Press, 2007.
② Reading, Anna. "Memory and Digital Media: Six Dynamics of the Globital Memory Field." *On Media Memory: Collective Memory in a New Media Age*. Eds. Neiger Motti, Oren Meyers & Eyal Zandberg, et al. Basingstoke: Palgrave Macmillan, 2011. pp. 241-52.
③ Manovich, Lev. *The Language of New Media*. Boston, MA: MIT Press, 2001.
④ Hoskins, Andrew. "Digital Network Memory." *Mediation, Remediation, and the Dynamics of Cultural Memory*. Eds. Astrid Erll and Ann Rigney. Berlin/New York: Walter de Gruyter, 2009. pp. 91-108.

能。但是，对于大多数人而言数字媒介不只是辅助人们记忆过去的事情和经历的手段，还可以用来重构记忆内容。与旧的媒介相比，新媒介具有互动性、浸入感或者人工辅助功能。

第六章集中阐释文化记忆的选择性，即记忆与遗忘之间的关系，因为无论是个人记忆还是集体记忆，记忆总是和遗忘紧密相连，两者在回忆过程中同时并存、相伴而生。遗忘是记忆的条件，没有遗忘便没有记忆。在处理现实经验的过程中，遗忘是常态，记住才是例外。其实在认知和社会系统中遗忘的功能至少与回忆的功能同样重要。阿莱达·阿斯曼将文化记忆划分为存储记忆和功能记忆，其中功能记忆具有选择性和阐释力，此外很重要的一点是遗忘不可避免地伴随着文化记忆的动态过程。尼可拉斯·卢曼（Niklas Luhmamm）的社会学系统理论特别强调了社会记忆的这种两面性。系统理论与文化记忆理论完全相反：文化不是由过去保存下来的永恒的价值观构成，而是一个不断进行反复确认的决策过程，删除与过去的某种潜在关联，寻求新的发展。总而言之，卢曼的社会系统理论将文化记忆作为一种社会性的遗忘。有关过去选择哪些事件和人与其本身的价值无关，这纯粹是一种选择，因为必须通过忽略其他才能让系统继续运行而不至于陷入停滞状态，这样才能保持平衡状态。所以文化记忆是一个记忆和忘却同时并存、彼此互动的动态过程。因为需要在二者之间不停地进行选择，所以形成了推动文化记忆发展和变化的动力。文化记忆的这种选择过程可以用两个相互关联的术语来描述："卡农"和"审查制度"。"卡农"指的是将特定的文本汇编、固定下来，然后一代一代地传递下去，而"审查制度"指的是阻止"卡农"之外的其他文本传播和扩散的法律程序。卡农化和审查制度是文化记忆具有的双重功能，也是文化记忆的组织形式，两者相辅相成，直接相关。文化总是通过不断地在记忆和遗忘之间进行划界而获得动力。卡农化的过程是文化传递的显性状态，而审查制度所隐去的那些过去，即那些未能通过审查而被遗忘的人和事件，它们最终的结局是在群体的典仪和话语中彻底消失，了无遗痕。

德国的哲学家和历史评论家沃尔特·本雅明意识到了遗忘对于我们理解文化史的意义并且对这个问题进行了思考。他提出从整体上来说历史是由胜利者书写的，弱者被历史遗忘和消音，归于沉默。本雅明的记忆模式不在于重建过去,而是抹去记忆的内容,留出一片空白,以此昭示那些本该被人记住并且在此留下痕迹的人和事。因而当今文化记忆的任务是要记住本雅明所说的"无名的"历史的弱者,在他们留下的沉默和空白中寻找忘却的内容。

第七章主要阐析文化记忆内部历史与神话之间协商、互动的建构过程。历史和神话是我们理解文化记忆的两个核心概念。一方面文化记忆受益于历史研究的各种新发现,并且肩负着一定的历史责任。真实性是历史的规范性目标,这对于文化记忆而言同样具有重要的规范性作用。好的文化记忆必定要求具有一定程度的真实性,这是其价值所在,而同时真实性也是历史永恒的追求和规范。但是历史不能替代文化记忆,因为文化记忆具有历史所没有的"神话式"社会功能,换言之,文化记忆与历史之间的区别可以通过文化记忆与神话之间共有的特点或者功能来加以解释。具有广泛社会意义的基础性神话具有三个相互关联的特征:以象征方式重申在当下构成群体身份的价值观、体制机构、理想等等,成为具有象征意义的资源;将一个群体与它自己的过去联系起来,有助于群体成员将自己所属的群体与其他群体区分开来;是社会规范的具体表现形式,不仅能够获得群体成员的精神认同,还能产生情感上的依恋。所有这些特点全都与历史真实性无关,是神话与文化记忆的共通之处,也是文化记忆与历史的区别所在。历史和神话在文化记忆内部互动并且结合为一体,因而文化记忆卡在历史与神话之间,成为两者彼此竞争、激烈角逐的竞技场。

学界普遍认同,有意识的回忆具有两个核心特征:与现在的关联性和建构性[①]。记忆不是过去感知的客观镜像,更不是过去现实的客观再现。记忆是主观的,是依据回忆时所处的情境而进行的具有高度选择性的重构,反映出当下进行回忆的个人或群体的需求和利益。阿斯曼反复强调文化记忆是一个动态过程,这种动态不仅意味着一个群体在记忆和遗忘之间不停地进行选择,而且这也是群体内部历史与神话之间彼此竞争、相互协商的互动过程。一方面文化的建构应该遵从史学的真实原则,以真实的历史事件和人物作为基础,否则无异于是痴人说梦、天方夜谭。另一方

---

① Erll, Astrid. *Memory in Culture*. New York: Palgrave Macmillan, 2011. p. 8.

面，文化记忆的核心功能是形成并且世代传递连续稳定的集体身份，因而它不能完全依赖于历史，成为冷冰冰的事实和数据，相反它必须发挥其内在的神话式的凝聚功能，将群体成员联结成一个具有共同情感结构的文化共同体。

第八章的主题是文化记忆的伦理性。记忆的伦理维度似乎被忽视了，有这样一些有关记忆伦理的问题等待人们的关注和回答：记忆是否是一种责任？记忆为什么是一种责任？记忆是谁的责任，这一责任的性质是什么？哪些人或事是我们应该记住或者忘记的？谁来决定记忆的责任？这些问题构成了记忆的伦理，也是讨论和研究记忆问题的前提和出发点。

弗雷德里希·尼采是最早关注记忆和遗忘问题的哲学家，他反对沉溺于记忆，认为记忆是一种道德的要求，是社会强加给个人的枷锁。他在《论历史于生活之利弊》这篇文章中提出了三种不同的历史观：丰碑式历史、古董式历史和批判性历史，以此来说明这些不同历史意识形式的利弊。他的这篇文章揭示出我们与过去之间的关系可能出现的问题以及记忆在其中所发挥的作用，同时也表明，无论我们如何看待记忆的责任这个问题，记忆自身都具有某种价值。

《记忆的伦理》是阿维夏伊·玛格利特于2002年出版的一部力作，在这本书中他提出用"浓厚"关系和"浅淡"关系来划分"伦理"和"道德"这两个哲学概念：前者对应的是伦理，是促生或者维系一个共同体的核心人际关系；浅淡关系对应的是道德，是我们与陌生人的关系，即因为彼此都是人类而产生的人与人之间的关系。依据玛格利特的归类，记忆义务既属于道德范畴，也属于伦理范畴，既是因为我们同属人类这个大家庭，也是因为我们彼此之间存在各种各样的联系。记忆的道德具有选择性，我们无须记住日常生活中每一件事情，然而对于一些特别的、具有重大创伤性的事件我们负有记忆的道德责任。记忆成为一种要求和责任，其合法性在于：为过去负责是我们应该承担的一项责任，所以在某些情况下记忆是一种责任。人们，无论是个人还是集体，应该认识到自己有记忆的责任，并且依此采取行动，因为这不仅有利于为过去负责，同时也是为过去负责的一个构成部分，而且这是人们在某些情境下应该做的事情。记忆成为一种责任和义务，因为它是一种有价值的活动。从结果论的角度出发，记忆或者记忆活动的价值源于记忆能够导致事态朝着有利于我们的方向发展，所以它具有外在的价值。但是表现主义认为记忆活动是内在情感和态度的表现，所以我们应当根据行为及其环境本身的性质来判断人们是否对之负有记忆的责任，即使这样做有可能造成不良的后果。因而，在某些情况下记忆对于个人和群体都是一种道德义务，具有规范性作用，其部分原因在于通常我们认为无论个人还是群体都应该为过去负责，这是一项道德义务，记忆则是履行这一义务的前提，并且是其中的一项内容。此外，记忆经由身份认同与义务之间还存在着另外一种关系。在这种关系中，记忆不仅建构身份，同时也是身份的一种表达；而身份在一定程度上是由义务构成并且定义的，记忆就是其中的一项义务。

集体记忆的道德责任，其核心内容是维护和保存有关过去的真理。准确地记忆有关过去的事实并且将之公之于众，是某些共同体肩负的一项普遍责任，因为这些共同体最有能力也最有资格履行这一义务。玛格利特将记忆的道德责任范围限定为蓄奴、驱逐平民百姓以及大规模屠杀等"极端的恶行以及反人类罪行"[1]，因为这些罪行破坏了道德基础，所以必须要记住它们，这是全人类的道德责任。此外杰弗里·布勒斯坦建议将典型的人性之善和自我牺牲的例子纳入记忆的道德责任之中。集体记忆自身要对过去负责，而且要以历史作为其约束目标。但是，不是所有的集体记忆义务都属于道德范畴。如果我们想要理解集体记忆中的伦理义务，就得将注意力由历史转向集体记忆所具有的类似于神话的性质和社会功能。集体记忆的伦理义务以仪式化的纪念活动作为其主要内容，这有助于维持集体生活。总而言之，集体记忆既可以是一种道德责任，也可以是一种伦理责任。但是伦理责任与道德责任建立在不同的基础上：我们对他人负有道德责任源于大家同属人类大家庭，所以从这个意义上来说我们每一个人都负有某种道德责任；而伦理责任则是某些人所负有的责任，责任的对象是那些与之存在浓厚关系的人，而且这种关系可能会持续很多代人。集体记忆的伦理义务是否成立取决于其所构成和维护的那种关系的性质好坏，只有

---

[1] Margalit, Avashai. *The Ethics of Memory*. Cambridge, MA: Harvard University Press, 2002. p. 78.

当这种关系符合道德规范的时候，才构成伦理义务，值得群体成员通过公共的纪念仪式和其他体制化的文化活动加以维护和巩固。

丹尼尔·列维（Daniel Levy）和纳坦·斯奈德（Natan Sznaider）在他们的犹太人大屠杀记忆理论中使用了跨民族记忆（Transnational Memory）的概念，这涉及到记忆伦理。跨民族文化记忆一向是各种政治、宗教和种族群体竞争的场域，如何达成一致以及最终能够达成多大程度的一致是一个充满争议和协商的过程。但是有关历史的争议无论最终是否能够形成定论，作为一个群体都应该为自己过去的行为和活动负责。针对这种复杂棘手的文化记忆现象，斯戴菲·霍布（Steffi Hobuß）综合运用路德维希·维特根斯坦（Ludwig Wittgenstein）、约翰·奥斯汀（John L. Austin）和朱迪斯·巴特勒（Judith Butler）的相关理论，提出语言的述行性有助于我们思考文化记忆的伦理和道德问题。他指出，要解决跨民族文化记忆中的冲突问题，关键在于根据具体的语境明确说话者或者主体所处的位置，以此确定各自应当承担的道德责任。中日关系一直起伏动荡，二战中日本对华的侵略战争以及南京大屠杀的性质始终是两国之间纠结不清的话题，成为无法解开的死结。斯戴菲·霍布的观点为这个问题的解决提供了一个有力的理论支持，他认为跨民族文化记忆是一个协商的过程，各个主体的记忆权利和义务取决于各自在记忆实践活动中的位置，显然受害者与加害者所处的位置不同，这也决定了受害者有权要求加害者记住他们曾经实施的暴行，因为这是一个有责任感的民族共同体理应承担的道德义务。只有确立了受害者和加害者的身份和性质，明确了加害者应当承担的记忆责任和义务时，南京大屠杀这一历史事件才会最终尘埃落定，归于平静。

本书最终落脚于数字媒介时代文化记忆的革新与未来，因为历史上记忆媒介的每一次更新都带来了记忆系统的重大变革。近年来媒介记忆，尤其是数字记忆，日益成为文化记忆研究的热点，媒介记忆研究被视作是传统记忆研究一个重要的突破口和创新点。数字媒介作为一种"新"媒介"，以新的方式履行媒介原有的传统功能："掌控时间、回忆、忧虑和伤痛"[①]。

---

① Broderick, Mick and Mark Gibson. "Mourning, Monomyth and Memorabilia." *The Selling of* 9/11. Ed. Dana Heller. New York: Palgrave Macmillan, 2005. p. 207.

数字媒介通过数字媒介技术打造过去与现在的关系，"数字记忆"概念是对于线性时间观的一种反思。数字记忆将时间和记忆看作是空间性的，涉及有机体与无机结构之间的共融关系。数字记忆的生产具有即时性和灵活性，所以它能够悬置历史，至少在媒介记忆生成的那个瞬间让历史进入暂停状态。

数字媒介技术的成倍增长导致记忆的重心由集体转向个人，用数字媒介再现过去为事件、叙事和见证增添了更大程度的个人化色彩。此外，数字媒介自身作为再现过去的一种"新"媒介，在记忆和历史这个问题上具有其特别的政治意义，因为它扩大了民众发声的范围，消解了体制化大众媒介的权威。

文化记忆理论中有一组很重要的二元对立的概念，即主动记忆与被动记忆，或者功能记忆与存储记忆之间的对立。这组概念可以部分地解释新的文化记忆动力系统。阿莱达·阿斯曼用"卡农"指主动记忆，用"档案"指被动的存储记忆。但是在新的数字环境中当下的社会技术活动模糊了卡农与档案之间的界线，对卡农的中心地位构成了消解和挑战。网络承诺提供档案，但是同时它也引入了一种新的时间观念，它所产生的不仅仅只是交织在一起的过去和现在，而是一种由联结性和数据传送构成的新的网络"同时性"。网络和其他交流技术的时间性以及数字内容的流动性正在改变档案的性质，也改变了个人记忆、社会记忆和文化记忆所组成的各种文化。而且因为记忆与技术的协同发展，导致文化记忆里一些区别明显的模式，例如："私人"记忆与"公共"记忆有可能同时共存；"主动"记忆（卡农）和"被动"记忆（档案）之间的流动性大大增加，因而两者之间的界线不再清晰分明。

文化记忆的物质性是阿莱达·阿斯曼提出"卡农"（主动记忆）和"档案"（被动记忆）这两个概念的基础。传统的人工制作的文档具有物质性，这在数字媒介时代受到了挑战，因为数字化的数据是流动的，可以复制，也可以转移。因而，在这些条件下，档案似乎具有新的潜能，摆脱了先前在空间和体制上固有的种种限制。而且档案变得日渐网络化，构成了一种可存取、具有超强连接性的新型网络记忆。因而，档案本身就成为了一种媒介，它已经"由档案空间进入了档案时间"，摆脱了空间的限制，超越社会和技术成为我们核心的技术无意识层。

进入21世纪之后，数字媒介技术使得时间和空间加速转型，提供了一种新的天涯若比邻的即时感，人们为此评说纷纭，欢呼喝彩。在数字记忆时代，可以将所有的数据传入云端，似乎摆脱了对于物质实体的机器的依赖。但是随着技术的发展和更新，现在所存储的数据在将来是否会遇到"兼容性"的问题，以至于被弃置或者不可用。数字记忆来得快，存得多，但是也消失得快，只需轻轻地点击一下鼠标便化为乌有，了无痕迹。

"社交网络记忆"是公众记忆和个人记忆的新型混合体。社交网络环境具有即时性和时间性，这掩盖了其成为媒介幽灵的潜在可能性。对于那些参与其中的人来说，即使他们结束了在线社交网络的生活，那些不堪回首的过去仍然有可能继续对他们造成影响，成为其挥之不去的阴影。

记忆研究将记忆分为个人记忆和集体记忆，交流记忆和文化记忆和，功能记忆和存储记忆，这种曾经可靠的二元体系正在被日渐消解。如今，媒介生活即记忆生活。记忆通过媒介生态系统而存在，记忆与技术两个生态系统相互依存、协同发展。在晚期现代社会里媒介化记忆一直在迅速地演变，因而需要对文化记忆重新进行定义，建立一种新的记忆生态模式来阐明各种记忆路径如何联结、整合为一个动态的系统。只有改变现有的记忆和遗忘参照系，打造出新的记忆生态系统，才能够利用信息丰富、存取便捷的新媒介塑造出稳定连贯并且具有深度的文化记忆。

本书的结语部分还对西方文化记忆理论所取得的成就和存在的问题做了总体评述。经过阿斯曼夫妇等一批西方学者的努力，文化记忆理论业已发展成为一个跨学科特征突出、具有国际影响力的系统性理论。但是，当我们站在西方以外的视角对之加以观察和审视的时候，就会发现其中潜藏着西方中心主义思维，东方文化被边缘化、甚或忽视了。而且，目前这一领域中的大多数研究主要是在文化学和人类历史学的框架下展开，集中对文化记忆的集体层面进行宏观的理论阐释，今后有待从认知学、心理学、神经生物学等角度加强对文化记忆微观层面的实证研究。此外，如何在当下的新媒介时代充分发挥文化记忆的凝聚和教化功能，这一问题始终悬而不决。

在对研究对象进行审视和评价的同时，笔者也对本项研究的得与失进行了反思。作者在中西方学者已经奠定的基础上，提出文化记忆是一个以媒介为主要内驱力的多维动态系统。此项研究的旨归在于秉持中国学者的立场，将西方的文化理论与中国语境结合起来，思考并解决本民族的文化记忆问题。当然，书中无可避免地存在一些不足之处，例如：由于语言限制和文献更新的延迟，导致研究视野中存在一些盲点、甚至盲区，作者将在后续的研究工作中补缺查漏，逐一完善。

第一章　文化记忆理论谱系

　　文化记忆行为是人类学基础研究的一个构成因素，人类早在古代就已经创建了有关记忆的共同遗产和思想，这一历史可以一直追溯到古希腊的荷马、柏拉图和亚里士多德，因而文化记忆研究史与记忆史一样历史悠久。圣经文本将各种人群聚在一起，回忆他们共同的起源，现代的国家领袖也在做同样的事情，方法或同或异。柏拉图和亚里士多德等哲学家关于记忆的比喻经久不衰，将精神比作蜡板，把记忆比作分类桶①。希波的奥古斯汀受人尊崇，它不仅在15世纪初发明了传记这种记忆形式，还以楼梯的意象为基础从空间的角度理解记忆。中世纪和文艺复兴时期演说者为了记忆长篇的文本而想出了一些高超的记忆技巧，当然这其中也有奥古斯汀的贡献②，显然这些技巧有赖于人们长期以来有关记忆发生过程的种种感知。后来，启蒙哲学家约翰·洛克在记忆中找到了自我的本源，即通过时间产生自我同一性意识，开创了当代身份话语的先河③。我们可以由此一直追溯下去，将这些以及其他有关记忆的真知灼见串联在一起，从而勾画出一个记忆研究的谱系。

　　不过，当代人有关记忆和历史的视角与之前的视角大不相同。我们对待过去，即对待历史以及记忆这种历史构架方式的观点发生了变化，其部分原因也许源于进步观以及与西方现代性相关的"逻各斯中心主义"的胜

---

　　① Carruthers, Mary. *The Book of Memory: A Study of Memory in Medieval Culture*. Cambridge and New York: Cambridge University Press, 1990.
　　② Yates, Frances A. *The Art of Memory*. London: Routledge and Kegan Paul, 1966.
　　③ Taylor, Charles. *Sources of the Self: The Making of the Modern Identity*. Cambridge, MA: Harvard University Press, 1992.

利,理性和理智受到推崇,超越了其他任何标准。就记忆而言,这涉及一个重要的转变,人们不再强调来自过去、教人如何做事的知识,转而强调要了解过去所发生的某些事情①;这时记忆所关涉的问题不再是如何通过仪式的重复保存民间传统,而是研究如何通过学习和诵读获取知识。

自从 19 世纪中期以来生理学学科开始更加重视心智能力的研究,其中也包括记忆,到 19 世纪末记忆成为各种不同研究项目和研究理论的主题。19 世纪后期,自然科学领域中逻各斯中心主义的代表,尤其是赫曼·艾宾豪斯②和威廉·冯特③这两位实验心理学的奠基人,开始以现代科学作为工具对记忆的认知层进行系统研究。例如:赫曼·艾宾豪斯在德国的实验心理学框架下,研究人类记忆的保留时间,其方法是让实验对象重复说出一连串的音节,这时候他会观察这些音节能够在记忆中保留多长时间。通过这些观察和研究艾宾豪斯推出了一个"遗忘曲线"。为此他专门挑了一些没有意义的音节,以防止实验对象利用语意来帮助记忆,这样就能够证明真正的记忆保持力。他的经验主义实验方法受到当时的实证主义方法以及他的老师威廉·冯特(Wilhelm Wundt)有关感知和联想的实验的影响。冯特 19 世纪 70 年代在莱比锡从事实验心理学研究,是该学科的创始人。与此同时,形成了以生理学和神经生物学为基础的记忆理论,其中包括爱德华·赫林(Edward Hering)④ 和西蒙(Richard Semon)⑤ 的"记忆基质"("Mnemes")理论,以及西格蒙德·弗洛伊德⑥早期的心理接通理论(Bahnung)。西蒙和赫林探寻以进化生物学作为工具理解文化遗产的方法,

---

① Hacking, Ian. *Rewriting the Soul: Multiple Personality and the Sciences of Memory*. Princeton: Princeton University Press, 1998.

② Ebbinghaus, Hermann. *Memory: A Contribution to Experimental Psychology*. Trans. Henry A. Ruger. New York: Columbia University Press, 1913.

③ Wundt, Wilhelm. *Outlines of Psychology*. Trans. Charles Hubbard Judd. New York: G. E. Stechert, 1897.

④ Hering, Edwald. *On Memory and the Specific Energies of the Nervous System*. Chicago: Lakeside Press, 1905.

⑤ Semon, Richard Wolfgang. *The Mneme*. Trans. Louis Simon. London: Allen & Unwin, 1921.

⑥ Freud, Sigmund. *The Standard Edition of the Complete Psychological Works of Sigmund Freud*. Trans. & Eds. James Strachey, et al. 24 vols. London: Vintage, 2001.

认为生物体由感知所引起的神经兴奋的状态可以被存储起来，成为"记忆痕迹"，一旦再次受到刺激便会马上被辨认出来或者自动地复现，这被称作是"兴奋痕迹复现"。这个理论启发了许多后来的理论家，其中最为有名的是西格蒙德·弗洛伊德。作为一名医生，他研究记忆的心理动力学，一直特别重视心理和文化生活中非理性的作用。弗洛伊德认为感知会在神经之间建立某种连接，重复这种感知所消耗的能量要少于建立一个新的连接所需要的能量，因而前者是人们更为喜欢并且再次选择的方式，即回忆①。于是，各种心理分析以及有关神话的人类学研究承担起了从个人和社会层面对记忆去神秘化的任务。伊恩·哈金（Ian Hacking）曾经指出这些记忆新科学"是作为灵魂的代理科学、经验科学和实证科学出现的，将会提供各种新知识、治疗、帮助和掌控人类一向抵制实证科学的那个方面"②。如果说先前我们拥抱记忆，将之看作是神秘感和阴魂不散的源头，如今我们谋求通过心理分析来驱魔，解开这些谜团。

在所有的这些情况下，实验生理学、神经生物学、生物进化学、精神心理学的记忆研究都指涉到语言，以语言作为研究对象，将书写看作是记忆过程的图像化隐喻。这暗示着有关记忆的经验式研究嵌入在文化语境之中。因而在20世纪最初的几十年有关文化记忆的讨论十分活跃。尼采、柏格森和弗洛伊德使记忆成为学界的中心议题。弗洛伊德在后期放弃了生理学和神经生物学的记忆理论，转而通过传记学和社会文化维度来解释他的无意识概念。尼采倡导以批判性的历史眼光看待过去，他将记忆看作是人类社会和文明强加在个人自由意志之上的一种文化枷锁。在19世纪末，许多人认为记忆过程可以用数据进行测量和量化。对此法国哲学家亨利·柏格森（Henri Bergson）③ 明确表示反对。他将记忆归于系统性的习惯，同时他又强调记忆超越了数学的时间结构，具有主观性。在20世纪30年代，

---

① Baddeley, Alan D. *The Psychology of Memory*. New York: Basic Books, 1976.
② Hacking, Ian. *Rewriting the Soul: Multiple Personality and the Sciences of Memory*. Princeton: Princeton University Press, 1998. p. 209.
③ Bergson, Henri. *Matter and Memory*. Trans. Nancy Margaret Paul and W. Scott Palmer. New York: Zone Books, 1991.

巴勒特（F. C. Barlett）[①] 提出反对经验式记忆研究，因为这种研究没有考虑到人们构建记忆时所处的社会行为和意义语境。于是有关记忆的心理学理论又开始涉及感知和记忆力的文化背景。

其实早在20世纪20年代莫里斯·哈布瓦赫就正式提出了记忆的社会框架理论，强调记忆这种个人心智活动的社会文化背景，并将之归结为"集体记忆"。由此人们开始对文化记忆现象进行科学研究。研究者采用不同的方法论对各种形式的集体记忆进行观察，集体记忆成为人文和社会科学领域的研究重点。阿诺德·茨威格（Arnold Zweig）受到弗洛伊德的心理分析的启发，提出"群体效应"（"Group Affects"）这一集体性概念，试图以此为基础解释当时的反犹主义。卡尔·曼海姆（Karl Mannheim）[②] 讨论了各种身份概念、时间观和各代人的记忆。瓦尔特·本雅明（Walter Benjamin）怀疑，在现代，尤其是经历一次世界大战机械化战争的打击之后，是否还有可能存在直接经验和有意义的记忆[③]。他在《论历史概念》[④]（1940）一文中批评19世纪的历史主义传统所秉持的选择标准无一例外地制造了单一的"胜者的历史"。本雅明从犹太传统中借用了"回忆"这个词，转而呼吁人们"不按套路"讲述历史，铭记那些受害者和无名氏。

阿斯特莉特·埃尔认为，"当今的文化记忆研究主要源于两个传统，两者都始于20世纪20年代：莫里斯·哈布瓦赫有关集体记忆的社会学研究和阿比·瓦尔堡有关欧洲图像记忆的艺术史研究"[⑤]。正是哈布瓦赫和瓦尔堡首次为文化记忆正式命名，分别称之为"集体记忆"和"社会记忆"，并且在现代的文化理论框架之下对之进行了系统性研究。彼得·伯克对此表示赞同，他称之为法国传统和德国传统："'社会的'和'文化的'是

[①] Bartlett, Frederic Charles. *Remembering: A Study in Experimental and Social Psychology*. Cambridge: Cambridge University Press, 1932.

[②] Mannheim, Karl. "The Sociological Problem of Generations." In *Essays on the Sociology of Knowledge*. Ed. Paul Kecskemeti. New York: Oxford University Press, 1952. pp. 286-320.

[③] Benjamin, Walter. *The Storyteller: Tales out of Loneliness*. Trans. & Eds. Sam Dolbear, Esther Leslie & Sebastian Truskolaski. London: Verso, 2016.

[④] Benjamin, Walter. "On the Concept of History." *Selected Writings*, Vol 4: 1938-1940. Cambridge, MA: Belknap Press, 2003. pp. 389-400.

[⑤] Erll, Astrid. *Memory in Culture*. New York: Palgrave Macmillan, 2011. p. 13.

两个对立的形容词，可以帮助我们区分集体记忆研究中的两个传统，法国传统和德国传统"①。顺着这个思路，其实文化记忆的传统可以追溯到更早的德国哲学家弗雷德里希·尼采以及与哈布瓦赫同时代的奥地利精神学家西格蒙德·弗洛伊德。

到了20世纪80年代，在所谓"新记忆研究"这一大的语境中，记忆这一话题又重新引发了人文和社会科学领域中研究者的兴趣。皮埃尔·诺拉的《记忆之场》成为最具国际影响力的观念，与此同时阿斯曼夫妇提出了"文化记忆"这一新概念，将之发展成为德语世界中最具权威性的理论，而且这也是国际范围内最为详尽的记忆理论。

与文化记忆一样，文化记忆理论也具有建构性。有关文化记忆的任何一种理论其本身就是一个建构，它不是对于既定文化现象的发现，而是一种学术的发明。通常哈布瓦赫被认为是集体记忆研究的开创者，而阿斯曼夫妇所提出的"文化记忆"理论正是在其基础上从历时性维度所做的一种纵深推进和发展。但是哈布瓦赫的思想并非凭空产生，还有其他学者也著书立说，思考、分析记忆的社会和文化维度，为当代的记忆研究做出了贡献。这里我要追溯文化记忆理论研究的源头，并且勾勒出哈布瓦赫被经典化的过程，而当代的记忆研究工作正是建立在这样一个充实而连贯的基础之上。

第一节 尼采：历史的利弊与道德谱系

所有的文化表达形式和传递都一样，全是通过记忆建构起来的。但是一直到18世纪之前，记忆要么被当作是人类个体的内在功能，要么被认为是一种文化手段，这两者是截然分开的。其造成的结果是在19世纪这种文化的传递过程被看作是传统资源的重复和确认，而这时候修辞学记忆理论已经开始衰落，面临着革新的压力。在旧的记忆模式衰落的同时，记忆成

---

① Burke, Peter. "Shaping Memories." *Literature and Cultural Memory*. Eds. Mihaela Irimia, Dragoş Manea& Andreea Paris. Leiden/Boston: Drill Rodopi, 2017. p. 20.

为神经生物学和实验心理学的研究对象。到了19世纪末，修辞学的衰落和经验式科学研究的兴起共同促成了文化记忆理论的形成。传统遭遇到危机，人们竭力想要保存住过去的历史，所以19世纪是一个历史主义兴盛的时代。例如，欧洲各国建立了各种大规模的项目，收集过去残留下来的一些痕迹并且加以存档，其中就有德国规模最大也是最为出名的《德国纪念碑历史》（*Monumenta Historiae Germanica*）。除了实证主义历史志之外，黑格尔等思想家继续发展和推进了维科和赫德尔所开创的文化谱系学理论。因而，所谓记忆的危机所指的并非是19世纪缺乏记忆，而是指人类的记忆活动重复和建构历史的方式发生了变化。这引发出一个新的问题，即对于文化史和当今社会来说记忆的功能何在，换言之，记忆与文化之间、记忆与过去和现在之间存在怎样的联系。

最早提出文化记忆理论的是弗雷德里希·尼采，他于1873—1876年出版了四卷本《不合时宜的沉思录》（*Untimely Meditations*），其中第二卷出版于1874年，标题为《论历史于生活之利弊》（*On the Uses and Disadvantages of History for Life*），其开篇呈现出这样一幅场景："想一想那些从你身边经过的吃草的牛群：它们不知道昨天或今天有什么意义，它们跳着四处乱跑，吃，睡，消化，然后又四处乱跑，就这样从早到晚，日复一日，困在当下，只在意眼前的悲喜苦乐，因此既无忧愁，也不烦闷。"[①] 在尼采看来动物世界只有现在，没有过去，因而不受历史意识的束缚，过着一种悠然自得、其乐融融的生活。但是，这却是一种人类享受不到的幸福。一方面，人类很幸运，具有记忆能力，这也是人之所以为人、超越世界上其他动物的原因；另一方面，记忆有可能成为人类的一种负担，压制人的活力和创造力，因而给人带来无尽的烦恼和愁苦。"但是他也暗自纳闷，为什么他不能学着忘却，而只能死守着过去：无论他跑了多远，跑得多快，这

[①] Nietzsche, Friedrich Wilhelm (1874). "On the Uses and Disadvantages of History for Life." *UntimelyMeditations*. Ed. Daniel Breazeale. Trans. R. J. Hollingdale. Cambridge: Cambridge University Press, 1997. p.60. 特此说明：本论文中所有英文引文均由笔者本人翻译为中文（除非有特别的标注），因为我阅读的是英文文献，所以必须译为中文。如果已有中文译本，必当借鉴，并且不揣浅陋结合个人的理解进行重译。

个锁链总是跟着他。"①

柏拉图认为完整的生活，即理念世界与表象世界的统一要依靠回忆才能实现，而尼采的观点正好相反，他认为记忆对于人类而言是有害的，人类想要幸福生活就必须学会遗忘：

> 人活着可以没有记忆，而且还可以活得很幸福，正如动物界所展示的那样；但是如果没有遗忘人就绝对不可能活下去。或者，简而言之我的主要意思是：存在一定程度的警醒、沉思和历史感，这些东西对活态的世界是有害的，甚至于有致命的危险，在这个活态的世界里，无论个人、民族还是文化全都无一幸免。②

通过这种方式尼采将记忆和遗忘这个话题的重心由个人记忆转移到了集体与过去的关系上面。他之所以认为过去对于世界有害，关键在于"生命"（Life）这个词，尼采将之定义为"可塑力"。"生命"这个词不仅指生物学意义上的生命，也指个人生活和社会生活，尼采所说的"生命"指的是一个面向未来，创造、发展和孕育新生命的过程。它必须弃绝那种完全沉溺于过去的视角，只有这样才有可能生出新事物，才不会轻信历史所作的承诺而深陷危机之中。"如果历史研究想要对未来有所裨益，并且产生丰硕的成果，其前提条件是历史研究臣服于一种新的生命强流，例如：某种不断发展进步的文化，也就是说，历史研究必须由一种更高级的力量所控制和引导，而不是由自己来控制和引导。"③

尼采描述了三种不同形式的历史，说明对待文化记忆的三种不同态度：无条件的尊崇、保存或者质疑批评的态度。第一种历史观将历史理解

---

① Nietzsche, Friedrich Wilhelm. "On the Uses and Disadvantages of History for Life." *Untimely Meditations*. Ed. Daniel Breazeale. Trans. R. J. Hollingdale. Cambridge: Cambridge University Press, 1997. p. 61.

② Nietzsche, Friedrich Wilhelm. "On the Uses and Disadvantages of History for Life." *Untimely Meditations*. Ed. Daniel Breazeale. Trans. R. J. Hollingdale. Cambridge: Cambridge University Press, 1997. p. 62.

③ Nietzsche, Friedrich Wilhelm. "On the Uses and Disadvantages of History for Life." *Untimely Meditations*. Ed. Daniel Breazeale. Trans. R. J. Hollingdale. Cambridge: Cambridge University Press, 1997. p. 67.

为是纪念过去的丰碑,认为过去所取得的成就是值得当代人效仿的、永恒的范本。其结果是不仅传统被固化,而且现在也失去了自身的价值,因为所有值得尊崇的东西之所以具有权威性,是因为它们来自于过去。与此相对,古董式的历史观,即第二种看待历史的态度,表现出实证主义的历史倾向,将保存过去这一行为自身看作是历史的目的,尼采称其为"盲目疯狂地进行收集,心急火燎地将所有曾经存在过的东西全都搜罗在一起。这种景象虽然声势浩大,但是令人生厌"[1]。在此,对于那种宣称过去优于现在、具有权威性的看法尼采持批评态度。他还认为当生活固守于曾经发生的过去时,便会迅速丧失其自身的增殖动力。因而,有必要采用第三种历史视角,即批判性的历史视角,对过去进行质疑和拷问,以此来反对那些尊崇和保存历史的做法。尽管我们不会因此而遗忘,从此获得幸福,但是至少我们通过对自己的记忆进行批判式的反思能够"凭借我们的知识直面我们遗传而来的、并且将继续遗传下去的本性"[2]。

尼采对于记忆的反思涉及一个与文化相关的问题,即社会的道德标准是如何产生的,这也是尼采为什么从文化研究角度批评记忆的关键所在。依据柏拉图的模式,理念世界超越历史,而且永恒不变,灵魂必须在尘世的生命历程中努力地进行回忆才能获得真和善。尼采的观点正好相反,他认为道德标准并非是永恒不变的真理,而是一个历史建构的、不断变化的概念。他将记忆作为道德产生的前提条件,但是对于他而言记忆是文化以一种暴力血腥的方式在人类身上烙下的印记。尼采1887年出版了《道德谱系学》,这本书包括三组文集,他在这本书中用谱系学的方法研究了各种道德标准的起源和意义。

尼采认为,所有道德标准建立的前提基础是假定人具有责任感,能够对他的行为负责。因而,这意味着道德观要成立必须预先假定人能够建立

---

[1] Nietzsche, Friedrich Wilhelm. "On the Uses and Disadvantages of History for Life." *Untimely Meditations*. Ed. Daniel Breazeale. Trans. R. J. Hollingdale. Cambridge:Cambridge University Press, 1997. p. 75.

[2] Nietzsche, Friedrich Wilhelm. "On the Uses and Disadvantages of History for Life." *Untimely Meditations*. Ed. Daniel Breazeale. Trans. R. J. Hollingdale. Cambridge:Cambridge University Press, 1997. p. 270.

记忆，由此记住自己的所作所为以及曾经许下的承诺，因此记忆是道德观念成立的前提条件。尼采对自然记忆和人为记忆进行了区分，自然记忆与遗忘相伴随行，而人为记忆在某些情况下可能会排斥遗忘。尼采将这种人为记忆称作是"意志记忆"。他的这个概念借鉴了义务的模式，因为义务会引发对于未来的承诺。人类有记忆的能力，所以他将人类定义为能够"做出承诺的动物"：

> 准确地说，人这个动物必定健忘。遗忘是一种特长，他为自己培育出了记忆这样一种反遗忘的手段。有了记忆，健忘在某些情况下可以被悬置，也就是说，在这些情况下人们会做出某个承诺：于是记忆不再是被动的，人们记忆不是因为产生了某个印象，从此便无法摆脱……相反记忆是一种积极的愿望，想要对过去的某个场合中希冀得到的东西保持欲求，这才是真正意义上的意志记忆。①

因而尼采说，这"是漫长的责任起源史"②。尼采的"意志记忆"不是指共享的历史记忆，而是指记住自己的承诺和相应的义务。它是一种个人记忆，是个体在道德方面具有可靠性的基础。

记忆是构成文化和共同体的支柱，尼采将记忆形成的过程命名为"记忆术"。人类通过文明由人演化为了人类共同体，但是在描述这一文明进程时，尼采使用了一些极为悲观的词语：

> 温和的手段和方法解决不了这个年代久远的老问题；也许在人类的史前史中最为恐怖怪异的莫过于记忆术。"只有经历了火的烙印才能将某件事情记住：只有当某样事物持续不断引起伤痛的时候，它才能成为记忆——这个命题来自于地球上最为古老（很不幸也是最为长寿的）心理学……记忆的出现必然伴随着鲜血、苦痛和牺牲；令人毛

---

① Nietzsche, Friedrich Wilhelm. *On the Genealogy of Morality*. Ed. Keith Ansell-Pearson. Trans. Carol Diethe. Cambridge: Cambridge University Press, 1994. p.39.

② Nietzsche, Friedrich Wilhelm. *On the Genealogy of Morality*. Ed. Keith Ansell-Pearson. Trans. Carol Diethe. Cambridge: Cambridge University Press, 1994. p.39.

骨悚然的献祭和损失（献祭头生子就属于这一类），让人恶心的身体残损（比如：阉割），所有宗教信仰都在施行的那些十分残忍的仪规（所有的宗教论其本质都是残酷的体系）——人类本能地意识到痛苦是最为强有力的记忆手段，这便是所有这一切的起源。①

在此，尼采采用的是19世纪非黑即白的进化论的观点，将人类历史的进程建构为一条由黑暗的残酷义务到光明的理性自由之路。这种记忆的建立过程在尼采看来是违背天性的，因为生命在向前发展的过程中通过"积极的健忘"②展现出无穷的潜力，只有这样才能避免回到过去，受到限制。因此尼采将记忆的引入看作是一种监管个人的手段，是社会成员为了确保各自的生存而采用的一种策略。从这个角度来看，记忆的本质是为了补偿人性的弱点而采用的一种权力工具，为了矫正人类健忘这个缺点而不惜采用这样一些饱蘸鲜血和痛苦的残忍手段。

因而，尼采间接地道出了文化记忆研究的一个基本信念：记忆塑造了文化，尽管构成文化的要素有很多，但是记忆是其中最重要、也是最根本的要素。一种文化之所以独一无二，无可替代，原因无他，只因为它是群体里所有成员共同的记忆。这种共有的记忆不仅表现为风俗习惯和各种仪式，而且最重要的是共同记忆就是由这些风俗习惯和仪式所构成的。同时，尼采也将这一基本信念转化为了一种文化批评，因为他认定人类与过去的关系不仅阻碍了生命的活力，而且还是一种完全违背自然天性的行为。记忆不是人的天性，相反它是一种人为制造的、规训人类的文化手段。

哈拉尔德·维利希（Harald Weinrich）的著作《忘川河：遗忘的艺术和批评》这本书中强调尼采对于道德的分析具有开拓性。维利希说，尼采的道德论与众不同，它有别于：

---

① Nietzsche, Friedrich Wilhelm. *On the Genealogy of Morality*. Ed. Keith Ansell-Pearson. Trans. Carol Diethe. Cambridge: Cambridge University Press, 1994. p.41.
② Nietzsche, Friedrich Wilhelm. *On the Genealogy of Morality*. Ed. Keith Ansell-Pearson. Trans. Carol Diethe. Cambridge: Cambridge University Press, 1994. p.38.

从亚里士多德到康德这些哲学家对于道德的阐释，其本质的区别在于尼采的道德观建立在我们现代人所说的交流基础之上。在债务领域至少有两个人彼此互相交流，债主和债务人，其交流的媒介是记忆。同样的说法也适用于法律领域里对于债务和赔偿的犯罪学理解，同样地这两种现象也被认为是一种交流，是法庭审理程序中的口头质询。如果道德同样是由债与罪这些精神上的东西所构成，那么它的本质也是一种交流，而且预设每一个与之相关的人都有记忆，他不仅愿意回忆，而且也能记住。①

维利希的这段话指出了尼采的道德观的本质特点，即它是一种以各种社会关系为基础的道德伦理观。在这一方面尼采是西方传统的一种映照，西方的伦理观可以一直追溯到亚里士多德，大多都是有关个人幸福和个人追求的。尼采认为，人类的良知或责任观源于面向未来的承诺，即对于未来行为的一种期许。一个人如果具有记忆力，我们便可以预测他的行为，明天的他会与过去的他和现在的他保持一致，无论何时他都是同一个人。记忆本身就是社会的印记，上面刻着社会的各种要求和责任。

尼采关于记忆的批评远远不只是拒斥某几种历史学方法。他呼唤"健忘"，这样就剥夺了道德系统的基础，因为道德宣称建立在永恒的价值观之上，但是尼采指出其实是人类社会建构了这些价值观，然后将之灌输到人的意识之中。这意味着文化记忆研究史开端的时候对于记忆持一种激烈的批判态度，因为尼采坚信，一个充满活力的社会绝对不能受制于历史的束缚和道德的规训，否则就会丧失与生俱来的塑造未来的潜力。尼采所要强调的是记忆绝非人类的天然需要，我们应该将之看作是为了特定的权力和利益而使用的一种文化控制手段。

尼采指出人们有了记忆才能形成各种社会纽带，因而记忆与责任联系在一起，是责任感的前提。有了记忆才可能对过去接受的帮助和善意表示感恩，对于过去的承诺和失误承担责任，也因为有了记忆才能面向未来做

---

① Assmann, Jan. *Religion and Cultural Memory: Ten Studies*. Trans. Rodney Livingstone. Stanford, CA: Stanford University Press, 2000. p. 89.

出承诺，由此承担相应产生的对于他人和社会的责任。后来哈布瓦赫提出人们彼此之间需要形成各种纽带，这样才能产生记忆，并且具备记忆的能力。但是尼采所说的并非是哈布瓦赫的那种贯穿着记忆和遗忘的互动，自我调节的、散漫的"交流记忆"。尼采所假定的是一种完全不同的、特别的记忆，他称之为"意志记忆"。他说"在某些情况下遗忘被悬置了"[①]，这里所说的某些情况是指当人们有所承诺的时候。尼采认为承诺是整个社会得以形成各种联系的典型范式。首先，人必须守信可靠，具有责任感，拥有健康的心灵，才能够建立起各种社会联系。在"责任法则"的指导下，尼采提出了文明人的观念，文明人指的是"可预料的个体"，明天依然能够记住昨天所作的承诺，所以这个人是可以预料的。"意志记忆"的基础是一种决心，一种坚定的信念，凭着这种意志和信念反复不停地兑现过去曾经想望的东西。这种记忆不是天性的产物，是人类为了在具有文化建构性的社会中生存而逐渐培育养成的。

阿斯曼认为，尼采的观点具有单面性[②]。其实文化也具有温情的一面，因为人类需要群体的归属感，以此获得心理满足和情感抚慰，而文化适应过程就是要将人培育为人类大家庭中的一员，但是尼采只看到了这一过程中义务性的、甚至强制性的一面。尼采与哈布瓦赫一样，都停留在身体的、神经的和情感的层面，就此驻足不前，而没有进入纯粹的符号层面。尼采所能接受的唯一一种符号就是疼痛，疼痛是通过情感直接印刻在身体上的一种符号。他举了很多例子，比如牺牲、精神折磨、誓约、宗教信仰等，这些都是符号和象征性的行为。但是这些符号是通过残酷的方式发挥作用的，而不是借助自己内在的信念。对于尼采而言，宗教是一种残暴的体系，否则就无法解释宗教对于人类灵魂所产生的影响。"只有当某样事物持续不断引起伤痛的时候，它才能成为记忆"[③]。

---

① Nietzsche, Friedrich Wilhelm. *On the Genealogy of Morality*. Ed. Keith Ansell-Pearson. Trans. Carol Diethe. Cambridge: Cambridge University Press, 1994. p. 39.

② Assmann, Jan. *Religion and Cultural Memory: Ten Studies*. Trans. Rodney Livingstone. Stanford, CA: Stanford University Press, 2006. pp. 5-6.

③ Nietzsche, Friedrich Wilhelm. *On the Genealogy of Morality*. Ed. Keith Ansell-Pearson. Trans. Carol Diethe. Cambridge: Cambridge University Press, 1994. p. 41.

第二节　弗洛伊德：图腾与一神教的起源

《摩西与一神教》是西格蒙德·弗洛伊德的最后一本书，出版于1939年，他离世的那一年。摩西是犹太人的先知，一直传播一神教的教义，但是直到他死后四百多年一神教才重新出现，并且成为风靡世界的宗教。为什么在摩西传教和一神教的兴起之间出现了长达四百年的间隔期？弗洛伊德的这本书就是针对这个奇怪的现象而写的，他以希伯来文本作为基础，结合犹太人的经验，提出了一个囊括宗教、文化和记忆的总体理论，其中宗教和文化这两个概念是可以互换的。也就是说，他以文化理论家的眼光，而不是以神学家或历史学家的身份来审视这个问题。在这本书中他将"俄狄浦斯情结"、图腾崇拜以及创伤病原学研究结合在一起，提出了一个神话般的解释，由此揭示出一神教与创伤之间可能存在一种不可思议的关系。弗洛伊德认为，这种创伤使一神教具有一种特别的控制民众精神的力量，而一神教的创伤根源在于人类的俄狄浦斯深层心理结构。对他而言，宗教史像是一出记忆与遗忘交替并存、经受创伤并且产生负罪感的心理闹剧。

在这本书中弗洛伊德将他的俄狄浦斯情结从个人心理学转到了文化研究领域，探索群体起源叙事被记忆的同时也被遗忘的过程。记忆和回忆在整个心理分析理论中具有极其重要的意义。弗洛伊德将人的精神活动分为意识和无意识，由此颠覆了此前人们对于记忆和遗忘的观念，因为弗洛伊德提出遗忘只发生在意识层，而那些被抑制的内容全都被保存在无意识层里，其留下的痕迹一直都在，无法删除。因此精神中的无意识层是存储创伤事件以及那些未获得满足的本能的区域，而且它还通过那些人们认为已经被遗忘的内容对主体的意识感知产生影响。这些被压抑的内容会改头换面，经过变形后不断地提醒记忆主体曾经的遭遇，于是遭受创伤的个体，即弗洛伊德所说的精神病人，产生了"重复强迫症"，也就是说病人一遍又一遍地重新唤起那些无法安置的记忆，当然这种记忆经历了变形，在重新改造之后具有象征意义①。心理疗法的关键在于解决被压抑内容经过变形后所产生的各种后果，也就是说，需要一遍一遍地重演这个过程，直到显示出病因为止，这时候被压抑的创伤就回到了记忆主体的意识层。

弗洛伊德有关被压抑记忆的理论与一神教的文化研究是如何关联在一起的呢？弗洛伊德在他的《宗教起源：图腾与禁忌》②这本书中用"俄狄浦斯情结"来分析人类文明和文化的起源。弗洛伊德假定，小男孩会对母亲产生性的欲望，因而有杀父娶母的冲动，这就是他所提出的有名的"俄狄浦斯情结"。后来弗洛伊德于1930年出版了另外一本书，书名为《文明与不满》③，也是基于同样的假设。

弗洛伊德认为摩西遇害对于犹太人来说是一个创伤性的经历，之所以出现这种情况是因为记忆被压抑所导致的结果。这个记忆与俄狄浦斯情结有关，可以一直追溯到人类社会形成的早期，即原始部落时期。弗洛伊德认为，那时候男性族长以一种专制残暴的方式统治部族，所有的群体成员都要服从族长的威权，而且所有的女人也都为族长一个人所专有。于是他的儿子合谋杀掉父亲，娶了自己的母亲，犯下乱伦之罪。人类的这种心理经验经过多次重复后就会通过生物遗传的方式被印刻在集体无意识之中，成为弗洛伊德所说的"古遗产"。后来人们决定停止这种杀戮，并且将族长作为神供奉起来，这样就形成了文化和原始宗教，即图腾。族长被换成了图腾动物的形象，作为部落的神接受人们的膜拜，然后献祭的动物被部落的全体成员共同分食吃掉。部落族长的角色因此成为空缺，无人顶替，于是整个部落处于无首领的状态。这时候杀戮成为一种罪，因为这会让人们想起自己的原罪，即远古时杀害族长的行为。这种杀戮的记忆受到压抑，并且被转化为一种强烈的负罪感，因而图腾、宗教有各种各样的预警

---

① Freud, Sigmund. "Beyond the Pleasure Principle." Trans. James Strachey. *The Standard Edition of the Complete Psychological Works of Sigmund Freud*, Vol. XVIII (1920—1922). London: Vintage, 2001. pp. 7-66.

② Freud, Sigmund. *The Origins of Religion: Totem and Taboo, Moses and Monotheism, and Other Works*. Ed. Albert Dickson. Trans. James Strachey. Harmondsworth: Penguin, 1985.

③ Freud, Sigmund. "Civilization and its Discontents." Trans. James Strachey. *The Standard Edition of the Complete Psychological Works of Sigmund Freud*, Vol. XXI (1927—1931). London: Vintage, 2001. pp. 64-144.

措施，并且让人产生各种焦虑，例如：各种禁忌、限制、禁欲、自我阉割、残忍的献祭等类似的严苛要求。这些禁忌里最为重要的一条就是乱伦，由此避免在群体内部出现由性冲动而引发的冲突。当历史发展到更高的阶段时，图腾头像被换成了人的头像，而且头像数目也增多了。于是一神教被多神教取代，而且也已经完全看不出来原始社会里宗教最初的样子。

弗洛伊德将摩西之死看作是群体经历的一次创伤性体验，对此作了病原学的分析，也创造了一个神话。但是，他需要这个神话，因为只有通过神话才能解释为什么一神教的发展过程中会出现这种创伤性的暴力。"摩西将一神的思想带给了民众，其实这并不是什么新奇的想法，只不过说明人类原初时代的某种经验又重新回来了，在此之前它从人的意识记忆中消失了很长时间"①。摩西创立的一神教是族长的回归，而摩西遇害更是那些被深藏在无意识之中的弑父记忆被重新激活后的一种复现。自然死亡不可能对于集体心理产生这么强烈的效果，要想让记忆的时间持久就必须是创伤性的经历。用弗洛伊德的话来说，"只有当它经历了被压抑的命运，成为无意识之后，回归之时才能将大众置于它的魔力之下"②。因而，摩西之死重复了远古时期族长被杀的命运。弗洛伊德的核心观念是一个悖论，摩西遇害，然后这一事件的记忆被压抑，只有通过这样一种方式摩西才能完成他的使命，成为"犹太人的创造者"，化为人们永恒不灭的记忆。在摩西死后他所传播的一神教进入了持续四百年的潜伏期，只为等待被压抑的记忆重新回归的那一刻，于是一神教重新出现，将众生置于它的魔力之下。

因而依据弗洛伊德的推断，文化取决于早期原始部落中的弑父行为。弑父是人类文化的原罪，因为它以暴力打破了人伦禁忌，所以成为记忆的

---

① Freud, Sigmund. "Moses and Monotheism." *The Origins of Religion: Totem and Taboo, Moses and Monotheism, and Other Works*. Ed. Albert Dickson. Trans. James Strachey. Harmondsworth: Penguin, 1985. p. 378.

② Freud, Sigmund. "Moses and Monotheism." *The Origins of Religion: Totem and Taboo, Moses and Monotheism, and Other Works*. Ed. Albert Dickson. Trans. James Strachey. Harmondsworth: Penguin, 1985. p. 347.

禁区。但是同时，用弗洛伊德的话来说，这件事又不能被忘却，因为这种暴力建立了一种共同的负罪感，因此保证了社会的道德秩序，例如：当今社会仍然延续着有关弑父以及乱伦的禁忌，就足以说明这一点。共同体通过图腾这种象征形式以另一种方式不断地重复这段记忆，这既是对部族起源的一种纪念，同时也是一种遗忘，于是图腾祭拜活动满足了社会既需要遗忘又需要记忆的双重要求。因而在弗洛伊德看来共同体应对集体创伤的方式与发病的精神病人处理个人创伤的方式完全一样。当谈到所谓"野蛮人"或者"原始民族"的图腾崇拜时，弗洛伊德作了如下总结："图腾宴，也许是人类最早的庆祝活动，它将重复并且纪念这一值得纪念的罪行，这为许多事情开了头，比如：社会组织、道德约束和宗教"①。不过，图腾宴将弑父行为象征性地转变为了杀牲，所以我们也可以反过来这样说："因而图腾帮助人们掩盖事件的真相，而且会让人忘记事情的源头"②。因而记忆和遗忘并非水火不容的敌人，两者更像是同谋，共同为集体叙事构建出一个有关群体起源的故事。

弗洛伊德的《摩西与一神教》从文化心理学的角度研究摩西遇害这一创伤性事件被群体同时记忆和遗忘的交替重复过程，涉及集体记忆的无意识维度，并且在时间维度上超越了当下，回溯到几千年前人类的远古时代，因而成为阿斯曼所提出的文化记忆理论的一个重要资源。

弗洛伊德的文化心理学理论建立了记忆被压抑、重复和发展这样一种理论模式。虽然今天从个人心理学和文化史的角度来看这种模式和解释并没有科学实证的依据，完全属于一种主观的推断，但是正如弗洛伊德所说，用文化分析的方法重构各种联系可以让我们洞察文化问题的根源。首先，他观察到庆祝等仪式性活动是文化形成过程中极其重要的一环，而且这也是文化记住自身起源的一种方式。另外，他的文化研究让我们意识到一个社会如果忘记过去，便会被迫一遍一遍地以某种方式重复这段记忆。例如：二战后的德国就面临着如何与过去和解的问题，这个问题如果处理

---

① Freud, Sigmund. *Totem and Taboo*: *Resemblances Between the Psychic Lives of Savages and Neurotics*. London: Vintage, 1919. p. 236.

② Freud, Sigmund. *Totem and Taboo*: *Resemblances Between the Psychic Lives of Savages and Neurotics*. London: Vintage, 1919. p. 240.

不当，过去就会成为一场无法摆脱的梦魇，将整个社会置于负罪感和焦虑不安之中。这表明记忆不仅是一种描述文化构成的方式和手段，而且记忆本身就是一种持续不断的文化活动。

弗洛伊德将宗教看作是强迫性神经官能症，这让我们想起尼采对于宗教所作的评价。依据弗洛伊德的看法，宗教意识像是一种执念，是由埋在无意识中、被压抑的事实真相所引起的，它从无意识中浮现出来折磨人的意识，因为之前受到压抑，所以当它回归的时候释放出所有的暴力。但是弗洛伊德心里所想的记忆与尼采的意志记忆不是一回事。弗洛伊德在时间上深入到历时性的维度，回溯人类的原初历史，意图解释在世代相传的过程中宗教记忆的传承和变迁。他与尼采和哈布瓦赫一样，都停留在个人身体的边界上，他们忽视了各种文化符号和档案，拒绝跨越边界进入文化的领域。对于弗洛伊德而言，记忆是一种身体的印记。创伤对于弗洛伊德就像是记忆之于尼采，这是一种永远无法愈合的伤痛。两位理论家都提出了集体记忆的概念，但是他们的集体记忆局限于身体和心灵，显然他们无意将记忆的概念延伸到符号媒介的领域。在他们看来，文化的记忆功能只能从精神和肉体的"印记"的角度来解释。在这里我们可以看出因为还原主义的作用，集体记忆和文化记忆动力学被限制在个人身体的物理层面上。

弗洛伊德与尼采的另一个共同点在于对文化持悲观的态度，这一点在弗洛伊德的文章《文明及其不满》中表现得尤为明显。文化被看作是一套价值观和规范的系统，包含各种规则和仪式。文化像是一件紧身衣，其目的是驯化个体，将之塑形，迫使他适应文化的各种目标和功能。但是在这一过程中，文化不仅无情地塑造人的身体，而且给人的身体带来伤残，例如：犹太人的割礼。其实，如果跳出这两位思想家的视角，我们发现文化也具有积极的一面，例如：文化发展出各种新的生活样式，为个体打开了充实自我和实现自我的各种可能性。人的灵魂需要文化的滋养才能变得充实，否则便是一个空洞的物理存在。然而尼采完全忽略了这一点，他一味地强调社会为了自身的利益而将个体驯化为顺民，却没有看到在另一方面，个体也天然地需要归属感和社会认同。产生凝聚性集体记忆的根源在于人的天性追求一种归属感。一方面，文化在个体身上强加各种规范性的约束，但是另一方面，个体也需要找到归属感。两者同时并存，很难说孰强孰弱。尼采认为个人追求归属感的愿望过于庸常，索性视而不见，避而不谈。

此外，弗洛伊德和尼采都将记忆与罪和良知联系在一起，并且将这种联系看作是一种恶性的综合症，怀有一种将大众从劳苦之中解救出来的情怀。但是弗洛伊德的批判目标不是道德，而是宗教。他使用的方法也是谱系重构，在这点上他与尼采很像，而且都具有批判性，属于解构主义。尼采强调记忆中的暴力成分，同样地弗洛伊德强调记忆中的强制性。两个人都认为暴力成分或者强制性在自我最为隐秘的深处留下了记忆的印痕。尼采所说的"永不停息的折磨人的伤痛"对应的是弗洛伊德的创伤概念。弗洛伊德在《摩西和一神教》这篇文章中说只有当传统"经历了被压抑的命运，成为无意识之后，才能在回归时将大众置于它的魔力之下"①。他在这本书中详细阐释了被压抑的记忆是如何暴力回归的，提出了神话式的文化心理学学说。

弗洛伊德对于文化记忆理论的贡献在于为之增加了无意识的维度。"传统"这一概念仅仅涉及有意识的文化活动，包括技术、知识以及遗产的接受和传递，而"文化记忆"概念包括一个群体除此之外的无意识层面的精神生活。弗洛伊德认为，一神教表现的是记忆被压抑后的回归。摩西遇害这一事件是导致这种压抑出现的决定性因素。依据弗洛伊德的说法，这种负罪感滋生出内心良知的不安，两者具有"强迫性神经反应形式的特点，这一特点是非终止性的，而且永远不可能终止"。正如尼采所言，这是一种"永不停息、一直在折磨人"的伤痛。但是，构成记忆基础的这种创伤不是身体表面的，而是位于内心深处的、处于无意识之中的伤痛。在尼采那里，社会记忆构成了一个场域，社会规范在这个场域之中留下了自己的印痕。如果用弗洛伊德的术语来说，社会的集体记忆相当于超我，不过弗洛伊德却将集体记忆安置在了无意识之中，人的内心深处正是普遍的人类经验留下印痕的地方。因而，依据弗洛伊德的思路进行推理所得出的集体记忆概念正好与尼采的"意志记忆"相反。尼采的"意志记忆"是

---

① Freud, Sigmund. *The Origins of Religion: Totem and Taboo, Moses and Monotheism, and Other Works*. Ed. Albert Dickson. Trans. James Strachey. Harmondsworth: Penguin, 1985. p. 347.

"一直想望得到自己曾经的向往",而弗洛伊德的想法殊然迥异,他认为一神教是"被动的,是一种一旦产生某种印象便无法自拔的无力感",是强迫性的创伤记忆在人的心里纠缠不休所产生的后果。尼采强调记忆的社会规范性特质,弗洛伊德则代之以强迫性的无意识。

第三节 瓦尔堡:记忆女神与激情公式

20世纪之初,已经有学者对记忆与文化之间的内在联系做了描述,同时各个研究院也开始开设文化研究方向①。学术界日益关注记忆现象与文化之间的关系,其中也包括狭义的文化概念,即艺术品。例如:20世纪20年代德国汉堡的艺术史学家阿比·瓦尔堡提出了"社会记忆",尝试以记忆为基础,用一种新的方法改写传统的艺术史。依照瓦尔堡的说法,符号是"能量仓",文化依存于符号的记忆功能之中。瓦尔堡依托图像提出文化记忆的概念,为此他使用了多个不同的术语,其中包括"社会记忆"。因此,他被看作是现代跨学科文化研究的主要开创者之一。

瓦尔堡的兴趣点在于艺术记忆,即生动的图像和符号如何在不同时期和文化中被反复使用。瓦尔堡注意到某些艺术形式的复归现象,比如古典壁画中的基本图案重现于文艺复兴时期波提切利和基兰达约的绘画中,并且出现在20世纪20年代的邮票上。瓦尔堡并未将这种重新使用图案的现象解释为是后期艺术家对于古代艺术的有意窃用,而是将之归因于文化符号所具有的记忆功能。

依据瓦尔堡的观点,视觉艺术作品不仅仅体现了其所处时代的精神风貌以及艺术家凭借个人才能所取得的成就,还应当被看作是人类强烈的内心体验和情感表达形式的安放之所。传统的艺术观认为古代艺术的特点是对称、静穆和庄严,具有古典式的平静。对此瓦尔堡表示反对,他赞同尼采的观点,认为在古希腊悲剧中存在两种对立:代表理性的太阳神文化和

---

① Rickert, Heinrich. *Science and History: A Critique of Positivist Epistemology*. Princeton/Toronto/New York/London: Van Nostrand, 1962.

恣意狂欢的酒神文化。他指出极度的兴奋感在绘画艺术中得以表现，既有正面的陶醉兴奋感，也有负面的极度痛苦的情绪。艺术形成了"激情公式"来表现这些情绪状态，即通过手势和体态将内心情绪视觉化。视觉艺术从文艺复兴到现代时期一直在使用这些"激情公式"，于是就形成了一条类似记忆的连续不断的线索，瓦尔堡称之为"记忆基质"（Mneme）和记忆印迹（Engram），这两个术语由进化论生物学家埃瓦尔德·赫林（Ewald Herin）和理查·西蒙（Richard Semon）于1900年引入记忆研究领域。因而他认为，西方世界两千多年的艺术史中艺术形式、符号和主题的复现不仅只是显现出传统，更是一种证据，证明人类强烈的内心体验和身体表达被保存并且传承下来，为艺术家进行创作提供了宝贵的资源。从这个意义上来说，描述激情的激情公式是"文化的记忆印迹"，即通过媒介、以象征方式表现感官体验的一种明证。瓦尔堡延续这个思路将文化研究描述为艺术史和心理学的记忆概念之间的互动，但是很明显瓦尔堡的这种记忆概念所指的是集体传承的过程，而并非艺术家个人的精神气质：

> 以艺术研究为基础的文化研究只有当说到第二点、第三点的时候才会将艺术作品看作是心理学工作室的研究对象：对于这个研究来说，在心理学文献的宝库里随处可以找到与绘画相关的内容，心理学文献是依据本我（Ego）意义与自我（Self）意义之间的张力来排列的，而这种张力在原始本能的释放和理性缓解形式之间寻求自己的风格。这两种极端的行为模式之间形成冲突，在此过程中储存在记忆宝库中的古人的先见之明就会对其风格产生影响，因为在这些极端的能量学过程中异教徒的宗教情感具有强大饱满的内在生命力，而另一方面，是独立自主的……注重实际的自我彰显（令世人迷醉的智慧），两者迫使人们对这些极端的、富有表现力的价值观进行改造，以适应其形式语言的领域。①

一方面是寻求表达的无序情感，另一方面是理性、有序地建构形式的

---

① Pethes, Nicolas. *Cultural Memory Studies: An Introduction*. Trans. Manjula Dias - Hargarter. Cambridge Scholars Publishing, 2019. p. 28.

愿望，于是文化记忆基质夹在中间，它两边都参与，但是又不完全属于任何一方，它就以这样一种方式反复不停地调节两者之间的冲突。这意味着艺术史作为集体的视觉记忆已经超越了美学评价和历史范畴。不过这个记忆理论依然是一种历史性的思考，因为瓦尔堡确定了不同时期激情公式的不同表达形式，将文化记忆描述为不断重复和修正两者之间辩证互动的过程。也就是说，并非是因为有了传统这个大的语境才产生了记忆，相反记忆才是传统得以形成的语境和前提。实际上，这个语境是由每个单独的作品与记忆之间的关系形成的，而且正是记忆塑造了连续不断的西方意识："记住古人的文字和图像表达方式是欧洲人文学科的积极功能"①。

尽管从当时的心理学领域借用了"记忆痕迹"、"记忆基质"、"心理能量"等术语，瓦尔堡对于文化记忆理论最为重要的贡献在于他关注到了记忆的物质基础，因为文化历史语境不能只靠抽象的思想和理念，需要有具体实在的媒介技术。瓦尔堡将自己的一个研究项目命名为"记忆女神"（Mnemosyne Atlas），为了将欧洲艺术里的各种激情公式记录下来，这本书里配有一千多幅插图。因此，瓦尔堡的著作揭示出，对于文化记忆研究来说，不是只要有了文档和存储媒介就可以完成文化传递的过程，此外还需要对存储的数据进行选择、提取，并且制定相应的标准。像"记忆女神"这个项目，其出版商的古典教育对之产生了极大影响，这说明只有通过利用过去并且将过去语境化，才能形成文化记忆。

瓦尔堡强调艺术作品对于文化记忆研究的重要性。他认为将感情状态保留在绘画作品中，这不是偶然性造成的结构，也不仅仅是为了解释说明。相反，视觉艺术是文化记忆的核心参数。此外，他认为"社会记忆"与深层的道德问题联系在一起，因为古时的情致是一种记忆，对此艺术家可以屈从，也可以掌控。对于情致公式的重新使用与文化的两个基本方面相关，即"表现"与"倾向"。象征性手势所包含的感情内容为接触到这些手势的"文明的"艺术家提供了机会，使他们能够产生一种强烈、明确而且生动的表现力。但是另一方面，这也意味着处于原始阶段的文化对艺

---

① Pethes, Nicolas. *Cultural Memory Studies: An Introduction*. Trans. Manjula Dias-Hargarter. Cambridge Scholars Publishing, 2019. p. 28.

术家造成了一种威胁。艺术总是游走于魅惑和理性的危险区之中,"原始的"狂想和"文明的"自制之间。其决定性因素在于艺术家是否能够既吸纳传统的象征意涵,同时又能与之保持一个安全距离,通过这种平衡策略营造出清美。瓦尔堡感兴趣的是"艺术的温良自制",即现代人面对其文化里的深层记忆时所表现出的克制和道德方面的自我肯定。温良自制的艺术技巧可以借助于浮雕式灰色装饰画的绘画技巧强调符号的纯粹隐喻性,或者用基督教思想来理解异教符号,进行重新阐释。"瓦尔堡将传承积累下来的文化财富描绘为有待转化为人类财产的'全人类的苦难宝藏','人类存储的苦难变成了人类的财产'"[1]。

瓦尔堡强调每个地方和每个时期都有其典型的社会记忆,社会记忆在不断变化,并且能够被转化为现实。这种不断更新的后果之一就是,通过研究艺术品中文化符号的连续性和再阐释之间的互动,可以得出有关文化的精神维度方面的结论。"以时代为镜,可以看出表现方式的各种变化,这揭示出时代有意识或无意识的选择倾向,因而能够发现激发这些愿望并且树立这些理想的集体心理"[2]。

瓦尔堡思想的核心是记忆概念和艺术遗产管理,这一点在他所做的最后一次展览中显露无遗。该展览被命名为"尼莫希尼",即记忆女神,九位缪斯的母亲。这场展览汇集了大量跨越时空的图片,其目的是为了例证说明图像的跨文化记忆。这次展览将各种明显异质化的板块聚拢在一起,呈现出一个连接欧亚、彼此重叠的记忆共同体的大致轮廓。

瓦尔堡的记忆概念不仅指"社会记忆",也指"欧洲的集体记忆",记忆的范围被大大扩展了。之所以会出现这种情况,是因为瓦尔堡将艺术作品,而不是口头话语作为文化记忆的核心媒介,而艺术作品具有潜能,可以跨越各个不同时期,穿越广阔的空间一直延续下去。瓦尔堡的记忆概念包含了文化记忆的历史变迁和本土印记,同时也表明文化记忆嵌套于整个欧亚记忆群体之中。

---

[1] Diers, Michael. "Warburg and the Warburgian Tradition of Cultural History." Trans. Thomas Girst and Dorothea von Moltke. *New German Critique* 65 (1995): 59–73. p. 68.

[2] Gombrich, Ernst H. *Aby Warburg: An Intellectual Biography*. Chicago: University of Chicago Press, 1986. pp. 270–271.

第四节　哈布瓦赫：记忆的社会框架

尼采和雷南在19世纪末发表的著述以及20世纪初弗洛伊德和瓦尔堡所作的研究，为文化记忆研究铺平了道路。记忆现象已经从哲学和心理学的领域中解放出来，被用于描述文化理论和艺术史，同时也成为描述历史和社会政治语境的工具。然而，记忆和回忆观念由个人心理向文化方面的这种转变不仅仅只是隐喻式的或联想式的，它宣告文化语境可以被当作记忆来描述。

但是，同时这种转变有一个基本的前提，即要求人们将记忆和回忆理解为是为一种社会现象或者集体现象，而不是将记忆狭隘地理解为仅仅局限于人的内心心理活动。亨利·柏格森和弗洛伊德分别在哲学领域和心理学领域就个人化的记忆概念进行了批判式讨论，在此基础上法国的社会学家莫里斯·哈布瓦赫于20世纪二三十年代详细阐释了记忆的社会性和集体性。

法国社会学家哈布瓦赫先后师从亨利·柏格森和埃米尔·涂尔干，其所写的三篇论著奠定了集体记忆理论的基础，在当今的文化记忆研究中居于中心地位。1925年哈布瓦赫出版了他的研究成果《记忆的社会框架》(*Les Cadres sociaux de la memoire*)，针对亨利·柏格森以及西格蒙德·弗洛伊德所做的强调个人维度的记忆研究加以反驳，明确提出对于所有的记忆而言如果要建构过去都必须有一个大的社会框架。在哈布瓦赫看来，即使是最为个人化的记忆也是一种集体现象，这一观点招来同行强烈的反对声音，其中包括他在斯特拉斯堡大学的同事查尔斯·布兰德尔（Charles Blondel）和马克·布洛赫（Marc Bloch）。他们谴责哈布瓦赫，甚至于整个涂尔干学派将个体的心理现象令人难以接受地集体化了。

批评的声音激发哈布瓦赫开始写作他的第二本书，在详尽论述集体记忆的同时进一步强调社会环境是个人记忆的框架这一观念。写《集体记忆》他总共花了15年时间，但是该书直到1950年他去世之后才得以出版，而且内容不全。此前，他还出版了第三本书《圣地福音书传奇图志》

(1942, *La Topographie Legendaire des Evangiles en Terre Sainte*)，这本书被部分翻译并收入《论集体记忆》。在这本书中，他追溯了加利利和耶路撒冷两座古城中的圣地彼此之间在记忆方面的联系以及相关的圣徒传记、体制机构和仪式，由此进一步阐明集体记忆这一概念，使之变得更为清晰。正如扬·阿斯曼所言，哈布瓦赫的集体记忆理论以记忆为研究对象，实现了一种研究范式的过渡，过去将文化理解为记忆现象，例如：尼采、弗洛伊德和瓦尔堡的研究，而现在则将记忆看作是文化现象[①]。

哈布瓦赫有关集体记忆以及记忆的文化层面的著述在战后时期几乎被遗忘了。但是当今有关文化记忆的任何理论模式想要立足都离不开这位社会学家。哈布瓦赫有关集体记忆的研究和分析最主要的贡献在于提出个人记忆依存于社会结构之中，由此正式将记忆作为社会和文化研究的客体，使记忆研究跳出个体心理学和生物学的范围，进入更为宏阔的社会和文化研究的领域。

哈布瓦赫的集体记忆理论的出发点是社会框架。理解集体记忆这个概念的第一步在于首先要理解哈布瓦赫所提及的个人记忆的社会框架，因为这是其集体记忆理论的出发点。在此要特别强调一点，哈布瓦赫的"集体记忆"概念不是简单地将记忆一词从个人心理学转移到社会学用来指集体，他从来不曾假定集体记忆有一个具体的承载主体，他的观点是记忆过程本身应该被理解为一个社会过程，或者更为准确的说法是，严格说来，只有主体在当时那一刻的感知和体验才属于个人记忆。过后但凡提及这种感知和体验就必须要涉及社会预先设定好的再现和理解框架。

为了说明集体记忆的社会性，哈布瓦赫在《记忆的社会框架》第一部分举了一个做梦的例子，对梦和语言作了思考，由此对个人记忆中的集体因素给出了详细例证。毫无疑问做梦的过程是一种完全与社会隔离的极端情况。但是一旦人们开始描述或解释梦境，就必须求助于作为社会交流媒介的语言。这个媒介是与其他说话的人共享的，它所提供的时间和空间体系与听话人的期待一致，因而有利于作为社会过程的叙事和理解。哈布瓦

[①] Assmann, Jan. *Cultural Memory and Early Civilization: Writing, Remembrance, and Political Imagination*. Cambridge: Cambridge University Press 2011. pp. 34-48.

赫认为回忆总是在社会语境所形成的框架之中发生的，由此将这个例子推而广之：只有当我意识到社会历史语境并且意识到我的体验具有怎样的意义时，只有当我预先假定至少有一些同时代的人与我处在相同的语境之中并且与我有共同的思想观念的时候，记忆才有参照系。

> 我们产生记忆的条件是从集体记忆的框架中将过去那些我们感兴趣的事情提取出来。回忆出现在这类框架的交叉点上，实际上这些框架彼此互相交叉而且部分重叠，而且互相交叉的框架越多，回忆内容就越丰富。这些框架或者一部分框架消失会导致遗忘，出现这种情况要么是因为我们无法继续关注，要么是因为我们将注意力转到了其他地方其他人的身上……但是遗忘，或者某些回忆的扭曲变形，也可能是因为另外一种情况，即这些框架从一个时期到另一个时期会发生改变。环境和时间点不同，社会回忆过去的方式也就不同：它会修正自己的传统。①

所以哈布瓦赫认为，回忆是依据当下需要所做的一种选择，只有那些我们感兴趣的内容才会被我们回忆起来，否则就会被我们遗忘。而且一个社会记忆的方式取决于提取过去时所处的社会环境和时间点。由此哈布瓦赫推断如果小孩子在完全与世隔绝的环境中长大，他就不可能拥有任何记忆，因为他的感知体验没有社会框架。这个理论或许可以解释为什么我们儿时的回忆大多只能追溯到我们已经社会化、已经将我们的经验嵌入社会框架的时候。

由此他得出结论，每一个回忆行为都必须求助于社会框架，这是进行回忆不可或缺的前提条件。对于哈布瓦赫而言，社会框架首先是指回忆者身边的人群。人是社会动物，如果没有其他人，一个人就无法习得语言，无从了解风俗，这些集体现象不可能存在，而且人甚至不能产生个体记

---

① Halbwachs, Maurice. *On Collective Memory*. Ed. &Trans. Lewis A. Coser. Chicago/London: The University of Chicago Press, 1992. pp. 172-173. （本书已有中文译本：[法]莫里斯·哈布瓦赫：《论集体记忆》，毕然、郭金华译，上海人民出版社 2002 年版，参见 289 页。）

忆。因为一般情况下我们不可能处于真空，在我们的经历中总是有他人在场，所以其他人可以帮助我们在事后进行回忆。

哈布瓦赫更为强调的一点是人类只有通过彼此之间的互动和交流才能够获得知识和经验、集体性的时空观念以及思维和行为方式。我们是集体象征秩序的一部分，所以我们才能感知、阐释和回忆过去的事件。"社会框架"可以是比喻意义上的"社会环境"，指将我们的感知和记忆引向某些特定的思维模式和认知图式。因而，社会框架由社会现象、物质现象的和精神现象构成，形成了包容一切的视野，而我们的感知和记忆就嵌套于其中。然而，对于哈布瓦赫而言，社会框架一词最为核心的内容是社会群体，因为他认为，如果没有社会性的互动和交流，意义世界就无法形成，也无法传承。

社会框架对集体记忆的内容，即那些与群体相关的共同的知识和经历，进行传递和阐释。"在这种意义上存在一种集体记忆和记忆的各种社会框架；在某种程度上我们的个人思想就发生于这些框架之内，并且参与这一记忆，所以才能产生回忆行为"①。

我们的感知具有特定群体性，我们的个人回忆是在社会中形成的，如果不存在集体回忆，就无法产生感知和个人回忆。然而，集体记忆并非是一个与个体的有机记忆相分离的超个人的实体。正好相反集体记忆与个人记忆是相互依存的关系："人们可以说个人是通过将自己置身于群体之中来进行回忆的，但是人们也可以断言说集体记忆是在个人回忆之中实现并且显现自己的。"②

集体记忆只能通过个体的记忆行为来进行观察，因为"每一个记忆都是一个看待集体记忆的视角"③。这一"视角"可以被理解为是人们基于自身的社会化程度和所受到的文化影响而采取的一种立场。每个人都属于

---

① Halbwachs, Maurice. *On Collective Memory*. Ed. &Trans. Lewis A. Coser. Chicago/London: The University of Chicago Press, 1992. p. 38.

② Halbwachs, Maurice. *On Collective Memory*. Ed. &Trans. Lewis A. Coser. Chicago/London: The University of Chicago Press, 1992. p. 40.

③ Halbwachs, Maurice. *The Collective Memory*. Trans. Francis J. Ditter and Vida Yazdi Ditter. Intro. Mary Douglas. New York: Harper and Row, 1980. p. 48.

好几个不同的社会群体：家庭、宗教团体、同事，等等，因而每个人都可以自由运用自己所蓄积的各种特定的群体经验和思想体系。所以，哈布瓦赫提醒我们，记忆不是纯粹的个人现象，必须看到它的集体性本质，各种群体属性加上由此产生的回忆框架正是在实际生活中将人与人区分开来的个体因素。

除了这些经验式的例子，哈布瓦赫也在《记忆的社会框架中》讨论了理论问题。其中的第一个问题是一个悖论：由于不可能独自回忆，所以个人必须参照他人的记忆。但是依据定义别的人也无法拥有自己可以单独掌控的独立的记忆。那么，集体记忆究竟在哪里？有人指出这个问题的答案可能在于记忆的参照框架不是实际存在的他人的记忆，而是不属于任何人的传统结构。但是接下来这又会引发出下一个问题，即纯粹结构性的框架如何能够唤起具体的内容。

对于人们所提出来的这个矛盾其解决方法在于"结构"和"事件"之间的关系，这种关系隐含在哈布瓦赫所提出的模式里，后来被德国战后的历史和社会理论揭示出来[①]。依照这种逻辑，人所记忆的事件与其所属的结构之间既非对立关系，也非从属关系。相反事件和结构彼此相互依存，或者换一种更为明确的说法：每一个结构都是由一系列的事件形成的，当然也可以反过来说，这一系列事件之中的每一个事件都只能通过它在结构中的位置获得意义。这意味着之所以产生那种矛盾是因为将记忆看作是内容而且认为结构空无内容。实际上，只有将个人记忆归入集体结构之内它才能够获得内容，而集体结构是通过对个人记忆内容中相似之处进行概括之后而形成的。因而每一个记忆都属于双重领域：个人经验的领域以及社会意义的领域。

哈布瓦赫强调这种逻辑关系，主要是因为一方面传统作为"社会框架"将记忆语境化，它的功能是稳定社会，但是同时传统自身也在变化。哈布瓦赫确信：

---

① Luhmann, Niklas. *Social Systems*. Trans. John Bednarz Jr. Stanford: Stanford University Press, 1984. pp. 358-359.

> 社会信念……具有双重特性。它是集体传统或者集体回忆，但是这种思想和传统也是由当下的知识所造就的……它只接纳眼前可用的内容。它将成功地消除掉群体成员内心所有那些让他们止步不前的回忆……。如果社会属于完全保守型，那么它就不会允许任何与它的老观念不一致的想法渗透进来，无论这种差异有多小。①

实际上社会框架之所以发生改变是因为当前的事件以某种方式进入了已有的结构之中，并且对之进行重构，这样就会改变过去以及将来所发生事件的意义。同时，人们开始回顾过去的思想结构，明确提出新的观念。所以说传统在不停地适应当今的需要。

哈布瓦赫在《记忆的社会框架》一书里以家庭、宗教群体和社会阶层作为例子说明必须要有一种具有稳固作用和应变能力的社会框架，由此证明每个家庭成员、宗教信徒和阶级代表都处在社会框架之内，而且由社会建构而成。此外，哈布瓦赫还指出集体记忆具有建构性和选择性。他不仅拒绝接受个人记忆的心理学模式，而且反对那种认为记忆是指保存下来的有关过去的数据的传统观念。哈布瓦赫提出，有关自身起源和形成的集体叙事里所讲述的那些过去所发生的事情并不是历史真实的样子。相反，每次叙事都是群体依据当时的语境和需要所设计的一个新版，或者群体会依据当前的需要和意识形态倾向为这些故事画上句号。所以，与其说集体记忆是重构，不如说它是一种建构、创造和阐释。集体身份既是研究集体记忆的前提，也是记忆过程的产物："因此社会喜欢将所有那些有可能将人与人隔离开或者有可能让人群彼此疏离的事件从记忆中抹去。也正是因为同样的原因社会在每个时期都要以这种方式重新整理自己的记忆，以此适应不断变化的环境，变中求稳"。② 因而，集体记忆理论也是一个集体遗忘的理论，因为哈布瓦赫强调记忆建构过程需要对过去的数据进行策略性地选择，而选择就意味着某些人和事件将被遗忘或者删除。这种遗忘不是随

---

① Halbwachs, Maurice. *The Collective Memory*. Trans. Francis J. Ditter and Vida Yazdi Ditter. Intro. Mary Douglas. New York: Harper and Row, 1980. p. 188.
② Halbwachs, Maurice. *The Collective Memory*. Trans. Francis J. Ditter and Vida Yazdi Ditter. Intro. Mary Douglas. New York: Harper and Row, 1980. pp. 182-183.

意而盲目的数据丢失，相反这是为了某种目的而主动采取的一种策略。

在《记忆的社会框架》的第二部分，哈布瓦赫对于各种不同形式的集体记忆进行了区分，并且提供了社会学的案例研究，涉及家庭、宗教团体和社会阶级。家庭记忆是一种典型的代际记忆，由家庭成员之间的互动和交流构成。一般是在家庭聚会的时候通过口述故事与那些不曾亲身经历过去的家庭成员共同分享记忆，这样便完成了亲历者与其后代之间的活态记忆的交换。社会群体中最为年长者所保存的记忆就是这种集体性的代际记忆所能回溯的最远范围。

哈布瓦赫的代际研究以日常交流为手段，研究内容主要是各种自传性记忆，但是在《记忆的社会框架》里有关贵族制度以及宗教团体的回忆的章节中，以及他后来所做的有关基督教在巴勒斯坦的记忆图志研究中，他突破了代际记忆研究的局限。在《圣地福音书传奇图志》中他将注意力转向更为久远的集体记忆，将视野投向过去的几千年前，由此超越了活态记忆的范围。此外，哈布瓦赫通过《传奇图志》将他的集体记忆理论思想落实到具体的空间场域上，追溯探究了集体记忆的选择、建构和重构的过程。"圣地图志"指的是巴勒斯坦的几处圣地，历史上在这些地方出现了一些圣人和圣徒，发生了许多对于各种宗教派别的自我认同意义重大的事件。例如：耶路撒冷同时是犹太教、基督教和伊斯兰教这三大宗教的圣地，每年都有大量的虔诚信徒赶往这座圣城朝觐膜拜，所以耶路撒冷一直是各种不同版本历史叙事展开竞争的场域，因为这关系到各个宗教群体如何构建和确认自我的起源和身份。在这些空间场域里集体记忆成为可以被人们切实感知到的具象化的存在，具体的地点、印刻的文字以及纪念仪式，这些参照物能够让一个群体产生自我形象。在这类集体记忆中，作为记忆载体的人已然逝去，所以必须依靠留存下来的物体和记忆地址作为支撑。建筑、朝圣路线和墓穴等物质现象就变得十分重要，意义重大。这样一来哈布瓦赫就离开了关注近期事件的社会性的"交流记忆"领域，进入与远古有关、通过传统和具象化的物质客体传承文化的"文化记忆"领域。

哈布瓦赫的集体记忆理论已经被各个学科广泛应用于各种不同的研究对象。但是他的著作却没能成为任何一个完整的文化记忆理论的基础，究其原因可能是因为他的集体记忆概念过于宽泛,区分度不够。然而,哈布瓦赫著述里的某些观点在不同的学科里都有所显现,并得以发展。因而哈布瓦赫备受众多记忆理论的推崇,成为记忆理论之父。心理学领域集中关注的是哈布瓦赫提出的个人记忆的集体性,"社会框架"被理解为是特定的文化图式。口述历史一般会参照他的日常交流形式的代际回忆。他在有关巴勒斯坦的宗教图志研究中着眼于记忆空间和物质性客体,为后来历史和文化方面的记忆研究开疆拓土,开辟了以文化传承和记忆场所为中心的新的文化记忆研究方法。

正如尼采所言,遗忘是动物的自然天性,记忆则是人类用来克服遗忘的文化手段。由于担心遗忘,我们借助于符号来存储和唤醒记忆,可能只是简单原始的结绳计数,也可能程序复杂、工程浩大,比如:建造宏伟壮观的纪念碑或者博物馆。这些辅助记忆的手段就是记忆之场,即整个国家或宗教群体的记忆浓缩,包括文档、礼仪、节庆和风俗习惯。由此我们联想到瓦尔堡的情感公式,他所提出的这个概念揭示出集体记忆的情感色彩,不过他所关注的是具象化的绘画作品。

瓦尔堡作为一位艺术史学家,认为文化方面的集体记忆具有解放性的作用,而不是奴役性的作用。在这一点上他站在尼采的反面。以具象化的文化产品作为支撑,人得以从令人生畏的现实压力中解脱出来。他不再畏惧各种妖魔鬼怪,不再担心会被各种感官冲击所淹没。瓦尔堡的恐惧症概念不同于尼采所说的那种血腥的记忆法,而是更接近于弗洛伊德的创伤理论。但是无可否认,焦虑和恐惧构成了一种普遍共性,不过这一点在哈布瓦赫那里却荡然无存。

瓦尔堡和哈布瓦赫用了两种不同的方法来研究文化与记忆的关系,前者将文化作为一种记忆现象来研究,其兴趣点在于记忆对文化产生了怎样的影响,而后者将记忆作为一种文化现象来研究,其关注的问题是文化如何作用于记忆。瓦尔堡提到了"记忆潮"、"印痕"(Engram)和激情,记忆发自于过去,并且在当下留下印记。与瓦尔堡正好相反,哈布瓦赫所说的是记忆的重构过程,始于现在,回溯过去。对于哈布瓦赫而言,过去的事件根本不可能客观重现,所谓过去常常是文化投射到过去的产物。所以,他的理论关键词是"框架"(Frame)。个体对于过去进行回忆，只能是在当下的社会和文化框架之内；而且他所回忆起来的内容很有限，过往发生的事情无以计数，只有那些能够在这一框架之中被重新构建的内容才会成为他的记忆。作为一位社会学家，哈布瓦赫对于过去，对于人类"纵轴"的兴趣十分有限。社会学家所要探究的不是"纵轴"，而是人类共同的跻身之所，即社会这一功能网络系统之间的横向联系。19世纪痴迷于历时性的时间观念，一切事件均用基因来解释。到了20世纪，风向猛然转向了另一个极端，共时性和系统成为关键词。哈布瓦赫的记忆理论完全是这一思维方式的产物，而瓦尔堡则把兴趣完全放在了记忆的纵向维度上面。

阿斯特莉特·埃尔认为，哈布瓦赫和瓦尔堡的文化记忆概念既存在根本性的差异，同时也具有共通之处①。哈布瓦赫的著作例证了如何细致严密地阐释一个理论，但是瓦尔堡在详实例证的同时也没有舍弃宏观的理论或系统。瓦尔堡用的是归纳法，由材料入手，遵循的是他那句有名的格言："细节造就神。"他将中心关注点转向了文化的物质层面，研究物体和符号唤起记忆并且形成文化连续性的能力。他的主要兴趣在于具有高度表现力的视觉文化，他认为视觉文化与无意识的心理过程紧密相连。他对文化记忆的理解相当宽泛，所以他将日常生活中的物、节日和文化资源统统归入了自己的分析列表。对照之下，哈布瓦赫的论证则始于文化的社会层面，他主要感兴趣的是社会群体如何创造出一个关系到群体身份的过去，这被他看作是一个适应于当下需要的、积极的建构过程。归根结底，哈布瓦赫作为一个社会学家，他将记忆作为其研究对象，探讨的是记忆的社会框架问题；而瓦尔堡身为艺术史学家和艺术理论家，他的研究对象是具象化的艺术作品，由图像的发展史揭示出文化记忆的存在。

然而，这两个概念具有一个共同之处，即两者都秉持文化以及文化的传承是人类活动的产物。在20世纪初，做出这种假设可不是什么想当然的事。在19世纪末20世纪初世纪之交的时候，许多科学家受到达尔文的进化论和生物决定论的启发，试图用"种族记忆"的概念去解释文化延续的现象。而哈布瓦赫和瓦尔堡两位学者却独具慧眼，向人们证明短暂的文化

---

① Erll, Astrid. *Memory in Culture*. New York: Palgrave Macmillan, 2011. pp. 21-22.

现象得以延续的关键不在于基因记忆，文化传承是通过社会互动和记忆客体化过程中的编码实现的。同时，两位学者也以他们自己的研究方法证明了要弄清楚文化记忆现象的根源必须采用跨学科的方法论。

在哈布瓦赫与瓦尔堡、尼采之间存在同样一根区分线。这根区分线的两边分别是"交流记忆"和"文化记忆"，作为自生系统的记忆和作为文化体制的记忆，后者指可见的符号、象征、图像、文本和仪式，即最为广泛意义上的文化"书写"。例如：瓦尔堡感兴趣的是"欧洲记忆中的图像路线图"，他所关注的是图像、图像公式、主题之间的内部联系，这种联系表现为各种形式的文化客体，而不是隐含的心理内容。哈布瓦赫正好相反，任何内容只要涉及文化的客体形式则一律免谈。他停留在心理学的框架之中，认为在这个框架之外的内容属于传统或者史传领域，与记忆无关。记忆的力量和持久性并非来自传统，而是来自于情感，因为个人需要对于某一群体或某些群体产生归属感。

哈布瓦赫重视记忆的社会框架，人与人之间的互动，以及记忆的身份认同功能。但是他的思考是共时性的，忽略了作为历时性存在的传统或文化记忆。记忆是知识的基础，知识是记忆的留存与累积，而人类的知识历经千年、代代相传。如果缺失了文化记忆的概念，便无法解释人类的知识和文化经久不息的传承过程。哈布瓦赫的集体记忆概念将记忆研究由个人记忆带入集体记忆的时代，而文化记忆概念则将记忆研究的时间维度推向了纵深，由共时性的社会层面向更为深邃复杂的文化层面推进。

第二章　文化记忆的本质内涵

第一章梳理了从19世纪末到20世纪初文化记忆理论的缘起和发展史，为阿斯曼在20世纪末正式提出的文化记忆理论建立了一个历史参照系，以此形成一部完整的文化记忆理论谱系。因为文化记忆理论如其他理论一样并非凭空产生，所以有必要追问它的"前世"经历，通过为之书写"前史"了解其渊源出身。接下来我们将聚焦于文化记忆理论的"今生"故事，在为之正式立传言说之前首先对其验明正身，从修辞学和文化研究的角度论证"文化记忆"这样一个"新生"理论其自身存在的合法性以及本质内涵。

当我们说到记忆的时候，总是想到作为个体的人所独自拥有的记忆，这也是记忆真正的含义。所以，正如保罗·利科所说，集体记忆、社会记忆以及文化记忆都是一种类比概念[1]，或者用阿斯曼的话来说，是一种"不合法的故弄玄虚的行为"[2]，因为集体、社会、文化都是抽象的集合概念，并不是一个独立的主体，无法拥有真正意义上的记忆。记忆研究起始于个人记忆，关注点在于个人记忆的各种神经和社会限定因素。而文化记忆理论用"记忆"这个概念来指称文化现象，可能会有人对此提出质疑，认为这是对个人记忆概念的不合法延伸。阿斯曼提出的文化记忆是集体记忆概念下属的一个范畴，显而易见集体是由单个的个体组成的，它并没有一个独立的大脑，那么集体记忆又从何谈起呢？集体记忆只能存在于群体

---

[1] [法]保罗·利科：《记忆，历史，遗忘》，李彦岑、陈颖译，华东师范大学出版社2018年版，第3页。

[2] Assmann, Jan. *Religion and Cultural Memory: Ten Studies*. Trans. Rodney Livingstone. Stanford, CA: Stanford University Press, 2000. p. 8.

中每个成员的大脑之中,没有任何神秘的实体可以独立于个体记忆而存在,那么集体记忆的合法性何在?记忆是如何由个人的大脑活动转变为一个集体性概念的?集体记忆是以怎样的形式存在的?其实所有这些问题都可以归结为一个根本性的问题,即个人记忆与集体记忆之间的关系。

第一节 "文化记忆"的合法性

针对文化记忆理论有一种批评声音认为,这些理论将记忆这一个人心理学的概念错误地挪用到了集体层面。马克·布洛赫(Marc Bloch)[1]对哈布瓦赫的文章作了回应,而且他第一个指出,在"记忆""回忆"和"遗忘"这些词的前面简单地加上形容词"集体",以此将研究个人记忆所获得的领悟转用于社会文化现象,这种做法存在一些问题。毋庸置疑,记忆和遗忘这两种行为只能存在于个人的头脑之中,这也是集体意识存在的唯一形式。

纵观西方记忆史就会发现当人们思考记忆这个问题的时候离不开隐喻,记忆现象本身就产生了大量隐喻。无论我们对记忆的文化研究方法持赞同还是反对态度,我们都不得不承认,文化记忆、集体记忆或者社会遗忘这些概念都是隐喻。这些概念源于语言学认知模式,颇具启发性,对此哈拉尔德·魏因里希(Harald Weinrich)早在1976年就已经指出:"如果没有隐喻我们便无法想象记忆之类的东西。隐喻,尤其当它们经常出现在语义场中时,便会成为有价值的认知模式"[2]。自从柏拉图和亚里士多德以来人们经常用隐喻来指示记忆、回忆和遗忘,从蜡板、封印和鸟舍到仓库和剧院,一直到摄影术和电脑。因而,杜威·德拉埃斯马(Douwe Draaisma)指出,"不断变换的意象被投射到我们的记忆理论之上,一连串

---

[1] Bloch, Marc. "Memoire collective, tradition et coutume." *Revue de Synthese Historique* 40 (1925): 73-83.

[2] Weinrich, Harald. *Sprache in Texten*. Stuttgart: Klett, 1976. p.294.

的隐喻和变形，真的是*无所不包，无处不在*（Omnia in Omnibus）"①。经典的记忆隐喻一般都是指个人层面的记忆，这意味着当我们使用记忆这一概念时，这个词已然与一大堆的隐喻联系在了一起。

当我们说"文化记忆"时有时候的确用到了隐喻，但是更为准确的说法应该是我们使用了比喻的手法。文化记忆概念作为比喻可以分为两种不同的类型：转喻和隐喻。转喻式文化记忆将"文化记忆"比作一种个人行为，即个人在文化方面的记忆，或者个人记忆的文化方面，它所关注的是社会文化环境如何塑造个人记忆，这时候我们"将记忆看作是一种文化现象"②，"记忆"用的是其字面意思，而"文化"这个定语则是对"个人"的转用，指的是记忆的社会文化背景及其对个人记忆的影响。而隐喻式文化记忆所指的是"文化的记忆"，文化是记忆的主体，"记忆"这个词则是一个隐喻。所谓记忆其实指的是那些被整整齐齐归入档案的文献，各种官方纪念日，或者文学艺术领域中的文本间性，"记忆"就是指涉这些活动和过程的一种语言学意象。因而关于记忆和文化之间的关系存在两种完全不同的理解方式，其实哈布瓦赫在《论集体记忆》中已经说过，只不过他没有对两者进行明确的区分并且分别进行单独论述。

有关文化记忆概念人们经常提出的另外一个反对理由是文化记忆这个隐喻纯属多余。这些批评者认为，首先，即便我们强调其文化维度，个人记忆仍旧是个人的记忆；此外，集体层面的文化记忆是一个不恰当的隐喻，因为它将各种不同性质的现象凑在了一堆，其实完全可以由"传统""神话"或者"历史意识"这些人们所熟悉的词语替代。盖迪和伊拉姆（Noa Gedi and Yigal Elam）曾经发问"集体记忆——是什么？"，他们给出的答案是"'集体记忆'这个说法容易误导人，其实就是人们所熟知的'神话'……其实，集体记忆就是神话"③。

---

① Draaisma, Duwei. *Metaphors of Memory: A History of Ideas About the Mind*. Cambridge: Cambridge University Press, 2000. p. 3.

② Assmann, Jan. *Religion and Cultural Memory: Ten Studies*. Trans. Rodney Livingstone. Stanford, CA: Stanford University Press, 2000. p. 170.

③ Gedi, Noa and Yigal Elam. "Collective Memory—What Is It?" *History&Memory: Studies in Representation of the Past* 8.1 (1996): 30-50. p. 47.

对此阿斯特莉特·埃尔承认,"文化记忆"是一个被广泛使用的涵盖性术语,它囊括了大量的文化、社会、认知和生物学现象:传统、档案、卡农、纪念碑、纪念仪式、家族内部的交流、生活经历和神经网络。批评者指出集体记忆或者文化记忆这些概念模糊了所有这些现象之间的细微差别[①]。但是,他们忽略了这些概念的整合力。正是因为"文化记忆"这个术语无所不包,才让我们看到那些先前被我们认为彼此互不相干的现象之间存在各种各样的联系,有时候这种联系是功能性的,有时候是类比的,有时候是隐喻式的,这样我们就可以在传统和卡农之间、纪念碑和历史意识之间、家庭交流和神经元的回路之间建立起联系。因而,文化记忆这个概念为跨学科视角开辟了空间,这是任何其他概念所无法做到的[②]。

对于"文化记忆"通常存在两种理解方式,第一种将之看作是个人记忆的文化和社会层面,第二种则将文化作为一种集体记忆,其"记忆"表现为具象化的客体和活动。美国的社会学家杰弗里·奥立克说关于记忆研究存在"两种文化"[③],他是第一个明确指出"集合记忆"(Collected Memory)和"集体记忆"(Collective Memory)之间区别的学者。集合记忆是在社会和文化中形成的个人记忆的总和。我们借助于具有确切文化含义的图式来记忆,遵照集体共享的价值观和规范做事,并且将二手的经验纳入我们的个人经验积累之中。哈布瓦赫将这些例子称作是"记忆的社会框架"。奥立克使用了"集合"这个隐喻,将个人的大脑功能挪用于指社会文化环境中的各种要素。有关集合记忆的文化研究常常处于与社会心理学的对话之中,甚至能够从神经科学的发现中获益。相对而言,"集体记忆"指的是用于构建、维持和再现共同过去的符号、媒介、社会机构和活动。传统的历史、社会学和媒介研究所针对的就是这种集体记忆。

由此我们看出,集合记忆是个人记忆的集合或者总和。如果我们将集合记忆等同于集体记忆,就将集体记忆简化为了个人记忆,从这个角度来

---

① Gedi, Noa and Yigal Elam. "Collective Memory—What Is It?" *History&Memory*: *Studies in Representation of the Past* 8.1 (1996): 30-50. p.30.
② Erll, Astrid. *Memory in Culture*. New York: Palgrave Macmillan, 2011. p.99.
③ Olick, Jeffrey K. "Collective Memory: The Two Cultures." *Sociological Theory* 17.3 (1999): 333-348.

看集体记忆与个人记忆之间并不存在根本性的区别。当然，这种集合性的或者总和式的集体记忆概念也承认社会因素对集体记忆具有重要的影响。只有将社会因素和社会语境考虑在内，我们才能够明白人类记忆的方式，才能够解释个人记忆的内容。虽然集体记忆存在于群体中各个成员的大脑之中，但是如果人们想要准确地描述这些个体的记忆活动，则不得不承认人们是作为群体的一员来进行记忆活动的，也只有从这一意义上来看，记忆才具有内在的社会性。此外，这还表明，无论记忆的内容是什么，群体成员是作为一个集体而共同记忆的，从性质上来说是真正的集体性的。

对于真正的集体性记忆来说，群体成员共同回忆、共同构建过去，并且通过这些集体活动以特定的方式联系在一起。记忆的重要程度各不相同，由记忆凝聚起来的共同体所持续的时间也或长或短。因而，我们能够记住世贸中心被攻击的日期；我们还记住了人类首次登月的时间，等等，这不仅意味着我们所有人全都记住了同一件事情，而且我们还将记忆汇集在了一起。其实为了形成集体记忆，并不需要每个参与集体记忆的人都是这一事件的亲历者：有些人并不是亲历者，而是通过别人的描述间接了解到这个事件，但是他们同样可以参与集体记忆。集体记忆也可以历经许多代人一直传承下去，每一代人都为后来者的集体记忆创造出新的语境和内容。

在此我们看到存在一种错误的二元论：人们阐释集体记忆的概念时要么剥夺其集体性，要么将之与个人记忆混在一起，逻辑混乱，语焉不详。其实真正的集体记忆没有特别神秘之处，其概念也并非含混不清，也就是说还存在第三种可能性。

首先，集体记忆具体的表现形式种类很多，而且千差万别。但是很明显集体记忆与个人记忆一样，两者涉及信念。个人记忆是个人对于自己过去的一种信念，而集体记忆是所有群体成员的共同信念，涉及群体的过去：群体所实施或者遭遇的非正义行为，群体所采取的补救措施或者拒绝采取的补救措施，对人类文明所作的贡献，荣耀的胜利和屈辱的失败，高贵的出身和精神考验，传统活动和当代的集体行为，等等。

其次，一个群体的过去及其意义主要通过两种方式一代一代传递下去：集体记忆活动和皮埃尔·诺拉所提出的记忆场。传统活动是具象化的集体记忆，指的是由集体成员依据传统所参与的活动，其特点是或多或少带有一种自我意识，其目的是要将传统永久地维持下去。还有一些其他类型的集体记忆活动，例如纪念仪式，另外小规模的群体里还会举行共同回忆的活动。约瑟夫·耶鲁沙尔米（Yosef Yerushalmi）在讨论"记忆"和当代历史志的关系时为了强调社会性记忆活动的重要性提及了犹太人的记忆："犹太人的记忆就其功能而言是群体自身共同的信念、凝聚力和意志，通过一整套复杂的、相互勾连的社会和宗教机构传递和重塑过去，这些机构作为有机整体，共同作用，实现这一目标……由共同的信念和实践构成的网络机制使得过去得以重现"①。这个评价提醒我们，尽管并不是所有的集体活动都明确地以过去作为目的，但是过去正是通过这些集体记忆活动才得以保存下来。

集体记忆也可以具象化为空间地点，依据诺拉的观点，地点在集体记忆中起到了核心作用，而且"地点"应用的范围很广，它包括记忆活动，但是却不限于此，其范围之广，还包括地形学上的地点以及存储人工制品或者档案的博物馆、档案馆等场所。但是如果记忆场想要执行其重要而独特的社会功能，则必须成为连续不断的群体生活中的一部分，因为集体记忆一旦远离社会群体的生活，失去了激励和统一社会群体的作用，便成为历史研究的对象。

集体记忆和个人记忆之间的关系十分复杂。集体记忆存在于个人的记忆之中，而且它在每个人内心的存在方式、细微差别和重点、包括和排除的内容都不尽相同。个人经历和记忆为每个人与他人共享的记忆赋予了个人独特的色彩。但是集体记忆不应该被简化为个人记忆的集合。即便是个人记忆，也具有社会性的或者集体性的维度。尽管个人记忆是属于个人的记忆，但是同时它与一个人的其他记忆相联系，并且以独一无二的方式汇入他的生活中，因而对他具有特别的意义。一方面，这些记忆无可避免地会利用集体对于过去的理解，但同时个人记忆也被集体记忆所塑造。当人们属于特定的文化群体、种族群体或者其他类似的群体时，这一点就表现

---

① Yerushalmi, Yosef Hayim. *Zakhor: Jewish History and Jewish Memory*. Seattle: University of Washington Press, 1996. p. 94.

得尤为明显：这些群体的成员所选择记忆的内容，在很大程度上取决于这些内容对于其所属群体的重要性以及集体记忆活动中所纪念的内容。但是个人记忆对于集体记忆的依附性并不局限于那些对于成员身份有着严格限定的群体，因为我们之所以能够记住我们自己的过去，是因为我们能够在自己与他人共享的世界中对之进行定位，而且他人的过去也是我们的过去，我们的大多数记忆都是与他人共享的。个人回忆成为可能，其根本原因是有一种"记忆弥漫于我们的公共生活"①，而且这种记忆体现为各种体制机构、活动和大众风俗，正是这些因素构成了我们共同生活的这个世界，并且使得个人记忆成为可能。

集体记忆不仅仅是个人记忆的集合，它还具有各种功用。集体记忆可以被利用和操控，以强化和效力于统治力量的权威或者反对权威。正如雅克·勒高夫（Le Goff）所言，集体记忆是"一种权力的工具和目标"②。此外，集体记忆还有重要的道德功用。罗斯·普尔（Ross Poole）宣称，"在个人记忆和社会记忆中记忆的作用是……提供一种将过去所发生事件的责任传递到现在的路径，而且因此在当下确认这些事件的责任所在"③。这一点可以证明记忆不仅是一种个人现象，也是一种社会现象，因为群体所肩负的责任也是通过记忆这种方式来传递的。集体记忆的道德意义不仅在于责任的传递，记忆还是一种将特权和权利从过去传递到现在的渠道，其中包括要求补偿的权利。另外，集体记忆还有助于群体身份的形成，而身份是价值观的来源，并且与义务之间存在内在的联系。

集体记忆和个人记忆都是情感现象，由此记忆具有一些特别的功能。个人和共同体都有情感生活，而集体记忆是其中的一个基本要素。个人记忆能够使我们与自己的过去重新联系起来，而且这种再连接的一个方面就是对于过去情感的回忆，无论这种情感是正面的还是负面的。同样的，集

---

① Booth, W. James. *Communities of Memory: On Witness, Identity, and Justice*. Ithaca, NY: Cornell University Press, 2006. p. x.

② Le Goff, Jacques. *History and Memory*. Trans. Steven Rendall and Elizabeth Claman. New York: Columbia University Press, 1992. p. 98.

③ Poole, Ross. "Memory, History and the Claims of the Past." Presented at Pacifical Division meeting of the American Philosophical Association. March 26, 2004.

体记忆将群体与其过去所发生的事件重新联系起来，而且这种与过去的再连接有可能成为集体荣誉感的源泉，由此形成各种集体庆祝活动，或者也有可能成为群体成员共同宣泄悲恸情绪的原因。

其实，当我们进行记忆研究时这两种形式的记忆是无法截然分开的。它们只有通过彼此之间不停地互动，即在个人层面和集体层面的互动才能够发挥影响。如果没有文化就不存在个人记忆，同样，"集体记忆"也不能完全脱离个体而仅仅存在于媒介和体制机构之中。一方面社会环境和文化图式塑造着个人记忆，另一方面记忆作为社会文化的产物必须通过有机体的大脑得以实现，否则纪念仪式、档案资料和过去的媒介再现都是无用的、死的材料，无法实现文化记忆的功能。

奥立克对集合记忆和集体记忆的所作的划分与艾莉娜·埃斯波司图（Elena Esposito）所提出的系统论方法不谋而合，她将记忆划分为认知层面的记忆和社会层面的记忆："只有将这两种形式的记忆区分开，我们才能集中分析它们之间的相互影响。"[1]只有通过认知记忆和社会记忆的互动才能产生记忆文化。阿斯特莉特·埃尔将文化记忆的这两个维度称作是"个人层面的文化记忆"和"集体层面的文化记忆"。

正如埃尔所言，个人层面的文化记忆和社会群体的文化"记忆"是两种描述文化记忆的方式。集合记忆和集体记忆，认知层面与社会和媒介层面的记忆是两个互相依存的领域，只有通过彼此之间的互动我们才能理解文化记忆的概念，缺一不可。在这两种情况下，"记忆"这个词都是一种比喻，而且都具有合法性[2]。

另一方面，正如我所反复强调的，记忆原本是一个个体的概念，记忆与个人的身份认同紧密相关。一个人如果失去了记忆，也便丧失了过去，成为没有身份的人。阿斯曼将记忆概念用于文化现象，其合法性的依据在于文化与集体身份和个人身份之间存在某种切实的联系。所以，从这个角度来说，文化是有记忆的，或者更准确地说，文化本身就是一种记忆，其核心功能是身份认同。

---

[1] Erll, Astrid. *Memory in Culture*. New York: Palgrave Macmillan, 2011. p.98.
[2] Erll, Astrid. *Memory in Culture*. New York: Palgrave Macmillan, 2011. p.101.

集体记忆和集体身份在哈布瓦赫、诺拉和阿斯曼的记忆理论中占据中心位置。扬·阿斯曼将"身份的具体化"看作是文化记忆的主要特征。因而，他研究了社会中通过共享记忆形成的"联结性结构"①。然而各种集体身份的概念也遭受到强烈的批评。布鲁贝克和库伯（Brubaker and Cooper）②建议我们"跨越身份"，望向远方。他们认为集体身份这个词纯粹是一个社会科学用来进行分析的范畴，所以应该被摒弃。哲根·斯特劳（Jurgen Straub）明确强调："将个人身份的概念随意转用到集体上，这种做法应该统统……否决，所有有关'集体身份'的话语都必须立即接受'意识形态批评'的审查"③。斯特劳将集体身份分为两种类型："规范型"和"重构型"：规范型集体身份完全是将一些共同特征，一种历史连续性硬生生地强加在"假想的"集体成员身上，让他们结结实实地"拴"在一起，而重构型集体身份则描述主体的实践活动以及对于自我和世界的理解，然后运用兼具重构性和阐释性的社会和文化科学范式来描述集体身份④。

显而易见，当扬·阿斯曼对集体身份概念进行定义时他所指的是重构型或者描述性的集体身份："集体身份或者'我们'的身份指的是一个群体的自我形象，而且其群体成员将自我与这个形象联系在一起。"⑤ 集体身份与他异性概念为动态发展的关系。身份"预设了其他身份。没有多样性就没有统一，没有他者便没有独特性"⑥。这种"我们的意识"是社会文

---

① Assmann, Jan. *Religion and Cultural Memory: Ten Studies*. Trans. Rodney Livingstone. Stanford, CA: Stanford University Press, 2000. pp. 16, 39.

② Brubaker, Rogers and Frederick Cooper. " Beyond ' Identity ' ." *Theory and Society* 29 (2000): 1-47.

③ Straub, Jurgen. "Personal and Collective Identity: A Conceptual Analysis." Trans. Anthony Nassar. *Identities: Time, Difference and Boundaries*. Ed. Heidrun Friese. New York: Berghahn, 2002. p. 69.

④ Straub, Jurgen. "Personal and Collective Identity: A Conceptual Analysis." Trans. Anthony Nassar. *Identities: Time, Difference and Boundaries*. Ed. Heidrun Friese. New York: Berghahn, 2002. p. 69.

⑤ Assmann, Jan. *Cultural Memory and Early Civilization: Writing, Remembrance, and Political Imagination*. Cambridge: Cambridge University Press, 1992. pp. 113-114.

⑥ Assmann, Jan. *Cultural Memory and Early Civilization: Writing, Remembrance, and Political Imagination*. Cambridge: Cambridge University Press, 1992. pp. 116-117.

化的产物，很大程度上由共享的记忆滋养而成。哈布瓦赫注意到集体记忆强调相似性和连续性，扬·阿斯曼承续了这一看法，评价说记忆共同体"通过其打造的自我形象强调外部差异，内部差异则被弱化了"①。

关于集体身份的成因和表现形式，存在不同的身份理论，用不同的方法对集体身份加以阐释。例如，对于扬·阿斯曼而言，集体身份不只是一个在共享的象征性意义世界中生活的问题（"基本结构"），还是一个意识的问题（"反思结构"）："集体身份是一种反思形式的社会归属感，与此相应，文化身份包括有意识地参与或者认知文化"②。贝内迪克特·安德森（Benedict Anderson）也通过他的"想象的共同体"强调集体身份的意识层面。每一个成员的心里都有一个他们所属的宗教团体的形象："在每个人的心里都有其联合体的形象"③。哲根·斯特劳的观点正好相反，他说我们"无需假定这种一致性在'意识'方面、甚至于'理性可及'的方面完全是反思性的，并且在任何一种情况下都是如此"。相反这应当被看作是一种默认，一种潜藏的、日常化的知识，不断地构建并且引导集体成员的思想、情感、欲望和行为④。这种阐释与安东尼·伊斯特霍普（Anthony Easthope）的观点不谋而合，他将民族身份定义为"无意识结构"，将国家定义为"一种特定的话语结构"⑤。在这个研究领域中出现各种不同的主张是因为不同的记忆系统参与集体身份形成过程的方式各不相同。集体身份是文化记忆系统中的一种现象，既存在于显性系统中，也存在于隐性系统中。它可能是有意识的、规范性表达，但有时候也可能在无意识中表现出来，例如通过话语结构、心智性情以及思想和行为模式。现存的这些集体

---

① Assmann, Jan. *Cultural Memory and Early Civilization: Writing, Remembrance, and Political Imagination.* Cambridge: Cambridge University Press, 1992. p. 26.

② Assmann, Jan. *Cultural Memory and Early Civilization: Writing, Remembrance, and Political Imagination.* Cambridge: Cambridge University Press, 1992. p. 115.

③ Anderson, Benedict. *Imagined Communites: Reflections on the Origin and Spread of Nationalism.* London: Verso, 1983. p. 6.

④ Straub, Jurgen. "Personal and Collective Identity: A Conceptual Analysis." Trans. Anthony Nassar. *Identities: Time, Difference and Boundaries.* Ed. Heidrun Friese. New York: Berghahn, 2002. p. 72.

⑤ Easthope, Antony. *Englishness and National Culture.* London and New York: Routledge, 1999. p. 6.

身份理论基本都是描述性的，彼此之间并不互相排斥，相反是一种互补关系。

针对人们有关文化记忆理论的质疑，阿斯曼明确地回答说：我之所以提出"文化记忆"这个说法，或者我之所以认为文化具有记忆，是因为"这种文化现象与集体身份和个人身份之间存在某种切实的联系"[①]。之前的记忆研究最终都落脚于作为个体的人的记忆，有了文化记忆这一概念我们就由个人记忆向集体记忆迈进了一大步。归根结底，每个人才是记忆的唯一拥有者，每个人的记忆都是独一无二的私人珍藏。阿斯曼所要讨论的问题在于记忆在多大程度上是由社会和文化所决定的。

扬·阿斯曼说："阿莱达和我提出文化记忆的概念，就是要摆脱还原主义，因为还原主义将记忆现象完全局限于身体、意识的神经基础，以及能够以生物学方式传递下去的内心深层结构。我们的记忆不仅有社会基础，还有文化基础。"[②] 在此阿斯曼道出了创建文化记忆理论的初衷：摆脱还原主义，开辟记忆的纵深维度，以记忆作为出发点探索文化的功能。的确，哈布瓦赫的记忆研究已经跳出了主体的内心世界，他提出记忆的产生是以社会和情感作为前提条件的。但是他却止步于此，没有继续探索符号和文化框架对于记忆的必要性和重要性。这成为哈布瓦赫不敢逾越的疆界，被他纳入视野的是活态的、具象化的记忆，超越这一范围的记忆被他称作"传统"，与记忆互为对照。相较而言，文化记忆的视野更为宽广，也更具活力。文化记忆的概念打开了记忆的时间维度，记忆不再以天日计算，它超越短暂的现时与当下，回到历史的深处，甚至可以绵延数千年。在这一过程中，书写起到了决定性的作用。书写的主要功能为存储记忆，书写的出现促生了记忆文化。由此文化开始意识到时间的深度，能够与几千年前的文化表达形式产生认同，由此产生一种文化的同步感。

为了说明这个问题，阿斯曼举了几个人类早期以书写为基础的文化记忆的例子，比如：公元前8世纪末埃及兴起的复古主义以及公元前一千年

---

① Assmann, Jan. *Religion and Cultural Memory: Ten Studies.* Trans. Rodney Livingstone. Stanford, CA: Stanford University Press, 2000. p. 27.

② Assmann, Jan. *Religion and Cultural Memory: Ten Studies.* Trans. Rodney Livingstone. Stanford, CA: Stanford University Press, 2000. p. 8.

左右美索不达米亚地区的"挖掘"热潮,两者都试图通过过去的不同时代所留下的痕迹,为本民族找到某种可以仿效的范式。另外,希腊人的《荷马史诗》更是一个典型的例证。《荷马史诗》使希腊文化的历史一直追溯到了青铜时代的晚期,以至于言希腊必提特洛伊战争;到了公元5世纪和6世纪,《荷马史诗》,尤其是《伊利亚特》,成为希腊人建立身份认知的核心记忆。这个有关希腊联军与东方的敌国作战的故事不断地被人传颂,在这一过程中泛希腊群体意识被不断地强化和更新。无疑,这些年代久远的文化记忆的例子都是以书写为基础的,它们深入到记忆空间的深处,很大程度上参与了记忆政治,有助于具有纽带作用的集体记忆的形成。但是,记忆媒介中存储的大量记忆不仅仅包括那些过去所掌握的能够为当下所用的知识,它很快便超越了这一范围,将"纽带性"交流记忆转化为了更为深邃的文化记忆。

文化记忆是一个复杂多元、迷宫似的系统,它涵盖了大量在时间和空间上各不相同的集体记忆和群体身份,从这些张力和冲突中获得动力,最终目的是将过去与现在的知识整合为一体。当然,文化记忆并不能无限延伸,它也有自己的知识边界。虽说文化记忆的范围很广,但是如果它完全失去了与集体记忆的联系,便成了一个无边无际的概念,不再具有活力和动力[①]。

其实,文化记忆本身就是一个比喻。严格地说,个人才是记忆的主体,文化作为一个抽象的概念,何来的记忆?之所以说文化记忆是一个比喻,因为它将文化传统看作是一个具有统一性和自主性的主体。我们知道,对于个人来说,其身份和自我认同源于过去的体验和记忆。而文化的核心功能则是记录和保存过去,以此建立和维持群体的身份认同。对于一个群体来说身份认同既是文化传统存在的前提条件,也是文化传统不断传递和延续的产物。所以,文化之于群体就好比记忆之于个人,对于一个群体来说文化即记忆,而这也正是文化记忆作为一个理论概念其合法性所在。

---

① Assmann, Jan. *Religion and Cultural Memory: Ten Studies*. Trans. Rodney Livingstone. Stanford, CA: Stanford University Press, 2000. p. 29.

第二节　文化记忆的核心概念

虽然文化记忆理论是由扬·阿斯曼和阿莱达·阿斯曼夫妇两人共同建立起来的一个理论系统，两位学者理论深层的概念结构基本相同，但是两人对于理论的表述存在明显的区别。阿莱达·阿斯曼主要将文化记忆理论用于历史政治学以及当代德国的记忆问题。阿斯曼则注重宗教和记忆的关系，他在《宗教和文化记忆》这本书中指出，记忆是宗教最为关切的问题，同时详细说明了如何将宗教作为一种文化记忆形式进行研究。这本书由一系列阐释文化记忆理论的文章组成。这些文章从根本上都涉及宗教和文化身份的关系，最终又回到了埃及人和摩西的问题。其中每一篇文章都利用不同的历史理论资源揭示出文化记忆某个不同的方面。然而，摩西的形象以及围绕摩西所产生的话语并非是重点，对于阿斯曼而言真正重要的是记忆被压抑、潜伏和回归的循环过程及其在文化身份结构中的作用，以及文化记忆的文本性质和记忆的本体地位。接下来我将厘清文化记忆理论中的两组核心概念：文本、文化文本和卡农，以及交流记忆和文化记忆。

扬·阿斯曼说：我们回忆是为了找到归属，我们记住什么决定我们是谁[①]。伽德默尔曾经说："能够被理解的即语言"，阿斯曼由此推而广之，宣称"能够被记忆的即文本"[②]，并且将文化记忆理论比作是传统的"本体论转向"。记忆的内容即文本，因而文化身份是由文化文本调节的。语言所指的是即时性的交流，文本正好相反，所指的一般是经过建构的交流；文本指示过去所发生的交流，即便它的内容有可能指涉到将来。因而也可以反过来说，过去作为文本出现在当下。因此，阿斯曼宣称："阐释学为我们破解出人类经验的语言学框架，而文化记忆理论正是在这一框架

[①] Assmann, Jan. *Religion and Cultural Memory: Ten Studies*. Trans. Rodney Livingstone. Stanford, CA: Stanford University Press, 2000. pp. 81-100.

[②] Assmann, Jan. *Religion and Cultural Memory: Ten Studies*. Trans. Rodney Livingstone. Stanford, CA: Stanford University Press, 2000. p. ix.

之内探索过去的文本性。"①

"文本"是文化研究的一个基本概念，对于扬·阿斯曼来说更是如此。他在评述弗洛伊德的《摩西与一神教》时，认为弗洛伊德将反犹太主义作为心理历史分析的对象，在这一点他做得很对。"但是他的研究方向需要反转一下。通往知识的路径不是由档案回溯到前文字社会，甚至是语言产生之前的人类前历史。相反，人们可以在文本本身里找到有关记忆和压抑的动力学。"② 他明确指出，尽管弗洛伊德的宗教理论具有无可辩驳的价值，但是我们完全可以回到《圣经》文本本身，顺着文本去解释，然后就会发现其实里面所说的和弗洛伊德的解释基本上大同小异。他甚至毫不客气地说："弗洛伊德的判断指出了问题的核心，但是他的方法没用对，因为他对文本重视得不够……考古的激情令他对眼前的东西视而不见。"③ 在阿斯曼看来弗洛伊德之所以会犯错，是因为他执意认为《圣经》文本是一堆无用的废墟。所以，最后阿斯曼不无揶揄地建议道：根本没必要带着"镐头，铲子和铁锹"挖掘废墟，"真该有人提醒他最好是仔细查看一下四周的隐秘角落和书架"④。

在拉丁文中"文本"是 Textus，源自 Texo（织物），它的意思是"我织布"，表示联系和连贯性。昆体良沿用这一比喻，以 Textus 这个词来指词语（Verborum）与言语结构和连贯性之间的关系。所以，起初文本是修辞学中的一个概念。

语文学随后采用了这一来自修辞学的新概念，并且将之用于自己的研究对象，比如：文本批评、文本生产，文本的编注。现在在语言学中，尤其是以文本为基础的语言学中，人们不再坚持认为文本必须是书面形式。在此"文本"一方面用来描述句子以上的超级语言学单元，另一方面用来

---

① Assmann, Jan. *Religion and Cultural Memory: Ten Studies*. Trans. Rodney Livingstone. Stanford, CA: Stanford University Press, 2000. p. ix.

② Assmann, Jan. *Religion and Cultural Memory: Ten Studies*. Trans. Rodney Livingstone. Stanford, CA: Stanford University Press, 2000. p. 61.

③ Assmann, Jan. *Religion and Cultural Memory: Ten Studies*. Trans. Rodney Livingstone. Stanford, CA: Stanford University Press, 2000. p. 62.

④ Assmann, Jan. *Religion and Cultural Memory: Ten Studies*. Trans. Rodney Livingstone. Stanford, CA: Stanford University Press, 2000. p. 62.

指示自然、具体的语言表达。如果借用现代文本语言学创始人彼得·哈特曼的话来说，"人们说话的时候所表达的内容就是文本"①。然而，这一文本概念总的看来过于笼统和模糊。与此形成对照的是，一般的用法依然包含 Textus 这个词原始意义中的某些内容。语言学家康拉德·艾里希（Konrad Ehlich）将文本定义为"能够提取的交流"②，以一种语言学可以接受的新形式将这一关键性的语意内容保留下来。依据这一定义，文本的核心作用在于信息的提取，因为信息与言语环境的分离是文本产生的最主要原因。文本的出现意味着当言语行为离开原初的语境之后可以被保留下来，并且被移置到下一个语境，即"扩展语境"中去。文本不一定必须是书面形式，其中最关键的一点是要有存储和传递行为，所以文本和传递成为一对共生概念，为此艾里希举了一个信使口头传话的例子。这样一来文本便具有了双重身份，它既是记忆的客体和内容，又是记忆的媒介。当然，不是所有日常的口头交流都能成为文本，因为文本意味着从时间和空间上穿越到某个扩展的交流语境。相应的我们可以依据文本的存储媒介将文本划分为：口头文本或者书面文本，节日仪典或者学校等体制化的扩展语境以及重复性或者阐释性的交流提取的行为③。

阿斯曼采用了艾里希的这个文本定义，因为这种文本定义有两个优点。一方面，它解放了文本，文本不再与书写具有必然的关联，并且为口述文本开辟了空间。另一方面，这一定义沿用了语文学传统中的一个关键要素，即文本与传递之间的联系④。这样文本就具有了"联结特性"，不仅将单个的词语连接起来，形成文本的"质地"，而且在时空分离的说话者和听者之间形成各种联系。

文本是具有联结力的表达形式，文化文本则是强化版的文本。文化文

---

① Assmann, Jan. *Religion and Cultural Memory: Ten Studies*. Trans. Rodney Livingstone. Stanford, CA: Stanford University Press, 2000. p. 103.

② Assmann, Jan. *Religion and Cultural Memory: Ten Studies*. Trans. Rodney Livingstone. Stanford, CA: Stanford University Press, 2000. p. 103.

③ Assmann, Jan. *Religion and Cultural Memory: Ten Studies*. Trans. Rodney Livingstone. Stanford, CA: Stanford University Press, 2000. p. 103.

④ Assmann, Jan. *Religion and Cultural Memory: Ten Studies*. Trans. Rodney Livingstone. Stanford, CA: Stanford University Press, 2000. p. 104.

本具有两个基本功能：规范性和形成性，我们可以以此来定义文化文本。这两个功能分别对应着"我们应该做什么？"以及"我们是谁？"这两个问题①。依据阿莱达·阿斯曼的定义，规范性文本对社会行为准则进行编码，包括从言语到至理名言、犹太人律法和行为手册的所有文本，其功能是回答"我们应该做什么"这个问题。它们可以帮助我们做出判断，进行司法认定，并且做出抉择。它们传递实用性的知识，指出正确的做事方法。比如：埃及人的"人生之路"，中国人的"道"，所指的都是这个意思。形成性文本的功能是解释"我们是谁"，详细描述群体的自我形象，讲述有关群体身份的知识，包括部落神话、英雄传说、家谱等，以及构成文学、历史经典的所有文本。这类文本帮助我们进行自我定义，并且建立我们的身份。它们讲述大家共同的故事以此传递那些具有确认身份功能的知识。

所以，"文化文本"指所有的符号综合体，不仅包括文本，也包括舞蹈、庆典、符号以及其他在意义和身份建构过程中具有某种规范性和形成性权威的符号综合体。文化文本没有明确的媒介限定，可以存在于口头、视觉和书面媒介之中。口头叙事、绘画、仪式或者法律文件，甚至于纪念碑和博物馆，全都可以被认作是"文化文本"。依据阿斯曼夫妇的理论，无论用哪种媒介存储和传播社会的文化记忆，文本的功能都是相同的，都产生文化身份和连贯性。所有一切都能变成代表共同体的符号。重要的不是媒介，而是符号的象征作用和结构。在文化文本中通常规范性和形成性同时并存，但是真正重要的唯有一点，即加强版凝聚力这一概念，这才是文化文本的特征。凝聚力指的是时间和空间，尤其是社会空间。文化文本是文化记忆理论的核心概念，因为阿斯曼认为，文化文本具有将社会融为一体的威权，能够决定社会的自我认同和连贯性。通过文化文本建构起来的意义世界能够将整体感、群体归属感以及集体身份一代一代地传承延续下去，因而可以使社会作为一个有辨识度的群体进行自我生产，形成连续不断的传统之流②。

---

① Assmann, Jan. *Religion and Cultural Memory: Ten Studies*. Trans. Rodney Livingstone. Stanford, CA: Stanford University Press, 2000. p.104.

② Assmann, Jan. *Religion and Cultural Memory: Ten Studies*. Trans. Rodney Livingstone. Stanford, CA: Stanford University Press, 2000. pp.123-124.

文字社会中文化文本一直面临着变化和革新的压力,当下以及当下的语境永远处在不停地变化之中,文化文本亦随之发生变化。一方面,文化文本很容易被人编辑修改,另一方面为了适应变化的语境,将之世代传递下去,也必须要对文化文本进行增补和扩容。因而,文化文本总是处于变动不安的状态之中。但是有些神圣化的书面文本却严禁这类改动,不允许有丝毫的误差。这一过程被称作是卡农化。扬·阿斯曼认为卡农的形成源于口头语言与书面语言之间的分化,新旧两种语言之间的差别越来越大,以至于古代的书面语言已经从当下退出,成为专属于过去的另类语言,必须要专门学习。文化应对这种情况的典型方法是选择性地将某些古代文本卡农化,奉之为正典,最初这个词被用于指圣典(Holy Text)。那些从传统中精挑细选出来并且占据中心地位的权威性文本被称作"卡农"。为了将文本固定下来,形成了"卡农公式",要求字句完全忠实于原文,也就是说,必须一字不差、完全准确地传递文本。阿斯曼将这种原原本本的文本再生产方式称作是"让传统之流静止"。卡农作为权威性的核心文化文本,是文字社会中文本连贯性的源头,确保了文化符号系统的连续性和稳定性。

1992年扬·阿斯曼出版了《文化记忆:早期高级文化中的书写、回忆和政治身份》一书,由此引发了"新记忆研究"的热潮。他的这本书直接承续了哈布瓦赫的集体记忆思想,但是在此基础上他对哈布瓦赫所提出的"集体记忆"概念做了进一步的区分和厘清。哈布瓦赫的理论包括记忆的社会框架和集体身份的建构,而且这些理论概念都是以个人记忆为对照,围绕着"集体记忆"来进行阐释的。扬·阿斯曼所提出的"文化记忆"概念是对哈布瓦赫的一种致敬,他承续了后者的"集体记忆"概念并且对之做了推进和发展。在阿斯曼看来,文化记忆是集体记忆的一种,但是它又不同于其他的集体记忆,因此必须对文化记忆和其他的集体记忆,尤其是对"交流记忆"进行区分,这也是阿斯曼建立文化记忆理论的一个重要基础。

扬·阿斯曼将集体记忆分为"交流记忆"和"文化记忆",阿斯曼所说的"交流记忆"大致等同于哈布瓦赫的"集体记忆",但是文化记忆超越了交流记忆的范围,打开了记忆的时间维度。如何确定交流记忆的范围呢？阿斯曼从口述历史的研究中得到了一些启发。口头传递的方法最多能持续八十年到一百年，这一范围便是个人记忆能够持续的最长时间，这不仅包括个人的亲身经历，也包括与他人的直接交流。个人记忆是属于个人的，它所保留的那段过去时光与我们相伴而存，而且我们出于生存和交流的需要必须将之保留下来。交流记忆是一代人的记忆，随着代际更替而变化。交流记忆一般是三代人一个循环，构成的是共时性的记忆空间，而文化记忆则回溯到遥远的过去，形成了一个历时性的纵向记忆轴。

集体记忆是集体身份的基础，为了将文化身份扩展到交流记忆的边界以外，即"活态记忆"的范围之外，必须找到一种比日常语言更为持久的象征性媒介：阿斯曼罗列了纪念馆、纪念日、仪式、旗帜、歌曲、口号和对亡者的政治崇拜这些典型的文化记忆的形式[1]。"记忆是被制造出来的，不会随着每一代人的消失而消失"[2]。例如，在节日庆典的仪式中象征符号和身体之间存在强烈的互动，这"将失落的统一感整合在了一起"，为"我们"这个定义清晰的概念提供了感情和象征内容[3]。

这种方法可以追溯至 20 世纪 20 年代的阿比·瓦尔堡和莫里斯·哈布瓦赫。瓦尔堡是一位艺术史学家，他致力于收集西方的图像记忆，并将自己的这个项目命名为"记忆女神"。从主题来说，他所关注的是古代艺术品的后世流传。但是，从理论角度来看，后世流传可以被看作是一种文化记忆的结果。瓦尔堡认为，古物以新貌出现不完全是主题延续的问题，同时也是精神上的挪用和转换。在文化中人类的各种经验被客体化，即使历经千百年的时间流逝仍然能够焕发出新的活力，时间的深度和精神的深度交融汇集在一起。与瓦尔堡一样，社会学家莫里斯·哈布瓦赫也为我们揭示出影响个人记忆的各种社会条件，但是他采用了另外一个不同的视角。他的著作《记忆的社会框架》于 1925 年问世，作为一位社会学家他所关

---

[1] Assmann, Jan. *Religion and Cultural Memory: Ten Studies*. Trans. Rodney Livingstone. Stanford, CA: Stanford University Press, 2000. p. 7.

[2] Assmann, Jan. *Religion and Cultural Memory: Ten Studies*. Trans. Rodney Livingstone. Stanford, CA: Stanford University Press, 2000. p. 21.

[3] Assmann, Jan. *Religion and Cultural Memory: Ten Studies*. Trans. Rodney Livingstone. Stanford, CA: Stanford University Press, 2000. p. 10.

心的是人与人在社会和文化框架中的横向联系和互动。与哈布瓦赫的"集体记忆"相对，文化记忆概念建立了时间的"纵向轴"（"Vertical Anchoring"），在此基础上搭建起具有时间纵深度的人类记忆的框架，这被假定为文化研究的大背景。

对于阿斯曼来说，交流记忆采用的是个人视角，个体对于群体事件的回忆遵循的是一种日常实践的模式；文化记忆则采用集体视角，是社会对于其创建时期的回忆，属于体制性记忆。第一种模式指的是个体与同时代其他人一起获得的过去的经历，个体是记忆的承载者，在各种社会互动中彼此交流过去的经历。第二种模式恰恰相反，它所指涉的是一个社会的创建时期，杰弗里·奥立克（Jeffrey Olick）[1] 曾经将之概括为"有关记忆的真正的社会维度"。阿斯曼认为，文化记忆是文化符标，即过去的客体化，比如：神话，象征符号，典礼仪式等，通过记忆或者庆祝仪式为现有社会提供合法性的证明。

阿斯曼将集体记忆划分为交流记忆和文化记忆，为集体记忆的研究提供了核心的理论基础。奥立克将阿斯曼的分类放入了一个更为广阔的理论语境之中，他将交流记忆称作是"集合"记忆。他认为，要实现记忆的集合性，唯一的办法是将个体有关过去的历史知识、态度和评价汇集起来，将这些经验记录下来。在这一前提下，记忆的社会性被看作是每个受访者所给出答案的总和。对于某一历史事件的评价就形成了一个分布图，其中有一个平均值，态度被评级后成为变量，此外还可能与其他替代性的变量相关，比如年龄或性别之类的社会性分类。

为了与集合记忆相对照，奥立克用了"集体记忆"这个词来指称阿斯曼所说的文化记忆，因为集体记忆指集体行为所产生的结果。集体记忆包括对于历史遗迹的官方阐释，社会的记忆场，对于过去事件的体制性纪念，历史学家的研究结果以及关于历史的公共话语。所有这些方面都是集体建构或认知的产物，显现出一个社会中关键性的问题，并且将其合法化，用以指导个体的行为。

---

[1] Olick, Jeffrey K. "Collective Memory: The Two Cultures." *Sociological Theory* 17.3 (1999): 333-348. p. 342.

第二章 文化记忆的本质内涵

依据哈布瓦赫的观点，集体记忆或者阿斯曼所说的"交流记忆"，必须依靠群体成员之间的直接互动，所以其范围受到两个方面的限制：口头交流的听众数量有限，而且能够被记住的内容也非常有限。口述研究的成果可以为交流记忆的这种局限性提供佐证。例如：口述史的研究表明，由于缺乏外部的存储媒介所以导致不同的个体会分别强调过去的不同方面。而且因为这种记忆必须以人作为载体和传播媒介，而人类作为一种生物其个体的生存时间非常有限，所以交流记忆会随着代际的更替而逐渐消失。口述史研究的结果表明，一般来说交流记忆的传递不会超过三代，即八十到一百年。而且，交流记忆的传播模式非常不稳定，因为在口头传递的过程中听者在复述时总是会有意无意地对自己所听到的原文进行修改，但是这种情况既不可控，也无法改正，因为原话并没有被保存下来。另外，由于交流记忆的范围局限于三代之内，所以其内容必定不断地被更新。总的来说，交流记忆的内容是具体的、个人化的，缺乏统一性和客观性，而且由于记忆的承载者生命长度有限，所以持续的范围有限，并且缺乏稳定性。要消解交流记忆所固有的这些缺陷和危机，我们可以将记忆内容从当下，从群体成员口头交流的互动过程中独立出来，以此摆脱时间范围的限制。

将交流记忆中值得长久保存的内容转变为外部存储的形式，以此世代相传，这样就形成了文化记忆。文化记忆涵括所有那些对于群体有用的、指涉过去的内容，其内容与事件的具体参与者无关。因而文化记忆脱离了个人，具有一种体制化的形式。从这个意义上来说，口述社会中的基础性记忆就属于文化记忆，因为神话以及有关部族起源的叙事是通过体制化结构进行传播的：要么通过成人礼，庆祝仪式，或者通过特定的体态，比如讲故事的人的手势动作等。从这个方面来说，不能将交流记忆和文化记忆之间的区别类推为是口述社会和文字社会之间的区别。实际上以即时交流为基础的记忆绝对不是仅限于前文字社会，它仍然是现代媒介文化中的一部分而且与之共存。其实，有些媒介，例如广播，甚至起到了传播和加强交流记忆的作用，而且在某些情况下，我们可以说许多口头传递的记忆比书面档案所存储的数据更加具体全面。口头传统在书面文化中的延续和重现这种现象被称之为"次生性口头表达"①，而且这也暗示着以这些形式为基础的交流记忆仍然存在于现代社会之中。

尽管"交流"这个概念似乎指口述文化，而"文化"似乎指以书写媒介为基础的互动形式，但是实际上交流记忆与文化记忆的区别并不等同于口述文化和书写文化。因为这两种记忆形式在口述文化和书写文化中都同时存在。阿斯曼在论述文化记忆时以书写的发明作为界线，划分了两种保持群体记忆长期稳定性的形式：社会的仪式连贯性和文本连贯性。仪式连贯性主要存在于口述文化之中，因为口头表达方式的存储能力十分有限，所以不允许对传统作品进行任何的改动，也禁止重新阐释。这是因为传统是以口口相传的形式传承的，没有固定的、物质的文字形式，所以任何的变动或者再阐释都会永远地取代之前所传递下来的内容，因而威胁到过去和现在之间的连续性。文字社会里情况则大不相同，传统价值观以书面文字形式存储下来，不受某个人或某种具体情况的影响，因而当我们指涉传统时可以进行修订和评判。这样一来在媒介史的进程中随着书写的发明，人们不必记忆并且重复文本，取而代之的是文字意义的含混性以及应运而生的阐释技术。

正如雷南和弗洛伊德所说，如果一个群体认为某些事件值得永久保存，并且为了确保能够记住而规定了适当的程序，这个时候就出现了文化记忆。尼采抨击他所处的时代历史成为一种重负和顽疾，这让我们意识到文化记忆的功能应该不局限于使具有重要政治意义的起源叙事稳固化。在现代媒介技术出现之前的很长时间内，群体通过典仪、节日、地点的神圣化和卡农的形成定义过去，寻求从中获得身份认同。而将仪式化的纪念行为塞进书面的、图像的和数字编码的档案里被看作是文化记忆形成过程中的晚期阶段。哈布瓦赫说过，集体记忆的特点是具有重构性，文化记忆更是如此。我们看到在巴勒斯坦地图上确定圣地，这关系到是否能够由此证明自己所属宗教群体的合法性；人们为了某次战役或者某场战争而举行周年纪念活动，因为这场战役奠定了一个国家独立的基础；人们会为某些历

---

① Ong, Walter. J. (1982). *Orality and Literacy: The Technologizing of the Word.* London / New York: Routledge, 2002.

史名人树碑,并且以他们的名字为街道或建筑物命名,因为现在的建制与这些人的作品或作为一脉相承。所有这些表明文化记忆并不只是以物质的、稳固的形式保存对于过去的记忆。它与交流记忆一样,做不到彻底的全面客观,终归还是在现实需要的驱动下经过利益的权衡所做出的选择。

交流记忆和文化记忆是集体记忆的两种不同形式,两者之间的区别主要与各自作为集体记忆所发挥的功能有关,也就是说各自对于集体自我形象的塑造起到了怎样的作用。交流记忆是一种日常化的集体记忆形式,主要是为了组织和阐释日常生活,而文化记忆则是一种体制化的记忆,关涉意识形态和政治目标。其实,文化记忆并不是有关过去本身的记忆,它意味着对于过去的设计和剪裁,是一个群体从各式各样的过去中所选择的那款适合自己的记忆样式。

作为文化记忆,这种对于过去的设计和剪裁为群体定义了其独特的身份。再者,文化记忆是体制化的记忆,有专门的礼仪机构,例如,文化记忆与靠大众传播的集体记忆不同,要依靠牧师、笔吏或者历史学家等专业人士来传递。文化记忆的第三个特点是有固定的形式结构,例如:关于地点、内容和流程都有明确的规定,而且其形式结构不受代际更替的影响,记忆主体的变化所导致的意义变迁和历史沉浮与之无关。文化记忆的第四个特点是具有反思性,这不仅指对过去时间的反思,还指对于其定义群体身份的功能的反思。

现代社会主要是通过文本连贯性来组织文化记忆,阿莱达·阿斯曼[①]建议将现代社会的文化记忆划分为存储记忆和功能记忆。她从历史的角度进一步提出以个人化的、动态的记忆模式来替代之前对于记忆的静态理解。她认为记忆不是一种建立在修辞规则之上的记忆术(Ars),而是尼采所说的 Vis,即一种塑造生活和社会的动能。同时她从系统功能的角度将存储记忆的功能定义为原封不动、原原本本地存储过去的数据,而将功能记忆定义为从存储记忆所储存的数据中进行有目的的选择,并且将这些数据以某种叙事方式相互关联起来,从而满足集体身份构建的需要。因而,

---

① Assmann, Aleida (1999). *Cultural Memory and Western Civilization: Functions, Media, Archives*. New York: Cambridge University Press, 2011.

存储记忆指一个文化的全部档案,而功能记忆则是群体在当下对于这些档案的选择性使用。通过这种选择行为,记忆内容获得了与当前时代的相关性。所以从文化记忆理论的角度来说,"完整性"和"意义"是两个相互排斥的概念,只能择一而为,而且总是顾此失彼。

阿斯曼提出文化记忆概念,对记忆在个人层面和集体层面进行划分和阐释,为集体记忆研究提供了核心的理论基础,这是社会理论领域的一大进步。但是与此同时他也意识到了这两个概念的统一性。他承认在现实社会里很难将交流记忆和文化记忆截然分开,通常这就像是一架天平,两端是交流记忆和文化记忆,天平上的指数所代表的是集体记忆。

但是文化记忆是如何由个人记忆建构起来的?文化记忆是如何影响社会成员的历史意识的?阿斯曼并没有回答这个问题。海因里希(Heinrich)和威兰(Weyland)[①]认为文化记忆理论中存在一个缺口,即微观层面的集体记忆与宏观层面的文化记忆之间是如何互动的,这是集体记忆研究领域中有待解决的问题。依据阿斯曼的理论,交流记忆属于微观层面,由群体成员过去的经验和知识构成。相反,宏观层面指的是一个社会初创时期记忆的客体化。微观层面的记忆由个体通过社会互动进行交流,宏观层面的记忆指的是神话、符号和典仪之类的文化符标。但是在这一理论里,有必要对记忆由微观层面转化为宏观的体制化记忆的过程做正式的、理论化的阐释。

海因里希和威兰通过研究交流记忆与文化记忆之间的协商以及互动过程,就这一互动模式提出了一个理论框架。他们借鉴哈特穆特·埃瑟(Hartmut Esser)和罗纳尔德·雅各布斯(Ronald Jacobs)提出的社会结构理论将这一过程整合为"中间层"这样一个理论概念,以此将两者联系起来,探寻对于历史事件的阐释所经历的协商过程。他们认为在交流过程中群体成员通过讨论一方面将个体对于过去的体验和解释自下而上聚合起来,另一方面自上而下传播一个社会主导纪念形式的意义。这一交流过程

---

① Heinrich, Horst-Alfred and Verena Weyland. "Communicative and Cultural Memory as a Micro-meso-macro Relation." International Journal of Media and Cultural Politics Vol 12.1 (2016): 27-41.

被称作是公共话语。他们将"中间层"这一理论概念用于因特网，对之进行理论分析，因为因特网是交换意见和态度的非正式场所，构成了公共话语平台。尤其以维基百科的论坛为例，说明记忆在这一论坛里由个人传递到群体，群体共享同一个记忆，然后再将记忆传递给宏观层面的体制化记忆机构。由个人记忆到群体记忆再到文化记忆的转化过程以及体制化记忆机构层面所发生的记忆再协商过程，两者都具有流动性，在这个过程中记忆有可能被改动，可能会有所变化。依据这一理论模式，记忆经历了中间层的讨论和协商过程，最终形成一致的群体意见并且转化为文化记忆，这样就可以填补文化记忆理论在交流记忆和文化记忆的相互转化过程方面的空白，解释为什么宏观层面的文化记忆会得到公众的普遍认可，并且具有如此强大的影响力。

第三节 "传统""档案"和"隐形宗教"

"因为记忆，所以我们存在；因为我们存在，所以才有记忆"①。我们之所以记忆，是因为我们需要。记忆属于我们，它维持着我们的存在，因此我们必须保留住记忆，使其一直延续下去。集体记忆能够满足我们对于记忆的要求，为我们提供群体归属感，使我们能够明确地界定自己所属的群体。在集体记忆的框架之中，过去总是"被工具化"。文化记忆的情况则不同，它超越了集体记忆的范围。阿斯曼将文化记忆定义为："一个集体性概念，指所有那些对社会互动框架中的行为和经验具有指导作用的知识，而且这种知识通过反复的社会实践和启蒙世代传承。"② 阿莱达·阿斯曼提出我们应该将文化记忆划分为功能记忆和存储记忆。功能记忆这一概念大致等同于"传统"，指文化意识和文化活动的接受与传承，以及所传承之物的持续存在。而存储记忆的概念深入到无意识层，指的是无意识的

---

① Assmann, Jan. *Religion and Cultural Memory: Ten Studies*. Trans. Rodney Livingstone. Stanford, CA: Stanford University Press, 2000. p. 24.

② Assmann, Jan. "Collective Memory and Cultural Identity." Trans. John Czaplicka. *New German Critique* 65 (Spring-Summer, 1995): 125-33. p. 126.

各种文化表现形式。这也是为什么人们通常所理解的传统概念根本无法描述这一现象的原因。阿斯曼认为,"传统"这一概念是一个动态过程,只能通过文化产品以一种可控的、有意识的方式表现出来,因而无意识根本没有容身之地。而文化记忆中具有身份认同功能的功能记忆与无意识层面的存储记忆一直不停地互动,由此生发出推动文化记忆形成和发展的动力,构成一个不断生成和变化的动态系统①。

历史学家约瑟夫·耶鲁沙尔米(Yosef Hayim Yerushalmi)在分析宗教传统的时候对生物性的基因遗传和记忆传承的意识过程进行了区分。雅克·德里达和理查德·伯恩斯坦在基因遗传和意识传承这两种逻辑推论之外开辟了第三种可能性。德里达受到海德格尔的影响,以海德格尔的方式探究"档案"这一概念,视之为一种记忆形式,它通过符号媒介构成现在,并且使将来成为可能。作为媒介的符号既是语言的,又是超语言的,既是话语性的,又是非话语性的,里面充斥着各种权力控制的政治结构。德里达所说的"档案"在伯恩斯坦这里变成了扩充版的传统,不仅包括传承过程中的无意识方面,而且这种无意识可以世代相传。在19世纪初期,拉马克主张人的获得性特征是通过基因遗传的。对于伯恩斯坦而言,伽德默尔所代表的是文化论,与拉弗洛伊德马克的生物遗传论正好相反。伯恩斯坦对伽得默尔的"本体论"传统概念加以改造,同时吸纳了弗洛伊德的无意识记忆传递的观点,由此发展出扩充版的传统概念。

文化记忆概念对应的是德里达所说的"档案"和伯恩斯坦的"传统",而且这三个概念全都得益于弗洛伊德对于文化的心理历史维度和驱动力的洞见。对阿斯曼而言,并非所有客体化的过去都含有当前身份的痕迹。"文化记忆,与交流记忆相比,涵括年代久远、无人问津,而且已被弃置的内容。与纽带性的集体记忆相比,文化记忆包括不可工具化的、异端的、颠覆性的以及不具相关性的内容"②。在纽带性的集体记忆和文化记忆之间存在分界线,前者是现时可用的有关过去的记忆,后者与既定的当下

---

① Assmann, Jan. *Religion and Cultural Memory: Ten Studies*. Trans. Rodney Livingstone. Stanford, CA: Stanford University Press, 2000. p. 25.

② Assmann, Jan. *Religion and Cultural Memory: Ten Studies*. Trans. Rodney Livingstone. Stanford, CA: Stanford University Press, 2000. p. 27.

不再具有强烈关联性。阿斯曼的文化记忆理论将集体记忆分为两类：交流记忆和文化记忆，这两种集体记忆彼此之间相互作用和影响。交流记忆在时间上有限定的范围，是同时代个人记忆的总和，但是其边界变动不居，而且具有渗透性。文化记忆则更为复杂，在时间维度上超越当下，可以延伸到遥远的远古时期，就像是可以复写的羊皮纸，一层一层地进行叠加。同时文化记忆具有选择性，只有那些关乎集体身份和命运发展的记忆才被纳入其中。这两种集体记忆共同运行，构成了文化记忆的动力系统。

因而文化记忆内部具有差异化，是一个比传统更为复杂的概念。阿斯曼将传统描述为一条绵延不断的河流，一直延续，从不中断；文化记忆则不同，它为不连续性、断裂、消失和回归保留了空间，其动力系统显现出一个类似于压抑、潜伏和回归的程式化过程。

近几十年在文化社会学研究里出现了两个核心概念：一个是托马斯·拉克曼提出的"隐形宗教"① 概念，另一个是文化记忆概念，很多学者，比如弗洛伊德、瓦尔堡、哈布瓦赫、诺拉和阿斯曼夫妇等人都在他们的著作中提到这一概念，大大丰富了文化记忆理论。这两个概念有一个共同点，即所指的都是群体共享的知识，并且涉及其范围、表述和传递问题。宗教观念凸显出这种知识的凝聚力，记忆概念则强调其建立联系和构建身份的功能。

扬·阿斯曼认为隐形宗教与单个宗教的关系就像是"语言"与单个语言的关系②。隐形宗教所指示的是具有决定性作用的总体框架，单个的宗教在其中各就各位。关于这一点可以用语言来作比。但是宗教中另外还有一个元素在语言中没有对应物。隐形宗教不仅仅只是凌驾于许多单个宗教之上的一种抽象功能，它还是存在于特定文化之中的意义框架或是"世界图景"，其中包括文化实践、交流和反思等各个不同领域，所有这些领域最终都要受到意义框架的限定。拉克曼的隐形宗教概念导致了宗教概念内部的区分。隐形宗教级别较高，决定了个人与社会和世界之间的关系。显性宗教在特定的

---

① Luckmann, Thomas. *The Invisible Religion*. New York and London: McMillan, 1967.

② Assmann, Jan. *Religion and Cultural Memory: Ten Studies*. Trans. Rodney Livingstone. Stanford, CA: Stanford University Press, 2000. p. 31.

宗教和神职人员体制化过程中显现出来，它以教会作为体制性机构，负责处理与神明有关的事务，并且负责管理与神明相关的财物。

拉克曼在他的文章里作了两点说明：首先他认为将隐形宗教与显性宗教混为一谈导致了我们偏狭的种族中心主义的宗教观，因为我们在心里将我们所熟悉的显性宗教的特点默认为是宗教定义的基础，由此错误地将宗教与它的某一特定形式等同了起来。另外，他认为我们经常谈论的世俗化进程、宗教有效性的缺失、宗教边缘化等问题不适用于隐形宗教，只适用于显性宗教，即以教会作为体制性机构的宗教。

拉克曼将隐形宗教定义为"总体的象征世界"，显性宗教则是"具体的宗教世界"①，两者之间存在一种文化内部的张力。阿斯曼认为"隐形宗教"大致等同于"文化记忆"②。他借用拉克曼的观点，将文化记忆理解为是"体制化"的隐形宗教，也就是说，在这个整体的形式结构中涵盖一切的象征性意义世界可以进行交流，并且被传递下去。文化记忆与隐形宗教都在追问这样一个共同的问题，即"如何将符号世界世代延续下去"，也就是说如何保持传统并且确保"世界"和认同的连续性③。

拉克曼将隐形宗教的概念与个人化的过程，即个人自我形成的过程，紧密联系起来。依据拉克曼的说法，在与他人一起建构一个客观的、道德的意义世界的过程中，人变成了自我。如果没有这样一个世界，个人的现实体验就无法被整合为一本由社会定义的、关乎道德的传记。集体身份与个人身份，个人意识与良知，彼此互为条件，形成了文化记忆的两面性：一方面它具有客观性，但是同时也受到社会因素的调节。有了稳定的世界观，个人才能形成自我，并且将自己的故事讲的有意思。这种稳定性便成为文化记忆的一项功能，因为文化记忆是象征性的、体制化的文化形式，稳定的世界观在其中被客体化，被延续，并且得以实践。

---

① Luckmann, Thomas. *The Invisible Religion*. New York and London: McMillan, 1967. p. 43.

② Assmann, Jan. *Religion and Cultural Memory: Ten Studies*. Trans. Rodney Livingstone. Stanford, CA: Stanford University Press, 2000. p. 32.

③ Assmann, Jan. *Religion and Cultural Memory: Ten Studies*. Trans. Rodney Livingstone. Stanford, CA: Stanford University Press, 2000. p. 37.

文化记忆在群体成员之中传播某一世界观，并且再生产出一种整体意识、个体意识和归属感。为了产生这种意识它不仅限于语言的客体化和符号。种族志学家发现，在形成相互依赖感和社会的内部联系方面，交换商品和女人是最为有效的手段之一。此外，作为"文化文本"的典仪和书面文本也发挥了"规范性"和"形成性"功能，将所有的群体成员联结在一起，形成一个连续稳定的文化共同体。

总而言之，我们所谓的记忆不是在人体这个硬件上所安装的一个单一不变的系统。恰恰相反，记忆的社会研究整体上趋向于跳出神经心理学和大脑功能研究的范围，将之置于社会和文化语境之中。正如杰弗里·奥立克（Jeffrey Olick）所言，伽德默尔和哈布瓦赫在这一点上不谋而合："记忆现象被看作是一种心理能力，而且被当作是人类作为有限的历史存在的基本要素，是时候将记忆从这种观念中解救出来了。"①

阿斯曼的记忆理论谨遵伽德默尔的教谕，但是他反转了历史与记忆之间的关系。社会通过各种纽带联结为一个整体，而记忆是形成社会纽带的基础，有了记忆人类社会才成为可能，而且记忆也是我们与同代人互动交流的基石，因为代表庸常生活的时间横轴唯有通过记忆才能够与神圣化的时间纵轴形成交点②。记忆在许多方面先于历史。阿莱达·阿斯曼在评述记忆与历史志之间的关系时，回溯了希罗多德和其他的编年史学家，她发现这些史学家著书立史很明显是为了确保希腊人的赫赫战功永远被人铭记。历史书写被看作是记忆的延伸，是一种辅助记忆的手段，至今依然如此。

海德格尔认为语言嵌入了人类自身的存在，伽得默尔将海德格尔的这一观念拓展到了"文本"之中。文本的本质为规定性的传统，而人们是通过语言对传统进行明确表述，并且加以巩固强化。传统形成前理解，由前理解滋生出理解，由此构成当下的现实③。伽德默尔反复强调所有的理解

---

① Olick, Jeffrey K. and Joyce Robbins. "Social Memory Studies: From 'Collective Memory' to the Historical Sociology of Mnemonic Practices." *Annual Review of Sociology* 24 (1998): 105 – 140. p. 109.

② Assmann, Jan. *Religion and Cultural Memory: Ten Studies*. Trans. Rodney Livingstone. Stanford, CA: Stanford University Press, 2000. pp. 155 – 77.

③ Assmann, Jan. *Religion and Cultural Memory: Ten Studies*. Trans. Rodney Livingstone. Stanford, CA: Stanford University Press, 2000. p. 26.

都必须以前理解作为基础，而前理解则来自于记忆。伽德默尔对"阐释学的本体论转向"做过一个简洁的公式化定义："能够被理解的东西即语言"①。阿斯曼由此类推，将文化记忆理论比作是"传统的本体论转向"，提出"能够被记忆的东西即文本"②。没有记忆便没有传统；没有传统，何谈理解，遑论存在。尼古拉斯·佩斯（Nicholas Pethes）评价说，"扬·阿斯曼对于文化记忆研究的最大贡献在于将'文化'和'记忆'这两个术语完全等同了起来。"③ 的确如此，对于阿斯曼来说，记忆是文化形成和传承的基础，文化是通过记忆进行传递的符号意义系统，因此文化即记忆。

阐释学致力于获取重大事件的文本，但是它所关注的是理解的功能。文化记忆理论则大为不同，它所追究的问题是文本在何种情况下得以建立并且能够世代相传。它所关注的是过去是如何通过对话和内部交流来构建我们所在的世界的，在这一过程中过去究竟扮演了何种角色，起到了何种作用。它不仅要探究过去在我们面前所呈现出的各种形式，还要追根溯源找出文化记忆的根本动力。如果说阐释学将人定义为具有理解力的存在，那么文化记忆理论中的人则不仅具有理解力，而且还要拥有记忆能力。文化记忆理论"提出了文化的功能问题，并且以记忆作为关键词顺藤摸瓜，寻求答案。"④ 文化记忆理论的基本预设是，文化即记忆，也就是说，文化对于一个群体所发挥的功能相当于记忆对于个人的作用。所以，文化记忆理论研究的对象是文化，其目的是探索和阐释文化功能，其研究方法是将文化作为一种记忆现象和记忆的产物，从"记忆"的角度出发，研究文化的储存、传承方式及其与集体身份之间的关系。

---

① Gadamer, H. G. "Wahrheit und Methode." *Gesammelte Werke*. Stuttgart: 1975, vol. I. p. 478.

② Assmann, Jan. *Religion and Cultural Memory: Ten Studies*. Trans. Rodney Livingstone. Stanford, CA: Stanford University Press, 2000. p. ix.

③ Nicolas Pethes. *Cultural Memory Studies: An Introduction*. Trans. Manjula Dias-Hargarter. Cambridge Scholars Publishing, 2019. p. 45.

④ Assmann, Jan. *Religion and Cultural Memory: Ten Studies*. Trans. Rodney Livingstone. Stanford, CA: Stanford University Press, 2000. p. 169.

第三章　文化记忆的文学性

　　文化记忆通过体制化的机构对记忆内容进行审查,滤除那些与集体身份无关或者无益于集体身份构建的内容,并且将精选出来的文化文本置于文化系统的中心位置,使之成为具有形成性和规范性的卡农。纵览世界文明史,就会发现文化记忆具有天然的文学性,例如:西方的古希腊神话、荷马史诗和《圣经》,印度史诗《罗摩衍那》、《摩诃婆罗多》和中国的《诗经》、《论语》,它们既是代表民族文化、极具权威性的卡农文本,同时也是百世相传、经久不衰的文学经典。其实早在远古时代当文明刚刚开始萌芽的时候便有了文学和记忆,因而两者超越时间的限制,贯穿了各个民族和国家的文化,一直是滋养人类思想的宝贵财富。例如:西方的犹太—基督教传统实际上就是一部犹太民族文化积累的历史。《圣经》包括《旧约》和《新约》,这两部书所记载的是有关神和耶稣的记忆,后来被合在一起成为《圣经》,这意味着西方古典文学的诞生,也成为现代西方文学的源头。基督在《福音书》中召唤民众:"记住我!"《圣经》回应了这一召唤,以文本作为隐含的证据,见证了这一记忆文化的形成过程。《圣经》成为犹太—基督教传统所留下的文化遗产,它以一种巧妙的方式"在某个单独的集体性实体中实现了过去与现在的交融"[1],构成了西方文化兴起的基础。

　　文学构成了文化记忆的一个重要部分,而且当今记忆研究领域中的两位领军人物阿莱达·阿斯曼和阿勒桑德拉·伯特利（Alessandro Portelli）

---

[1] Spiegel, Gabrielle. "Memory and History: Liturgical Time and Historical Time." *History and Theory: Studies in the Philosophy of History* 41.2 (2002): 149-162. p. 152.

都是文学教授，出现这种情况绝非偶然。文学和文化记忆在人文领域中形成了一种相互支持合作的关系。两者都有"跨代际影响"，由"被称作是传统的结构性记忆"进行调节①。文学所包括的内容，例如：传统主题、转义、意象、喜怒哀乐等，所有这些都可以归入广义的文化身份之中。这些元素可以通过文化文本提取，文化文本存在各种不同的变体，文学文本即为其中之一。文学"在构建记忆的同时也测评记忆"②，在某些情况下文学本身就建立在记忆的基础之上。文学作为文化记忆的一部分，其中一部分作品成为具有权威性的卡农文本，在文化记忆中占据着中心地位，对于塑造集体身份发挥着重要的作用。因而，"每个社会和时代都通过培育其别具特色的记忆，即反复使用的文本、意象和仪式打造并且输出其自我形象"③，这造就了每个社会的凝聚力和特点，同时也揭示出"卡农和文化记忆之间的紧密联系"④。

第一节 文学与记忆的交汇

文学是一种独立的"象征形式"的文化记忆⑤。它是一种特定的"制造世界的方式"⑥，与历史、神话、宗教、法律以及科学等其他的象征形式

---

① Assmann, Aleida. "Texts, Traces, Trash: The Changing Media of Cultural Memory." *Representations* 56, Special Issue: The New Erudition (Autumn, 1996), 123–134. p. 127.

② Erll, Astrid. "Literature, Film and the Mediality of Cultural Memory." *Cultural Memory Studies: An International and Interdisciplinary Handbook*. Eds. Astrid Erll and AnsgarNünning. Berlin: Walter De Gruyter, 2008. p. 391.

③ Grabes, Herbert. "Cultural Memory and the Literary Canon." *Cultural Memory Studies: An International and Interdisciplinary Handbook*. Eds. Astrid Erll and Ansgar Nünning. Berlin: Walter De Gruyter, 2008. p. 311.

④ Grabes, Herbert. "Cultural Memory and the Literary Canon." *Cultural Memory Studies: An International and Interdisciplinary Handbook*. Eds. Astrid Erll and Ansgar Nünning. Berlin: Walter De Gruyter, 2008. p. 312.

⑤ Cassirer, Ernst. *An Essay on Man: An Introduction to a Philosophy of Human Culture*. New Haven/London: Yale University Press, 1994.

⑥ Cassirer, Ernst. *An Essay on Man: An Introduction to a Philosophy of Human Culture*. New Haven/London: Yale University Press, 1994.

第三章 文化记忆的文学性

或符号系统并存。文学之所以能够对文化记忆产生影响，是因为文学与记忆之间存在共通之处。总体而言，文学与记忆之间存在几个明显的共同点，例如：两者都会形成凝练的"记忆形象"，而且倾向于通过叙事和体裁样式制造意义。这种运作过程为文学和记忆赋予了形式，并且在此基础上制造出意义世界。当然，从另一方面来看，文学与其他的文化记忆符号系统之间存在明显的区别，例如：历史、宗教和神话虽然与文学之间存在交叠，但是它们各自构成独立的符号系统。18 世纪发展出了现代艺术系统，自此文学文本拥有了某些特权，同时也受到一些限定，对文化记忆做出了独一无二、无可替代的贡献[1]。

记忆的进程是选择性的。过去所涵括的内容很多，包括各种各样的事件、过程、人以及媒介，而人类的记忆能力有限，所以必须对记忆内容进行选择。正如厄恩斯特·卡西拉（Ernst Cassirer）所说，每一个记忆行为都是一个"创造和建构的过程。仅仅只是从过去的经验中捡拾一些单独的数据是不够的；我们必须真正地回想过去，我们必须组织和综合这些数据，将之组装成一个我们可以集中精力思考的问题。"[2] 拣选出来的内容必须以某种特定的方式组合成型，然后才能成为记忆的客体。我们在许多记忆媒介和记忆活动中，尤其是文学领域里，能够看到记忆的这种形成过程。文学和记忆之间有三个核心交叉点。首先是"凝练"，用简洁的、象征性的方式形成和传递关于过去的看法；其次，"叙事"是制造意义的通用结构；再次，运用格式化的"体裁"再现过去的事件和经历。

"凝练"无疑是文学最主要的一个特征。隐喻、讽喻、象征以及文本间性等文学形式的一个主要功能就是将不同的语义域凝缩进一个很小的空间。在记忆研究中，自从西格蒙德·弗洛伊德的《释梦》（1899, *Traumdeutung* [*The Interpretation of Dreams*]）之后，"凝练"逐渐被用以指将许多不同的思想、情感或意象压缩为一个单独的、融合式的客体，或者复合型的客体。这样我们就可以将各种有关过去的联想凝练为一个单独的记忆

---

[1] Erll, Astrid. *Memory in Culture*. New York: Palgrave Macmillan, 2011. pp. 144–152.
[2] Cassirer, Ernst. *An Essay on Man: An Introduction to a Philosophy of Human Culture*. New Haven / London: Yale University Press, 1994. p. 51.

客体,而且关于这个客体可以作出各种不同的阐释。例如:北京天安门城楼让人联想到中国历史上的几个重大事件:1912年辛亥革命爆发之后,中国历史上的最后一位皇帝溥仪宣布退位,搬出紫禁城,标志着中国封建帝制的结束;1949年10月1日毛泽东主席在天安门城楼上宣告中华人民共和国正式成立,这意味着新中国的诞生;1984年10月1日中央军委主席邓小平主持国庆阅兵式,这是"文化大革命"结束之后、中国改革开放以来举行的第一次盛大阅兵式,向全世界展示了中国人民的力量和信心,同时也开启了当代中国改革开放的新时代。文化记忆与文学作品一样,两者都是凝练的产物,所以要求积极的接受和阐释。例如,北京的故宫,在辛亥革命之前是明清两代皇帝居住的宫殿,也被称为"紫禁城"。1949年新中国成立之后,故宫成为对公众开放的故宫博物院,变成了中国传统文化的"记忆之场"。因而同样的空间,同样的建筑物,在不同的语境之中具有不同的意义。"解读"记忆是社会群体一直在做的事情,一个凝练的客体可以通过各种不同的叙事演变为一个意义深刻的故事。

叙事是文化记忆的基础。更准确地说,人们所经历的每一个有意识的回忆行为,无论是个人记忆还是集体记忆,都伴随着某种叙事策略,而这种叙事策略对于文学叙事来说必不可少。文化记忆与文学作品一样,大多是通过叙事建构起来的。我们所有的个人记忆系统中"最具叙事性"的是自传记忆。当我们回顾自己的一生时,从自己所经历的无数事件中选出某些,然后运用叙事结构将这些事件整合为连贯而有意义的人生故事。阿莱达·阿斯曼将这些个人记忆的领悟用在了集体层面的文化记忆上:国家、种族和宗教群体创造出神话这种叙事形式,讲述自己的起源和独特之处。记忆共同体倾向于只记住"那些与起源故事的结构密切相关的内容"[1]。文化记忆的"主导叙事"有赖于"意义的选择、融贯和创造过程"[2]。叙事结构在每一种记忆文化中都发挥着重要的作用。在口述历史学家所听到的生活故事和趣闻轶事中,在人类学家所关注的口述传统的模式中,我们都

---

[1] Erll, Astrid. *Memory in Culture*. New York:Palgrave Macmillan, 2011. p.135.
[2] Erll, Astrid. *Memory in Culture*. New York:Palgrave Macmillan, 2011. p.137.

能发现这种叙事结构。依据乔恩·卢森（Jorn Rusen）① 的观点，文化叙事的主要功能是"时间定位"，以一种有意义的方式将过去、现在和将来联系起来。因而，文化记忆的世界是叙事的世界，所讲述的这些故事在社会环境中流通，被人们赋予不断变化的意义。

体裁是我们对事件和经验进行编码的传统文学格式。文学作品有各种各样的体裁，每一个体裁都有各自的传统，体裁自身便是记忆的内容。个体通过社会化和知识学习的教化过程获得文化知识，而体裁则是文化知识整体中的一个组成部分。当我们阅读文学文本时，我们会自动地利用语义记忆中保存的体裁图式，例如，我们可以预知悲剧以死亡收场，而喜剧以婚礼作为结局。另外，体裁的图式也是自传式记忆的一个基本要素。例如：成长小说、探险小说和精神自传，为个人的成长模式提供了范本，当人们回忆的时候会求助于这些文学范本，以此来解释自己的生命历程。而且这种体裁记忆也是历史想象中固有的一部分②。海登·怀特的《元史学》（1973）以19世纪的历史志为例，向我们揭示出对于情节结构的选择已经预先决定了人们会给某个历史事件赋予怎样的意义。将所选择的内容编码为开放的、过渡性的或者封闭式的主题，并且依据诺斯洛普·弗莱（Northrop Frye）③ 所划分的原型叙事类型将情节设置为：传奇，喜剧，悲剧和反讽剧。这些都是历史阐释的各种策略，怀特进一步将之与特定的意识形态联系起来：无政府主义者，激进分子，保守派和自由派。

因为体裁形式在文学中表现得最为明显，所以文学对于记忆体裁的流变至关重要。文学采用现有的形式，对之进行改造，然后再将这些形式返还到文化记忆之中。例如：大约在19世纪初，出现了成长小说这种新的文学体裁，表现一个人心智成熟和社会化的过程，其典型的情节发展结构相

---

① Rüsen, Jörn. *History: Narration, Interpretation, Orientation*. Oxford: Berghan Books, 2005.

② Olick, Jeffrey K. "Genre Memories and Memory Genres: A Dialogical Analysis of May 8, 1945 Commemorations in the Federal Republic of Germany." *American Sociological Review* 64.3 (1999): 381-402.

③ Freye, Northrop. *Anatomy of Criticism: Four Essays*. Princeton, NJ/Oxford: Princeton University Press, 1957.

应地为我们理解个体的成长历程提供了一种强力持久的文化模式。此外，例如史诗，一直是解释族群起源和特质的一种主要形式。后来在19世纪的欧洲，历史成为当时居主导地位的记忆体裁，是再现历史过程、塑造民族身份的一个重要手段。

此外，体裁也是文化记忆面临各种挑战时的一种应对方法。在非常时期、困难或危险的环境中作家会利用传统的体裁，为那些以别的方式无法阐释的经验提供一些人们所熟悉并且有意义的再现模式。例如，在纪念一战的诗歌和小说中，作家采用田园诗的形式，传达战壕中的创伤经历，呈现各种和平的意象，重新与传统相连接①。出于同样的原因，新体裁的出现也可以被看作是记忆面临挑战时的一种解决办法。在20世纪末，后现代主义洞察到历史和身份的建构性，于是历史志元小说成为其相应的表达形式②。

因为文学与记忆过程之间具有许多相似之处，所以，文学对于文化记忆是一种理想的媒介。当然，参与文化记忆塑造过程的符号性媒介很多，除了文学还有编年史、历史志、法律文本、宗教著作和神话故事。但是，在记忆的建构过程中，文学作为一种象征形式展现出一些与众不同的特性：虚构性、复义性以及反思性。

文学有其他符号形式之间最主要的区别在于文学作品的虚构性。沃尔夫冈·伊瑟尔（Wolfgang Iser）认为文学是"虚构行为"的产物③。虚构的文本通过现实与想象之间的互动，重新构建文化认知。正如安斯加·纽宁（Ansgar Nunning）所言，文学能够对于文化产生影响，是因为有许多"虚构的特权"。虚构的叙述者，意识的再现，未经证实的、甚至与事实相反的内容被整合起来，再现过去；对另外一种可能的现实世界进行想象，这些都是文学这种象征形式所专属的特权。正是这些特权让我们得以对历

---

① Fussel, Paul. *The Great War and Modern Memory*. Oxford: Oxford University Press, 1975.

② Nunning, Ansgar. "Crossing Borders and Blurring Genres: Towards a Typology and Poetics of Postmodernist Historical Fiction in England since the 1960s." *European Journal of English Studies* 1.2 (1997): 217-238.

③ Iser, Wolfgang. *The Fictive and the Imaginary: Charting Literary Anthropology*. Baltimore: John Hopkins University Press, 1993.

史小说和历史志在文本层面进行区分。但是依据"文学的逻辑"①,文学作品的虚构性以及相应产生的去实用化也会带来某些局限,例如:在指示性、真实性以及客观性等方面大为受限②。这也正是文学对于过去的再现与历史志的区别。而文学与自传和回忆录的区别也正在于此,尽管后面这两种体裁从风格来说也具有"文学性"。

在文学媒介中,凝练和多元决定论是每一个记忆过程的基础,由于这两个特点不断被加强,所以文学对于过去的再现通常表现出一种其他文化记忆媒介所没有的语义复杂性。因而文学作为一种象征形式所呈现出的记忆含混不清,而且版本众多,这也成为文学独有的特点③。美学理论认为正是这种含混复杂性造就了艺术的感染力。同样我们也可以以此来解释文学在记忆文化中的作用。

文学还具有一种所有的艺术共有的特性,那就是它既能够提供人们在现实世界中的亲身体验,同时也可以提供次生性的经验④。一方面,文学作品能够构建出各种不同版本的过去:肯定式的和颠覆式的,传统的和创新的。另一方面,文学作品使得人们能够对这个建构过程进行观察,因而也可以加以评判。文学作品既可以生产记忆,也可以反思记忆,这两个功能是同时性的。文学中记忆的生产性和反思性的比例一直在不停地变化,例如:我们在历史小说中读到的历史就能够很好地证明,作家在生产历史的同时也对历史史实进行反思,而且目前的趋势是历史小说中反思性的成分在不断地增加。

文学的这些特点是"现代文学系统中的传统"⑤,总体说来现代西方文

---

① Hamburger, Kate. *The Logic of Literature*. Trans. Marilynn J. Rose. Bloomington: Indiana University Press, 1957.
② Cohn, Dorrit. *The Distinction of Fiction*. Baltimore: Johns Hopkins University Press, 1999.
③ Eco, Umberto. "An Ars Oblivionalis? Forget it!." *Publication of the Modern Language Association of America* 103.1 (1988): 254-261.
④ Luhmann, Niklas. *Art as a Social System*. Trans. M. Knodt Eva. Stanford, CA: Stanford University Press, 2000.
⑤ Schmidt, Siegfried J. "Conventions and Literary Systems." *Rules and Conventions: Literature, Philosophy, Social Theory*. Ed. Mette Hjort. Baltimore/London: Johns Hopkins University Press, 1992. pp.215-249.

学对于文化记忆的贡献主要基于两个方面的互动：一方面文学与记忆过程之间存在相似之处，另一方面文学与其他的与之竞争的记忆媒介之间存在差异。当然，文学只是众多记忆生产方式中的一种，它与日常生活中的故事讲述、历史志，甚至与纪念碑之间都有一些通用的方法。但是与此同时，文学具有其独有的特点，所以它对过去的再现与其他的符号系统明显不同。因此，文学可以为文化记忆注入独特的新元素，是一份无可替代的文化记忆的资源宝藏。

第二节　塑形的记忆

彼得·伯克（Peter Burke）说："文学既是记忆的朋友，也是记忆的敌人。"① 一方面，文学文本是一种记忆，记录下那些否则可能会被忘记的内容。另一方面，文学用类似于神话的内容替代了原初的记忆。因而，伯克称文学为"塑形的记忆"，对此可以有两种不同的、甚至相反的理解方式：文学记忆是主动的、具有塑造功能的文化文本，同时文学记忆也是被动的，它本身就是由之前的文本所塑造的，尤其是那些具有强大影响力的文学经典。

首先，记忆塑造了文学。从回忆录到小说，包括经过移置或伪装的自传，都是记忆的产物。回忆录和自传作为较早出现的现代文学体裁，拥有自身的诗学传统。例如：通常人们认为自传是一种私密且非正式的文学体裁。本杰明·富兰克林曾经说过他自己的人生故事里有时候会"东扯西拉地跑题"，他是这样为自己开脱的："参加私人聚会时的着装不像公共舞会那么郑重其事"②。另有一些自传作家则会有意无意地使用别的文学体裁。例如，让·斯达罗宾斯基（Jean Starobinski）认为卢梭的《忏悔录》有时

---

① Burke, Peter. "Shaping Memories." *Literature and Cultural Memory*. Eds. Mihaela Irimia, Dragoş Manea& Andreea Paris. Leiden/Boston: Drill Rodopi, 2017. p. 21.

② Franklin, Benjamin. *Autobiography*. New Haven: Yale University Press, 1964. p. 9.

候像是"流浪小说"①。

尤其是20世纪早期的一些小说，它们生动地印证了记忆在文学中的作用。普鲁斯特痴迷于记忆，以描述记忆的过程而闻名于世。为他著书立传的作家有很多，其中最为出名的是乔治·彭特（George Painter）。彭特曾经专门说过普鲁斯特将他自己所认识的朋友和熟人改造为他小说中的人物这件事情。普鲁斯特会从不同的人身上撷取不同的素材，然后将这些内容整合在一起，创造出他作品中的人物。例如：夏吕斯男爵（Baron de Charlus）很大程度上取材于法国的艺术家和诗人罗伯特·德·孟德斯鸠（Robert de Montesquiou），但是他身上同时也有奥斯卡·王尔德（Oscar Wilde）的特点②。大作家詹姆斯·乔伊斯不仅记性好，而且对记忆问题很感兴趣，他曾经读过柏格森有关记忆的书。他的《都柏林人》里面的故事大多是他1905年生活在特利斯特（Trieste）的时候写的。他可以挨个说出奥克奈尔（O'Connell）街上所有店铺的名字，这显示出他超强的记忆力和怀旧情绪。与普鲁斯特一样，乔伊斯也"对他的记忆内容进行了重组改编"。在《一个青年艺术家的画像》这本小说中，主人公斯蒂芬·迪达勒斯（Stephen Dedalus）是作者的自我画像，但又不全是③。此外，还有托马斯·曼，他认为作家"可能会表现出对于现实生活中细节的依赖性"，所以他将许多认识的熟人稍加改造后写进了小说。有的读者尴尬地发现曼的书里所写的正是自己以及自己生活里发生的事，为此曼给自己招惹了一些麻烦。

将记忆变为文学的过程看似简单，但其实这是一个复杂、甚至痛苦的过程。阿莱达·阿斯曼曾经讨论过一些创伤记忆作家，其中就有库尔特·冯内古特（Kurt Vonnegut）。二战期间冯内古特被德军俘虏，关押在德累斯顿一家屠宰场的地窖中，这座城市几乎被战争给毁了。战时的这段创伤经历让冯内古特觉得有必要将这些记忆写成小说，依据弗洛伊德有名的谈话

---

① Starobinski, Jean. "The Style of Autobiography." *Autobiography*. Ed. James Olney. Princeton: Princeton University Press, 1980. pp. 73-83.
② Painter, George. *Proust: a biography* (1959). Harmondsworth: Penguin Books, 1983.
③ Ellman, Richard. *James Joyce* (1959). Oxford: Oxford University Press, 1982. pp. 207, 579.

疗法，这可以被看作是一种写作疗法。同样，将记忆转变为小说的过程也并不轻松。有关威廉·福克纳的研究表明，福克纳认为将他自己私生活中的一些事情写进小说绝非易事，但是又很有必要，其中就包括他未能如愿参加一战，与青梅竹马的恋人私奔失败以及不幸的婚姻生活①。

显而易见，个人记忆为大多数作家提供了创作灵感，成为他们进行文学创作的资源宝库。在集体层面上，文学同样也是由记忆结构形成的，例如，欧洲文学延续了古代修辞学和诗学中的传统主题，通过标准化和图式化的再现模式来激发读者的记忆和联想，而且这种影响一直持续到18世纪之后。在此西方的古代修辞学为我们提供了一个理解文学与文化记忆之间关系的视角，从这个角度来说文学是一种记忆术。历史研究和社会科学集中关注的问题是在社会语境中通过挪用过去建立身份认同的建构过程，而艺术史和文学领域中的记忆研究则一直致力于探索古代记忆术对于艺术和文化的意义。因而文学在很多方面与文化记忆相关，它是"记忆术的典范"。文学为文化提供记忆，并且将记忆记载下来，它自身就是一种记忆行为。文学将自身印刻在由文本构成的记忆空间里，并且勾勒出一个记忆空间，早先的文本在其中被逐渐吸收，同时发生了形式方面的变化②。

古希腊伯里克利执政时期的诗人塞蒙尼德斯非常有名，因为他发明了"记忆宫殿"或者"剧场"，他所创立的空间记忆法被认为是记忆术的起源。古代的记忆术所依据的原则是用意象，即完美生动的图像指代需要记忆的事物，然后将这些意象放入一系列真实或想象的场址（loci）。之后人们可以在心里顺着这个路径提取这些意象，这样就可以回想起自己想要说的内容。换言之，这个方法是一种"精神的书写"，在古代主要用于记忆演讲内容。因而古老的记忆术主要是通过西塞罗、昆体良以及无名氏的《修辞学》传下来的。古罗马的演说家西塞罗认为"记忆是一切事物的宝库和守卫者"（Memoria est thesaurus omnium rerum e custos）。而且他确信如果想要充分发挥记忆力就必须选择一些场址，并且在大脑里形成与这些场

---

① Weinstein, Philip. *Becoming Faulkner*. New York: Oxford University Press, 2011.
② Lachmann, Renate. *Memory and Literature: Intertextuality in Russian Modernism*. Trans. Roy Sellars and Anthony Wall. Minneapolis/London: University of Minnesota Press, 1990. p. 15.

址相关的意象，这样我们就可以利用空间意象来进行回忆。这些方法在口述文化中被保存下来一直到现代早期，其自身便是"记忆术"的宝贵资源。这种空间记忆的技巧或方法成为广受西方世界认可的"记忆术"，在体制化的"记忆剧场"之中上演。

在西方古典文化中，古希腊人十分推崇人的记忆能力，将之具体化为记忆女神，她有九个女儿，即缪斯女神，各自掌管着一门艺术，分别代表一种文艺形式。九位缪斯的母亲是记忆女神，其寓意在于说明记忆具有普遍性，它孕育出人类所有的知识，而且人类的各种认知形式最终融会为世界的整体记忆。

从荷马史诗时代一直到达·芬奇、塞万提斯和莎士比亚所生活的文艺复兴时期，记忆在古典文学中始终享有重要的地位。到了现代早期人们将人类这一神圣的能力看作是一项能够帮助人们了解"复杂宇宙结构"的"基本心智技能"[1]。记忆最终被体制化为一门记忆的艺术，作为一门"艺术"、一个系统，其自身具有各种阐释的空间、策略和机制，它的主要功能是促进"文化理解范式的形成"[2]。

文学史学家弗朗西斯·耶茨首次将"记忆的艺术"作为现代文化研究中的一个研究对象。她的著作《记忆的艺术》（1966）是一部由古代到现代早期的记忆方法史。耶茨回顾了几乎被人遗忘的记忆术，并且提出中世纪和文艺复兴时期的艺术、知识结构和思想体系实际上都使用了古老的记忆术，但是同时也使其形式发生了很大的改变：中世纪的人重新回到罗马时代寻找资源，并且将之与柏拉图的著作以及基督教思想联系在一起。耶茨描述了记忆术的历史，从古代的记忆术到中世纪的意象，一直到文艺复兴和现代早期卡米洛（Giulio Camillo）神奇的"记忆剧场"，向我们揭示出记忆术是一种活态的、万能的传统，它不仅可以服务于修辞学，还有助于记忆基督教教义，构架文化知识，并且使得艺术表达成为一种可能。玛丽·卡鲁瑟斯（Mary Carruthers）在《记忆之书》（1990）中肯定了耶茨的

---

[1] Hutton, Patrick H. "The Art of Memory Reconceived: From Rhetoric to Psychoanalysis." *Journal of the History of Ideas* 48.3 (1987): 371-392. p.371.

[2] Hutton, Patrick H. "The Art of Memory Reconceived: From Rhetoric to Psychoanalysis." *Journal of the History of Ideas* 48.3 (1987): 371-392. p.372.

著述，说明在中世纪书页本身成为记忆空间，这标志着古代和中世纪注重意象塑造的空间定位记忆已经逐渐退出，现代早期由书写所塑造的记忆正在取而代之，由此完成了从修辞学记忆术向阐释学的过渡。大致在19世纪初期左右，记忆术从文化活动中消失了，但是它的影响依然在持续，尤其是在艺术和文学领域中。

西塞罗提出文学中有一些传统主题经久不衰，流传的时间特别悠长，其实传统主题是一种与逝者的对话。集体记忆储存在供集体使用、与集体相关的叙事之中，其标志就是传统主题。叙事的文学文本不仅塑造了个人传记和集体起源史的基本结构特点，而且还建立了一个用于感知和体验的编码和符号系统，这代表着人类意识史的各个阶段。在文学研究中，这种牢牢固化的编码被称作是"传统主题"（Topoi, Loci Communes, or Commonplaces）。这些概念源自古典逻辑学和修辞学，指那些易于辨认的、固定的论述形式以及情境再现模式。例如，比较经典的情人幽会、浓情蜜意的场景之所以会流传千年，不仅因为这种程式化的表现能够描绘出此情此景，还因为这会激发人们联想到其他文学作品中一系列类似的场景，因而能够借助于想象跨越不同的时间和空间，形成了一种连续稳定的文化线索。

作为集体记忆的远古神话流传到现代之后逐渐衰落，丧失了自身的确定性，最终随着历史的进程流变为了文学，因此传统主题一直被保留下来持续至今。欧洲进入启蒙时期之后随着印刷技术的改进和印刷品的传播出现了一种新型的人工记忆，记忆结构因此也发生了深刻的变化。通过大规模印刷的书页与过去进行交流，这种媒介化交流形式逐渐取代了面对面的直接交流。印刷时代的到来意味着书籍成为一种辅助记忆的主要手段，其作用得以彰显。默读训练被看作是一种可靠的记忆活动，图像作为辅助记忆的手段，对书写的文字起到了补充作用。在此之前，对于普通民众而言，集体记忆主要通过仪式、庆典等集体活动在学校、教会等体制性机构接受和传递。印刷术的使用和图书市场的兴起使得书籍阅读逐渐成为一种更为私人化的学习行为，而且它转向了人的内心世界，将自我和记忆等同起来，因为它强调"个体所具有的一种长时间保持连续性的感觉……，一种更具时间性的叙事概念"①,由此导致"文学的蔚然兴起……,主要是小说的兴起"②。因而,随着印刷术的兴起,书籍构建起一个以个人为中心的世界,记忆与文学随之也发生了翻天覆地的变化。

记忆方式和记忆结构造就文学文本和文学体裁的同时,文学也为文化记忆的结构、功能以及再现过去的方式做出了贡献。文学可以被看作是个人记忆和社会记忆的媒介。一般来说,我们会记住我们所读过的小说以及看过的电影里的人物和情节,所以文学是每个人的语义记忆的一部分。小说、诗歌、戏剧等文学作品构成了一个群体的"文化文本"和"集体文本",通过参与这种社会共享的阅读活动,我们将个人记忆与集体的文化记忆融合在一起。从这个意义上说,文学是连通个人记忆和集体记忆的媒介。另一方面,文学也是塑造事件记忆的媒介。莫里斯·哈布瓦赫曾经讲述自己在伦敦漫步的经历,他说:"我初访伦敦时的许多印象——圣保罗教堂、市长官邸、斯特兰德大街、四大律师学院——让我想起了童年读过的狄更斯的小说"③。在此哈布瓦赫不仅强调了社会框架和媒介在他感知伦敦这座城市时所起的作用,同时他也暗示了文学对于记忆的重要性。伦敦的城市景观让哈布瓦赫联想到了某部文学作品,反过来我们也可以说,过去所读过的文字让他提前领略到了伦敦市的景观,由此我们不难看出文学与记忆之间存在复杂的关系。哈布瓦赫说"所以我和狄更斯一起散了个步"④,因而小说家与建筑师和画家一样,尽管本人早已离世,但是他仍然以一种隐形的方式存在,与回忆者一道形成一个社会群体,并且在共同参与生产记忆的过程之中作为一个虚拟的交流伙伴发挥着作用。所以,文学的功能是一种媒介,由这个媒介派生出具有参照作用的社会框架。无论是群体内部的社会互动,还是通过其他非虚构性媒介进行交流,文学文本的阅读行为参与了个人记忆和集体记忆的塑造。

---

① Whitehead, Anne. *Memory*. New York: Routledge, 2009. p. 51.
② Ferguson, Frances. "Romantic Memory." *Studies in Romanticism* 35.4 (Winter, 1996): 509-533. p. 510.
③ Halbwachs, Maurice (1950). *The Collective Memory*. Trans. Francis J. Ditter and Vida Yazdi Ditter. Intro. Mary Douglas. New York: Harper and Row, 1980. pp. 23-24.
④ Halbwachs, Maurice (1950). *The Collective Memory*. Trans. Francis J. Ditter and Vida Yazdi Ditter. Intro. Mary Douglas. New York: Harper and Row, 1980. p. 23.

当我们回望历史的时候不难发现有许多文学文本参与并且塑造了文化记忆。在西方文化中，第一个要说的例子就是《圣经》，《圣经》故事向来是西方文化记忆中极其重要的一部分内容。在集体层面上，现代欧洲早期的许多国家，包括法国和英国，都被历史学家刻画为神的选民，像以色列人一样受到神的眷顾，显然在这一过程中《圣经》对于这些民族的集体记忆起到了至关重要的塑形作用。

集体记忆往往涉及各种不同版本的历史，而历史是通过叙事建构起来的，叙事结构则与文学这种书面文字媒介紧密相关。记忆的文学样式主要有两种，一个是历史志，另一个是自传。从奥古斯丁的《忏悔录》到卢梭的同名自传，再到18世纪虔诚教徒的自省传统，自传以忏悔的形式展现个人记忆。忏悔回忆录的写作传统标志着现代艺术体系的建立，而且现代文学观念也继承了这一传统，将文学看作是一种自主性话语。其结果是，虚构的文学叙事在文学系统里拥有了一种前所未有的崭新地位，而且文学作品具有了自主的社会功能，这便促生出一种文学记忆的诗学，从此文学不再依附于纪实性的历史志和自传体，获得了彻底的独立。与这种追求自主的趋势相对应，再现记忆的文学作品表现出极端的主体性，例如：荷尔德林和华兹华斯的诗歌。虚构话语的自主性也塑造出一种新的文学体裁，即历史小说，例如：托尔斯泰的《战争与和平》，其目的不是还原历史事实，而是从当前的政治冲突出发解读历史事件。

历史学家海登·怀特所说的"情节设置"过程对于记忆的重塑起到了至关重要的作用，它不仅包括怀特所说的"喜剧""悲剧"、"反讽剧"等总体的情节模式，也包括具体的情节发展，例如从一无所有到富甲一方，摆脱奴役获得自由，由罪人到皈依宗教等①。这些情节都取自文化记忆，用这些情节模式来塑造有关过去的记忆使得记忆变得富有戏剧性和连贯性，因而也更容易被人记住。或许在某个特定的文化中，不一定有许多情节模式供我们选择，但是每一种文化都有各自不同的情节模式。

文学故事通过其叙事结构塑造了我们对于时间的先后顺序和意义的理

---

① White, Hayden. *Metahistory*. Baltimore: Johns Hopkins University Press, 1973. pp. 7–11.

解，以及我们对于过去、现在和未来之间关系的理解。文学不仅通过其结构和形式塑造文化记忆，同时也通过其内容来进行塑造，例如：战争、革命等历史事件的再现，国王、探险家等人物的再现，以及神话和其他虚构的记忆，这些文学形式和内容都有可能对读者产生某种影响。文学作品影响文化记忆有两个条件：人们必须要将文学作品当作记忆媒介来看待，而且文学作品必须在全社会被广泛地阅读。关于文学文本在文化记忆中的这种"有效存在"我们可以找到很多线索，例如：公众论坛和畅销书目录，另外还包括体制形式的变化，例如：有些文学作品被添加到中学或者大学的课程之中，此外还有日常生活中使用的一些文学名言。同时，还要考虑到某些社会因素或者政治因素在这一过程中所产生的影响，例如：社会机构通过对卡农化的监管限制文学文本的重塑，或者通过审查制度、国家赞助出版等方式进行政治干预，这些因素也必须考虑在内。此外，经济因素、出版和营销策略也起到了关键作用。只要涉及文学作品的挪用和阐释，我们必须要首先预设存在记忆的"阐释共同体"[①]。关于文学文本重塑的可能性及其价值，社会群体往往不能达成一致的意见。在所有这些社会过程中，权力是一个不可低估的因素。但是无论如何，文学文本为我们阐释过去提供了可能性，并且发展出许多既具肯定性、也具颠覆性的潜在叙事。这些潜在叙事只有通过协商和争论才能够在社会场域中得以实现。

文化学者阿斯特莉特·埃尔将历史志和自传合在一起，将其划分为两大类：一类是"经验式"的文学记忆，即记忆的再现；另一类是文学作品中纪念碑式、历史化的、对抗式的、反思型的历史记忆。经验式记忆是对过去进行再现的活态记忆，包括代际记忆和家庭记忆，并且将交流记忆转化为传记这种文学体裁。纪念碑式的记忆模式将过去想象为神话；历史化的模式运用历史志的学术写作方法传达文学事件和人物，这种叙事是完整的，有最终的结局。这两种模式与经验式记忆互为补充。在对抗模式之中，文学作品以一种封闭的、抗拒的方式面对不同版本的历史，常常用带有偏见性的视角进行负面的模式化塑造。这种模式经常出现在帝国主义小

---

① Stanley Fish. *Is There a Text in This Class? The Authority of Interpretive Communities*. Cambridge, MA: Harvard University Press, 1980.

说和具有政治倾向的文学作品中。最后在反思模式中，文学文本处理的是它自身与记忆之间的关系，而且通过这种方式参与有关记忆的理论性讨论。文学给予读者现场观察或者间接观察的机会，它在建构记忆的同时也对记忆进行观察，例如：普鲁斯特的《追忆逝水年华》。文学文本可以从众多的视角和历史版本中进行选择，同样还可以选择故事情节中的人物和因果联系。当今大多数历史志元小说的一大特点是具有强烈的反思性，所以我们可以借助于这类反思性文学记忆，运用各种不同的概念，分析在文化记忆的形成和阐释过程中虚构文本的参与方式和作用。因而，埃尔所提到的反思模式是最为基本的文学记忆模式，甚至于我们可以说文学文本是自我指涉性的，即文学记忆不仅显示了叙事内容，还显示出叙事的结构和形式。另外，文学叙事还表明记忆的再现方式是多种多样的。从这个角度来说，文学不仅能够呈现过去的人物和事件，还可以呈现出不同的记忆模式及其文化功能。

第三节　文学的记忆价值

　　文学是一种具有美学价值的、书面的文本形式，其本身就是一种文化建构，有赖于民族传统，而且会受到历史变化的影响。广义上"文学"一词不仅包括虚构性文本，还包括具有一定知名度的神学、哲学、历史、政治、法律和科学文本。"文学"对于文化记忆一向具有重要的价值，因为书写的文本是过去的文化最为直白明了的见证。或者，如德里达所说，文本由于"与意义和指示之间的悬置关系"，被赋予了"理论上的话语权，可以说任何话，可以打破规则，可以替换规则，由此创立、发明、甚至质疑自然与体制之间、自然与传统法律之间、自然与历史之间的传统区分"[①]。

　　阿莱达·阿斯曼将文化记忆区分为主动记忆和被动记忆两种模式：

---

① Derrida, Jacques. "'This Strange Institution Called Literature,' An Interview with Jacques Derrida." *Acts of Literature*. Ed. Derek Attridge. London/New York: Routledge, 1992. p. 37.

"主动记忆的体制将过去保留在当下,而被动记忆的体制将过去保留为过去"①。"主动的文化记忆"是一种"正在运行的记忆",涵括卡农式的文化文本,而"被动的文化记忆"范围更广,是图书馆和博物馆里保存下来的文化"档案",这类记忆具有参照功能。文学对于文化记忆具有重要的价值,因为文学是文化记忆的一个重要组成部分,不仅构成了其中的主动记忆,即卡农文本,而且它还是更为广泛的文化记忆档案的一个重要来源。文化记忆很大程度上是以文本为基础的,所以文学文本不仅在构成主动文化记忆的"文化文本"中占据了重要位置,而且还在"参照记忆"或"档案"中存储了大量的文本。文学作品对于文化记忆之所以如此重要,是因为文化记忆在群体身份的形成过程中发挥着极其重要的作用,通常一个群体出于自尊、甚至自我扩张的目的会要求群体里的所有成员共同参与,庆祝过去的文化成就以及传承下来的经典名作。

因此,现代早期欧洲民族国家的崛起伴随着文学优越性的展示,这主要表现在对本民族的书面文化按时间顺序进行整理、编修,力求编撰出高质量的文学史。罗伯特·钱伯斯(Robert Chambers)于1836年出版的《英语语言与文学史》②兼容并蓄,囊括主动文化记忆和被动文化记忆,开启了英国文学史的传统,其中不仅收录了文学名家的核心卡农作品,也包括宗教、哲学和历史等其他领域里的作品,即阿莱达·阿斯曼所说的文化"档案"。那些被选入"主动文化记忆"的作品构成核心的文化文本,即卡农,这些作品及其作家尤为重要,具有特定的功能和特别的影响力。对此钱伯斯在他的大作《英国文学百科全书》中作了如下描述:"毫无疑问,我们对莎士比亚、弥尔顿、司各特怀有共同的景仰之情,在这个过程当中我们产生了一种团结一致的社会情感,这种情感本身包括了我们的一部分

---

① Assmann, Aleida. "Canon and Archive." *Cultural Memory Studies: An International and Interdisciplinary Handbook*. Eds. Astrid Erll, Ansgar Nünning & Sara B. Young. Berlin: Walter De Gruyter, 2008. p.98.

② Chambers, Robert. *History of the English Language and Literature*. Edinburgh: Cambers, 1836.

民族幸福感，而且还在很大程度上抵消了那些想要将我们彼此分开的影响因素。"① 一个多世纪之后帕特·罗杰斯（Pat Rogers）为《英国文学史牛津插图版》所写的《编者前言中》这样说："因为一个国家通过艺术获得自我认知、自我定义。一个民族在文学中——在此实际上是指一个语言共同体——正视它自己的热望和绝望。我们可以从中找到它与自己的对话，与他人的争论，它的内心思绪和外部经验，它的独自沉思和公开言论。"②

尽管文学史的核心卡农一般都处于相当稳定的状态，但是难免会出现一些重大的历史变化，由此对文化记忆产生影响。例如：在威廉·弗朗西斯·考利尔（William Francis Collier）的《英国文学史》（1861）③ 中简·奥斯汀仅仅出现在"补列"的小说家目录里，而乔治·圣兹波利（George Saintsbury）的《英国文学简史》④（1898）则专辟了一章"小说——司哥特和奥斯汀"，在此奥斯汀不仅出现在章节的标题之中，而且所占篇幅有两页之多。

另一方面，有许多作家和作品虽然被写进了文学史，但是始终未能进入主动文化记忆，而是被发配到"档案"里，成为民族文学"图书馆"的馆藏资源，听从专家的发落。如果用阿斯曼的话来说，"文化记忆总是有它的专家"⑤，而且"文化记忆的参与结构天生就有精英主义倾向；从严格意义上来说它从来都不主张平等。"⑥

如今民族文学的"档案"已经形成了一个稳固的体制基础，即系统理论所谓的"文学系统"，不仅包括文学史，还包括公共图书馆、纯文学出

---

① Chambers, Robert. *Cyclopaedia of English Literature*, 2 vols. Edinburgh: Chambers, 1843-1844. Vol. 1, p. v.

② Rogers, Pat. *The Oxford Illustrated History of English Literature*. Oxford: Oxford University Press, 1987. p. 5.

③ Collier, William. *History of English literature*. London: T. Nelson and Sons, 1862.

④ Saintsbury, George. *A Short History of English Literature*. London: Macmillan, 1898.

⑤ Assmann, Jan. "Communicative and Cultural Memory." *Cultural Memory Studies: An International and Interdisciplinary Handbook*. Eds. Astrid Erll and Ansgar Nünning. Berlin/New York: Walter de Gruyter, 2008. p. 114.

⑥ Assmann, Jan. "Communicative and Cultural Memory." *Cultural Memory Studies: An International and Interdisciplinary Handbook*. Eds. Astrid Erll and Ansgar Nünning. Berlin/New York: Walter de Gruyter, 2008. p. 116.

版商、畅销书以及教育。另外还有一直未被提及的大量的通俗文学,包括温柔浪漫的爱情故事、血腥的恐怖故事和令人费解的科幻小说。这些作品很少能够进入文化记忆,但是它们却能够揭示出人类早期集体神话的感知、认知和情感框架,尤其可以反映出人类的欲望和焦虑。此外,还有少数作品因为独特的小众品味而成为一代人所狂热追随的象征符号。

文学作品的特征是以虚构的方式再现历史,它并非只是停留在纯粹的认知层面,更多的是在感情层面上发挥作用,因而具有高度的影响力。文学话语对于人们的想象世界具有某种特别的影响力,正是这个特点使得文学作品及其故事和人物如此令人难忘。也正是这个特点使它对于文化记忆的其他领域,例如:宗教、哲学和历史,显得尤为重要。

关于哲学领域,玛莎·纳斯鲍姆(Martha Nussbaum)在她的文章《"体会入微以及慷慨担责":道德关注与文学的道德任务》[1]中指出,人类关系的伦理维度如果用哲学或者伦理学概念化的语言表达,远不如亨利·詹姆斯的小说展现得那么细致入微。此外,文学这种美学形式也可以表现伦理或政治方面的价值观。例如,前现代主义、有机主义美学在英国从莎士比亚时代一直到20世纪早期一直占据着主导地位,这种美学观念认为文学或艺术作品是一个有机整体,作品的各个部分要服从整体。但是在现代主义拼贴式作品中,例如T. S. 艾略特的《荒原》[2],我们发现一方面各个部分具有相对的主体性,另一方面各个部分结合在一起形成一个整体,这两个方面保持了一种均衡状态。而在更加极端的后现代主义作品中,例如:约翰·巴斯的《迷失于游乐场》[3]中,各个部分之间的联系极为松散,多元性和差异化替代了统一性,被凸显出来。由此不难看出,文学观念和文学形式所反映出的个人与社会之间的关系总是与同时期的伦理观或者社会政治观念呈现出平行发展的态势。

在历史领域中文学对于文化记忆的价值也是不容忽视的。文学可以仔细地观察过去的生活百态,激发情感共鸣,产生共情感,没有别的哪种话

---

[1] Nussbaum, Martha. "'Finely Aware and Richly Responsible': Moral Attention and the Moral Task of Literature." *The Journal of Philosophy* 82. 10 (1985): 516-529.

[2] Eliot, T. S. *The Waste Land*. New York: Boni and Liveright, 1922.

[3] Barth, John. *Lost in the Funhouse*. New York: Doubleday, 1968.

语可以像文学一样制造出这种幻象。尤其是当老剧本在舞台上演,或者小说被拍成电影的时候,这种感觉仿佛引领我们穿越了时空,模拟的情境让我们产生身临其境感。其实当我们投入的阅读时,我们的"心灵剧场"中常常也会上演类似的戏码。因而文学作品成为文化记忆中通俗版历史的一个重要宝藏,而且无论是旧历史主义还是新历史主义,文学都在其中发挥着主要的作用。

如果撇开历史学家以及他们"求真务实"的学术研究方法,我们往往会依据现时的需要和欲求对过去的文学作品进行拣选,然后将精挑细选出来的那些作品纳入文化记忆。虽然当下看似变动不居、变化无常,但是通常我们认为人性是恒常而且稳定的,尤其是在强烈的情感方面。这就是为什么莎士比亚的《罗密欧与朱丽叶》、《奥赛罗》或者《李尔王》能够不断地在舞台和银幕上上演,几个世纪以来保持经久不衰的原因。另一方面,人们对过去的文学作品感兴趣也是因为历史在不断变化,人们想要亲临其境,了解过去,而文学作品能够在某种程度上再现过去,同时也能给人带来一些情感的慰藉。例如:简·奥斯汀所创造的文学世界唤起了人们复杂的怀旧情绪,因而受到读者的珍重;而狄更斯的作品让人对当时的社会境况心生怜悯,我们阅读的时候会因为当今的社会环境已经大为改善而倍感自豪。另外还有一种可能性是人们之所以会记住某部文学作品是因为它似乎远远超越了其所处的时代,以至于我们会觉得这简直就是在讲我们自己这个时代的故事,例如劳伦斯·斯特恩的《项狄传》。

但是,如果我们想依据文学作品的描述复原过去的主流文化和社会状况,难免会感到失望,甚至于会受到误导。虽然文学作品是一项重要的文化记忆的资源,但是它缺乏史学的真实性和可靠性,这一点是由文学的特性决定的。对于文学作品而言,事实的扭曲变形是无可避免的,因为它必须经历阐释过程,即现在的意义系统依据过去的指示符号对过去进行部分的建构,这个建构过程取决于我们在阅读或观察的过程中理解世界和自我的方式。有时候一个文学作品具有独特的开放性,要么是因为意义高度含混暧昧,要么是因为无法确定其意义,或者因为意义的决定因素过多,存在大量的理解"鸿沟",或者是因为存在过多的相互竞争或者矛盾的因果关系。这一类文学名作最终成为长期为人津津乐道的"文化文本",最典型的例子莫过于《哈姆雷特》,几个世纪以来阐释这个剧本的著述和文章汗牛充栋,难以计数。

文学作品作为记忆的媒介具有凝练性,以叙事形式回忆过去,有助于集体记忆的生产。显然,历史小说、历史剧和自传这样一些文学体裁对于集体记忆的生产功不可没。同时,文学也是记忆的客体和内容,文学作品通常会流传至后世,搭建起代际交流的重要桥梁。换言之,重温前人所著的文本成为文化记忆不可或缺的一部分。这时候文学又转而变为记忆的主体,通过文本间性形成"自身的记忆",赋予旧文本新的文化生命。文学生产中很重要的一部分内容是对于经典文本的改写,包括民间故事和神话之类的人类早期文化叙事。这些改写有可能以虔诚的纪念形式出现,比如:吟诵,或者有可能采用批评和争论的形式。这些文学记忆的活动不仅有助于我们对文学记忆进行思考,而且以一种非常具体的方式参与到文化记忆生产和再生产这一持续的过程当中。此外,当文学通过想象呈现出各种回忆活动时,回忆就变成可观测的了,这时候文学便成为观测文化记忆生产的手段。因而文学不仅能够生产集体记忆,还能生产文化知识,解释记忆对于个人和群体的作用。从这个角度来看,文学可以被称作是一种"模拟"记忆。例如:普鲁斯特的《追忆逝水年华》就是典型的"个人记忆模拟",文学以这种方式与哲学、心理学等其他观测记忆的话语形成对话。另一方面,文学也是"文化记忆模拟",它对认知学、伦理学以及集体记忆的运行方式进行反思,由此参与到与历史学家和社会学家的对话之中,共同探讨如何阐释过去以及阐释过去的正确方式。例如:朱利安·巴恩斯(Julian Barnes)的"元记忆小说"(Meta-mnemonic Fiction)《英国,英国》(*England, England*, 1998)是一部反乌托邦小说,巴恩斯在小说中构想了一个浓缩英国文化的主题公园,由此对神话、民族身份、"发明出来的传统"以及历史和记忆的真实性这些话题进行讨论和反思,是文学"模拟"文化记忆的一个典型范例。

第四章 文化记忆的物质性

近年来伴随着记忆研究的兴盛，世界各地纷纷建起各种博物馆、纪念馆和纪念碑，以各种美学形式承载、凝固、传承过去的记忆。这一现象提醒我们，文化记忆不仅是人类作为主体所做的有意识的选择和建构，同时也是集体风貌、时代气质通过具体的物被客体化后凝练和沉淀的产物，因而文化记忆的物质性是文化记忆研究中一个不可忽视的重要维度。其实，当前的记忆风潮在人类历史上并非绝无仅有，如果我们仔细回顾，就会发现西方世界拥有漫长的记忆史。其中，精神与物质的关系是一个永恒的哲学命题，围绕"记忆"这一主题存在同样的争论，这也构成了记忆史发展的主线之一。

一个人的记忆并非从空而降，只有在与其他人交流的时候才能产生记忆，而且在与他人交流沟通的时候不可避免地涉及物，诸如文字、图画、地域、仪式、饮食、气味、声音。我们经常将由此产生的记忆无意识地存储在声音、气味、景象和物体上，所以这些承载物可以帮助我们唤醒记忆。人类有记忆，不仅是因为我们的大脑具有记忆功能，还因为存在一个与我们息息相关的物质世界，人在与物质世界的互动中创造了文化。所以，从这个意义上来说，文化理论与记忆理论通过物而相互交叉重叠[①]。

20 世纪 80 年代，德国的人文科学在理论层面出现了转折，即由此前的文本阐释为主过渡到重视信息的物质性，因为这些文本的外在因素促成

[①] 陈新、彭刚主编：《文化记忆与历史主义》，浙江大学出版社 2014 年版，第 10—13 页。

了文本意义的特定结构①。正是在此背景下，德国的文化学者和历史学家扬·阿斯曼提出了文化记忆理论，他将人类记忆区分为三个维度：个体维度、社会维度和文化维度。个体记忆与社会记忆的共同特点是都必须借助于肉身，离开了活生生的个体便无法存在。而在借助肉身完成的个体记忆和社会记忆之外还存在着记忆的第三个维度，即文化记忆，那种通过象征形式被客体化或者具象化的记忆。此外，德国另一位重要的文化记忆理论学家阿斯特莉特·埃尔指出，人类学和符号学理论将文化看作是三维框架，包括社会（人，社会关系，体制）、物质（人工制品和媒介）和精神（受文化限定的思考方式，心智）三个方面。在这种理解方式下，"文化记忆"可以成为一个包罗万象的术语，囊括"社会记忆"（社会科学中记忆研究的出发点）、"物质或媒介记忆"和"内心或认知记忆"②。其中文化记忆的物质维度由具备记忆功能的人工制品、媒介和记忆技术构成，由符号、地形地貌到建筑物，由书籍到电影和摄影术，全都包括在内。当然这种明确的划分只是为了阐释的方便，现实中文化记忆同时发生在所有这三个维度。通过这三个维度之间不断的、渐进式的、动态的互动才能产生文化记忆。

物质性是文化记忆的一个重要特点，其实如果我们追溯西方的记忆史并且加以仔细审视和研究，就会发现在西方世界探究记忆奥秘的历程中物质性一直是人们理解记忆的一个重要方面。西方有着漫长的记忆史，甚至可以一直可以追溯到古希腊时期的柏拉图。柏拉图将大脑看作是一个书写的平面，他认为记忆是过去在人的大脑中刻下的印记。这一观念历经千年，一直延续至今，已经成为西方记忆史中一个显而易见的传统。比如：古罗马的修辞学手稿中有类似的说法；英国哲学家洛克将儿童的大脑比作是一张有待书写的白纸；心理学家弗洛伊德谈论记忆时用"神秘的写字板"作为比喻③。

关于记忆的第二个基础词汇是"身体记忆"。亚里士多德最先注意到

---

① 陈新、彭刚主编：《文化记忆与历史主义》，浙江大学出版社2014年版，第34页。

② Erll, Astrid and Ansgar Nunning (Eds.). *Cultural Memory Studies: An International and Interdisciplinary Handbook*. Berlin: Walter de Gruyter, 2008. p. 4.

③ Whitehead, Anne. *Memory*. New York: Routledge, 2009. p. 10.

了记忆的物质基础，他强调视觉意象的重要性，"记忆的艺术"受其影响，同样也强调视觉化记忆的效果。华兹华斯在《丁登寺》中对眼前的景观与回忆中五年前所见进行了细致的对比，强调视觉在回忆过程中所起到的重要作用。但对于普鲁斯特而言，记忆的感官基础不在于视觉，而在于味觉、触觉、听觉和嗅觉。身体在记忆中所扮演的角色就构成了"身体记忆"，对此亨利·柏格森强调习惯的重要性，他提出身体具有感应运动机制，通过多次的重复，能够形成身体模式的记忆[①]。

记忆的第三个特点是具有空间性。文艺学的记忆研究一向关注古罗马的记忆术。关于记忆术的建立，西塞罗讲述过一个传奇故事。有一个叫西蒙尼德斯的诗人，他参加一个宴会，中途离场时宴会厅的屋顶坍塌了，压死了在席的客人。他努力回忆客人们各自所在的座位，由此辨认出残缺不全、容貌模糊的尸体。这被认为是"记忆艺术"的起源，记忆术使用记忆地点（Memory Places），存储大量的信息，以便将来进行回忆，是一种纯粹空间性的记忆方法，这一传统由古典时期一直延续到现代早期。后来洛克继承了这一观点，称记忆为"思想的仓库"；弗洛伊德也秉承这一观念，为大脑绘制地图，试图在大脑里对各种记忆进行精确定位[②]。

接下来我将从记忆的"印刻"隐喻、身体记忆和空间记忆这三个方面对记忆史进行回溯和阐析，最后将三者归于记忆的物质性，进行总结性论述。

第一节 "印刻"隐喻

从一开始，记忆就与书写和印刻这两个比喻紧密地联系在一起。柏拉图在《泰阿泰德篇》[③]（360 B. C.）中记录了苏格拉底与贵族青年泰阿泰德和另一位数学家的谈话。为了区分感知和思想，苏格拉底解释说，感知

[①] Bergson, Henri. *Matter and Memory*. Trans. Nancy Margaret Paul and W. Scott Palmer. New York: Zone Books, 1991.

[②] Whitehead, Anne. *Memory*. New York: Routledge, 2009. p. 10.

[③] Plato. *Theaetetus*. Trans. Robin A. H. Waterfield, Harmondsworth: Penguin, 1987.

是一系列不断变化的意识,而思想是那些被印刻在头脑中,因而具有某种程度稳定性的感知。为了进一步解释清楚,苏格拉底让泰阿泰德把人的头脑想象为一块蜡。我们将这块蜡放在感知的下面,把对于物体的印象印在上面,就将感知转化为了思想。我们在大脑中保存下来的那些能够为我们所理解的印记便是知识。

柏拉图的蜡板模式对于后来的思想家产生了持久的影响,同时也为记忆话语引入了一个重要的问题,即柏拉图的蜡板上面的印象是物质的还是精神的?柏拉图模式的记忆过程暗示意象或思想在某种程度上是物质的:它们被印刻在物的上面,并且存储在里面,以便今后回忆的时候提取。后来的哲学家,包括亚里士多德,都十分关注记忆的物质或感官基础。但是柏拉图关于意象的存储和召回所作的隐喻与亚里士多德的记忆模式之间存在明显的区别。与亚里士多德不同,柏拉图认为并不是所有的知识都源于感官印象。对于柏拉图,我们的大脑中潜伏着"理念"的形式或印象,理念是灵魂在降入肉体之前所了解的那些现实。只有那些与最高现实在大脑中留下的印记相匹配的感官印象才能帮助我们获得真正的知识,而物质形式仅仅是最高现实的一种镜像。柏拉图复杂的记忆与遗忘辩证法假设了一个三段式过程:人出生之前"理念"在灵魂面前倏然闪现,出生,然后忘记先前的所见。人在出生时灵魂进入遗忘状态,上面蒙了一层蜡,蜡板上面一片空白,没有任何印象。但是,蜡板似乎并没有完全被擦干净:上面留存着"理念"的印记,因而我们在不知不觉当中将"理念"知识保留了下来。柏拉图哲学观念的核心是了解真理知识的关键在于记忆,或是唤起对于灵魂曾经见过的"理念"的回忆。因而所有的知识和学习都是一种记忆行为,试图唤起对于这些最高现实的回忆。所以柏拉图的记忆所涉及的知识是一种特定的、不同类型的知识。他不关注个人事件和主观记忆,非物质、非个人的现实才是他的兴趣所在,这种现实不囿于具体的物质世界,因而是永恒不变的。

亚里士多德在《记忆与回忆》(*De memoria et reminiscentia* [*Of Memory and Reminiscence*])(350 BC)中解释了记忆的性质、起因以及记忆在大脑里所对应的功能,并且对记忆和回忆进行了区分。他继承了柏拉图的蜡板模式,但是他的观念更加倾向于经验主义。记忆的对象是过去,与过去相关。当人身处当下，正在感知世界或进行科学观察的时候，他无法记忆，因为记忆的对象是过去已然完成的感知或学习过程。因而，记忆既不是感知，也不是观念，而是两者之中的某一个因为时间的流逝而产生的一种状态或影响。当一个人身处现在时，不可能产生对于现在的回忆，因为现在是感知的对象，未来是期望的对象，而回忆的对象是过去。人类的认知体验和运动靠的是感官感知，认知时间也是靠它，所以感官感知也是记忆力。相应的，记忆包括再现，再现是身体性的，即回忆是在体内搜寻"意象"。再现是感知的产物，由此亚里士多德得出结论：记忆本质上直接从属于基本的感官感知能力。所以，与柏拉图不同，亚里士多德认为记忆不可能脱离物质感官世界而存在。在这篇论文的后半部分，亚里士多德对记忆和回忆进行了区分。与柏拉图不同，他认为回忆无需他人以提问的方式参与，回忆是一种自主、独立、自我驱动的、对于记忆的积极搜寻。亚里士多德强调回忆过程中的秩序原则、联想原则以及视觉化的作用，这些观点后来被纳入到"记忆术"的传统之中。简而言之，亚里士多德主张我们应当在物质的领域中理解记忆，而且应该让回忆更加贴近我们的日常经验。

自柏拉图和亚里士多德以来西方世界有关记忆的思考和讨论一直延续不断，19世纪末出现的记忆危机引发了人们关于记忆的焦虑。当时西方的工业化过程业已完成，现代化进程正在加速，技术革新迫在眉睫。这些因素破坏了传统的社区观念和生活方式，导致人们出现自我分裂，表现出各种创伤的症状，这些现象正是弗洛伊德心理分析研究的焦点。"记忆危机"这一观念源自理查·特迪曼（Richard Terdiman），他深入解析了19世纪漫长的记忆危机，他认为这一危机源于法国大革命所造成的文化和历史错位①。记忆危机导致的病态记忆令人感到焦虑，同时也会引发人们的深度思考，这种情况一直延续至今。对于特迪曼而言，19世纪的记忆危机意味着记忆不请自来，而且记忆的形式变得越来越具有侵入性，似乎充满了恶意。对此他解释说，这是"由于记忆过多而引发的疾病……在这种条件

---

① Terdiman, Richard. *Present Past: Modernity and the Memory Crisis*. Ithaca, NY/London: Cornell University Press, 1993. p.5.

下，个人的主体性被持续存在的过去所淹没，且日益为其所控，实则沦为过去的附庸"①。1873—1876年尼采出版了《不合时宜的沉思》，其中第二篇文章的题目为《论历史于生活之利弊》。在这篇文章中尼采毫不掩饰他对于历史重负的担忧和批判态度，他最终得出的结论是，如果想要获得健康和幸福，不仅需要记忆，同样也需要积极的或是有意识的遗忘："非历史的和历史的东西对于个人健康、民族健康和文化健康同等重要。"②

19世纪末的另一位理论学家弗洛伊德与尼采一样，也十分重视记忆对于人类生活的影响力，他将记忆看作是一种无所不在、独立自主的力量。他在1895年出版的《歇斯底里症研究》中写过一句有名的话："歇斯底里的病根主要在于回忆。"③弗洛伊德认为，记忆活动发生在当下，因而为当下所塑造。所以过去不再迟滞被动，它处于现实的考虑之中，并且通过现实的考虑得以重塑。换言之，回忆是由现在出发对于过去的一种重构。环境随着时间进程而不断变化，因此过去也随之发展，不断演变。面临这样复杂而不断变化的记忆过程，史学家的任务不再是直接复原历史，而是重建历史，所提供的叙事也不是历史的原貌，而是历史曾经可能的样貌。

在1915年出版的《无意识》一文中，弗洛伊德一开始便反驳了神经学研究试图在大脑中为记忆定位的做法。依照特迪曼的说法，19世纪的医学话语中记忆概念表现为"平淡的现实主义"，依据的是一种固定不变的印刻模式，因此"进入大脑的东西能够一成不变地出来"④。弗洛伊德并没有罗列同时代学者的研究文献，却转而讨论心理的分布模式，这种模式所指的并非"解剖学上的各种位置，而是心智结构中的各个区域，无论如何

---

① Terdiman, Richard. *Present Past: Modernity and the Memory Crisis*. Ithaca, NY/London: Cornell University Press, 1993. p. 84.

② Nietzsche, Friedrich Wilhelm (1874). "On the Uses and Disadvantages of History for Life." *Untimely Meditations*. Ed. Daniel Breazeale. Trans. R. J. Hollingdale. Cambridge: Cambridge University Press, 1997. p. 63.

③ Freud, Sigmund. *The Standard Edition of the Complete Psychological Works of Sigmund Freud*. 24 Vols. Trans. &Eds. James Strachey, et al. London: Vintage, 2001. Vol. II, p. 7.

④ Terdiman, Richard. *Present Past: Modernity and the Memory Crisis*. Ithaca, NY/London: Cornell University Press, 1993. p. 264.

总之存在于我们体内的可能性很大"①。弗洛伊德首先对意识和无意识进行了区分；前意识位于两者之间，其作用是在无意识进入意识领域之前对无意识内容进行审查。记忆存在于无意识之中，这也暗示着记忆一旦被印刻在无意识之中，便被固定下来，不接受外部的影响和修改，因而是永恒不变的。

1924 年弗洛伊德发表了一篇题为《"神秘写字板"小注》的文章，写下了他有关记忆的思索。在文中他总结了印刻过程中心理的构造和布局，当他对无意识进行定义时重新回到柏拉图的蜡板这一记忆隐喻。柏拉图将印刻在心灵上的书写看作是不受侵蚀的永恒真理的复制品，同样地弗洛伊德也将刻在无意识之上的印记看作是永恒不变的记忆。

德里达在《弗洛伊德和书写场景》中对弗洛伊德的这篇《小注》进行了解读，他特别关注到"神秘写字板"自身具有的物质性。德里达评论说，与柏拉图的蜡板相比，弗洛伊德的写字板不是一个平面，而是切入式的，既有深度，也有内部分层。这一模式的一个重要暗示是心理过程就像印刻行为一样，无法直接定位：心理过程如同分层的写字板，并非一次写就，而是在不同的时间发生在好几个不同的层面。因为引入了时间维度，所以在弗洛伊德提供的"神秘写字板"模式中，书写不再表现为"水平的……一连串的符号"，记忆的心理过程相应地呈现为"不同深度的各个心理层面之间关联的中断与恢复：心理活动自身具有明显的异质性和时间维度"②。弗洛伊德将书写作为记忆辅助手段的观点让人联想到柏拉图的《斐德罗篇》，此文中书写被看作是一种有用的记忆工具，但是同时书写也会造成记忆能力的衰减。柏拉图认为文本形式的手稿是"坏的书写"，与之相对的是"好的书写"，即将永恒的真理印刻在灵魂之上。

在现代晚期的"记忆危机"中弗洛伊德占据了中心地位，因为他长久地痴迷于探索过去对于现在的影响力。通过弗洛伊德的作品可以看出他逐渐形成了这样一个信念：在无意识层面，过去的有害影响不可能去除或消

---

① Freud, Sigmund. *The Standard Edition of the Complete Psychological Works of Sigmund Freud*. 24 Vols. Trans. &Eds. James Strachey, et al. London: Vintage, 2001. Vol. XIV, p. 175.

② Derrida, Jacques. "Freud and the Scene of Writing." *Writing and Difference*. Trans. Alan Bass. London/New York: Routledge, 2001. p. 283.

散。心理分析无法消除过去的包袱，我们注定要将过去一直放在心里。不过，心理分析能够使过去变得可以忍受，哪怕只是暂时性的；虽然它无法为我们驱除萦绕不去的心魔，但是能够起到一定程度的心理平复作用①。

第二节 身体记忆

身体记忆是一种沉积于身体之中的日复一日、常规性的反应，伴随着一套固定的程序和动作。依据马克维奇（Markowitsh）的分类，身体记忆可以归入"程序化记忆"的范畴②，后来哲学家爱德华·凯西（Edward S. Casey）和社会人类学家保罗·康纳顿（Paul Connerton）两位学者在他们的著述中对这一概念进行了扩展，并且重新做了评价。

凯西追溯身体记忆研究的源头，认为柏格森是第一个关注到身体记忆的研究者。1896年柏格森出版了《物质与记忆》，在书中他提出记忆不是单数的，可以分为两类：习惯记忆和纯粹记忆。习惯记忆指通过不断重复获得的某种自动行为。习惯记忆存在于身体之中，由于身体具有运动感应功能，能够将运动组织为"一系列的机制"，所以经过多次的重复，这种机制被存储或保留下来，随时准备以一种习得的或是排练好的方式对于外部刺激做出反应。柏格森对习惯记忆持批评态度，因为他认为习惯记忆是一种对于过去的机械重复，这意味着现在被过去占领和湮没了。此外，柏格森也是最早认识到身体在记忆模式中重要作用的哲学家，不过他却忽视了还存在其他形式的身体记忆，比如：创伤性身体记忆，而与他同时代的弗洛伊德一直探索和分析的歇斯底里病症便是创伤性身体记忆的一种表现。柏格森的第二种记忆是"真正的记忆"③，即纯粹记忆，指的是在无意

---

① Whitehead, Anne. *Memory*. New York: Routledge, 2009. p. 101.

② Markowitsch, Hans J. "Cultural Memory and the Neurosciences." *Cultural Memory Studies: An International and Interdisciplinary Handbook*. Eds. Astrid Erll and Ansgar Nünning. Berlin/ New York: Walter de Gruyter, 2008. pp. 275-284.

③ Bergson, Henri. *Matter and Memory*. Trans. Nancy Margaret Paul and W. Scott Palmer. New York: Zone Books, 1991. p. 151.

识中幸存下来的个人记忆。柏格森在这本书的《引言》中强调各种心理功能"本质上倾向于行动",具有"实用特性"①,但同时柏格森又认为无意识具有非实用性维度,我们日常生活中发生的所有事件都被原原本本地保留在无意识中,一样也不会忘记或丢失②。习惯记忆只有通过刻意地、一遍一遍地重复"意愿"行为才能获得,而纯粹记忆则恰恰相反,它忠实地保留过去,是"完全自发性的"③。对于柏格森而言,习惯记忆与活跃的、实用性的日常生活相关联,它遵循"实用特性"组织事物和事件,并且加以利用。在这一层面上,习惯性的、有意识的大脑给经验强加上了时间范畴。而另一方面,纯粹记忆存在于无意识之中,是自发性的,不受时间影响,它提供了另外一种形式的、与沉思状态相关联的知识。

人们常常将柏格森的"习惯记忆"和"纯粹记忆"与普鲁斯特的"自主记忆"和"非自主记忆"对应起来。对于普鲁斯特,自主记忆仅仅能够产生表象,所以像"习惯记忆"一样处于从属地位。正如沃诺克(Warnock)所言,普鲁斯特对记忆的认识是:"记忆越是纯粹惯例性的,能够不假思索便被'唤起'或重复,就越不可能带领我们走向真理"。记忆意象,特别是视觉意象,可能因此而被滥用,变得陈旧过时,其结果是"自主记忆也许会,在某些方面,成为习惯性的"④。普鲁斯特的非自主记忆也恰好对应永恒的纯粹记忆。依照沃诺克的说法,非自主记忆是一种跨越过去和现在之间鸿沟的方法,因而取得"一种对于事物面貌的普遍而永恒的理解"⑤。不过关键的一点在于,普鲁斯特不同于柏格森,因为对于他们两个人而言身体在记忆过程中起到的作用和具有的价值大不相同。对于柏格森,身体与纯粹的机械记忆相关联,其地位微不足道,但是对于普鲁斯特身体是非自主记忆的基本要素,并且能够引发各种准确而生动的回

---

① Bergson, Henri. *Matter and Memory*. Trans. Nancy Margaret Paul and W. Scott Palmer. New York: Zone Books, 1991. p. 16.

② Bergson, Henri. *Matter and Memory*. Trans. Nancy Margaret Paul and W. Scott Palmer. New York: Zone Books, 1991. p. 81.

③ Bergson, Henri. *Matter and Memory*. Trans. Nancy Margaret Paul and W. Scott Palmer. New York: Zone Books, 1991. p. 88.

④ Warnock, Mary. *Memory*. London: Faber, 1987. p. 95.

⑤ Warnock, Mary. *Memory*. London: Faber, 1987. p. 94.

忆。《追忆逝水年华》刚一开篇普鲁斯特就强调身体对于记忆的重要性。第一部《斯万家那边》以作者半梦半醒的状态开场，这时候作者的身体记忆发挥了有效的作用，成为各种记忆地点的汇集之所，"躯壳的记忆，两肋、膝盖和肩膀的记忆，走马灯似的在我的眼前呈现出一连串我曾经居住过的房间"①。普鲁斯特清晰地显示出在我们适应陌生环境，逐渐感到放松、自在的过程中身体起到了至关重要的作用：

> 习惯呀！你真称得上是一位改造能手，只是行动迟缓，害得我们不得不在临时的蜗居中让精神忍受几个星期的委屈。不管怎么说吧，总算从困境中，得救了，值得额手称庆，因为倘若没有习惯助这一臂之力，单靠我们自己，恐怕是束手无策的，岂能把房子改造得可以住人？②

普鲁斯特的身体记忆虽然仅仅持续了几秒钟的时间，却成为更加持久的回忆行为的序曲："我的回忆被引发了；通常我并不急于再次入睡；一夜之中大部分时间我都用来……追忆我所到过的地方，我所认识的人，我所见所闻的有关他们的一些往事"③。此外，令人印象深刻的一点是，这部作品以身体的记忆开头，这种结构安排也暗示着身体记忆构成了这部回忆大作的"序曲"。

《斯万家那边》后面发生的有名的"小玛德琳"事件进一步凸显出身体在普氏回忆中的重要性。那块在椴花冲泡的茶水中浸过的"玛德琳"蛋糕催生出我对莱奥尼姨妈的回忆，对她所居住的那栋灰楼的回忆，以及随之而来的对贡布雷城里大街小巷的回忆。在这段文字中普鲁斯特再次证明了身体对于回忆行为所起到的中心作用，赋予身体非同一般的分量和

---

① Proust, Marcel. *In Search of Lost Time*. Trans. C. K. Scott Moncrieff and Terence Kilmartin. Rev. D. J. Enright. 6 Vols. London: Vintage, 2002. Vol. I, p. 4. 此书的中文译文均参照以下网址：http://www.xiexingcun.com/World/020/index.htm。

② Proust, Marcel. *In Search of Lost Time*. Trans. C. K. Scott Moncrieff and Terence Kilmartin. Rev. D. J. Enright. 6 Vols. London: Vintage, 2002. Vol. I, p. 7.

③ Proust, Marcel. *In Search of Lost Time*. Trans. C. K. Scott Moncrieff and Terence Kilmartin. Rev. D. J. Enright. 6 Vols. London: Vintage, 2002. Vol. I, p. 8.

意义：

> 但是气味和滋味却会在形销之后长期存在，即使人亡物毁，久远的往事了无陈迹，唯独气味和滋味虽说更脆弱却更有生命力；虽说更虚幻却更经久不散，更忠贞不矢，它们仍然对依稀往事寄托着回忆、期待和希望，它们以几乎无从辨认的蛛丝马迹，坚强不屈地支撑起整座回忆的大厦。①

正如普鲁斯特的记忆巨著所示，19世纪末和20世纪弥漫着历史主义，给人一种记忆过多的感觉，其特点是强调过去压倒一切的占有力。除此之外，20世纪的记忆话语中还存在另一个分支，即"集体记忆"概念。莫里斯·哈布瓦赫在《记忆的社会框架》（1925，被英译为《论集体记忆》）和《集体记忆》（身后于1950年出版）这两本书中提出记忆是一种特定的社会现象。安德鲁·琼斯在《记忆与物质文化》这本书中说，哈布瓦赫早已指出"个人模式和社会模式的记忆之间是反身和相互的关系"②。依据哈布瓦赫的理解，记忆环境和群体实践活动为个人记忆提供了一个"框架结构"，个人回忆被编入其中并且成为其中的一部分。但是这些记忆并没有存储在我们的身体之内，我们所保存和提取的是一个图式，由不完整、不确定、不精确的印象构成，这些琐碎、零散，而且模糊的有关过去的零星记忆在适当的刺激之下组合起来，所以回忆是当下的一种重构行为，而非对于过去的复现。

另外，哈布瓦赫讨论了历史和记忆的区别。在他看来，尽管集体记忆向历史回溯的时长有所变化，但是它所关注的是现存记忆范围之内的事件。所以一般情况下群体记忆延伸的时间长度不会超过人的平均寿命。如果过去"不再被纳入现存群体的思想领域之中"，这时候便产生了历史③。

---

① Proust, Marcel. *In Search of Lost Time*. Trans. C. K. Scott Moncrieff and Terence Kilmartin. Rev. D. J. Enright. 6 Vols. London: Vintage, 2002. Vol. I, p. 54.

② Jones, Andrew. *Memory and Material Culture*. New York: Cambridge University Press, 2007. pp. 41-42.

③ Halbwachs, Maurice (1950). *The Collective Memory*. Trans. Francis J. Ditter and Vida Yazdi Ditter. Intro. Mary Douglas. New York: Harper and Row, 1980. p. 106.

只有当社会全体成员业已消亡，其思想和记忆亦随之消失的时候，历史才保存过去，并对过去做出定论。所以，在哈布瓦赫看来，历史始于传统终结、记忆消逝之处①。

扬·阿斯曼看出哈布瓦赫对于历史和记忆所作的区分存在一个明显的漏洞，即他对于离现在更为久远的、当代以前的集体记忆没有进行系统的说明。如果集体记忆仅仅限于一代人，那么它又如何能够代代相传？因而阿斯曼提出"交流记忆"和"文化记忆"，试图进行更为精确的划分。"交流记忆"大致等同于哈布瓦赫对于集体记忆的理解。它所涵盖的时间范围十分有限，一般最多持续八十到一百年，以日常交流作为唯一的基础。相形之下，"文化记忆"主要涉及超越现存记忆的、更为遥远的过去，其显著的特点是远离日常生活，具有超越性。

阿斯曼的"文化记忆"进一步发展了哈布瓦赫的思想，他所全心关注的那类集体记忆涉及更为遥远的过去。在这一语境中，我们不妨以柏格森的著作，尤其是他的"习惯记忆"概念，作为我们的出发点，理解阿斯曼的"文化记忆"概念。阿斯曼认为，各种身体力行的实践活动由纪念仪式和宗教仪式组成，能够将文化记忆一代一代地传承下去。这些社会实践活动是保存集体记忆的基础，而所有的仪式都具有一个共同的特点，即身体的表演，包括固定的体态、手势和动作，高度形式化，很容易预知和重复。这些表演具有某种特别的力量，因为它们已经成为习惯，自动形成了一套固定的动作，由此能够轻易地辨认出表演者所属的群体。所以，这种习惯性的身体记忆成为个人及其所属群体的文化身份的标志。

用沃诺克的话说，"记忆……不可避免地引入生理学"②，灵魂和肉体天然地结合在一起，无法分离，所以大脑的运转必定既是精神的、又是物质的过程。无论对于个人记忆还是集体记忆这一点都同样适用。但是正如凯西所言，人们一般不会注意到这类身体记忆，除非身体记忆以某种方式被打断了。如果常规物质世界中突然少了些什么或者发生了某种变化，这

---

① Halbwachs, Maurice (1950). *The Collective Memory*. Trans. Francis J. Ditter and Vida Yazdi Ditter. Intro. Mary Douglas. New York: Harper and Row, 1980. p. 78.

② Warnock, Mary. *Memory*. London: Faber, 1987. p. 1.

就会提醒我们"身体记忆在我们的生活中起到了多大程度的预设性的核心作用。我们的生活极大程度上依赖于这类记忆的持续运行"①。凯西将这种记忆称作是"习惯性"记忆，这正好与皮埃尔·布迪厄提出的"惯习"②概念相对应。"习惯性"记忆是经年累月逐渐形成的某些行为，它本质上不属于过去，而是"过去在身体上的积极显现，它影响着当下的身体行为……在这类记忆中过去化身为行动，而不是单独分开被存放到心里或是大脑里的某个地方"③。回忆，这种内在于身体的意识行为，"通常来得很突然，让人措手不及，但是很完整"④。苏珊·桑塔格断言说"所有的记忆都是个体性的，不可复制——它与每个人同生死"⑤，这句话尤其适用于身体记忆。但是桑塔格还说过"存在集体训导"⑥，对此保罗·康纳顿也在《社会如何记忆》（1989）一书中提出了类似观点：

> 有这样一些行为举止，比如操作机器或是伏案工作会使人形成一套固定的体态举止，我们认为这些行为方式"属于"工厂的工人或者静坐办公的白领。体态举止属于习惯性记忆，逐渐沉淀为身体形态。演员可以对之进行模仿，医生则能够检查其效果。⑦

由此"私人"记忆进入了公众领域。此外，康纳顿还在这本书中研究了公众仪式的记忆功能以及身体行为在人际关系方面的象征意义：

> 权力和等级一般是通过对于他人采用的某种体态表现出来的……

---

① Casey, Edward. S. *Remembering: A Phenomenological Study*. Bloomington, IN: Indiana University Press, 2000. p. 146.
② Bourdieu, Pierre. *Outline of a Theory of Practice*. Trans. Richard Nice. Cambridge: Cambridge University Press, 1977.
③ Casey, Edward. S. *Remembering: A Phenomenological Study*. Bloomington, IN: Indiana University Press, 2000. p. 149.
④ Casey, Edward. S. *Remembering: A Phenomenological Study*. Bloomington, IN: Indiana University Press, 2000. p. 153.
⑤ Sontag, Susan. *On Regarding the Pain of Others*. London: Penguin, 2004. p. 76.
⑥ Sontag, Susan. *On Regarding the Pain of Others*. London: Penguin, 2004. p. 76.
⑦ Connerton, Paul. *How Society Remembers*. Cambridge: Cambridge University Press, 1989. p. 94.

如果……一个人站着，其他人都坐着；如果某人进来时房间里的所有人全都站了起来；如果有人鞠躬或者行屈膝礼，我们肯定知道这些行为意味着什么……在所有文化中，权威大多是通过身体得以展现出来的。①

康纳顿举出这样几个具体的集体行为为例，意在说明我们在公众场合所采用的体态和身体行为能够表现出人与人之间在权力和地位方面的社会关系。因而，身体记忆不仅是经年累月形成的某种个人"惯习"，也是"集体训导"的产物，具有社会和文化方面的象征意义。

第三节 空间记忆

记忆与空间之间的联系最初始于古代修辞学的记忆术，弗朗西斯·耶茨（Frances A. Yates）是一位专攻文艺复兴时期的历史学家，她在《记忆的艺术》（1966）这本书中着重讨论了记忆空间的问题，重构记忆与空间的关系，将空间作为一种增强个人记忆力的策略。后来法国历史学家皮埃尔·诺拉提出"记忆之场"概念，正是源自于她的这本著作。当然，耶茨讨论记忆空间不是将其作为集体身份的标志，而是意在表明空间记忆策略是一条贯穿文化和历史传统的线索。例如：耶茨注意到文艺复兴时期知识的呈现方式是以古代修辞学课本上所写的记忆方法作为基础的。一般修辞学课本倒数第二章的内容就是记忆法，告诉人们演讲的时候可以用哪些办法来记住自己的演讲内容。这是一种特定的记忆方法，希腊语称之为"记忆术"。其基本原则是"将演讲内容转化为醒目的意象（Imagine），然后将意象放在固定的、空间架构起来的场域里，这样演讲就变成了一个想象的空间（loci）"②。

---

① Connerton, Paul. *How Society Remembers*. Cambridge: Cambridge University Press, 1989. pp. 73-74.

② Pethes, Nicolas. *Cultural Memory Studies: An Introduction*. Trans. Manjula Dias-Hargarter. Cambridge Scholars Publishing, 2019. p. 63.

古希腊伯里克利执政时期诗人塞蒙尼德斯非常有名,因为他发明了"记忆宫殿"或者"剧场",他所使用的这种巧妙的记忆方法使得记忆术成为一个有效的记忆工具。西塞罗和昆体良都提到过一个有关这种记忆方法的传说。根据传说塞蒙尼德斯参加一个贵族所举行的宴会活动,突然发生地震,宴会厅坍塌,而他因为中途有事离开所以幸免于难。后来他通过回忆当时在场的客人所坐的位置而辨认出了所有死者的身份。于是他意识到了记忆的空间性,在人的头脑中建立一个与现实空间同构的想象空间,这被认为是记忆术的起源。在古希腊和罗马文化中演讲者通常采用这种空间记忆方法,将各种视觉意象放入一个空间结构之中。当他们回想演讲内容的时候,就会想象自己走过一个一个这样的虚拟空间。所谓记忆就是对这些虚拟空间中的意象进行逐一辨认。后来古罗马的演说家西塞罗也认为"记忆是一切事物的宝库和守卫者"(Memoria est Thesaurus Omnium Rerume Custos)。而且他确信如果想要充分发挥记忆力就必须选择一些场址,并且在大脑里形成与这些场址相关的意象,这样我们就可以利用空间意象,以此为线索来进行回忆。这些空间记忆方法在口述文化中被保存下来,一直流传到现代早期,成为"记忆术"的宝贵资源,并且在全世界范围得到了普遍认可和广泛应用。

西蒙尼德斯的故事开启了"记忆的艺术",确立了记忆术的两条基本原则:意象回忆和空间秩序。传统的记忆术从古典时期持续到现代早期,在文艺复兴时期经历了最后的兴盛,然后就被弃用了,从此开启了由静态的古典模式向具有时间维度的叙事模式的转变。文艺复兴时期,"记忆术"受到冷遇,人们认为这种记忆方法劳神耗力,已然过时。耶茨提出,"记忆术"在文艺复兴时期"逐渐消亡,被印刷的书籍消灭了"[1]。在书面文化中,书写不仅替代了记忆,还起到辅助或提示记忆的作用。特迪曼认为,随着古典记忆术的日渐没落,记忆背离并超越"复制模式",转而变为了"再现"模式[2]。与约翰·弗洛(John Frow)的"文本"记忆类似,

---

[1] Yates, Frances A. *The Art of Memory*. London: Routledge & Kegan Paul, 1966. p.162.

[2] Richard, Terdiman. *Present Past: Modernity and the Memory Crisis*. Ithaca, NY/London: Cornell University Press, 1993. p.59.

第四章　文化记忆的物质性

"再现"模式认识到印刻记忆本身是对文本的"改写"①。在印刻的同时记忆发生了变形，与其说记忆再现了一个翻版的原初事件，不如更准确称之为是过去的某个"版本"。

背离古典体系之后，人工的辅助记忆方法不再与辩证法或修辞学相关，而是涉及伦理学领域。对此玛丽·卡鲁瑟斯（Mary J. Carruthers）作了详细阐释，她说，记忆训练不单单是一个学习和存储信息的过程，在这个过程中"人逐渐建立起性格、判断力、公民身份和虔敬感"②。古典的记忆术与建筑场景紧密关联，到了中世纪学者将立体的建筑换为分割成网状的平面。回忆者不再神游某个空间，而是正对一个平面，一眼就能确定某个位置。所以中世纪的记忆术沿用了古典的空间记忆法，只不过改作以书页为框架，上面标注着一套有序排列的位置和地点，并且经常用图表作背景来辅助记忆。

但丁的《神曲》可以很好地例证这种中世纪的记忆方法。在这本诗作中，但丁作为讲述者回忆了他游历地狱、炼狱、天堂三界的经历。他与死者的灵魂对话，将他们的故事储存在记忆里，然后以诗篇的形式将回忆记录下来。他在旅程中遇见的死者的灵魂都被安排在特定的位置上，他为这些灵魂创造了各种记忆意象。遵循记忆术的原则，这些人物表现为鲜明的视觉化的形象，在读者心里留下了深刻的印象，并且以此形成一个道德的框架，引导他们通向神明。

西方传统里这种记忆学习及方法对于文化记忆研究具有两重含义：首先，记忆术是灾难时刻的产物。死亡象征着语境的连续性被打断，于是人们发明了记忆术将过去与现在接合在一起。再者，对于文化记忆而言，记忆建立在地形方位的基础上，但是这是一个创造性的翻译过程：当人们记忆的时候首先将字词转换为图像，然后再将这些图像重新转为文本。

记忆术要求演讲者将抽象的文字转化为一连串可以感知的意象，甚至要求以这种方式逐字逐句地记忆。但是正如昆体良所说，这种做法会导致

---

① Terdiman, Richard. *Present Past: Modernity and the Memory Crisis*. Ithaca, NY/ London: Cornell University Press, 1993. p. 109.

② Carruthers, Mary. *The Book of Memory: A Study of Memory in Medieval Culture*. Cambridge/New York: Cambridge University Press, 1990. p. 9.

"记忆任务翻倍"①，因为人们不仅得记住文本里的字句，还得记忆与之相关联的意象，这样不仅无法辅助记忆，还会让人的记忆不堪重负。因而，昆体良提出了一种精简记忆术的方式："有一个方法对所有的学生都很管用。他们先将演讲写在石板上，然后大家照着石板上的内容背诵。这样他们就能够顺着刻下的印痕追索记忆，他们的脑海里不仅浮现出书页的样子，还能大致现出每一行实际的样子；因而，当他演讲的时候，他差不多就是在看着书大声朗读。"② 这段话暗示出一个重要的转变：记忆之"屋"被书页的空间结构所替代，段落和标记将各个"房间"隔开，而字母的形状就是"意象"。

因而昆体良将记忆术和文学结构结合在了一起。这一点对文化研究十分重要，因为这证明修辞记忆方法虽然形成于口述的交流活动之中，但是它并没有随着社会的文字化而结束，相反它延续下来并且继续产生影响。凯路瑟斯的著作《记忆之书》(*The Book of Memory*) 证明中世纪的手稿中为了便于读者记忆书写的内容，应用修辞学的记忆方法编排文本和图画的布局。而且耶茨还指出，一直到印刷时代，尤其是在文艺复兴时期，人们经常依据记忆术的原则绘制宫殿、剧院等建筑物的草图，以此来想象记忆空间，这表明记忆术依然是保存大量知识的主要组织形式。

将修辞记忆术转化为实体建筑最有名的例子是朱利奥·卡米洛 (Giulio Camillo) 设计的记忆剧院。16 世纪 40 年代他根据西塞罗的记忆原则以及维特鲁威的建筑平面图在威尼斯建造了一个木制剧院，将人类的知识空间化，于是剧院变成了一本百科全书。1596 年利玛窦开始向中国人传授他的"记忆之宫"记忆法。他解释说，这座记忆之宫并非是由"真实"材料建构起来的有形实体，其实是指人的头脑中留存的心理结构，其规模可大可小，可以是宏伟壮观的宫殿，也可以是平淡无奇的小屋。他利用各种机会向中国听众传授这种记忆法，甚至还用中文撰写了一本描述"记忆之宫"的书。他将自己的这本书送给了相熟的中国官员，想以此

---

① Quintilian. *The Orator's Education*. Books 11–12. Ed. &Trans. Donald A. Russell. Cambridge, MA/London: Harvard University Press 2001. Vol. I, Book 2, p. 71.

② Quintilian. *The Orator's Education*. Books 11–12. Ed. &Trans. Donald A. Russell. Cambridge, MA/London: Harvard University Press 2001. Vol. I, Book 2, p. 75.

第四章 文化记忆的物质性

推进他在中国的传教事业。利玛窦的记忆之宫源于塞蒙尼德斯所创立的空间记忆法，注重记忆形象在宗教实践中的应用。他用两个搏斗的武士形象开始自己的形象记忆理论，绘制了四幅记忆意象图，并且精心选择了四幅宗教插图，将西方古罗马的记忆法与中国文化巧妙地结合起来，引领明代的中国人进入他所构建起来的复杂幽深的记忆宫殿①。正如耶茨的研究所揭示，记忆术是西方古代历史中一个稳定的常量。哈布瓦赫的文化记忆地形学的模式与古代的记忆术将记忆内容插入空间结构的做法如出一辙，而且这一模式被阿斯曼继承了下来："记忆与记忆空间之间存在不可分割的联系"②。由此可见，这种观念对当代的文化记忆研究产生了深刻影响。

因而，我们可以说记忆术是一种个人记忆的策略，而且其自身也是一种具有稳定作用的文化记忆框架，从中世纪的书页到文艺复兴时期的建筑，一直到现代的语言理论和意识理论。然而，记忆的元素不仅存在于修辞学的记忆术之中。在文学研究中，人们发现文学文本也会遵循空间和意象结构，这被归结为文本的一种特定的记忆结构，即文本间性③。文本间性是一种基本的文化记忆模式，它不再是个人记忆或心理学意义上的记忆，指的是文本之间独立于作者的各种相互关系。毕竟文本不是在文学史的真空中形成的，它总是处于某种语境之中。人们可以在不同的文本中发现类似的主题、隐喻、文体特点等诸如此类的共同点，因而这些文本是有记忆的，会"记住"彼此。但是这种记忆模式是无意识的，是在不经意间发生的，也就是说，作家本人并不一定意识到了这些典故，甚至有可能他们根本不知道自己的作品指涉到了别人的哪些作品。

文本间的这种记忆模式可以解释文学传统是如何一边传递一边改进的。这些改进并不是文化记忆有意识的、有目的的行为，是在无意识中、

---

① [美] 史景迁：《利玛窦的记忆之宫：当东方遇到西方》，陈恒、梅义征译，上海远东出版社2005年版。

② Assmann, Jan (1992). *Cultural Memory and Early Civilization: Writing, Remembrance, and Political Imagination.* Cambridge: Cambridge University Press, 2011. p. 14.

③ Lachmann, Renate. *Memory and Literature: Intertextuality in Russian Modernism.* Trans. Roy Sellars and Anthony Wall. Minneapolis/London: University of Minnesota Press, 1990. p. 15.

不经意间发生的。另外，文本记忆的模式可以帮助我们理解集体记忆活动的一个基本悖论，因为集体记忆同时也意味着对于"无名者"的遗忘，所以这涉及另外一个问题，即我们如何重建过去那些未能进入传统的元素，例如：有些事件的亲历者沦为了历史进程的牺牲品。由于文本间记忆指的不是人们有意识、有目的堆积起来的那些数据，所以可以被看作是"未经许可的"记忆可能的藏身之所，因而文本间记忆成为了历史中沉默的受害者获得历史正义的一种方式。依据文学研究者安塞尔姆·哈维坎普（Anselm Haverkamp）的观点，这样一种"公正的"阅读方式不需要像之前一样只注重文本作者想要说些什么。相反，哈维坎普集中在符号的物质性上，即文本的语音和书写结构。由于语意结构存在多种语境，所以有些表达的信息和内容已经被人遗忘，而符号就是过去这些表达所留下的痕迹，里面保存着那些被遗忘的信息和内容。从这个方面来说，文本间记忆可以激起人们对于过去被遗忘或被消音内容的记忆①。

搜寻文本间的文本间性关系所依据也是记忆术里的空间和意象构造，这表明修辞记忆法还远远没有终结，因为回忆的再现涉及记忆场与记忆意象之间的相互关系。因而，我们可以说，记忆术本身就是传统的一部分，而传统不受个别作家的控制，它在文本结构内部和传递过程中以无意识的形式显现出来。总而言之，修辞记忆术是西方文化记忆史中一种持续不断的记忆方法，同时也是记忆活动的组织者。

保罗·利科（Paul Ricoeur）曾经明确地提出"将身份、自我和记忆等同起来……是18世纪初约翰·洛克的发明"②。在1900年出版的第四版《论说集》（*Essay*）中，洛克先是将思想描述为"思想的仓库"，将古代的空间隐喻与现代经济中的商品存储模式结合起来。但是，洛克随后又对这一空间隐喻作了修正和限定，他说："从这种意义上来看，尽管人们说思想储存在人的记忆中，但其实思想并不在任何地方，只不过是大脑具有一

---

① Pethes, Nicolas. *Cultural Memory Studies: An Introduction*. Trans. Manjula Dias-Hargarter. Cambridge Scholars Publishing, 2019. p. 100.

② Ricoeur, Paul. *Memory, History, Forgetting*. Trans. Kathleen Blamey and David Pellauer. Chicago/London: University of Chicago Press, 2004. p. 97.

种随心所欲唤回思想的能力；这就好似在大脑里面将思想重新绘制了一遍"①。在洛克看来，记忆是那些不复存在的思想的仓库，当思想未被唤醒召回的时候仓库里空空如也。只有当大脑主动将思想召回的时候思想才能复生。在这里洛克延续了亚里士多德对于不在场的事物的思考，使用了同样的"绘制"隐喻。不过，正如迈克·卢新顿（Michael Rossington）所指出，洛克对记忆进行了改装，记忆不再只是存储的空间，更是大脑的一种功能，一种主动召回过去的感知并使之再次延续的功能②。洛克的这种记忆观在两个世纪之后亨利·柏格森编著的《物质与记忆》中得到了回应。柏格森援引对于失语症、感官失忆症的临床医学实验结果，证明大脑没有存储记忆的功能。换言之，记忆是大脑的一种机制和功能，但是记忆并非存储于大脑之中③，大脑只是感知和运动之间的中间物。

作为一个经验主义者，洛克反对柏拉图、笛卡尔等人的天赋观念说。他曾经提出一个很有名的比喻：婴儿的大脑像是"白纸，上面没有字，也没有任何思想"。所以，记忆也不可能是先天就有的，不是"印在头脑里的原初字迹"④，而必须通过外部事物在大脑中留下的印记，或是随后对这些经验进行的反思才能获得。在这一点上，洛克对于记忆的描述更接近于亚里士多德，因为所他对记忆的理解和定义是以经验为基础的。他认为身体是记忆的物质基础，因而记忆会受到疾病的影响。此外，洛克在《随想录》里对"人"的身份进行定义，讨论了记忆和身份的关系。对于洛克，自我建立在记忆所提供的连续性之上。他指出，身份存在于"同一个持续的生命的参与，以不断的倏然而逝的物的分子的形式，接连不断、充满活

---

① Locke, John. *An Essay Concerning Human Understanding*. Ed. Roger Woolhouse. London/New York: Penguin, 1997. p. 148.

② Rossington, Michael. "Introduction: Enlightenment and Romantic Memory." *Theories of Memory: A Reader*. Eds. Michael Rossington and Anne Whitehead. Edinburgh: Edinburgh University Press, 2007. p. 71.

③ Bergson, Henri. *Matter and Memory*. Trans. Nancy Margaret Paul and W. Scott Palmer. New York: Zone Books, 1991. pp. 3, 148, 179, 225.

④ Locke, John. *An Essay Concerning Human Understanding*. Ed. Roger Woolhouse. London/New York: Penguin, 1997. p. 92.

力地统一到同一个有序的身体之上"①。因而,"人"的身份遵从的是物的观念,取决于一段时间之内身体的或是物质的连续性。他提出,个人身份,或是自我身份,是意识连续性的一种功能。对洛克而言,个人身份等同于记住自己过去的行为,身份完全是意识的代名词。身份概念与意识密不可分,被定义为在当下进行回忆并且叙述过去经历的能力。

到了20世纪20年代,记忆空间与自我身份的这种关系被哈布瓦赫以隐喻的方式挪用到了集体记忆概念之中。哈布瓦赫在《圣地福音书传奇图志》中将他的集体记忆理论思想落实到具体的空间场域之中,追溯探究了集体记忆的选择、建构和重构的过程。其中的"圣地"指的是巴勒斯坦地区的几处圣地,历史上在这些地方出现了一些圣人和圣徒,发生了许多对于各种宗教派别的自我认同意义重大的事件。例如:耶路撒冷同时是犹太教、基督教和伊斯兰教这三大宗教的圣地,每年都有大批虔诚的信徒前往这座圣城朝觐膜拜,所以耶路撒冷一直是各种不同版本的历史叙事展开竞争的场域,因为这关系到各个宗教群体如何构建和确认自我的起源和身份。在这些空间场域里,集体记忆成为人们能够切实感知到的具象化的存在:具体的地点,印刻的文字以及纪念仪式,这些参照物能够让一个群体产生自我形象。在这类集体记忆中,作为记忆载体的事件亲历者早已逝去,所以必须依靠留存下来的物体和记忆场址作为物的见证。建筑、朝圣路线和墓穴等物质现象就变得尤为重要,意义重大。由此哈布瓦赫由日常生活化的"交流记忆"领域转而进入了与远古有关、通过传统和具象化的物质客体传承文化的"文化记忆"领域。他在这本有关巴勒斯坦的宗教图志中着眼于记忆空间和物质性客体,为后来的历史和文化方面的记忆研究开疆拓土,开辟了以文化传承和记忆场所为中心的新的文化记忆研究方法。

---

① Locke, John. *An Essay Concerning Human Understanding*. Ed. Roger Woolhouse. London/New York: Penguin, 1997. p. 299.

第四节 文化记忆的空间性

西方传统的修辞学记忆术将记忆与空间联系在一起,这可以解释为什么空间对于文化记忆具有如此重要的意义,因为记忆术是文化记忆研究的一个重要参照点。但是,其实文化记忆这个概念本身就包含空间维度,因为文化记忆是集体记忆下属的一个概念范畴,一般指居住在某个地理空间范围之内的某个群体对于群体起源和身份的共同认知,其主要功能是将所有群体成员凝聚起来形成一个共同体。哈布瓦赫提出了记忆的"社会框架"概念,认为这是所有记忆过程产生的社会条件。集体记忆的形成和发展是一个历史性的建构过程,在这个历史实践过程中"社会框架"这个抽象的理论概念必须以某种具体的形式落在实处。同时,任何群体终归是由一个一个具体的人所构成的,只有当个人意识以某种形式与社会环境进行互动时,才能产生具有社会意义的记忆,这就是哈布瓦赫所说的"集体记忆"。集体记忆以某种稳定的形式通过非生物遗传的方式不断地传递下去,这样就形成了文化记忆。但是在书写被发明之前,人类社会没有外部的记忆存储媒介,所以空间就为个人与社会框架的互动,为文化记忆的产生、形成和传递提供了一个场域,成为群体成员共同保存记忆和回忆过去的记忆之场。

在口述社会中庆祝活动是社会生活的核心内容,因为缺乏外部的记忆存储媒介,所以人们只能通过庆祝活动将记忆内容展演出来,并且通过定期地重复这些仪式来保证集体记忆的稳定性和持久性。庆祝活动的主要内容是重述有关本群体起源的神话,所有的群体成员全部在场,一起回忆本群体的创建史,因而这也是当时最重要的文化记忆的形式。集体的典仪、节日、纪念等庆祝活动常常在明确指定的地点或空间举行。例如:圣殿以具象化的物质形式在地理空间上将日常与节日、世俗与宗教区隔开,构成了纪念仪式的实体框架。与个人记忆一样,文化记忆也常常依附于重大事件发生或者重演的地点,因而在城市空间里会划出某些区域,例如:广场、街道、纪念碑、名人故居等,以此纪念那些对群体身份具有重要影响的人或者事件。这些城市空间与节日庆典和宗教圣地共同构成了集体文化记忆活动的参照点。

哈布瓦赫在他的最后一本著作《圣地福音书传奇图志》中指出在宗教活动中,集体记忆必须有一个具体的地点。当然这一条不只适用于伯利恒、耶路撒冷这样的宗教圣地。例如:2005年在柏林的市中心勃兰登堡门附近建立落成了二战犹太人大屠杀纪念馆;1985年"侵华日军南京大屠杀遇难同胞纪念馆"在南京市落成并且开馆,选址于南京大屠杀江东门集体屠杀遗址及遇难者丛葬地;而且近些年在中国大陆沿着"长征"之路建立了许多"红色革命教育基地"。这些纪念场址全都选在事件发生的原址或者附近区域,由此历史记忆与象征性的纪念场址结合在一起,人们通过这些空间场域建立起与过去之间的共同联系,由此超越时间形成一个稳定的文化共同体。

扬·阿斯曼在他的著作中也提到了巴勒斯坦和罗马的一些纪念性的地理空间,澳大利亚原住民举行图腾崇拜的空间地形,以及美索不达米亚文明的文化中心区域,他称这些地方为"记忆所"(Mnemotopes)①。希腊语中Mneme和Topos分别指"记忆"和"地点"。"记忆所"可以是单个的地点,城市综合体或者地形地貌,要么是重要历史事件发生的场址,要么是在原址上面修建的供人回忆这一事件的纪念碑,这两点经常同时并存,例如:圣墓教堂就修建在耶路撒冷耶稣被埋葬和复活的空墓之上。这类记忆所与文化记忆的仪式化形式有关,成为信徒朝拜的圣地,而朝拜也是一种集体性的记忆活动。

记忆所具有仪式性功能,而且记忆所一般历史悠久,经历了多个历史时期,由一层一层的历史积淀而成。因而记忆所就像是古代重写的羊皮书卷,这些场址上面可见的部分是新近形成的那一层,下面则潜藏着过去的历史,它们能够提供历史信息,承载着过去各个时期的集体记忆。当然,将特定的场址指定为记忆所并且加以使用,这其中包含着一种政治权力的维度,因为在体现集体记忆的仪式庆典中政治权力能够决定对于各种历史

---

① Assmann, Jan. *Cultural Memory and Early Civilization: Writing, Remembrance, and Political Imagination*. Cambridge: Cambridge University Press, 2011.

版本的取舍:"任何群体如果想要自身变得稳固,就要努力地为自己找到并且建立一个根基,不仅是为了给自己的互动提供一个背景,也是为了以此象征自己的身份,并且为自己的记忆提供一些参照点。记忆需要场域并且易于空间化。"①

尽管如今哈布瓦赫的思想被公认为奠定了文化记忆理论的基础,但在当时他的著述读者并不多,影响也不大。直到 20 世纪 90 年代,人们才重拾记忆这一话题,将记忆作为一种构成和维持文化的集体现象进行广泛研究。20 世纪末兴起了许多跨学科的"新记忆研究",在法国的文化史领域皮埃尔·诺拉编著的《记忆之场》围绕记忆、历史和民族,提出了一个颇具影响力的观念:记忆之场。其实早在 1978 年,诺拉就使用了集体记忆的概念,以此描绘当时流行的各式各样对待过去的政治方式,并且对集体记忆和历史作了严格区分。

空间作为集体记忆的背景和象征及其与仪式的关系,有关这一话题的讨论在 20 世纪 80 年代和 90 年代因为诺拉的《记忆之场》而出现了一个转折点。诺拉断言说,哈布瓦赫当时所处的社会已经完全陷于尼采所说的那种档案式的、抽象的历史观之中:"于是'历史的加速'带领我们亲身感受那种巨大的差距,这让真正的记忆——远古的原始社会所体现的那种不容亵渎的社会记忆,其中的奥秘随着社会的消亡而永远无法得知——远离了历史,这就是现代社会管理过去的方式。社会迫不得已必须变化,并且因此而备受指责。"② 柏格森认为记忆是一种主观体验,并且将时间作为思考的重心。对于哈布瓦赫而言,时间不再占据舞台的中心,在他的社会生活中,记忆取决于空间和位置观念,这对诺拉的著作产生了至关重要的影响。

在破坏记忆的历史研究和在社会内部自然发展起来的记忆媒介之间,诺拉找到了社会记忆的场域机构,他称其为"记忆之场"(Liux de Memoire)。

---

① Assmann, Jan (1992). *Cultural Memory and Early Civilization: Writing, Remembrance, and Political Imagination.* Cambridge: Cambridge University Press 2011. p. 25.

② Nora, Pierre (1984). *Realms of Memory: Rethinking the French Past.* Vol 1: *Conflicts and Divisions.* Ed. Lawrence D. Kritzman. Trans. Arthur Goldhammer. New York: Columbia University Press, 1996. p. 2.

这些场域代表过去残留下来的一些痕迹，因为尚未被历史充分定义所以保留了原初的仪式化功能。因此，记忆场不只是具体的空间位置，还是活态的过去的参照点，也就是说，没有因为仪式性的重复而变得僵化。关于法国社会，诺拉援引了许多实例，包括：特殊日期，如 7 月 14 日法国国庆节之类的特殊日期；实物，如法国国旗三色旗，凯旋门和巴黎公社社员墙；以及歌曲，如国歌《马赛曲》。通过这些例证，诺拉想要强调的是这些记忆场同时具有物质性、象征性和功能性，是三者的统一结合：

> 档案是纯粹的物质场域，只有当人们运用想象力使之具有象征意味的时候它才成为*记忆之场*。课本、遗嘱或者老兵组织是纯粹的功能性客体，只有当它们成为仪式的一部分的时候才是记忆之场。纪念仪式中的默哀行为具有严格的象征意义，它打断了时间之流，让人们专心回忆。具象化记忆的这三个方面——物质性、象征性、功能性——一般同时并存。①

这说明记忆场往往与仪式相关联，正如阿斯曼所说，为群体记忆提供了一个背景。只有当这个空间成为具有象征意义的仪式的一部分时，才能发挥其作为场域的记忆功能，成为记忆之场。

诺拉认为，地点在集体记忆中具有核心作用，而且"地点"应用的范围很广，它包括记忆活动，但是却不限于此，其范围之广，还包括：

> 地形学上的地点，例如：文档、图书馆和博物馆；纪念性的地点，例如：陵墓或者建筑物；象征性的地点：例如：纪念仪式、朝圣、周年纪念或者象征：功能性的地点，例如：手册、自传或者协会：这些纪念物自身是有历史的。②

---

① Nora, Pierre (1984). *Realms of Memory: Rethinking the French Past. Vol 1: Conflicts and Divisions*. Ed. Lawrence D. Kritzman. Trans. Arthur Goldhammer. New York: Columbia University Press, 1996. p. 14.

② Le Goff, Jacques. *History and Memory*. Trans. Steven Rendall and Elizabeth Claman. New York: Columbia University Press, 1992. pp. 95-96.

第四章　文化记忆的物质性

这些地点，例如：图书馆、博物馆和历史纪念碑，是我们的日常社会生活中常见的记忆场，与记忆有着不可分割的联系，而且是维持记忆的核心因素。它们被有意识地创建出来，目的是帮助我们记忆，防止遗忘。其中包括物质客体，例如：墓碑、纪念徽章以及重要人物的雕像，另外还包括储存人工制品或者档案的场所，例如：博物馆和档案，这些地点经常成为社会记忆的丰富资源。阿维夏伊·玛格利特注意到了地点在现代人共享的记忆中所起到的重要作用：

现代社会中的共享记忆通过档案之类的各种机构，通过纪念碑或者街道名称等公共记忆手段，在人与人之间传播。这些记忆手段中有一些根本起不到记忆的作用，而且这一点是人尽皆知。纪念碑，即使位于显眼的位置，也会随着时间的流逝而变得"视而不见"或者无法辨认。这些复杂的公共机构，作为记忆手段，无论好坏，都在很大程度上，关系到我们的共享记忆。①

其他的记忆场，例如：朝圣和周年纪念，不仅是为了唤起记忆，其自身就是仪式化的回忆行为。因而，其作为记忆场与博物馆并不完全一样。最后，存在集体记忆的体制性场所，即体制化记忆的存储地。体制化记忆这一概念指某些组织机构能够创建知识库，旨在以相对持久的组织机构这种客体形式来体现知识，例如：数据库和档案等。这些物质客体能够超越人类个体短暂的生命限制，持久地存在下去，而且可以供未来的集体成员使用，为其进行决策提供历史背景②。

因而，诺拉提出的记忆之场模式再次将文化记忆的地理空间和仪式性联系在了一起。他于 1984 至 1992 年先后出版了七卷本《记忆之场》，对象征法国的文化符号做了全景式描绘。2001 年弗朗克斯·艾德瓦尔德（Francois Edwald）和黑根·舒尔茨（Hagen Shulze）仿照诺拉的模式编著

---

① Margalit, Avashai. *The Ethics of Memory*. Cambridge, Massachussetts: Harvard University Press, 2002. p.54.

② De Holan, P. M., N. Phillips & T. B. Lawrence. "Managing Organizational Forgetting." *MIT Sloan Management Review* (Winter 2004): 45-51.

了《德国记忆之场》，其中包括个人条目，例如：查理曼大帝、马丁·路德以及玛琳·黛德丽；也有作品条目，例如贝多芬的《第九交响曲》；还有机构条目，例如：社会保障部和德国足球甲级联赛；最后是象征性地址条目，例如：勃兰登堡门，希特勒的地下防空指挥所以及奥斯维辛。

诺拉认为"活态"仪式和"冷冻"历史在记忆场中进行互动，互动方式依情况变化而有所不同。他的这项研究将记忆场址作为集体的身份符号，清晰地显示出在文化记忆实际的运行过程中"仪式"和"记忆所"虽然年代久远，但是两者基本上都没有被体制化，因而是一种稳定的、活跃的、活态的记忆。但是诺拉将法国假定为一个统一的民族国家，用记忆之场来指涉那些构成法兰西民族的重要的文化符号和建制。也就是说，他预先假定这些记忆符号和活动代表了法兰西民族和法国，这违背了历史学研究的方法，即首先对历史材料进行推理，然后得出结论。关键问题在于，"民族国家"本身就是一个记忆之场，是记忆建构过程的产物。每个群体都有自己所认定的某种民族起源，在当下的政治斗争中通过叙事建构出不同版本的群体起源故事。所以，记忆之场并非风平浪静，铁板一块，这里是不同群体、不同派别相互竞争的场域。不同的群体勾画出不同的记忆版本，然后加以推行和宣扬，这样就对民族国家的统一性构成了潜在威胁。而诺拉将民族国家这一记忆建构的产物作为一个实际的参照点，认为一个社会里所有的记忆建构策略都应该照此执行，因而有人批评他的这本书具有民族主义倾向。尤其是在当代的西方社会，各国相互之间的移民现象带动了不同文化之间的交流和融通，这要求我们打破原先的历史参照系统，纳入多种文化元素，形成一个稳定的、多样化的文化记忆系统。

对于诺拉来说，记忆成为历史性理解的核心，所以他的规划是通过复原记忆之场写一部法国文化史。这个项目最终成为一套由多位作者共同编纂的多卷本丛书，对法国的建筑、纪念碑和公共节日进行了反思。诺拉和他的同事采用了考古学和地理学两个视角，对法国文化做了一个全面的概述，在当下的空间里绘制出有关过去的地图。这一套书对于身处当下的我们理解集体记忆和文化记忆产生了极其重要的影响，它不禁让人联想到利用建筑物、实物和空间场域辅助记忆的古代修辞记忆术。

冯亚琳指出，诺拉提出的"记忆之场"与德国文化记忆理论奠基人阿斯曼夫妇在他们的记忆理论中所提到的"记忆形象"(Memory Figure)有诸多交叉之处。哈布瓦赫在《记忆的社会框架》中曾经提到过"记忆意象"(Memory Image),阿斯曼在此基础上提出"记忆形象",这是一个融合概念和图像的新概念,也是历史与现在交汇融合的记忆之场①。

扬·阿斯曼用时空关系、群体关联和重构性这三个特点定义"记忆形象"这个概念。他指出"记忆形象要通过特定的环境得以物质化,并且在特定的时间中得以实现。换言之,记忆形象总是与具体的时间和空间相关联,尽管这种关联并不一定总是历史或者地理意义上的"②。各种节庆日体现出一个群体共同经历的时间,而记忆的空间结构则体现为群体所处的家乡和家居环境中的物质世界。"记忆需要空间,并且倾向于空间化"③,但是,正如哈布瓦赫的《圣地福音书传奇图志》中所描述的那样,"当群体与自己所属的空间分离之后,群体和空间仍然可以通过重新打造具有象征意义的圣地而具有一种象征性的共同体归属感。""记忆形象"的群体关联特征是指"集体记忆附着于其载体身上,不能随意传递"④。集体记忆依附于群体中的所有成员,而每个成员都有明确的群体属性和具体的身份认同。"记忆形象"的重构性意味着集体记忆不可能是对过去原原本本的真实再现,必定是依据当下的形势和需要所做的一种重构:"就是说,记忆以重构的形式进行。过去本身不能被记忆保留下来,因为在每一个连续不断的当下所形成的参照系中会发生种种变化,于是记忆随着这些变化不断地经历重构过程。"⑤

显然,诺拉的"记忆之场"与阿斯曼的"记忆形象"这两个概念都指涉到那些对于构建群体身份具有重要意义的事物,例如:某个空间、某个

---

① 冯亚琳选编:《德国文化记忆场》,中国言实出版社 2016 年版,第 2—4 页。

② Assmann, Jan (1992). *Cultural Memory and Early Civilization: Writing, Remembrance, and Political Imagination*. Cambridge: Cambridge University Press, 2011. p. 24.

③ Assmann, Jan (1992). *Cultural Memory and Early Civilization: Writing, Remembrance, and Political Imagination*. Cambridge: Cambridge University Press, 2011. p. 25.

④ Assmann, Jan (1992). *Cultural Memory and Early Civilization: Writing, Remembrance, and Political Imagination*. Cambridge: Cambridge University Press, 2011. p. 25.

⑤ Halbwach, Maurice (1925). *On Collective Memory*. Chicago: University of Chicago Press, 1992. p. 185.

人、某个事件、某个图像等等。但是阿斯曼依据记忆与当下之间的关系，将文化记忆分为功能记忆和存储记忆，他也将之分别称作是"有人栖居的记忆"和"无人栖居的记忆"。他曾经将文化记忆比作博物馆，其中功能记忆好比是摆在展厅里的位于明处的展品，而存储记忆则是那些弃置于阴暗角落里无人问津的藏品。"记忆形象"不仅包括活跃的功能记忆，也包括受到冷落的、处于休眠状态的存储记忆。依据阿斯曼对文化记忆的划分，诺拉的"记忆之场"更接近于存储记忆，因为诺拉认为当今是一个充溢历史的时代，已经失去了回忆和体验过去的环境，活态的记忆已然消逝，空留下一些废墟和残迹。

第五节　记忆与物质

通过前面对于记忆历史的追溯和梳理，我们看到，无论是记忆的"印刻"隐喻，还是身体记忆或者空间记忆，物的痕迹始终贯穿于记忆之中。而在过去的几十年中记忆已经成为人文研究和社会科学研究的一个核心主题。在大多数的研究中，记忆与"回忆"概念联系在一起，被看作是以人为主体，有意识地、刻意地召回过去的过程。皮埃尔·诺拉提出"记忆之场"这一概念，以此解释记忆如何沉淀固化为具体的物、地址或空间，从而生成集体记忆的场域。场域当然具有物质性，空间或物也可以被看作是投射的、印刻的或是物化的记忆，但是人们一般认为空间或物本身并不是记忆行为中的决定性因素。起关键作用的是过去所发生的或真或假的事件以及人们想要通过具象化的场址记住过去的意愿，这一过程由选择、挪用、建筑物、纪念碑、纪念馆等组成。这是当今人们看待和表述记忆，以及对抗遗忘、克服恐惧的一般方式。

在现代社会的记忆话语和纪念热情背后潜藏着背离传统的现代观念，过去与现在截然分开，出现断裂。在前现代社会过去在传统之中得以延续，而现代社会中则情况大不相同，人们认为过去已然消逝，如果不通过历史研究或纪念仪式进行重构并且加以召唤，过去必定会遗失。皮埃尔·诺拉说我们已经丢失了"记忆之传统"，正是因为这种情况才造成了现代人的记忆冲动。在先前的环境中过去被人们"自发性地"记住,而现代人被剥夺了这种环境,所以不得不通过展示性的、甚至是"杜撰的"记忆之场来刻意营造记忆。尼采曾经粗暴地对此做出诊断,认为这是一种"历史主义疾病",同样地诺拉也大声宣告:"我们如此喋喋不休地谈论记忆是因为剩下的记忆太少。"①

对此一些理论学家,包括柏格森和本雅明,都提出了异议,他们反对现代的主调是"昔日已逝"这一说法。亨利·柏格森在解释时间的持续性这一问题时说,过去"压迫"现在,"侵"入将来,并且且行且"涨"②。在这一观念中物当然起到了关键性的作用,正是物所具有的持久的物质性使得历史得以延续到现在,并且不断地积累和增殖。另外,过去的这种物质连续性代表了另外一种记忆形式③:这种形式的记忆与有意识的回忆性记忆不同,它不是由现在向过去"回望",而是超越自身,其路径是由过去到现在。因此,瓦尔特·本雅明宣称,过去并没有动摇;尽管它年迈衰败、残破不堪,却实实在在地堆砌在我们的面前④。这种堆积的结果是已知的和未知的、有用的和废弃的过去被无数的、各种各样的重述本拼接在一起,构成了产生各种记忆的真实环境。这些环境促生了另外一种物质的、非自主记忆,这种记忆与那些人为操控的、刻意的记忆具有本质性的区别,这样反而能够确保记忆的持续性,自动将过去传递到现在。

但是,这种物质的记忆观与传统记忆话语的一些基本观念有所冲突。传统记忆观认为记忆从根本上来说是一种认知现象,由人主动发起并且实施,也就是说,即使记忆与物体或地址相关联,仍然被视作是人的主体性的谋划行为,而不是将记忆理解为由物本身所提供,并且在精神与物质互

---

① Nora, Pierre. "Between Memory and History: Les Lieux de Memoire." Trans. Marc Roudebush. *Representations* 26 (Spring 1989): 7-25. p. 7.

② Bergson, Henri. *Creative Evolution*. Mineola, NY: Dove, 1998. p. 4.

③ Olivier, Laurent. "Duration, memory and the nature of the archaeological record." *It's About Time: The concept of time in archaeology*. Ed. H. Karlson. Gothenburg: Bricoleur Press, 2001. p. 61.

④ Benjamin, Walter. *Selected Writings*, Vol 4: 1938—1940. Cambridge, MA: Belknap Press, 2003. p. 392.

动的过程中被激发出来。加文·卢卡斯（Gavin Lucas）[①] 提到一个有趣的现象，他说那些经常被人使用的有关记忆的隐喻恰恰彰显出记忆的物质性，比如：柏拉图用蜡板比喻记忆形成的过程，以此解释感知如何在人的大脑中留下印记；还有弗洛伊德的"神秘写字板"，因为要写新的内容而把上面的字迹擦去，但是却能够将先前的刻痕保留下来，而且弗洛伊德还经常使用挖掘、废墟和残片等与考古学相关的比喻，将回忆比作是对古罗马城的考古挖掘。正如卢卡斯所说，这些有关记忆的"例证"之所以被当作隐喻，完全是因为有精神、物质二分法这样一个长期存在的本体论作为基础。记忆一直被认为是形而上的存在，所以才会用实际存在的物作为隐喻。其实我们可以反其道行之，将这些隐喻看作是"记忆的实例"[②]，当然这不是传统的记忆话语中的那种记忆。19 世纪的地理学家查尔斯·莱尔（Charles Lyell）把地球看作是一个存储记忆的容器，我们可以通过地壳的分层回想过去[③]。同样，还有一些物品本身，尤其是外观，就是对于过去的记忆，制作工艺、材质特点以及生产过程中所使用的各种工具全都被一一记录下来。物品可以通过磨损记住自己曾经的用途以及与之互动的物质，通过老化朽蚀记住它们被弃置不用的原因。有趣的是，在 19 世纪英国裁缝的语汇中，衣服上的褶皱和破洞通常被称为"记忆"。当然这些褶皱不是故意做出来的，它们的确是一种记忆，"保存了人与物之间互动和彼此造就的过程"[④]。

《记忆研究》2009 年出版了一期专刊，结合纪念碑、文献和图片等各种物质符号，审视物质性自身的时间和过程维度。柏林洪堡大学的学者米凯利斯·康特波蒂斯（Michalis Kontopodis）为这期专刊撰写了一篇题为《时间、物质和多元化》的社评，文章一开始他就对当前的记忆研究提出

[①] Lucas, Gavin. "Time and the archaeological archive." *Rethinking History* 14.3 (2010): 343–59. pp. 349–50.

[②] Lucas, Gavin. "Time and the archaeological archive." *Rethinking History* 14.3 (2010): 343–59. p. 350.

[③] Lucas, Gavin. "Time and the archaeological archive." *Rethinking History* 14.3 (2010): 343–59. p. 350.

[④] Stallybrass, P. "Marx's coat." *Border Fetishisms: Material Objects in Unstable Spaces*. Ed. P. Spyer. London: Routledge, 1998. 183–207. p. 196.

了尖锐批评："主流记忆研究（例如：噶扎尼加［Gazzaniga］，2004）继续从空间维度理解时间，以此作为研究基础，并且因此而饱受批评，与此同时有些人用建构主义、叙事学和后现代主义的方法研究时间和记忆，但是他们无视时间和记忆现象的物质性、物质化和具象化的方面"①。

康特波蒂斯在柏林的一所实验学校进行了为期一年的民族志田野考察，他以其间所收集到的民族志材料为例，挑战了人们通常对于时间的线性理解方式。他将记忆看作是物质性的、符号的排序，由文档、问卷调查表以及其他各种文件构成②。他认为，物质对于时间的存在具有至关重要的作用。使过去、现在和将来彼此发生关联的行为是符号性的，因而它依赖于文献、图像、建筑物和其他中介物。记忆不仅仅存在于某个单独的主体或客体之中，它必定是社会性的，而且是物质的。为了使过去、现在或将来出现必需有一个以上的实体彼此发生关联。而且，将过去、现在和未来连接为一体的行为必定是物质性的，因为它物化并且改变了我们的世界。德鲁兹（Deleuz）和加塔利（Guattari）认为，脱离了物质性时间观念便无从谈起，时间需要自身的"表现物"。记忆和忘却也是有关物的。因而记忆是通过"人"与"非人"（照片、文献、文档、建筑物）之间的互动而"生成"的，现在被"组装"，而且将来被"亲历"，正因为如此时间所作的杜撰必定包含了不确定性③。

阿斯曼夫妇创立的"文化记忆"理论也集中凸显了记忆的物质性，体现出相似的物质主义记忆观：在《回忆空间——文化记忆的形式和变迁》中阿莱达·阿斯曼延续柏拉图的蜡板比喻，强调媒介和存储器的作用；空间和身体作为记忆的媒介得到阿斯曼夫人的重视，在书中各自单辟专章，重点阐述。此外，她在其著作《记忆中的历史：从个人经历到公共演示》中提到历史再现有三种基本形式：叙述、展览和展演，在谈到展览陈列品

---

① Kontopodis, Michalis. "Material, Time and Multiplicity (Editorial)." *Memory Studies*: Vol 2.1 (2009): 5-10. [DOI: 10.1177/1750698008097391]. p.5.

② Kontopodis, Michalis. "Material, Time and Multiplicity (Editorial)." *Memory Studies*: Vol 2.1 (2009): 5-10. [DOI: 10.1177/1750698008097391]. p.7.

③ Kontopodis, Michalis. "Material, Time and Multiplicity (Editorial)." *Memory Studies*: Vol 2.1 (2009): 5-10. [DOI: 10.1177/1750698008097391]. pp.8-9.

的时候她说可以称历史为"物化的过去"①。她进一步解释说,"物体化"这一概念并非是一种意识形态批评方法,也并非只是停留在物化这一性质上,它涉及回忆自身一个极其重要的前提,即回忆"将自己嵌入并且依附在某一具体的物体上",物件"作为回忆的存储设备发挥一种不可替代的影响和作用"②。

此外,扬·阿斯曼(Assmann)对于日常化"交流记忆"和体制化"文化记忆"做了区分,这成为其建立文化记忆理论体系的前提基础③。交流记忆是个人回忆和故事的总和,很大程度上依赖于亲身经历和叙述。文化记忆"由客体化的文化构成,即,文本、典仪、图像、建筑和纪念碑,其目的是为了回忆集体历史中的重大事件。作为官方首肯的社会遗产,将被长期保存"④。因而阿斯曼断言说:"交流意义和集体共享的知识想要作为体制化的文化遗产被传递下去,其前提条件是必须经历具体化(crystallization)的过程。"⑤ 阿斯曼所说"具体化"是将集体记忆嵌入具体的物,然后沉淀、凝练为世代传承的文化记忆,所以它必定也是一个物质化的过程。

与扬·阿斯曼一样安德鲁·琼斯(Andrew Jones)也是一位考古学家,作为挖掘、搜集古物痕迹的文化学者,他十分关注记忆与物质的关系。他在《记忆与物质文化》这本著作中指出,物质文化对于传统的维护和实现至关重要,因为它为个人记忆和集体记忆提供了交流的场所⑥。我们不能将记忆看作是孤立的行为,记忆是一种社会实践活动,"'用物来进行回

---

① [德]阿莱达·阿斯曼:《记忆中的历史:从个人经历到公共演示》,袁斯乔译,南京大学出版社 2017 年版,第 132 页。
② [德]阿莱达·阿斯曼:《记忆中的历史:从个人经历到公共演示》,袁斯乔译,南京大学出版社 2017 年版,第 132、133 页。
③ Assmann, Jan. "Collective Memory and Cultural Identity." Trans. John Czaplicka. *New German Critique* 65 (1995): 125-133.
④ Kansteiner, Wulf. "Finding Meaning in Memory: a Methodological Critique of Collective Memory Studies." *History & Theory* 41 (2002): 179-187. p. 182.
⑤ Assmann, Jan. "Collective Memory and Cultural Identity." Trans. John Czaplicka. *New German Critique* 65 (1995): 125-133. p. 130.
⑥ Jones, Andrew. *Memory and Material Culture*. New York: Cambridge University Press, 2007. p. 46.

忆'总是嵌在一个相关的参照结构之中"①。正是因为，而且借助于物质文化所提供的时间框架，记忆才得以产生并且变得明晰。琼斯还在书中引用了佩尔斯（Pels）的观点，即"物质性不应被当作是一种物的性质，而应该是一种关系的性质"（原文为斜体）②。琼斯认为，物不仅对过去所发生的事件具有指示作用，还能引发过去的活动重复出现。此外，物还可以充当节点，囊括并协调人类的活动。因而人工制品或多或少地明确定义并分配人和其他人工制品的角色。物的作用是将各个网络之中的实体连接在一起③。人工制品可以被看作是由一系列指示场域构成的"杂合体"④，作为节点，它可以连接不同的时间和空间场域，将过去与现在以及不同的地域空间融汇为一体，形成动态的记忆过程。由此，我们可以借鉴琼斯的实践主义记忆观，重置记忆活动中人和物的关系，即人和物是一种主体间性关系，两者通过实践结合在一起，共同参与记忆过程。当然，这并非是说物可以像人类一样拥有记忆并且体验记忆，而是意在表明物为人类的记忆体验提供了场域，并且能够积极地引发回忆。所以，在记忆过程中物的作用由被动转为主动，拥有了与人平等的地位，人在记忆的同时也被物所记忆。

---

① Jones, Andrew. *Memory and Material Culture*. New York: Cambridge University Press, 2007. p. 56.

② Jones, Andrew. *Memory and Material Culture*. New York: Cambridge University Press, 2007. p. 36.

③ Jones, Andrew. *Memory and Material Culture*. New York: Cambridge University Press, 2007. p. 90.

④ Jones, Andrew. *Memory and Material Culture*. New York: Cambridge University Press, 2007. p. 226.

第五章　文化记忆的融媒介性

　　文化记忆不仅仅是一个被动地存储和重复过去的过程，更是一个立足现在、面向未来，对记忆进行选择、建构和再生产的动态系统。在这个动态过程中，存储媒介起到了关键性作用，成为推动这一系统形成、发展的一股内驱动力，因为人们必须通过具有物质性的媒介才能对文化记忆的内容进行甄选、建构、存储和传递。甄选是其中重要的一环，采用怎样的选择策略取决于特定利益和实际需要，正因为如此记忆不仅仅是个体内心的意识活动，它必然与政治、社会和文化这些大的外部框架相关。我在前面的第六章从哲学角度讨论了文化记忆中人与物的关系，在阐析文化记忆的物质性时提到柏拉图的"蜡板"和弗洛伊德的"神秘写字板"以及身体和空间，其实从媒介学的角度来看这些都是存储和传递记忆的媒介。本章将从媒介学的视角出发研究媒介与文化记忆的关系，揭示媒介化与再媒介化如何构成文化记忆发展的动力以及新的数字媒介为文化记忆动力系统带来了哪些新的变化。

　　文化记忆的核心功能在于为共同体建构一个稳定持久的自我形象，实现明确的文化身份认同。但是文化记忆是一个抽象的概念，我们只能通过具象化的公众行为和话语才能感受到文化记忆的存在和影响。因而各种公众表达方式，比如：典礼、纪念仪式、大众媒介文本等，成为文化记忆研究的主要关注点。简言之，文化记忆天然就是一种媒介化现象。

　　媒介主导了我们的日常生活，其影响无所不在，而且媒介在塑造当前的集体记忆方面起到了决定性作用①。《电影与历史》(*Film & History*)出版过一集专刊,名为"作为历史学家的电视"("Television as Historian"),盖瑞·艾哲顿(Gary Edgerton)在其《导论》中明确表达出类似的看法:"电视是现在的大多数人了解历史的最主要手段……正是因为电视已经深深地影响到并且改变了当代生活的方方面面——从家庭到教育、政府、商业和宗教——所以同样地这一媒介真假参半的描述也已经改变了千万观众对历史人物的看法"②。

此前芭比·泽丽泽(Barbie Zelizer)曾经分析过美国记者在塑造约翰·肯尼迪遇刺事件的公众记忆方面所起的作用,她这样评价记者在"制造历史"的过程中所发挥的作用:"有关美国过去的往事从某种程度上来说将依然是媒介所选择记忆的故事,这是一个媒介记忆最终如何变成美国记忆的故事。"③

第一节 媒介与文化记忆

伊丽莎白·伯德(Elizabeth Bird)的文章《重新找回阿萨巴》④聚焦于1967年尼日利亚阿萨巴镇发生的屠杀事件。事件发生后相关的叙事被官方禁止,因而陷入沉默的状态。这篇文章的主题有关遗忘和集体记忆的重建,反思了传统媒介在阿萨巴故事被成功消音的过程中所起到的作用,探索如何利用新媒介形成有关这一事件的连贯叙事,并且在民众中间进行传播,拯救一段即将被时间湮没的集体记忆。

---

① Huyssen, Andreas. "Present Pasts: Media, Politics, Amnesia." *Public Culture* 12.1 (2009): 21-38.

② Edgerton, Gary. "Television as Historian: an Introduction." *Film & History* 30.1 (2000): 7-12. p. 7.

③ Zelizer, Barbie. *Covering the Body: the Kennedy Assassination, the Media, and the Shaping of Collective Memory*. Chicago: University of Chicago Press, 1992. p. 214.

④ Bird, S. Elizabeth. "Reclaiming Asaba: Old Media, New Media, and the Construction of Memory." *On Media Memory: Collective Memory in a New Media Age*. Eds. Motti Neiger, Oren Meyers& Eyal Zandberg, et al. Basingstoke: Palgrave Macmillan, 2011. pp. 88-103.

由此我们可以看出，集体记忆形成过程中的选择或重建是一个持续不断的竞争过程。不同的阐释者在公共场域里相互争夺，力争使自己解读过去的方式占据一席之地，由此引发政治、文化和社会方面的冲突与碰撞①。媒介在这场竞争中起到了特别重要的作用：一方面，媒介被看作是社会文化斗争的平台；另一方面，媒介自身也参与了这场竞争，并且将自己定位为权威的故事讲述者。这个公共场域的一大特点是多样化，涉及不同的媒介、叙事策略以及运行模式。现有的众多媒介渠道提供了各种不同类型的媒介，因而选择和建构集体记忆的方法也各不相同，甚至完全相反。

在现代民族身份形成的过程中集体记忆发挥了根本性的作用，当时大众文化和大众政治逐渐兴起，新的交流技术不断发展。许多与"集体记忆"相关的概念已经出现在学术圈并且在学术话语里获得了一席之地，其中包括"想象的共同体"②，"市民宗教"③ 以及"被发明的传统"④。所有这些概念都指向了一个悖论：尽管我们谈论现代的国家概念时将其所有成员作为一个具体的共同体，但是实际上这些成员与共同体里绝大多数其他成员并不存在任何个人联系。那么个人与群体是如何联系在一起的呢？解决这个问题的关键在于媒介，媒介在定义集体边界的过程中起到了重要作用。

正是媒介在个人和群体之间建立起了一种联系机制，这一点可以从大众媒介中看出。本尼迪克特·安德森（Benedict Anderson）⑤ 提到，黑格尔曾经评价说报纸在现代生活中替代了晨祷。凯瑞同样也提到了这一说法，他认为"当人们开始一天的生活时首先关心的是国家和民族大事，而非对

---

① Sturkin, Marita. *Tangled Memories: the Vietnam War, the AIDS Epidemic, and the Politics of Remembering*. Berkeley: University of California Press, 1997.

② Anderson, Benedict. *Imagined Communities: Reflections on the Origin and Spread of Nationalism*. London: Verso, 1983.

③ Bellah, Robert N. "Civil Religion in America." *Daedalus* 96 (1967): 1-21.

④ Hobsbawm, E. "Introduction: Inventing Tradition." *The Invention of Tradition*. Eds. Hobsbawm and T. Ranger. Cambridge: Cambridge University Press, 1983. 1-14.

⑤ Anderson, Benedict. *Imagined Communities: Reflections on the Origin and Spread of Nationalism*. London: Verso, 1983.

于神的信仰，这就成为现代与前现代之间的分界线"①。关于"读报仪式"的集体性安德森是这样解释的："这是无声无息、私密的行为，发生在大脑的隐秘之处。不过每一个交流者都清楚地意识到，他所实行的这套仪式有成千（成百万）的其他人正在同时照做，他相信这些人肯定是存在的，但是至于他们到底是谁他却一无所知。"② 因此，媒介在这些过程中所发挥的作用引发出许多老问题，同时也对社会科学构成了新的挑战。

过去三十年是因特网的时代，因此也是"数字记忆"的时代③。随着媒介技术的发展和改进，记忆研究的重心相应地由"集体记忆"转为"媒介记忆"。社会群体的边界与使用相同媒介的观众紧紧地联系在一起，两者密不可分。从"身份政治"的视角来看，一个人可以同时驾驭几种身份，可以选择在什么时候使用哪种媒介与共同体的其他成员联系。例如：当我在中国的时候看中国中央电视台（CCTV）播放的电视节目，在手机上刷微信，看《今日头条》。到英国之后，我选择收看英国广播公司（BBC）播放的电视新闻，用 WhatsApp 交友联络，读《每日电讯》。因而，在众多的所有可能的记忆主体中，媒介的作用是元主体，因为媒介构成了现代民族社会里最为盛行、最为寻常的集体记忆之场④。而且它还是一个竞技场，许多其他的记忆主体纷纷通过各种媒介推销各自有关过去的叙事。在我们现在所处的时代，国家媒介逐渐让位于各种全球化的媒介渠道和形式，因而人们不禁会担心，国家记忆是否会因此被弱化？

另外，在当今日渐饱和的媒介环境中个人记忆与集体记忆之间的界线变得日益模糊。也就是说，我们如何能够将个人的亲身经历与集体的、媒介化的集体记忆区分开呢？哈布瓦赫提出集体记忆，使记忆由具体的个人

---

① Carey, W. J. "Political Ritual on Television: Episodes in the History of Shame, Degradation and Excommunication." *Media, Ritual and Identity*. Eds. Tamar Liebes and James Curran. London: Routledge, 1998. p.44.

② Anderson, Benedict. *Imagined Communites: Reflections on the Origin and Spread of Nationalism*. London: Verso, 1983. p.39.

③ Garde-Hansen, Joanne, Andrew Hoskins& Anna Reading (Eds.). *Save as... Digital Memories*. Basingstoke: Palgrave Macmillan, 2009.

④ Huyssen, Andreas. "Present Pasts: Media, Politics, Amnesia." *Public Culture* 12.1 (2009): 21-38.

记忆向隐喻式的集体记忆迈进了一大步，媒介在这个转化过程中起到了关键性作用。在个人层面，记忆作为一种认知心理学的现象，是获取、存储和检索信息的能力，这些过程属于神经学的维度，但是也涉及生理学的方面。人们能够记住生活中大大小小的事情，但是这些事情可能也会被其他人一起记住，比如：办公室里的同事，不过这些事情一般被归入个人记忆的范畴。然而，人们还会记住一些公共事件，由于这些事件是集体性的，因而获得了社会意义，并且被人们认为具有文化意义。有些人可能是某个特定事件的亲历者（参与者，见证人），而大多数的公众并不在现场。对于公众来言，无论他们是否在场，这些事件都有可能通过媒介化过程变成他们的记忆。

扬·阿斯曼的文化记忆理论延续了哈布瓦赫的集体记忆概念，他强调从媒介史的维度来看待文化记忆。当讲到修辞记忆术的历史以及文化记忆的仪式性展演时阿斯曼探讨了媒介变化对于文化记忆的形式和功能所产生的影响，这也是其文化记忆理论体系中的一项核心内容。阿斯曼描述了由仪式一致性向文本一致性的过渡，即书写的发明成为一个分水岭，造成了口述交流形式与文字交流形式的分离，这对于人类的文化史具有决定性的作用。从媒介理论的角度来看，人类交流形式的这种转变是在不同时间和不同地点分别发生的，对一个社会的文化记忆形式产生了突破性影响，其中最主要的原因是在文字文化中人们不用同时出现在同一个空间和时间就可以相互进行交流。书面文本使得交流情境在时间和空间上被延展了，阿斯曼称之为"扩展语境"，由此记忆内容不再依靠现场的人的记忆，变成了独立的存在。

一方面，媒介作为共享记忆的渠道，负责记忆的分配，也是共享记忆的场所。这个场所可能是虚拟的，也可能是具体的，可能属于公共领域，也可能属于私人领域，它是社会举行记忆仪式的地方。另外，媒介是决定和维系记忆共识的"机制"[1]。同时，数量众多的记忆渠道和各种不同版本

---

[1] Schwartz, Barry. "The Social Conext of Commeration: a Study in Collective Memory." *Social Forces* 61 (1982): 374-402.

的记忆也在挑战关于各种事件的记忆和纪念,将它们带入"后记忆"时代①。后记忆时代里各种强大的记忆被传递给那些没有亲历这些事件的公众,但是由于事件具有创伤性,所以被改造成了适合观众的样子。赫什(Hirsh)将"后记忆"的观点用于解释大屠杀幸存者的子女("第二代幸存者")所经历的人生故事,但是"后记忆"的另外一个功能是隐喻在大规模回忆的过程中媒介的作用。

此外,媒介有可能模糊真实和非真实记忆之间的界线。例如:"闪光灯记忆"②指人们对于自己通过大众媒介看到或听到的重大事件的回忆,在此过程中大众媒介塑造了集体记忆,正是媒介制造了这些事件并且使观众经历这些事件。"闪光灯记忆"研究的目的是审视个人记忆、媒介化记忆和心理特征之间的相互关系。

关于媒介作为"次记忆"所起的作用还有另外一个新的视角,这涉及诺拉所说的"假体记忆"③,他在讨论媒介档案的作用时将之归入了媒介领域,并且称之为"假体记忆"。"假体记忆"这一概念指当前大众媒介通过再现过去"为在真实意义上和比喻意义上居住在不同的社会空间、从事不同的实践活动、拥有不同信仰的人们创造共享的社会框架"的能力。依据兰兹伯格(Landsberg)④的研究,通过《辛德勒名单》等电影以及美国犹太人大屠杀纪念馆等记忆机构产生了各种被大众媒介化的记忆,这模糊了真实记忆和非真实记忆之间的界线,因而使得异质化的观众能够对于他人所经历的严重创伤感同身受,尽管这些创伤亲历者与当前的消费者在诸多方面存在不同。

---

① Hirsh, Marianne. "Surviving Images: Holocaust Photographs and the Work of Postmemory." *Yale Journal of Criticism* 14 (2001): 5-37.

② Hoskins, Andrew. "Flashbulb Memories, Psychology and Media Studies: Fertile Ground for Interdisciplinarity?" *Memory Studies* 2 (2009): 147-150.

③ Nora, Pierre. "Between Memory and History: Les Lieux de Memoire." Trans. Marc Roudebush. *Representations* 26 (Spring 1989): 7-25. p.14.

④ Landsberg, Alison. *Prosthetic Memory: the Transformation of American Remembrance in the Age of Mass Culture*. New York: Columbia University Press, 2004.

第二节 记忆的媒介隐喻

记忆是一个抽象的概念,但是它的确存在,似乎存在于人的心里、大脑里,虽有影,却无形,来去倏忽,难以捉摸。所以长期以来人们一直用媒介作为隐喻来理解和解释记忆,而且隐喻的形式多种多样。记忆隐喻的历史始自柏拉图的"蜡板"模式,之后又出现了其他各种形式的隐喻,记忆先后被比作书写、摄影,比作有形、固定的录影和磁带,一直到现在我们所说的具有流动性和即时性的"闪记忆"。通过这些不同的隐喻方式我们可以看出记忆本身所包含的一种张力,一方面记忆是定格的瞬间,留下了不可磨灭的痕迹,而另一方面记忆又是无形的,人类或者机器难以捕捉、存储和检索。杜威·德拉埃斯马(Douwe Draaisma)在《记忆的隐喻》一书的《后记》里这样写道:"一个隐喻将我们的回忆变成一些振翅飞翔的鸟儿,抓它们是有风险的,因为有可能抓错,而下一个隐喻将记忆缩减为静态的、潜藏的痕迹。……我们每使用一个新的隐喻都是在用一种新的滤镜观察记忆"[1]。

人们很早就注意到了记忆与媒介的关系,历史上最早可以追溯到柏拉图。《柏拉图对话集》收录的是柏拉图的老师苏格拉底与他人之间的对话,成书时间大致是公元前 300 年,恰好是希腊社会文字化的时期。此外,西方文学的源头《荷马史诗》在柏拉图的时代,已经被写成了文字,因而古希腊成为书写文化开始的起点,从此人们开始学习如何书写。这是一个全新的学习过程,因为书写文化使得文本摆脱了必须通过单个的个体记忆然后表演的传统。人们只要能够读写识字,便能获得记忆。再者,这也将文本从人的身体中解放了出来。口述文化里为了方便背诵不得不调整文本的形式和结构,而进入书面文化之后文本成为一个独立的存在,不用为了满足吟诵和表演的要求而进行形式上的改变。此外,书写文化还影响到人们

---

[1] Draaisma, Douwe. *Metaphors of Memory: A History of Ideas about the Mind*. Cambridge: Cambridge University Press, 2000. p.230.

接受和理解文本的方式。翁（Ong）[1]指出，因为书面文字可以用来存储记忆，所以减轻了人类的记忆负担，人们就有可能对传统产生批评意识。在不对传统造成威胁的前提下，可以对传统持有不同意见，甚至可以有所改动。这种将记忆内容外化的存储方式使人与记忆内容分离，由此产生了距离感。个人意识、民主化观念以及逻辑－经验式反思这些西方社会基本要素的出现都可以追溯到这场文字革命。此外，最为重要的一点是在之前的口头表演中表演者和听众必须同时出现在某个地点，书写文化摆脱了这种限制，因而此前的仪式性记忆活动所要求的同时代性被悬置了起来。正如哈夫洛克（Haverlock）所说："口头记忆主要涉及现在……文字誊抄，将口头作品记录下来，经过日积月累最终在古希腊时期创造出一个可以与当下以及当下的意识分离的过去"[2]。

在口述文化中人们通过仪式性的表演在当下的情境中展示传统，所以过去与现在是同时并存的，过去即现在。而进入文字文化之后，书面文本独立于书写或者阅读文本的语境而存在，过去通过书写被存储起来，实现了与现在的分离，因而过去不一定等于现在。由此产生了过去的概念，那种一旦流逝便不可再次重复的东西便成为过去，这是文字结构所造成的一个结果。而历史志，文化记忆的一种最基本的形式，也是文字文化的直接产物。历史志里面的人物都是顺着线性时间而发展的，人们不再将历史看作神话式的循环结构，而将之看作一种线性的发展史。

所有媒介技术都是由存储、传送和提取这三个环节构成的，口述时代里这一套运作是同时发生的，随着书写的发明这种共时性被否定了，书写消解了说话者和听者同时在场所构成的共同体。书面信息被记录下来，将信息传送给接受者，然后解译密码，这三个阶段彼此之间可能在时间上远离千年，在空间上相隔万里。随着地理和历史方面间隔的增大，交流变得更加复杂。书写本身是一种文化手段，而且它还生产出大量别的技术和活动，例如：抄写活动和书籍印刷。尤其是书籍印刷，这是阅读史上一个重

---

[1] Ong, Walter (1982). *Orality and Literacy*. London: Routledge, 2002.
[2] Haverlock, Eric. *The Literate Revolution in Greece and its Cultural Consequences*. Princeton: Princeton University Press, 1982. pp. 23, 25.

要的分水岭，印刷的书页便于读者自己一个人进行默读，这意味着阅读的自主性大大增加了。到 18 世纪形成了现代的大众图书市场，读者可以不用去学校或者寺院这样专门的体制化机构进行集体学习，也可以不需要老师的指导独立地阅读和思考。这时候阅读不再是逐字逐句地死记硬背，不再是简单地学习和重复。读者自由地以个人化的方式去解读文本，不再拘泥于原文的遣词造句，而更加看重文本的内容。18 世纪产生的主体性和个人主义这两个哲学概念，与阅读和书写的自主化形成的时间大致相同。另外，18 世纪也是现代主义自传写作开始兴盛的时期，一开始是以日记的形式对个人的宗教信仰进行自我审视，在卢梭的《忏悔录》出版之后逐渐世俗化为个人的人生回忆。

除了这些书面的文化活动之外，文字化还产生了各种体制性的文化手段。当然口述社会中有节庆活动以及公共演讲，这些也是体制化的文化形式。但是这些表演性的机构作为传输记忆的实体，仅限于现场表演。与此相反，文字文化中的记忆机构是纪念碑式的，包括各种收藏、档案以及图书馆，它们可以提供持续的书面见证。其中图书馆发挥着尤为重要的作用，随着图书印刷技术的不断进步，图书馆里的藏书在过去的几个世纪一直在稳步增长，尤其是最近一两个世纪书籍印刷量更是呈现爆发性的增长趋势，以实物形式保存的文档和书籍数量大得惊人。21 世纪出现的数字转向更是加剧了这种信息超载的现象，因而人们开始建立搜索目录和数据库，依据系统化的标准对海量的存储信息进行分类，以便人们快速地查找和获取信息。面对大量的信息流，图书馆作为一种文化记忆的机构不仅要将文献存档保存，还必须对文档进行甄选，选择性地使用，也只有这样图书馆才能真正成为文化记忆的机构。

尽管古登堡时代存在诸多局限，而且有人认为这个时代已经结束，但是到目前为止图书馆依然是文化记忆的核心象征。法国的科学史学家米歇尔·福柯（Michel Foucault）将博物馆和图书馆称作是"无限制地蓄积时间"的机构，而且他将记忆的这一功能总结为：

> 一种蓄积一切、想要建立一种总体档案的想法，一种将所有时代、所有时期、所有形式、所有类型全部封存在一个地方的愿望，想

第五章 文化记忆的融媒介性

要建一个地方容纳所有的时代,它超越了时间,不受时间影响。这是一项工程,它以这种方式在一个时间静止的地方,对永不停歇、无限累积起来的时间进行管理。①

的确,我们渴望借助于图书馆将集体记忆所需要的所有内容全都保存下来,但是这不仅表达出我们的一个想法,一种愿望,其实理想中无所不包的图书馆还可以被看作是一个隐喻,它揭示出文化传统和记忆媒介之间的联系,现在的数字文档中仍旧用图书馆来隐喻海量的数据库。

这种隐喻功能揭示出媒介在文化记忆研究中的一个重要作用,即从书写到书籍印刷,到照相机、留声机和电影拍摄,最后是计算机数字编码,这些媒介技术都是记忆的物质载体,即存储媒介。它们所执行的正是人脑的记忆功能:以某种方式将过去存储起来,以便现在检索、取用。但是不同媒介存储过去的方式不同:书写和印刷是以符号的形式对过去的数据进行编码和再现,具有强烈的主观性;摄影是一场媒介技术的革命,用近似的图像来再现现实,是一种无编码的信息;当今的数字媒介是以抽象的二进制数字编码为基础,这种数字编码与内容无关,但是它能够同时全方位地模拟现实的多个维度,包括视觉、图像、语言和声音。

媒介革命的每个阶段都一直被反复地用来隐喻个人记忆和集体记忆。文化记忆研究之所以关注记忆的媒介隐喻,是因为我们对于记忆的理解,无论是个人记忆的神经生物学过程,还是文化记忆的社会、政治和历史框架,全都要依靠技术工具。离开了隐喻我们就无法想象什么是记忆,似乎只有这样才能解释清楚我们所说的记忆到底是什么。比如,记忆理论中经常会出现"保存"、"提取"之类的基础词汇,显然这是对于个人记忆过程的一种媒介隐喻。

在西方文化中关于记忆存在一个基本的隐喻,即蜡板的隐喻,由此塑造了一种观念,认为记忆的过程就是将数据印刻在某种坚实耐久的材料上面。后来理查德·西蒙(Richard Semon)提出了"痕迹"概念,西格蒙

---

① Faucault, Michel (1967). "Of Other Spaces." Trans. Jay Miskowiec. *Diacritics Vol.* 16. 1 (Spring, 1986): 22–27. p. 26.

德·弗洛伊德在《简评"神秘的写字板"》中用写字板比喻意识与无意识之间的互动关系。蜡板的隐喻如果追根溯源，可以一直追溯到柏拉图对话集中的《泰阿泰德篇》，柏拉图用鸽笼来象征记忆，以此解释存储记忆（仅仅拥有鸽子）和功能记忆（实际抓住某只鸽子）之间的区别。在《泰阿泰德篇》中，除了鸽笼的意象之外，柏拉图还将记忆比作一块灵魂的蜡板，个人的感知被印刻在上面。"印刻"这个意象可以代表感知、传递和回忆的全过程，而这又位于一个大框架之内，即书写的隐喻。这一点可以从19世纪和20世纪早期出现的新媒介技术的术语中体现出来：摄影（Photography）、留声机（Phonography）、电影拍摄（Cinematography），这三个词的后缀都是"-graphy"，源于拉丁文里的动词"Graphein"，意思是书写，所以这几个词都包含有将过去的感知"印刻"在心里的意思。

几乎在所有的西方记忆理论中都可以找到书写这个通行世界的隐喻，这说明文字化在人类文化史中所具有的重要意义。其实，历史上记忆理论一直都在随着当时的媒介发展状态而不断演进：柏拉图论书写，当时正处于口述文化向文字文化的过渡期，中世纪的记忆理论家则是用书本作比。自19世纪中期以来，摄影成为记忆的一个隐喻，而当今神经生物学中的网络理论则用计算机作为模型。因而正如杜威·德拉埃斯马所说，记忆理论史也是一部媒介史，因为媒介为我们提供了各种隐喻，借此我们能够描述记忆的功能：

> 这些人工记忆不仅对自然记忆起到了辅助支持、减缓压力和偶尔替代的作用，而且也塑造了我们有关记忆和遗忘的观念。数个世纪以来，记忆辅助手段为我们反思自己的记忆提供了术语和概念。我们有"印象"，仿佛记忆是一块封蜡，上面有一枚图章戒指的印痕。有些事件被"刻"在了我们的记忆上面，仿佛记忆本身就是一个供人雕刻的平面。我们必须将我们想要保存的东西"印刻"在上面；我们所遗忘的事情被"擦掉"了。有些人的视觉回忆能力超强……我们会说他们具有一种"照片式的记忆"。[①]

[①] Draaisma, Duwei (1995). *Metaphors of Memory: A History of Ideas About the Mind.* Cambridge: Cambridge University Press, 2000. p. 3.

第五章 文化记忆的融媒介性

所以，这意味着记忆理论在研究记忆的运行方式的同时也显示出记忆媒介技术在当时的历史状态。德拉埃斯马验证了记忆研究的发展不仅仅只是增加了有关记忆的知识，其所产生的更为重要的结果是记忆隐喻一直在不停地改变："为了保存和复制信息而发明的那套程序和技术有助于我们理解记忆的运行方式"[1]。不过，虽然记忆的隐喻一直在随着媒介技术的发展而变化，但是事实上记忆作为一个概念在历史上一直处于相对稳定的状态，几乎没有发生任何改变。这样文化记忆为研究媒介史打开了两个视角。首先，媒介构成了记忆传递过程和各种记忆机构的基础，参与塑造了文化记忆。其次，各种记忆理论分别从哲学、社会学、心理学以及神经生物学的角度研究记忆，媒介发展史可以帮助我们洞察这些理论的历史基础。

当然，有关记忆的媒介隐喻有许多，书写只是其中的一种，正如阿莱达·阿斯曼所指出，除此之外还有空间和时间的隐喻，例如：英国哲学家洛克将记忆比作存储过去的"仓库"，而"唤醒"记忆或者记忆"醒来"之类的说法则是具有时间性指向的记忆隐喻[2]。另外，还有声音的隐喻，比如：有人将记忆比作是一种来自过去的回声，或者将过去比作"镜子"之类光学的隐喻，例如：在中国自《旧唐书》以来"以史为鉴"这个观念一直流传至今，这里"历史"指的是正史，即官方认可的文化记忆。

文化即一个群体内部连续不断的传统，因而文化记忆理论的预设前提是文化具有连续性和稳定性。因此，为了保证文化的连续性和稳定性，古典修辞学通过一些记忆手段来保存和重复过去。但是随着古登堡印刷术的普及和现代图书市场的兴盛，记忆面临着变革和创新的压力。文化记忆与个人记忆不同，要依靠外部的存储媒介进行储存和传递。但是我们知道存储媒介从来都不只是被动地吸收固化信息的工具，相反随着技术格式的不断变化存储媒介也参与到记忆内容的生产和提取过程之中。由此我们不难理解为什么有这么多比拟记忆过程的隐喻源自于媒介技术。

---

[1] Draaisma, Duwei (1995). *Metaphors of Memory: A History of Ideas About the Mind.* Cambridge: Cambridge University Press, 2000. p. 3.

[2] Pethes, Nicolas. *Cultural Memory Studies: An Introduction.* Trans. Manjula Dias-Hargarter. Cambridge Scholars Publishing, 2019. p. 82.

第三节 记忆的媒介化与再媒介化

有关记忆的媒介隐喻从一个侧面说明文化记忆的产生和传承离不开媒介的支持和辅助。事实上在认知心理学和哲学领域中一直存在有关记忆的空间和搜索隐喻,所以当新一波记忆热潮兴起的时候亨利·罗狄格三世(Henry L. Roediger III)就这一现象评价说,人们耳熟能详的那些记忆隐喻"源自人们保存记录的技术以及人们之间的交流"①。他说:

> 人类记忆理论的进步与技术进步同步发展,甚至可能依赖于技术进步……。三十年间,当前盛行以计算机为基础的信息处理方法,如果以此作为人类大脑的隐喻,与我们用蜡板或者电话交换机的模式作比一样,似乎不是很贴切。除非今天的技术已经发展到了尽头,当然我们可以肯定地说还没走到那一步,所以这也不是有关人类大脑的最后一个隐喻。②

虽然四十年过去了,认知科学和社会科学一直在发展,但是有关大脑和记忆的隐喻依然长盛不衰。不难看出当代的"记忆潮"与媒介和技术的发展之间存在某种联系。在媒介和交流研究领域中有越来越多的文章指出,媒介构成了我们的记忆和文化框架,我们无法跳出媒介而生活。因此,马克·杜兹(Mark Deuze)提倡采用一种"媒介生活"的视角:"目的是要认识到对于媒介的使用和挪用贯穿着当代生活的方方面面"③。对于利文斯通(Livingstone)而言,人们通过社会分析日益认识到"社会中所

---

① Roediger III, Henry L. "Memory Metaphors in Cognitive Psychology." *Memory & Cognition* 8.3 (1980): 231-246.
② Roediger III, Henry L. "Memory Metaphors in Cognitive Psychology." *Memory & Cognition* 8:3 (1980): 231-246. p. 244.
③ Deuze, Mark. "Media Life." *Media, Culture & Society* 33.1 (2011): 137-148.

有重要的体制机构自身已经被当代的媒介化过程改变和重构"①，而且"媒介化"指的是"由于媒介影响力的不断增强而导致社会、文化机构及其互动模式发生改变的过程"②。另外，正如罗杰·希尔维斯通（Roger Silverstone）所说，"媒介……所定义的空间日益变得具有相互指涉性和强化作用，并且逐渐被融入日常生活之中"③。而且人类的生存本身就有一个前提，即认识到我们的环境与媒介密不可分：因为"就如同水是鱼生存的前提条件一样，媒介也是人类生存的先验条件"④。

现实情况是，媒介与记忆概念如影随形，相伴而生。莫里斯·哈布瓦赫在他的开创性著作《集体记忆》里论证个人记忆的社会框架时举了一个初访伦敦的例子。在去伦敦之前事先从朋友那里听到或者在书里读到的有关这个城市的内容会影响到人们亲身游历伦敦时的感受，而这种感受后来就慢慢变成了某种长期记忆⑤。显然在这里哈布瓦赫顿然领悟到狄更斯的小说以及其他有关伦敦的描述参与塑造了这座城市的记忆，由此清晰地意识到媒介在集体记忆形成过程中的作用。他感受到这样一个事实，个人记忆不仅存在于社会框架之中，与此同时记忆还有赖于各种各样的媒介，无论是言语、书信，还是书本、照片，它们都为人们的经历和记忆提供了另外一层框架，与其他社会因素一起共同参与记忆的塑造过程。

媒介至少有两种功能，而且这两种功能是互相联系在一起的：一方面媒介是意义建构的工具，调节个人与世界之间的关系；另一方面，媒介是社交联络的主体，在个人和群体之间起到调节作用。近年来，媒介在记忆形成过程中的作用日渐成为文化记忆研究的热点问题。其实"文化记忆"

---

① Livingstone, Sonia. "On the Mediation of Everything: ICA Presidential Address 2008." *Journal of communication* 59 (2009): 1-18.

② Hjarvard, Stig. "The Mediatization of Society: A Theory of the Media as Agents of Social and Cultural Change." *Nordicom Review* 29.2 (2008): 105-134.

③ Silverstone, Roger. *Media and Morality: On the Rise of the Mediapolis*. Cambridge: Polity Press, 2007. p.5.

④ Friesen, Norm and Theo Hug. "The Mediatic Turn: Exploring Concepts for Media Pedagogy." *Mediatization: Concept, Changes, Consequences*. Ed. Knut Lundby. New York: Peter Lang, 2009. pp.63-83.

⑤ Halbwachs, Maurice. *The Collective Memory* (1950). Trans. Francis J. Ditter, Jr. And Vida Yazdi Ditter. New York/London: Harper & Row, 1980. pp.23-24.

概念本身就包含这样一个前提，即象征性的人工制品能够调节个体之间的关系，因而只有借助于这类人工制品才能实现记忆的共享，产生跨越时空的集体性，其实文化记忆就是连续不断地将私人化的个人记忆汇集为彼此共享的集体记忆的过程。

最初受皮埃尔·诺拉的启发，文化记忆领域中大多数研究基本都集中在"记忆之场"上，因为这为个人和群体回忆过去提供了比较稳定的场域。后来随着该领域中研究的推进，人们不再将文化记忆看作是某种固定的概念，转而将之理解为一种动态的过程：记忆和遗忘不断地交替互动，在这一过程中个人和群体在不停地重构与过去的关系，因而也在不断地调整自己与已有的以及正在形成的记忆之场的关系。从这种视角出发，记忆被看作是与过去之间的积极互动，记忆不仅只是一种再现，它还具有施为作用。记忆不仅是对于过去的故事的保存和提取，也是一种从现在的某个时间点出发将现在与过去联系起来的行为。由此那些被人们视为圣地的"记忆之场"也拥有了自己的历史。虽然从许多方面来说"记忆之场"意味着不断重复的回忆行为，是一种重复和终结，但是只有当人们不停地对之赋予新的含义并且以之作为参照系的时候，"记忆之场"才能持续存在。如果人们不再谈论、阅读、品评过去的故事，不再用庆典的方式重温这些故事，故事便失去了效力，从文化方面来说这意味着消亡，意味着故事已然过时或者失去活力。在这一过程中，那些更加契合新时代需求的故事有可能替代或者重写旧的故事。

故事的兴衰以及边缘化构成了记忆发展的动态过程，因而这也成为记忆研究的核心问题。在公共领域中，我们发现有的集体记忆一统天下，而有的记忆被边缘化，还有的记忆由边缘进入了主流。如今记忆研究向动力系统转向，所针对的正是这一问题，旨在找出这一现象背后的决定性因素，以新的思路去探求记忆发展的过程。已经进行的大量研究表明，文化记忆史不仅是达成共识、确立正典的过程，同时沿着社会的断层线也会出现各种危机和争议[①]，只有这样记忆才能被保留下来。所以，如果想充分

---

① Olick, Jeffrey K (Ed). *States of Memory: Continuities, Conflicts, and Transformations in National Retrospection*. Durham: Duke University Press, 2003.

第五章　文化记忆的融媒介性

地理解文化记忆动力系统，我们不仅要考虑社会和文化的因素，还必须考虑到记忆还有一个"媒介框架"，而且记忆只有通过特定的媒介才能进入公众领域成为集体记忆。比如：有些小说或电影能够引发公众就某些在之前被边缘化或者被遗忘的历史话题进行争论①，这能够有力地说明媒介对于集体记忆的塑造作用。在这些例子中，某些特定的媒介成为文化记忆的组织者和推手，而且正是通过印刷、图像、因特网、纪念庆典等各种不同的公众平台，以多媒介的形式重复同一个故事，这个故事作为一个话题才能在群体中扎下根来。

这些例子清楚地表明，媒介在文化记忆中所扮演的角色不仅仅是被动地传达信息。媒介并非是透明的，它自身就是一种存在，它在读者、观众或听众和过去之间"居间调停"，以一种积极的方式塑造着我们对于过去的理解和认知，同时也参与设定未来在社会内部发生的各种记忆行为。另外，我们还要看到，媒介本身就是一个动态的系统。实际上，记忆研究内部出现由"场"到"动力学"的转变是因为文化记忆研究内部整体上将关注的焦点由文化记忆的产品转移到了文化记忆的过程之上，由关注具体的文化产品转为探究这些文化产品的循环过程及其与环境之间的互动。研究重心的转移使得人们对于媒介有了新的理解，在过去人们认为媒介只是一项具有稳定性的技术，现在人们认识到媒介自身就是一个复杂的动态系统。媒介并非是固定不变的，它一直在发展更新，而且各种用以进行意义建构和人际社交的技术之间是一种彼此互动，相互催生的关系②。例如：摄影和电影是两种不同的、具有稳定特性的媒介，但是如果我们仔细研究就会发现随着各种信息记录新技术的出现，两者一直在不断地发展进步，比如：有些新的电影制作加入了电子游戏和动漫的元素，因为媒介领域总体上在发展进步，供人们使用的意义建构工具日新月异，不停地在发生变化。

---

① Rigney, Ann. "The Dynamics of Remembrance: Texts between Monumentality and Morphing." *Cultural Memory Studies: An International and Interdisciplinary Handbook*. Eds. Astrid Erll and Ansgar Nünning. Berlin: Walter de Gruyter, 2008. pp. 345–353.

② Wardrip-Fruin, Noah and Nick Montfort (Eds). *The New Media Reader*. Cambridge: MIT Press, 2003.

大卫·博尔特（David Jay Bolter）和理查德·格拉辛（Richard Grusin）合写的《再媒介化：理解新媒介》（1999）是一部具有开创性意义的著作，书中提出了"再媒介化"概念，以此来描述"新媒介对先前的媒介形式进行再包装时所采用的形式方面的逻辑"[1]。"再媒介化"就是"媒介化的媒介化"现象。不只在今天的新媒介文化中，至少从文艺复兴开始，媒介一直在持续不断地"相互评论，相互复制，相互替代，对于媒介而言这一过程必不可少。各种媒介彼此相依，这样才能发挥媒介的作用"[2]。

这个过程涉及博尔特和格拉辛所说的"再媒介化的双重逻辑"，即介于即时性与超即时性，透明与不透明之间摇摆不定的状态。"我们的文化想让媒介的数量成倍增长，并且想要抹去媒介化的所有痕迹；它想得很美，想在成倍增加媒介数量的同时抹除媒介"[3]。由此产生了再媒介化的核心悖论。一方面，对现存媒介进行回炉加工再利用，可以增强新媒介所宣称的即时性，能够呈现出"真实的经历"。另一方面，再媒介化是一种超即时性的行为，它使媒介的数量翻倍增长，这很有可能会提醒观众，让他们注意到媒介的存在，因而产生一种"媒介的经历"。

"再媒介化"概念与文化记忆研究紧密相关。如果说没有媒介化便没有文化记忆，同样的如果没有再媒介化便没有媒介。对于过去的所有再现都要利用现有的各种媒介技术、媒介产品、再现模式以及媒介美学。从这个意义上来说，如果没有早期的媒介化行为就不可能有9·11现场录影之类的历史文献，也不可能存在柏林的犹太人大屠杀纪念馆和中国南京的南京大屠杀纪念馆之类的纪念性建筑。马克·杜兹说："依据再媒介化的逻辑，媒介化之前根本没有过去，所有的媒介化都是再媒介化，因为将现实媒介化永远都是对于另一种媒介的媒介化。"[4]

---

[1] Bolter, Jay David and Richard Grusin. *Remediation: Understanding New Media*. Cambridge: MIT Press, 1999. p. 273.

[2] Bolter, Jay David and Richard Grusin. *Remediation: Understanding New Media*. Cambridge: MIT Press, 1999. p. 55.

[3] Bolter, Jay David and Richard Grusin. *Remediation: Understanding New Media*. Cambridge: MIT Press, 1999. p. 5.

[4] Bolter, Jay David and Richard Grusin. *Remediation: Understanding New Media*. Cambridge: MIT Press, 1999. p. 18.

文化记忆的动力系统中也可以看到这种"再媒介化的双重逻辑"。一方面，大多数的记忆媒介一直在力争实现最大程度的"即时性"。其目标是为人们观望过去提供一扇看似透明的窗户，让人们忘记媒介的存在，于是为我们呈现出一种"非媒介化的记忆"。另一方面，要达到这一效果，必须加倍增加媒介的数量，并且对媒介进行加工改造，回收利用。例如：以色列大屠杀纪念馆网站上建立了网上纪念平台，上面有在线的照片档案，书面的证词，并且可以进行虚拟的展馆游览，这些内容和活动将许多不同的媒介结合在一起，为人们提供了了解过去并且纪念过去的途径。新近出现了一种新的电视节目类型，叫做"纪实小说"（Docufiction），这种电视片将纪录片与见证人访谈和虚拟的情境再现结合起来，为观众了解过去打开了一扇新的窗口。而好莱坞的战争电影，例如：《拯救大兵瑞恩》（1998）中就融入了新闻摄影和纪录片的元素，因为通常人们认为这两种媒介能够再现"真实的过去"。

"即时性"营造出的是昔日重现、亲临其境的感觉，而"超即时性"则提醒观众媒介的存在，指出所有记忆媒介潜在的自反性。德国画家和雕塑家安塞尔姆·基弗（Anselm Kiefer）的绘画作品常常使用大量各种不同的媒介，将其重新置于异质性空间之中，因而揭示出媒介对于记忆行为的相关性、可能性和局限性。同样，阿托姆·伊戈扬（Atom Egoyan）的电影《阿拉若山》（Ararat 2002）是一部"电影中的电影"，里面涵括了许多不同的媒介，包括录影、艺术品、照片、口述故事，所有这些全都指涉同一事件，即亚美尼亚种族屠杀。《阿拉若山》的这种拍摄手法使得观众无法沉浸在过去当中，一直不停地让观众浮在媒介再现的表面，因而营造出体验媒介的感觉，这样人们就注意到了记忆的媒介性。

文化记忆的动力系统与再媒介化过程紧密相关。记忆之场的出现及其发展过程很清楚表明记忆之场必须以媒介的反复再现作为基础，将过去大批量的再媒介化，"融合"[①] 为"记忆之场"，逐渐稳固成型，然后对其进行批判性反思，并且不断加以更新。文化记忆有赖于博尔特和格拉辛所说

---

① Rigney, Ann. "Plenitude, Scarcity and the Circulation of Cultural Memory." *Journal of European Studies* 35.1 (2005): 209–26. p. 16.

的"用途变更",也就是说,从某种媒介中选取一样记忆材料,将之放入另一种媒介中重新使用①。在这一过程中,记忆媒介借用、吸纳、批评并且翻新在它之前出现的那些记忆媒介。实际上每一个记忆之场都经历过漫长的再媒介化历程,这通常关涉到媒介发展史。西方的特洛伊战争,法国大革命,中国的秦皇汉武,辛亥革命,这样一些记忆之场历经数百上千年,不断地被编码,通过各种各样的媒介一直流传下来,包括:口述故事,手稿,印刷,绘画,摄影,电影和网络,其中每一样媒介都在技术和再现方法上与之前的媒介有着直接或间接的关联。

博尔特和格拉辛提醒我们"当今似乎没有哪种媒介,当然也没有哪个单一的媒介事件,能够脱离其他媒介单独行使自己的文化使命,正如它无法脱离其他的社会和经济力量单独运行一样"②。正如哈布瓦赫所言,社会框架最终塑造了记忆,文化记忆也是如此。所以我们发现有时候再媒介化的动力学会在文化记忆中失效,这是因为公众场域具有选择功能,可能会对那些它认为有价值的再媒介化过程进行转化,继续以其他的媒介形式再现过去,而另外一些再媒介化过程则被忽视或者清除了。所以阿斯特莉特·埃尔指出,研究文化记忆动力系统必须从社会和媒介两个角度同时切入,毕竟再媒介化是在大的社会框架中发生的,虽然它具有自身的发展动力,但依然会受到各种社会力量的影响和限制③。一方面,媒介在持续不断地生产文化记忆;另一方面,政治和社会力量操纵掌控着各种记忆。两者同时并存,混杂交织在一起。因而文化记忆构成一个动态系统,它所指向的是一个多模态过程,其中包括媒介现象与社会现象之间各种复杂的互动过程。

---

① Bolter, Jay David and Richard Grusin. *Remediation: Understanding New Media*. Cambridge: MIT Press, 1999. p. 45.

② Bolter, Jay David and Richard Grusin. *Remediation: Understanding New Media*. Cambridge: MIT Press, 1999. p. 15.

③ Erll, Astrid & Ann Rigney. "Introduction: Cultural Memory and its Dynamics." *Mediation, Remediation, and the Dynamics of Cultural Memory*. Eds. Asrid Erll and Ann Rigney. Berlin/New York: Walter de Gruyter, 2009. p. 5.

第四节　媒介记忆的转向

在当今的记忆研究以及相关的学术话语和大众话语中，"集体记忆"具有特别的重要性，这种现象部分源于"大众媒介"时代。在当代的社会生活和记忆环境里，群体和个人的自我定义方式发生了迅速而广泛的本质性变化，随之出现了大量新的记忆隐喻。人们对"记忆"进行各式各样的划分，将之分门别类，归入不同类型的记忆，由此在记忆研究领域中掀起了一场思想和理论革命。对此安德鲁·霍斯金斯（Andrew Hoskins）提出了"联结性转向"（Connective Turn），以此作为记忆研究和理解范式转型的标志[1]。"联结性转向"是指将日常生活包裹在实时交流或者近乎即时的交流之中，例如：运用即时讯息平台发送信息；这种交流可以是群体或者网络内部的联系，或是它们彼此之间的联系；联系模式多样化，可能是点对点的对等模式，也可以是一对多或者更为复杂、散漫的模式；而且这些联系是通过移动数字媒介或者社交网络技术以及其他基于网络的技术实现的。"媒介"被看作是方法、技术和实践活动三者合而为一的整体，是社会和文化生活媒介化的方式，其中也包括被人们认为传统守旧的"大众媒介"。

联结性转向是现有的"跨文化"记忆的一种衍生，也就是说，阿斯特莉特·埃尔对于跨文化记忆的定义是其概念基础："一种研究视角……将视线投向现有的研究客体和研究方法以外，超越文化记忆研究的边界。"[2]联结性转向打破了记忆和记忆研究在生物学、社会和文化方面的划界和区分，对于现有的各种记忆类型划分方式构成了挑战，但是同时这也重塑了记忆在当前的"跨文化"潜力，所以联结性转向的最终任务是要揭示出记忆的媒介技术结构。

---

[1] Hoskins, Andrew. "Media, Memory, Metaphor: Remembering and the Connective Turn." *Parallax* 17.4 (2011): 19-31. p. 20. DOI: 10.1080/13534645.2011.605573.

[2] Erll, Astrid. *Memory in Culture*. New York: Palgrave Macmillan, 2011. p. 66.

正如媒介大佬马歇尔·麦克卢汉所说:"所有媒介必定是我们的一种或多种感官的技术性延伸。电子媒介合在一起等同于是我们外化的感官系统。"① 由于媒介记忆研究领域出现了各种范式转型,在联结性转向之后我们需要以一种更为广阔、更为全面的视野看待当代媒介/记忆"生态系统"中媒介和记忆的性质②,以便形成一种更具整体性或者生态性的记忆观,因为"联结性"是打造和重铸"记忆再媒介化"的核心动力之一。

记忆,无论个人记忆、社会记忆还是文化记忆,全都发生了意义深远、影响重大的变化,这些变化发生的大背景是人们由广播时代进入了后广播时代。数字媒介的到来对于记忆和遗忘所产生的影响是全方位的。"记忆媒介化"的前提在于我们正好处于"联结性转向"这一节点上③。"大众"媒介时代那些统领一切的理论、模式和方法导致人们不得不对"集体记忆"概念进行改造和重建,而另一方面我们看到一些态度更为激进、分散而多元化的学术研究,两者之间逐渐呈现出一种对立和紧张状态。后者要求以批判性态度对大众媒介研究所留下的遗产进行重新评价,并且提出一种更为动态,也更加分散的"一切全都媒介化"④ 的模式。今天这一挑战已经延伸到更多的方面,包括如何应对数字内容流动化的影响,过去留下的"长长的尾迹"⑤ 带来了哪些启示,出现了哪些新模式使得人们可以通过方便、廉价的数字记录和传播工具参与公共记忆,新、旧

---

① McLuhan, Marshall (1960). *Letters of Marshall McLuhan*. Eds. Matie Molinaro, et al. Oxford: Oxford University Press, 1980. p. 256.

② Brown, Steven D. and Andrew Hoskins. "Terrorism in the New Memory Ecology: Mediating and Remembering the 2005 London Bombings." *Behavioral Sciences of Terrorism and Political Aggression* 2. 2 (2010): 87-107.

③ Hoskins, Andrew. "Anachronisms of Media, Anachronisms of Memory: From Collective Memory to a New Memory Ecology." *On Media Memory: Collective Memory in a New Media Age*. Eds. Motti Neiger, Oren Meyers and Eyal Zandberg, et al. Basingstoke: Palgrave Macmillan, 2011. p. 279.

④ Livingstone, Sonia. "On the Mediation of Everything: ICA Presidential Address 2008". *Journal of Communication* 59 (2009): 1-18.

⑤ Anderson, Cooper. *The Long Tail: How Endless Choice is Creating Unlimited Demand*. London: Random House, 2007.

媒介之间"跨媒介"①的动态过程是如何形成的,以及与此相关的文化"融合"②是如何兴起的。换言之,记忆和遗忘的媒介化塑造了正在日益显现的"新的媒介生态系统"③,而这也正是记忆自身所处的环境。

很多人将集体记忆与大众产品、大众文化和大众媒介的生产、流通和消费联系在一起。例如:彼得·斯特恩斯(Peter N. Stearns)写道:"现代记忆从根本上扩大了,并且翻倍增长,因为大众媒介杜撰出越来越多的集体记忆,并且将之商业化,使过去变成了供大众消费的商品"④。乔治·李普希兹(George Lipsitz)提出:"在现代世界里电子大众媒介使集体记忆成为构成个人和群体身份的关键性因素"⑤;芭芭拉·米兹特尔(Barbara Misztal)写道:"当今社会集体记忆日益由专门的机构所塑造:学校、法院、博物馆以及大众媒介。"⑥ 接着米兹特尔引用了迈克卢汉的话:"当今,在集体记忆的建构中媒介起到了最主要的作用。"⑦

这个观点非常具有启发性,有助于我们理解当今新的记忆生态系统,因为新兴的媒介化记忆其核心动力正是生产概念和接受概念之间那种难以厘清的复杂关系。无论是在概念上还是经验上,通常我们将大众媒介时代,或者"核心媒介"时代等同于集体记忆时代。广播以及随后出现的电视能够针对本国观众以及全球观众即时地传送信息,发挥其作为媒介的功能。它们以这种方式为观众提供一种共时、共享的体验,由此形成各种节点性新闻事件的记忆。

---

① Erll, Astrid and Ansgar Nunning (Eds). *Cultural Memory Studies: An International and Interdisciplinary Handbook*. Berlin: Warter de Gruyter, 2008.

② Jenkins, Henry. *Convergence Culture: Where Old and New Media Collide*. New York: New York University Press, 2006.

③ Brown, Steven D. and Andrew Hoskins. "Terrorism in the New Memory Ecology: Mediating and Remembering the 2005 London Bombings." *Behavioral Sciences of Terrorism and Political Aggression* 2.2 (2010): 87−107.

④ Stearns, Peter N. *Encyclopedia of Social History*. London: Taylor & Francis, 1994. 149.

⑤ Lipsitz, George. *Time Passages: Collective Memory and American Popular Culture*. Minneapolis: University of Minnesota Press, 2001. p. viii.

⑥ Misztal, Barbara. *Theories of Social Remembering*. Maidenhead: Open University Press, 2003. p. 19.

⑦ Misztal, Barbara. *Theories of Social Remembering*. Maidenhead: Open University Press, 2003. pp. 21−22.

所谓的"媒介事件"是指全天候、连续不断的新闻播报突然被打断，转而持续播报某个重要的突发事件。学术界认为"媒介事件"对于记忆的塑造过程具有特别强大的影响力。电视机前同时坐着无数的观众，观众可能会对媒介事件产生一致的反应，这种实时见证、共享的经历造就了一个国家或者全世界的集体记忆。

其实这种观念已经在记忆研究领域中催生出一个完整的分支学科，即"闪光灯记忆"（Flashbulb Memories）研究，这个学科不属于社会学，也不属于媒介学，而是属于认知心理学。在研究公共事件的闪光灯记忆时，心理学方法将重点放在大众媒介上，而且往往只关注电视[1]。"闪光灯记忆"指的是人们对于自己所听到或看到的有关某个重大历史事件的新闻的回忆，比如：政治领导人遭遇暗杀、自然灾害、恐怖袭击，等等。大众媒介对记忆的塑造过程具有潜在影响，"大众"观众对"媒介事件"产生一致的集体反应，还有新闻节目中经常举行的周年纪念活动等助长了当代人对于纪念和纪念馆的迷恋，这些现象当然都是相互关联的[2]。因而，大量静止的画面和视频被不断地重新使用，它们具有很高的辨识度，源源不断地流入"闪光灯记忆"，对此赫斯特（Hirst）和莫克辛（Meksin）曾经做过一个简洁的概括："媒介报道从本质上来说是外部驱动的演练行为。"[3]

造就"闪光灯记忆"研究的原初媒介事件，例如：美国总统约翰·肯尼迪遇刺，1986年"挑战号"太空船爆炸，1997年威尔士王妃黛安娜去世，其中大多数是广播媒介时代的产物。因此这些事件本身都保留着媒介所留下的痕迹，正是媒介制造了这些事件并且使观众经历这些事件，这就是人们所说的"老式记忆"。然而这些事件在新的记忆生态系统中通过数字媒介以加速度被再媒介化，以新的面貌重新出现在公众面前。

当然，这些在广播时代被建构起来的节点性事件本身就具有反思性维

---

[1] Andrew Hoskins, "Flashbulb Memories, Psychology and Media Studies: Fertile Ground for Interdisciplinarity?" *Memory Studies*, No. 2, 2009, pp. 147-150.

[2] Aniel Dayan and Elihu Katz, *Media Events: The Live Broadcasting of History*, Cambridge, MA: Harvard University Press, 1992.

[3] W. Hirst and R. Meksin. "A Social-Interactional Approach to the Retention of Collective Memories of Flashbulb Events", in O. Luminet and A. Curci, eds *Flashbulb Memories: New Issues and New Perspectives*, New York: Psychology Press, 2009. p. 213.

度，尤其是现在各种纪念文化和纪念馆在不断地对之进行循环利用。媒介和交流技术打造了我们与他人、与"外面世界"的日常联系，但是媒介关注的焦点并非仅仅局限于那些由它们带给公众的、具有新闻价值的事件，它偶尔还会进行整合和放大。到了 21 世纪记忆通过数字网络迅猛地传播，当然广播、电视等大众媒介仍然在继续呈现那些节点性公共事件的集体记忆，这类纪念仪式依然在各种新闻媒体上举行。例如：2015 年 5 月纪念二战胜利 70 周年的庆祝活动占据了广播、电视新闻和各个网站，这表明 20 个世纪的冲突和灾难所引发的纪念潮热度未减，余波犹存。然而，数字媒介却要求揭示出过去所发生事件留下的"长长的尾迹"，即各种公开的媒介化记忆，而这些记忆在前因特网时代总体上受到了限制，因为在那个时代主要是大众媒介的循环式报道，另外还有一个原因就是媒介技术的限制。

　　数字时代电视的覆盖范围扩大了，再加上因特网的带宽和速度，这些因素增强了个人记忆与公众记忆的融合度，而且档案里的数据不仅包括事件本身，还包括其他一些人们认为与之相关的事件。例如：2019 年爆发的新冠肺炎疫情是一个全球性事件，无论我们自己是否感染了病毒，是否亲临这场疫情的现场，我们都通过网络化的数字媒介形成了有关这场疫情的个人记忆。其中有些个人记忆通过数字媒介网络变成了国家的或全球的公众记忆。例如：《方方日记》所引起的激烈争议表明这本日记所记录的不仅只是作家作为这场疫情的见证者对于武汉封城期间疫情的个人记忆，而且因为它已经进入了公共空间，所以有可能成为国家记忆或全球记忆的一部分。也正因为如此，《方方日记》在网络上的发表及其英文版在美国的出版才会引起如此强烈的争议和反响。另外，因特网上有些关于抗疫的自媒体视频也在广泛传播，例如：甘肃的音乐人张尕怂创作的新歌《甘肃有个大夫叫霞霞》在快手首发后，迅速火遍国内的各个网络，获得大量的点赞和转发。从这个意义上来说，这首歌不仅是歌手对于他的姑姑援鄂抗疫这件事情的个人记忆，它已经被再媒介化，通过数字媒介网络在公共空间广泛传播，在将来它有可能成为全中国人民同心协力抗击新冠肺炎的集体记忆的一部分。此外，这次疫情又在各种媒介上勾起了人们对于 1918 年蔓延全球的大流感的记忆，甚至还包括对欧洲中世纪爆发的黑死病的记忆。

同时由疫情导致的经济停滞也引发了人们关于1929年全球经济大萧条的记忆，人们以之作为参照对未来的经济状况进行预测。疫情期间我们在广播电视和因特网上看到与之相关的图片、视频和其他信息不断地再媒介化，反复地循环再利用，因而有关这场疫情的档案必将包括这些与新冠肺炎相关事件的数据和信息。

但是，我们不能简单化地认为纪念性话语的饱和状态表明集体记忆被强化了。大众媒介时代里大众观众通过广播电视这些大众媒介即时地收听或观看新闻事件，但是随后社会进入了新媒介时代，出现了数以千计的电视频道，还有数百万的网站，所以大众的媒介消费方式被大大地分散了，不再像之前一样集中在广播电视和报纸上面。此外，现在的大众百姓也都装备齐全，配备了数字消费、管理、生产的工具，其角色转换为"生产性消费者"。虽然这不一定意味着媒介事件的终结，因为依然会有大量的观众打开电视或者上网观看重大的突发性新闻事件，但是在后广播时代这些事件会在今后持续地再媒介化，其蔓延的势头将会更加猛烈，范围也会更广。另外，数字媒介将过去的事件记录下来，累积的文献越来越多，而且可及性也日益增强，如果我们以量化的方法来判断实际上这会削弱"集体记忆"的强度。

近些年来在社会科学里中存在一个普遍的观点，认为人们应该更多的关注"国际化转向"，即国内社会对于跨国领域的敏感性，或者借用贝克（Beck）的话："国际化意味着内部的全球化，在国家内部发生的全球化。这使得日常意识和身份发生了重大改变。引发全球关注的事件正在成为日常地区性经验的一部分，并且成为民众的'道德生活世界'"①。

传统的记忆研究将集体记忆或共享记忆概念化为国家或国家的边界，或者是国家内部族裔或部分群体的边界，其结果是媒介化记忆趋向于将焦点放在国家的广播、电视和报纸媒体上，或者是集中关注一个国家的纪念馆和博物馆，研究其表述记忆、纪念过去的方式。然而近十年来在记忆研究领域中出现了另外一种动向，越来越多的研究将记忆理解为多层面、有

---

① Beck, Ulrich. "The Cosmopolitan Society and its Enemies." *Theory, Culture & Society* 19.1.2 (2002), p.17.

渗透性的动态过程。尤其是媒介化的记忆，它跨越边界，其流通范围超越了民族国家的边界，以各种方式在国家间被重构。摩西（Moses）和斯通（Stone）提醒我们，由于殖民主义和种族屠杀之间的种种联系跨国记忆早在"现代全球化"之前就已经出现了①。迈克·罗斯伯格（Michael Rothberg）② 的多向记忆概念强调共享记忆在文化方面是多方向建构起来的，并且要求使用跨界或交叉的方法。例如，罗斯伯格的观点是，在公共空间可能会有多个记忆彼此交叉和互动："记忆的边界不再平整分明；乍看好像是自己的东西，但是一追根溯源，结果经常发现可能是由国外或者远古借来的或改造而成的。"③

约翰·乌瑞（John Urry）④ 提出，现在需要一个新的范式，将流动性作为社会和文化领域里通行的公理，以适应数字记忆将数字化和全球化结合起来进行传播和流动的方式。全球数字记忆领域中数据的流动情况涉及人和数据两个方面。数字媒介与全球化的结合使得数据的移动成为可能，这可以被看作是集体意识的一种新的表现形式，马克·波斯特（Mark Poster）⑤ 称之为"人类机器"。记忆通过全球化和数字化跨越了我们之前在人和机器、有机体和非有机体之间设定的边界，"人类机器"正是在这种情况下应运而生的。波斯特提出"人类机器"这一概念，意在说明也许不应该将全球数字记忆领域看作是脱离人类的全球性数字网络的假体记忆，相反人类应该被看作是全球数字记忆的主体，我们身处记忆之中，并且由记忆构成。

新的媒介生态系统以及高度全球化的记忆要求研究范式进行转型，对媒介化记忆重新定义，同时对之产生新的认知。数字记忆是一种动态的记

---

① Moses, A. Dirk and Dan Stone (Eds). *Colonialism and Genocide*. London: Routledge. 2007.

② Rothberg, Michael. *Multi-Directional Memory: Remembering the Holocaust in the Age of Decolonization*. Stanford: Stanford University Press, 2009.

③ Rothberg, Michael. *Multi-Directional Memory: Remembering the Holocaust in the Age of Decolonization*. Stanford: Stanford University Press, 2009. p. 5.

④ Urry, John. *Mobilities*. London: Polity Press, 2007.

⑤ Poster, Mark. *Information Please: Culture and Politics in the Age of the Digital*. Durham: Duke University Press, 2006.

忆组合，包括跨媒介的、全球化的、动态的联结性以及流动性。这种记忆跨越、重构，并且扩展了人们所公认的记忆二元结构，比如：有机体与无机体，个人与共享，数字与模拟，个人与媒介机构，地区与全球。正如乌瑞①所提出，全球化意味着社会在以新的方式发生变化，不仅是人和物具有流动性，数据也在流动。同时，数字媒介技术和数字化使得数据记录的捕捉和存储、管理和重组与之前的媒介化记忆相比成本更低，它可以在全球范围内联通，而且可以跨媒介再生产。事件的媒介化记忆可能在刚开始是个人化、区域性生产的，然后迅速流动，在散布于全球的多个地点之间移动并且停留，而这些地点分别处于不同的地域背景之中。同时，所有这些网络化的、动态的媒介记忆全都通过数字化、编码和解码过程以及协议、算法、数据库这些隐形的方式被互相媒介化了。

安娜·雷丁（Anna Reading）② 提出了一个新的术语"全球数字记忆场域"（Globital Memory Field），它由几个术语组合而成。"全球记忆"在信息处理技术中指允许个人记忆与共享记忆合并在一起，共享记忆即那些可以同时性平行获取的各种不同的记忆。"Globital"将全球（Global）与数字（Digital）合在一起，中间部分与"比特"（Bit）谐音，"比特"代表二进制的0和1两个值，是最小的数字信息单元。因而"全球数字"一词如果用于记忆，指的是全球化的社会政治动力与数字化记忆的协同融合。再加上"场域"一词，这个术语便具有了更深的含义。皮埃尔·布尔迪厄（Pierre Bourdieu）③ 将场域看作是文化生产、流通和消费的争夺场所，在这里场域指记忆主体在记忆资产的组合、流通和固化方面展开的争夺。全球数字记忆领域对布尔迪厄的"场域"概念进行了扩展，表明这一记忆领域既是纵向的，也是横向的，而且涉及电子领域、算法、地理学和心理学。

---

① Urry, John. *Mobilities*. London: Polity Press, 2007.

② Reading, Anna. "Memory and Digital Media: Six Dynamics of the Globital Memory Field." *On Media Memory: Collective Memory in a New Media Age.* Eds. Motti Neiger, Oren Meyers&Eyal Zandberg, et al. Basingstoke: Palgrave Macmillan, 2011. pp. 241-252.

③ Bourdieu, Pierre. *The Field of Cultural Production*. Cambridge: Polity Press, 1993.

正如德鲁兹（Deleuz）和加塔利（Guattari）[1] 所说，全球数字记忆场域作为一个概念而出现，一方面沿用了记忆研究、数字文化研究和全球化理论中之前已有的概念，另一方面这个概念也有自己的"生成"过程。它以新的方式描述全球化交流、数字媒介和记忆之间的关系，以新的方式与其他概念共享已有的模式和深层结构。

第五节 数字网络记忆系统

纵观人类文化发展的历史，毋庸置疑媒介对于人类意识和记忆活动产生了重要的影响。沃尔特·翁（Walter J. Ong）[2] 在论述口头文化转向书面文化的技术过渡问题时提出，创建文字社会包括复杂的记忆训练过程，这给社会记忆带来了各种变化。数字媒介技术也是同样的情况：伴随着全球化以及其他种种变化，数字媒介正在改变人类在个人层面和集体层面的记忆活动。

诚然，正如列夫·马诺维奇（Lev Manovich）[3] 所说，新旧媒介之间有许多根本性原则是完全不同的，例如：新媒介采用二进制的数字再现技术；具有模态性，即一个大的整体中包括各种彼此分开、相互独立的元素，同时有软件能够自动调节其中的内容；具有可变性，即能够产生各种存在微小差异的不同版本；能够转码，用计算机从一种格式转换为另一种格式。

但是马诺维奇认为新媒介在形式上类似于电影，这阻碍了他发掘出数字媒介的本体意义："无论数字媒介在当前表面上看来是怎样，其本质上是多形态的：缺乏内在的形式或构架；不过只要它附在电影的图像框架上面，这种多形态的可能性就绝对不会被释放出来。"[4] 数字媒介的本体论意义对于理解数字媒介、全球化和记忆之间的关系以及全球数字记忆领域的

---

[1] Deleuze, Gilles and Felix Guattari. *What is Philosophy?* London: Verso, 1994. p. 23.
[2] Ong, Walter. *Orality and Literacy.* London: Routledge, 1982.
[3] Manovich, Lev. *The Language of New Media.* Boston, MA: MIT Press, 2001.
[4] Hansen, Mark. B. N. *New Philosophy for New Media.* Boston: MIT Press, 2004. p. 34.

理论性建构意义重大。约翰·蒙克（John Monk）提出计算机代码共同的数字性产生了"数字无意识"[①]，这个术语明确表达出数字媒介作为本体的部分含义，为我们指出了数字性和数字化过程中那些人们熟视无睹的数字元素所具有的重要性，提醒我们这些数字元素或许正在改变全球数字记忆领域中人类的意识。全球数字领域中读、写和可点击屏幕构成了友好的、图式化的数字界面，界面下面是代码、数据库、算法和电路的开关切换状态。目前全球性的计算机和交流网络构成了一个全球共享记忆的自主智能系统，这个系统通过共享的知识发展出"数字集体无意识"[②]。

目前记忆所处的条件正在日渐网络化，而且是以主动的方式即时生成的，这样就形成了一个数字媒介生态系统。当代记忆的基本构成方式不是由现在出发去检索过去或者再现过去的某些内容。相反，它存在于我们的社会技术活动之中，并且通过实践行为散布传开。因而网站以及脸书、推特、微博、微信等服务使得用户可以连续不停地展示并且编排自我的生活信息，发帖评论生活中不断出现的新内容，通过实时的消息传送服务彼此进行公开或者半公开的互动。此外"动态的""网络 2.0"平台包括"油管"（YouTube）之类的文件共享系统，将个人记忆和公众记忆网罗进即时的、具有高度可视性和可听性的在场的过去，催生出一种新的记忆，新兴的数字网络记忆。

对此安德鲁·霍斯金斯（Andrew Hoskins）[③]提出了一种在时间和空间上更为充分的视角，这一视角特别强调媒介化记忆产生的动力为具有联结性的数字技术和媒介，它由数字网络构成，通过数字社交网络被打造成型。换言之，这是一种新的"网络记忆"。

数字记忆的生成、记录、存档和检索方式导致了一些变化和转型，产

[①] Monk, J. "The Digital Unconscious." *Virtual/Embodied/presence/Practice/Technology*. Ed. John Wood. London: Routledge, 1998. pp. 30-44.

[②] Goertzel, Ben. *Creating Internet Intelligence: Wild Computing, Distributed Digital Consciousness, and the Emerging Global Brain* (IFSR International Series on Systems Science and Engineering). New York: Kluwer, 2001.

[③] Hoskins, Andrew. "Digital Network Memory." *Mediation, Remediation, and the Dynamics of Cultural Memory*. Eds. Astrid Erll and Ann Rigney. Berlin/New York: Walter de Gruyter, 2009. pp. 91-108.

生了一种新型的媒介-记忆关系。当代出现的数字媒介记忆以数字媒介为基础,是一种与以往的模拟式媒介全然不同的新形式。然而,有学者认为新旧媒介之间并没有太大的差异,比如:博尔特(Bolter)和格拉辛(Grusin)[1]将新的数字媒介看作是旧媒介的"再媒介化";如前所述,马诺维奇(Manovich)[2]认为数字媒介与电影是相同的原理,或者如杰金斯(Jenkins)[3]所言,是各种媒介之间新的结合方式。两者之间是否存在某种连续性,断裂点又在哪里?

要定义新旧媒介之间的关系,我们不妨借用博尔特和格拉辛的"再媒介化"概念。从这个角度出发,数字媒介不是急剧的断裂,而是一个对其他媒介进行重新表达、重新格式化、再利用、回归和记忆的过程。"新的数字媒介不是那种猝不及防地突然扰乱文化的外部动因。它来自于文化环境的内部,对其他那些植根于相同或相似环境中的媒介进行改造"[4]。再媒介化是数字媒介对于旧媒介的纪念,博尔特和格拉辛称之为所有媒介存在的理由,这里面就已经隐含了记忆这一概念。其实旧的电子和印刷媒介在一直不停地以新的、即时的方式重申自己的地位和作用,这是拒绝被社会遗忘、争取在媒介史上留住一席之地所做的抗争。但是数字媒介,或者媒介数字化,是一种与以往的传统媒介完全不同的新媒介,因而显现出一种完全不同的媒介与记忆之间的关系。

马诺维奇[5]提出了区分新旧媒介的五原则。首先是"数字再现",即用数码编写的媒介客体是可以进行编程和操控的数学产物。从数字媒介和记忆的角度来看,这意味着我们的老照片一旦被数字化就可以自动地用Photoshop进行修图。旧媒介或现代媒介使用的是工业革命所产生的那种大批量、标准化的方法,数字媒介所遵循的是另外一种完全不同的逻辑。在后

---

[1] Bolter, Jay David and Richard Grusin. *Remediation: Understanding New Media*. Cambridge: MIT Press, 2001.

[2] Manovich, Lev. *The Language of New Media*. Boston, MA: MIT Press, 2001.

[3] Jenkins, Henry. *Convergence Culture: Where Old and New Media Collide*. New York: New York University Press, 2006.

[4] Bolter, Jay David and Richard Grusin. *Remediation: Understanding New Media*. Cambridge: MIT Press, 2001. p. 19.

[5] Manovich, Lev. *The Language of New Media*. Boston, MA: MIT Press, 2001.

工业化社会的政治和文化领域中，个人化和可变性以新的方式被重新植入稳定的集体范式之中，形成了"个人定制"的大环境，数字记忆是这种大环境的产物①。在实际生活中，我们可以将媒介捕获的各种记忆与其他媒介进行合并，定制成自己想要的样子。

其次是"模块化"原则，这意味着各种媒介元素即使被组合成大型的模块也能保持各自的独立性。为了说明这一原则马诺维奇举了以下几个例子：完全模块化的因特网；一部电影有可能"由几百幅静态的图片、QuickTime 上的电影和声音构成，这些内容是在运行的时候分别储存并且下载的"；微软办公的文档插入图片或文字后"继续保持其独立性，而且随时可以编辑"②。马诺维奇的第三条原则是"自动化"，在数字编码的同时要求能够单独进行存储，也就是说，部分能够与整体分离，媒介的每个元素都可以不依靠其他元素独立运行。因而，"可以将人的意向性从创造过程中去除掉"③，而且软件程序可以自动对内容进行调整、修改和改错，甚至还能创建内容。数字记忆模块化和自动化可以迅速有效地将旧媒介纳入新的配置结构之中，为人们提供各种以客户为中心的服务。在线博物馆将各种不同的数字化客体（扫描的文本，剪贴画、电影、照片和媒介剪辑）全部放在一起，而这些数字化客体全都是独立分开的，可以进行编辑，它们由更小的独立元素构成，一直到最小的'原子'层面——像素，3-D 点，或者文本字符"④。第四个原则是"变异性"，即数字媒介自动生成的副本并不是一模一样的，往往各不相同。这个原则是由模块化和自动化这两个原则而来的，不同之处在于可以"按需"将各个元素组装和定制成多种格式⑤。这说明数字记忆是不固定的流态，现实中人类记忆也是这样运转的，过去的经历在不停地发生变化。其实计算机文化的这种"变异性"原则同样适用于描述人类的文化：个人记忆和集体记忆会随着需要和环境的变化而呈现出不同的版本。最后一个原则是"转码"，即将某样东

---

① Manovich, Lev. *The Language of New Media*. Boston, MA: MIT Press, 2001. p. 30.
② Manovich, Lev. *The Language of New Media*. Boston, MA: MIT Press, 2001. p. 30.
③ Manovich, Lev. *The Language of New Media*. Boston, MA: MIT Press, 2001. p. 32.
④ Manovich, Lev. *The Language of New Media*. Boston, MA: MIT Press, 2001. p. 31.
⑤ Manovich, Lev. *The Language of New Media*. Boston, MA: MIT Press, 2001. p. 37.

西由一种格式转换为另一种格式,这时候所涉及的不是媒介的文化编码,而是计算机编码,因此我们必须要认识到在此遵循的是另外一种逻辑:"因为新媒介是在计算机上生成的,通过计算机发送,在计算机上存储和归档,所以可以预判出计算机的逻辑将会对传统的媒介文化观产生重大影响",这样一来"计算机层面和文化层面之间相互影响",而且"这个合成物的最终结果是产生了一种新的计算机文化——人类与计算机意义系统的混合体"①。最后这条原则对于思考媒介与记忆之间的关系以及媒介客体数字化具有十分重要的意义。

传统媒介及其相关技术能够将记忆变为静态的、持久的存在,对此人们毁誉参半。例如,神经生物学家斯蒂芬·罗斯(Steven Rose)将人类早期社会的记忆保存方式与当今的记忆过程做了对照。在早期的口述文化中,社会选择某些人专门负责"重新讲述"那些有关公共文化的故事,因而记忆是训练过的,而且不停地在更新。此外,每一次讲述的故事都不可重复:"所以,每一次所讲述的故事都是独一无二的,是讲述者某种特定互动方式的产物,是他对于过去所讲过的故事以及在场观众的记忆。"罗斯说,新技术则与此相反,对人类记忆的独特性和动态过程构成了挑战:"录像带或录音带,仅仅只是强化了记忆:它们将记忆凝固,为之强加了一种固定的线性顺序,在保存记忆的同时也阻止了记忆的发展,导致记忆无法与日俱进。"②

同样这些技术和媒介也塑造了"档案"的性质、功能和潜力。在当代的媒介记忆话语中有一种流行的看法,认为档案相当于一个"仓库"。戴安娜·泰勒(Diana Taylor)对档案的这种固定性做过一个大致的描述:"'档案式'记忆的存在形式包括文件、地图、文学文本、书信、考古遗迹、遗骨、录像、电影、光盘,所有这些东西都被认为具有抗变性。"③ 因而,正是这些传统媒介形式赋予了媒介永久性储存记忆、以备将来使用的潜能。

---

① Manovich, Lev. *The Language of New Media*. Boston, MA: MIT Press, 2001. pp. 46-47.
② Rose, Steven. P. R. *The Making of Memory: From Molecules to Mind*. London: Bantam, 1993. p. 61.
③ Taylor, Diana. *The Archive and the Repertoire: Performing Cultural Memory in the Americas*. Durham: Duke University Press, 2003. p. 19.

安德鲁·霍斯金斯（Andrew Hoskins）[①]提出，现在出现了一种"新记忆"，记忆在新媒介技术的推动下一直处于常变常新的状态，其中最为重要的是数字媒介，主要包括因特网以及一系列的技术进步，这些新媒介改变了记忆的时间性、空间性以及流动性。新记忆所在的网络里永久与短暂、档案与叙事之间的区分已经失效，新媒介所带来的这些变化促使人们进行反思，重新评价当今新的环境下记忆与遗忘的性质和价值。这促进了当代"元记忆"生态系统的形成，其中存在各种话语和讨论，全都试图调和或者挑战某些特定文化记忆符号的功能或者目的，比如：物质实体、展览、博物馆等。

新记忆产生于数字媒介生态系统之中，其所处的技术环境正在日渐网络化，而且是以主动的方式即时生成的。此外值得注意的一点是，新记忆通过一系列日常的数字媒介而被中介化或媒介化，这是其特有的生成方式。安德鲁·霍斯金斯称之为"即时记忆"或"动态记忆"（Memory "On the Fly"）。"On the Fly"是一个隐喻，这个词也被用于计算机领域，指的是一种即时编程方式，也就是说编程员在强化或修改程序的时候不用终止或重启程序，程序依然保持运行状态。即时记忆是一种构建式的记忆。记忆产生于过去，是由过去累积而成的，这是记忆的基础和前提条件。如果从时间维度描述人类记忆，一个重要的出发点就是将记忆和遗忘看作是由时间变化产生的动量形成的，是现在和前一个瞬间之间的关系。然而，即时记忆并非只是过去那些时刻的累积，过去涌入现在并且无时无刻不在重塑现在。日常生活中，人们被自己生活中的庸常行为和重大举措裹挟着一直向前，而连续不断的现在似乎无情地滑入了过去。人所经历的每一个瞬间被哈罗德·加芬克尔（Harold Garfinkel）称作"接下来的又一个第一次"[②]，也就是说每一个瞬间都是按序排列的、清晰可辨的新时刻，它有特

[①] Hoskins, Andrew. "Digital Network Memory." *Mediation, Remediation, and the Dynamics of Cultural Memory*. Eds. Astrid Erll and Ann Rigney. Berlin, New York: Walter de Gruyter, 2009. pp. 91-108.

[②] Garfinkel, Harold. "Two Incommensurable, Asymmetrically Alternate Technologies of Social Analysis." *Text in Context: Contributions to Ethnomethodology*. Eds. Graham Watson and Robert Seller. London: Sage, 1992. p. 186.

定的形式，而且能够被人理解，因为它与之前的瞬间具有相似性，但是同时每一个瞬间也因为过去的不断涌入而获得了新的特性。

同时，记忆研究范式出现了转型，重心由媒介内容转向社会技术实践。自我和文化之间存在一个持续的协商过程，两者通过当今各种新兴的技术进行互动，由此塑造出一个"常新常变"的过去。因而记忆不停地通过数字媒介进行表达，同时也不停地受到数字媒介的影响，在记忆的生产过程中过去的痕迹与现在的变数之间形成了一种张力，数字媒介的到来更加增强了这种张力。这是因为数字网络让所有过去的事情变得唾手可及的同时也提升了现在的联结性。另外，日常生活中的记忆构建不仅要依靠数字记录技术和媒介，也要受制于其发展过程中所形成的标准和分类，这些因素必定会以某种看不见的方式调节我们的社会技术实践活动。进一步说，技术进步要求我们对于媒介和意识之间的关系进行重新评价。

这些发展和进步由来已久，并非是现在才出现的新现象。媒介和文化理论家认为从历史的角度来看人类与技术是一起发展的，人的认知和其他功能遍布于日益复杂的技术产品网络之中。这种关系转型的一个特点是"技术无意识"。海勒斯（Hayles）借用斯瑞夫特（Thrift）的观点将之定义为"那些由多级技术手段和发明所引发、调节和规范的日常生活习惯"[1]。很长时间以来，媒介化第一个阶段里广播媒介和"广大听众"之间的关系被理论化为线性的交流模式，而且这种注重"效果"的研究模式一直延续到了现在，仍然在深刻地影响着媒介与传播研究学科里的教学和知识体系。然而，当今数字技术媒介形成的网络无所不在，渗透了我们的日常生活。正如罗杰·希尔弗斯通（Roger Silverstone）所作的评价，"媒介……所定义的空间日益具有双向的指示性，它越来越被强化，并且日渐融入日常生活之中。"[2]

换言之，由于出现了记忆与技术的"共同发展"，所以当代人的记忆完全被科技无意识渗透了。通过我们的数字实践活动和数字网络的联结

---

[1] Hayles, N. Katherine. "Traumas of Code." *Critical Inquiry* 33.1 (2006): 136-157. p. 138.

[2] Silverstone, Roger. *Media and Morality: On the Rise of the Mediapolis*. Cambridge: Polity Press, 2007. p. 5.

性，我们可以轻而易举地构建出动态的记忆。当代记忆的这种形成方式其特点是无所不在，已然成为环绕我们生活的一种氛围，"社会科技生活里最为基本的发送和接收行为——使得联机以及相互联机成为可能，联机时发出的声音虽然不大，却连续不断。"① 这种日益数字网络化的记忆其作用不仅仅只是保持现在的连续性，它还以独特的方式塑造着媒介化记忆的新时代。例如，海勒斯（Hayles）提出"无意识具有历史维度，随着与之互动的人工环境而改变"②，鲍克（Bowker）认为"每一种新的媒介都在那个时代的记忆上留下了自己独特的印记"③。

人类作为有机生物体其记忆能力存在局限性：人类的记忆会犯错，从社会和神经学层面来看记忆容易变形、丢失和退化。这时候就可以用媒介来增补和替代人类的记忆。麦克卢汉（Mc Luhan）④ 认为，通过应用各种媒介，人类身体的这种延伸已经成为可能，例如：人们已经在使用相机作为眼睛的延伸，用计算机作为大脑的延伸。身体、精神和技术密切相连。数字记忆与神经系统存在紧密的联系，是一个动态存在的过程，而且其生产过程要求将有机体的参与和技术器具结合起来。因而，如果依照这种趋势继续发展下去数字记忆将会具有本体地位。媒介的功能是将内在的过程、感受、思想和记忆外化，但是只有通过数字媒介共享所有这一切才能生发出一种记忆的新思维。埃利森·兰兹伯格（Alison Landsberg）⑤ 在讨论传统媒介的形式时说，媒介让记忆变得远程可及，远距离产生共情，这意味着记忆不仅被共享，而且还具有类似于假体的人工辅助功能。这类记忆不以亲身经历为基础，却能够产生强烈的感情效果。

虽然兰兹伯格重点关注的是创伤、奴隶制和犹太人大屠杀的记忆共享

---

① Thrift, Nigel. "Remembering the Technological Unconscious by Foregrounding Knowledges of Position." *Environment and Planning: D: Society and Space* 22 (2004): 175–190. p. 175.

② Hayles, N. Katherine. "Traumas of Code." *Critical Inquiry* 33.1 (2006): 136–157. p. 138.

③ Bowker, Geoffrey C. *Memory Practices in the Sciences*. Cambridge: MIT Press, 2005. p. 26.

④ McLuhan, Marshall. *Understanding Media: Extensions of Man*. New York: McGraw-Hill, 1964.

⑤ Landsberg, Alison. *Prosthetic Memory: the Transformation of American Remembrance in the Age of Mass Culture*. New York: Columbia University Press, 2004.

问题，但是他的这一观点为我们思考数字媒介的记忆功能提供了一个新思路。用户不仅是看客，也是使用者；事件不仅在时间上相互分离，例如：大屠杀的见证，也在空间上分离，例如：各个社交网站；记忆不仅来自于过去，例如：战争记忆，它还会连续不断地出现在当今观众的眼前，例如：9·11事件的电视录影；这些记忆既是观众的一种消费行为，也是观众的一种生产行为，比如观众制作的在线纪念网站；这些记忆不仅只是通过收音机、电视等大众媒介进行分享和讲述，也是数字叙事的创造性建构。或许这些记忆对于历史微不足道，但是它们对于个人却意义重大，以各种矛盾的、高度差异化的形式与崇高庄严混合在一起，共同构成了我们的数字媒介生态系统。数字媒介与记忆之间是一种互补关系，通过数字化共享可以产生远程记忆，这些都是数字记忆具有的人工辅助功能。但是我们对于数字媒介的思索不能仅限于此，因为数字媒介还引发了一些更为深层的问题，值得我们深思。例如：如何在有机和无机之间划界区分；数字记忆的本体性何在。这些记忆不仅是一些记录、再现或者信息，它们能够将人类的情感和记忆融入技术网络，以独有的方式将身体、精神和媒介技术融合在一起。我们可以从两个基本方面来理解数字记忆辅助功能的深层含义：

首先，安杰尔（Angel）和吉布斯（Gibbs）[1]认为，媒介是人的生物调节手段，是有感情的。这样一来，媒介不仅是人、机混合的赛博格，它还不断将人的身体再媒介化，技术成为掌控权力的一方。在数字媒介记忆的背景下，人和媒介之间能够进行对接是因为"身体有能力成为技术的补充[反之亦然]"，而且"它具备用所提供的信息进行合作的潜力"[2]。如果"媒介将人类的注意力、情感、和习惯再媒介化为信息流"[3]，并且形成一种共生关系，那么数字记忆就是人工辅助性的，因为人类发明数字记忆

---

[1] Angel, Maria and Anna Gibbs. "Media, Affect and the Face: Biomediation and the Political Scene." *Southern Review* 38.2 (2006): 24-39. p.24.

[2] Hansen, Mark. B. N. "Affect as medium, or 'Digital Facial Image'." *Journal of Visual Culture* 2.2 (2003): 205-228. p.207.

[3] Angel, Maria and Anna Gibbs. "Media, Affect and the Face: Biomediation and the Political Scene." *Southern Review* 38.2 (2006): 24-39. p.27.

的目的是为了将人类的情感和主体性纳入进来，整合为一体。其次，伊丽莎白·格罗兹（Elizabeth Grosz）从人类进化论角度对计算机进行理论阐释时提出了一个非常重要的观点，那就是计算机已经打破了生命与非生命之间的界线。计算机病毒是"一小段计算机记忆"，"能够将自己的编码复制到主机的程序里面，如果主机程序被启用，便会将病毒扩散出去"①。同样地，马歇尔（P. David Marshall）也认为"从警示性、疫苗接种类型、预防措施和感染的严重后果这些方面来看，计算机病毒已经成为一个与流感同级的概念。"② 在这种情况下，计算机病毒能够复制生物病毒的模式，进行自我再生产，于是模糊了生命和非生命之间的界线，由此引发人们的质疑。在记忆理论的哲学话语中一个关键的问题是人类记忆与信息媒介之间的融合。数字记忆正是如此，这个概念将有机体与非有机体连在了一起。计算机感染病毒的时候会丧失记忆，出现数字失忆症，因而数字记忆与人类记忆一样，会出现错误并且状态时好时坏，不够稳定。

但是，对于大多数人而言数字媒介不只是辅助人们记忆过去的事情和经历的手段，还可以用来重构记忆内容。与旧的媒介相比，新媒介具有互动性、浸入感或者人工辅助功能。例如：传统的照片是固定的、不可修改的，似乎更加忠实于过去；而新的数字照片可以用 Photoshop 修图、P 图，人与非人之间的界线不再清晰分明。但是马诺维奇（Manovich）的《新媒介语言》③ 以及博尔特（Bolter）和格拉辛（Grusin）合著的《再媒介化：理解新媒介》④ 使得新旧媒介之间的这些区别失效了。他们一致认为，旧媒介和新媒介都想要"将精神外化"，将私人的内容变成公共的。记忆就是这样一个例子：之前的精神过程，独一无二的私人领域，现在变成了公众领域的一部分。那些外人所看不到的内心活动和头脑里浮现出的画面被提取出来，变成图画、照片以及其他的视觉形式，然后用于公共讨论、教

---

① Grosz, Elizabeth. *Becomings: Explorations in Time, Memory, and Futures*. Ithaca: Cornell University Press, 1999. p. 23.
② Marshall, P. David. *New Media Cultures*. London: Arnold, 2004. p. 45.
③ Manovich, Lev. *The Language of New Media*. Boston, MA: MIT Press, 2001.
④ Bolter, Jay David and Richard Grusin. *Remediation: Understanding New Media*. Cambridge: MIT Press, 2001.

学和宣传,被标准化后大量传播。私人的内容变成了公共的,独一无二的东西变成了大批量生产,个人藏在心里的东西与大家一起共享①。

进入 21 世纪之后新媒介层出不穷,花样翻新,数目倍增。在线备忘录,数码相机或者具有拍摄功能的电话所拍摄的照片,纪念性网页,手机短信,数字文档(体制化文档以及个人文档),在线博物馆,社交网络和校友网站,数字电视新闻和广播,以过去的战争为题材的电脑游戏和粉丝网站。所有这些都属于新媒介,全都满足媒介原有的传统功能:"掌控时间、回忆、忧虑和伤痛"②,但是新媒介"新"在哪里,是如何以新的方式完成这些传统功能的呢?数字媒介通过数字媒介技术打造过去与现在的关系,这涉及历史的悬置问题。正因为数字记忆的生产具有即时性和灵活性,所以才能够悬置历史,至少在媒介记忆生成的那个瞬间让历史进入暂停状态。不仅如此,数字记忆还显现出一种新的时间性问题。信息超载、速度和联结性不再只是对于未来的预判,正在逐渐变为现实。实时追踪、记录、检索、储备、存档、备份、保存,这些行为全都是为了缓解新世纪人们最大的担忧,即信息丢失。我们在数字文化里快节奏的生活和工作意味着我们的记忆是通过机器生成的,但是这种记忆似乎不够实在,也不持久。曾经的录像带、VCR、DVD、蓝光播放器、HD,虽然一代一代地做了改进,但如今要不被束之高阁,落满尘土,要么干脆被扔掉,进了垃圾堆。在这些情况下,记忆意味着"落后的兼容性"。在数字记忆时代,可以将所有的数据传入云端,似乎摆脱了对于物质实体的机器的依赖。但是随着技术的发展和更新,现在所存储的数据是否在将来也会遇到"兼容性"问题,以至于被弃置或者不可用。即使是现在,网站平台和各种社交软件都设有"删除"或"永远清除"的功能,信息和数据可以在瞬间被清除,变得了无踪迹,无处可寻。数字记忆来得快,存得多,但是也消失得快,只需轻轻地一个点击便化为乌有,了无痕迹。

---

① Manovich, Lev. *The Language of New Media*. Boston, MA: MIT Press, 2001. pp. 60-61.
② Broderick, Mick and Gibson, Mark. "Mourning, Monomyth and Memorabilia." *The Selling of 9/11*. Ed. Dana Heller. New York: Palgrave Macmillan, 2005. p. 207.

依据格莱克①的观点,当社会变化太快时会出现失忆症以及集体记忆的消退,同时这也造成了另外一个问题:文档记录功能保存下大量的记忆,其中有一些是我们想要忘记的内容,比如酒后失态的录像,在网上论坛发表的某些聊天内容或是讨论发言。数字记忆文化渴望留住记忆,所以它的全部内容便是捕捉、储存、检索和定制记忆。在许多人看来,通过大众媒介及其相关技术将过去记录、存储下来,并且加以重新组装,这其实是对于人类记忆的一种声讨和挑衅。因而,有人说"人工记忆"媒介会削弱我们人类所独有的、充满想象的记忆力②,例如:诺拉就曾经说过,大量文档的累积会导致一种"历史记忆的恐怖主义"③。此外,在后广播时代有些媒介化记忆所留下的记录从某些方面来看是比较容易删除或者丢失的,但是,对于新兴的社交网络中所留下的那些新的、公开的、混合式、数字化个人记忆的痕迹,尽管人们可以进行即时性的连续修改,但是终究无法将之完全清除掉,即使是数据文档的作者本人也不行。因而"社交网络记忆"是公众记忆和个人记忆的新型混合体。社交网络环境具有即时性和时间性,这掩盖了其成为媒介幽灵的潜在可能性。对于那些参与其中的人来说,即使他们结束了在线社交网络的生活,那些不堪回首的过去仍然有可能继续对他们造成影响,成为挥之不去的阴影。

在我们所处的这个充满创伤、危机、悲伤和伤逝的时代,数字媒介助长了"舒适文化"④,为人们走近记忆之场提供了即时便利的途径,比如:人们可以通过淘宝购买有关故宫和京剧的纪念品,以此确认和加强自我的民族身份感。而且,用便携式数字媒介持续不断地进行即时记录,已经成为人们日常生活中的一项常规性内容。新媒介的使用不仅成本低,而且更为自由,由此与体制化记忆之间产生了新的、更为频繁的交叉点。数字媒

---

① Gleick, James. *Faster: The Acceleration of Just About Everything*. London: Little Brown and Company, 1999. p.251.

② Rose, Steven. P. R. *The Making of Memory: From Molecules to Mind*. London: Bantam, 1993. p.61.

③ Nora, Pierre. "Between Memory and History: Les Lieux de Memoire." Trans. Marc Roudebush. *Representations* 26 (Spring 1989): 7-25. p.14.

④ Sturken, Marita. *Tourists of History: Memory, Kitsch, and Consumerism from Oklahoma City to Ground Zero*. Durham: Duke University Press, 2007. p.6.

介不仅能够为2005年伦敦爆炸案这样的大事件提供最新的手机影像,也能记录下家庭生活里的点点滴滴,然后发在网上与人共享。于是个人记忆在计算机网络上绵延不绝地流动,这样就形成了自下而上的记忆生产的洪流,也揭示出当今人们何等地痴迷于捕捉和编辑自己的生活。大多数人都想定制自己的个人记忆,把它做成文档,随时可及。由此我们可以看出,这些技术正在实实在在地改变社会史的权力基础,正在从传统的、体制化媒介的制造者手中夺权。

但是,在当代不停变动的数字洪流中,记忆的价值何在?就此格莱克曾经发问:"在网络世界里档案不是集中存储的。网络会分散记忆……谁,如果有这样一个人的话,将决定我们文化中哪些部分值得保留下来,供假想中未来的考古学家研究?"[1] 另外,数字媒介再现过去,让人如临其境,这些新的媒介手段是如何呈现和建构过去的,值得我们深思。如果说得更确切一些,"过去和现在代表的不是两个连续的时刻,而是两个并存的元素:一个是现在,在不停地往前走;另一个是过去,不停地被现在的一切穿越"[2]。因而,在数字文化中过去和现在并肩共存,两者同时成为回忆的内容,这样也许不会存在失忆的问题,但是这种对于信息的痴迷可能会导致信息过度,成为人类前行中不堪的重负。因特网"将大部分人变成了某种巨型生物体———一种间歇性连线的、收集信息的生物",这时候我们发现"新人类什么东西也舍不得扔掉。像是中了魔。他忘了有些包袱应该被抛在身后。"[3]

数字记忆的概念,是对于线性时间观的一种反思。数字记忆将时间和记忆看作是空间性的,涉及有机体与无机体之间的共融关系。达尔文、尼采、海德格尔、梅洛-庞蒂和福柯都提到过时间观的问题,戈罗茨(Grosz)从中得出的结论是,时间流逝的方式并非是绝对的线形发展,不一定是累

---

[1] Gleick, James. *Faster: The Acceleration of Just About Everything*. London: Little Brown and Company, 1999. p. 252.

[2] Grosz, Elizabeth. *Becomings: Explorations in Time, Memory, and Futures*. Ithaca: Cornell University Press, 1999. p. 59.

[3] Gleick, James. *Faster: The Acceleration of Just About Everything*. London: Little Brown and Company, 1999. p. 254.

积性的,也不一定具有因果关系,而是爆发式的,这些爆发的事件往往不可预测,而且会引发动荡和混乱。这种时间观构成数字记忆及其由下而上的生产模式的基础,这意味着"承认存在这样一些可能性:未来出现某种爆发,发生某个大事件,出现某种解读方式,由此现在被改写、被重新解读、被改造,由此认可偶然性、运气或非决定性的因素在时间进程中所发挥的作用"①。所以,数字记忆与之前的记忆方式不同,是一种行动和参与。尽管时间流逝的速度很快,但是数字记忆不是用消极的方式去应对,其生产过程中过去与现在并存,姿态积极,具有主体性,既是有机的、有情感的,同时又是虚拟的,充满不确定性。数字记忆可能为记忆,也为我们思考和再现过去,带来同时性、不确定性以及"接连不断的爆发性新闻"②。

另外,如果我们从媒介信息生产系统的角度思考记忆与媒介的关系,显然数字记忆这一概念之所以会产生,是因为新旧媒介之间、生产与消费之间、媒介公司与用户自产内容之间形成了一种前所未有的新型关系。正如亨利·詹金斯(Henry Jenkins)所言,这种新型关系是"融合"的一种表现,通过融合过程鼓动顾客自己将各种媒介内容联系起来③。这不仅仅涉及技术的融合,还关系到个人与不同文化之间的融合:"融合发生在每个顾客的大脑里,通过他与别人之间的社交活动得以实现。我们每个人从媒介流中提取一些零星的碎片化信息,并且将之转化为资源,帮助我们理解生活的意义,由此建构出我们自己的个人神话。"④ 詹金斯的观点是,融合文化主要出现在娱乐和流行媒体领域,"但是我们通过游戏掌握的技能可能会影响到我们学习、工作、参政以及与周围人联系的方式"⑤。因而,

---

① Grosz, Elizabeth. *Becomings: Explorations in Time, Memory, and Futures*. Ithaca: Cornell University Press, 1999. p. 18.
② Grosz, Elizabeth. *Becomings: Explorations in Time, Memory, and Futures*. Ithaca: Cornell University Press, 1999. p. 28.
③ Jenkins, Henry. *Convergence Culture: Where Old and New Media Collide*. New York: New York University Press, 2006.
④ Jenkins, Henry. Convergence Culture: Where Old and New Media Collide. New York: New York University Press, 2006. pp. 3-4.
⑤ Jenkins, Henry. Convergence Culture: Where Old and New Media Collide. New York: New York University Press, 2006. pp. 22-23.

从媒介记忆这一概念来看，各种媒介融合在一起，共同再现个人记忆和集体记忆，这种方式的出现得益于流行文化领域的发展：博客，好莱坞电影，计算机和电子游戏，等等。詹金斯将"可及性、参与性、交互性以及非一对多的同级交流"① 定义为新媒介的基本原则。

此外，数字媒介自身作为再现过去的一种"新"媒介，在记忆和历史这个问题上具有其特别的政治意义，"因为它扩大了发声的范围，而且这些声音是可以被人听见的：尽管有些声音比别的声音更加响亮，但是没有任何声音享有毋庸置疑的威权"②。此外，用数字媒介再现过去，为事件、叙事和见证增添了更大程度的个人化色彩。数字媒介技术的成倍增长导致重心由集体转向个人，大卫·马歇尔（David Marshall）在讨论数字媒介技术时提到："有一点让人觉得不可思议，那就是媒介正在逐渐朝着个人化的方向发展，因而人们不再关注'观众'这一集合概念。数字电视、网络游戏、电子游戏这些文化形式中人与媒介是一对一关系，用户感到更大程度的能动性。"③

更为重要的是，这并非意味着集体记忆这一概念就此消失了，相反它表现为另外一种不同的形式："MP3播放机和移动电话变得越来越个人化，与此同时在新媒介里联结性的观念也在增强。……这种'感情结构'将人们联系在一起，其所形成的不是海量观众，而是新的网络共同体，其成员能够通过某些方式保持联系。"④

安德鲁·霍斯金斯（Andrew Hoskins）⑤ 指出数字媒介经历了两个阶段，文化记忆相应也发生了变化。他认为，文化记忆媒介化过程虽然分为两个不同的阶段，但是这两个阶段彼此是有重叠的。第一个阶段的特点是

---

① Jenkins, Henry. *Convergence Culture*: *Where Old and New Media Collide*. New York：New York University Press, 2006. p. 208.

② Jenkins, Henry. *Convergence Culture*: *Where Old and New Media Collide*. New York：New York University Press, 2006. p. 208.

③ Marshall, P. David. *New Media Cultures*. London：Arnold, 2004. p. 103.

④ Marshall, P. David. *New Media Cultures*. London：Arnold, 2004. p. 103.

⑤ Hoskins, Andrew. "Digital Network Memory." *Mediation, Remediation, and the Dynamics of Cultural Memory*. Eds. Astrid and Erll&Ann Rigney. Berlin, New York：de Gruyter, 2009. pp. 91-108.

"大媒介"以及精英机构,一些文化记忆的专家认为这些传统的组织形式使得文档数量成倍增长,文档信息武断专制,而且是分阶层的。例如,诺拉说过这类文档堆积如山,导致了"历史记忆的恐怖主义"①。然而,在媒介化的第二个阶段里过去留有一个"长长的尾迹",即图像,视频等等,它们在未来的当下"出现"的方式具有偶然性,比如什么时候出现,由谁来获取,这些问题都是不确定的。因而,在这些条件下,档案似乎具有新的潜能,摆脱了先前在空间和体制上固有的种种限制。传统的人工制作的文档具有物质性,这在数字媒介时代受到挑战,因为数字化的数据是流动的,可以复制,也可以转移。档案变得日渐网络化,已经超越社会和技术成为我们核心的技术无意识层。例如:凡·豪斯(Van House)和丘吉尔(Churchill)做过这样的评价:"档案处于公共和私人的交界处。现在的档案远远超出了个人、空间、机构、民族国家的范围。这些档案是社会技术系统,不完全是社会的,也不完全是技术的。"② 档案的形式和潜在功能发生了各种变化,促使人们所说的新媒介产生基础性的变化,而且表明我们已经跨越了媒介化过程的两个不同阶段。

由此显现出一个重要的趋势,即档案逐渐变得网络化,构成了一种可存取,而且具有超强连接性的新型网络记忆。因而,档案本身成为一种媒介,因为它已经"由档案空间进入了档案时间",摆脱了空间的限制。也就是说,将文档看作是静态的、恒定不变的存储空间的传统观念正在被具有流动性、时间性、动态"永恒的数据传送"所替代③。

在新的数字媒介环境中,我们面临这样一种情况,"一方面物质生活的节奏在加快,另一方面媒介图像和信息在加速生成,在这两方面的作用下形成了新的时间结构"④。大众媒介在将事件媒介化的过程中,通过实时

---

① Nora, Pierre. "Between Memory and History: Les Lieux de Memoire," trans. Marc Roudebush. *Representations* 26 (Spring 1989): 7-25. p. 14.

② Van House, Nancy and Elizabeth F. Churchill. "Technologies of Memory: Key Issues and Critical Perspectives." *Memory Studies* 1.3 (2008): 295-310. p. 306.

③ Ernst, Wolfgang. "The Archive As Metaphor: From Archival Space to Archival Time." *Open* 7 (2004): 46-53. p. 52.

④ Huyssen, Andreas. *Twilight Memories: Marking Time in a Culture of Amnesia*. London: Routledge, 1995. p. 253.

电视新闻这一滤镜给观众造成视觉和听觉的现场感，于是过去消失了。这也正是媒介化第一个阶段所产生的一个后果，广播媒介将受众带入永远的、无所不在的现在，但是其实这一过程是对过去的图像、声音和事件的再加工利用，只不过用了即时性的、实时的棱镜以及伪实时报道的话语。有人认为电视作为一种媒介天然地自带"现场性"，因为电视总是处在"播报"状态，但是因特网自身就是一种在时间上呈现动态性的网络化文档传送设施，因此它与其他的记忆机制有着质的区别。例如，沃尔夫冈·厄恩斯特（Wolfgang Ernest）指出："在数字体系中，所有的数据都要经过实时处理。在实时的数据处理情况下，过去本身就是一种幻觉：档案信息时间延迟的残差值缩减为了零。"[1] 新兴的"以传送为基础的"数字媒介正在超越并且侵入以物质性档案为中心的传统媒介领域，这已经成为无可避免的大趋势，并且造成以传统媒介为基础的文化记忆的断裂。

---

[1] Ernst, Wolfgang. "The Archive As Metaphor: From Archival Space to Archival Time." *Open* 7 (2004): 46-53. p.52.

第六章 文化记忆的选择性

杰弗里·布勒斯坦（Jeffrey Blustein）在《记忆的道德要求》一书的《前言》中说："但是记忆具有高度的选择性，随后我将在本书中不止一次地提到这一点……"①。虽然扬·阿斯曼的文化记忆理论将"文化"完全等同于"记忆"，但是实际上，文化只不过是记忆的一种形式而已，指的是那些长期以来形成的一种传统，以及那些建立群体自我身份的机构的总和。文化记忆是一种体制化的记忆，具有高度的选择性。上个世纪末美国学界关于国家文化记忆的塑造和控制进行了激烈的争论，由此引发了一场"卡农战争"。1991 年罗杰·沙塔克（Roger Shattuck）参与了这场卡农之争，当他为卡农进行辩护时说，我们不仅"期望在宏观的文化领域中——传统、体制、人工制品——找到连续性……"，而且"在我们连续的感知和想象中关于伟大的人类我们仅仅才开发出几种有限的版本"，"持久的人工制品和名家杰作有效地传达并且弘扬了这种连续性和重要性"②。沙塔克关于卡农的论断指出文化记忆并非是客观的单一叙事，相反它可能存在各种不同的"版本"。一个群体通常会依据当前的利益和需要拣选出某些文化产品作为"卡农"，以此保证文化记忆的连续性和稳定性。

阿莱达·阿斯曼将文化记忆划分为存储记忆和功能记忆，这暗示着我们既不能将文化记忆理解为社会所有成员记忆内容的总和，也不能将之理

---

① Blustein, Jeffrey. *The Moral Demands of Memory*. Cambridge：Cambridge University, 2008. p. xii.

② Shattuck, Roger. "Perplexing Lessons：Is there a Core Tradition in the Humanities?" *The Hospitable Canon*. Eds. Virgil Nemoianu and Robert Toyal. Philadelphia：John Benjamins, 1991. p. 90.

解为所有被归档的存储媒介的总和。相反，社会必须从全部的数据库中进行筛选。如果像尼采所说的那样将历史当作古董原封不动地保存下来，这样的社会摆不脱历史的重负，注定将无所作为。所以人们需要对所保存的文档进行选择，这种选择与当前的需要有关，而且有助于人们对过去进行阐释。因而选择是一个必需的前提条件，只有这样才能保证文化记忆的实用性和功能性。

文化记忆有着一整套的技巧和策略，其主要目的就是对记忆数据进行功能性的筛选。其实，一个社会往往会选择某个特定的神话作为基础性神话，仅仅将历史上的某几个事件规定为法定的庆祝活动，而且会在海量的备选文档中拣选其中的一小部分，将之定义为正典卡农。这些做法都通过指涉过去促进并且保证群体能够成功地建构一种前后连贯的身份认同。因此文化记忆与个人记忆一样，需要精简内容，它会根据当前的需要对过去进行选择和阐释，而且有可能会对那些适当的、有用的内容加以修改。文化中的功能记忆建立在选择的基础上，这种选择是由特定的利益驱动的，是由于选择某个特定的视角而造成的结果。功能记忆只有通过这种选择模式才能实现其功用，它的存在不是为了获得19世纪历史主义所倡导的历史客观性，而是为了建立某个群体在当下的集体身份。

第一节　社会性遗忘

文化社会学家托马斯·马丘（Thomas Macho）曾经在一次采访中将文化描述为一片遗忘的汪洋大海中散落的一个个小岛。所有文化都是一场永无停息的、与遗忘之间的斗争。人类一直在不停地创建各种文化形式，呈现和保存文化，并且用语言进行表述。这是一项长期的记忆技术工程：人类借助记忆，创造出各种文化符标，以此对抗消逝与遗忘，在变化和瓦解之河中搭建起驻足之处。

记忆、回忆与遗忘在个人和集体层面彼此紧密相连。在各个学科之间存在一个总体共识，即回忆是一个过程，回忆的结果是形成记忆，记忆应该被看作是一种能力。回忆与遗忘是记忆的两个方面或过程。遗忘是记忆的条件，没有遗忘便没有记忆。对于个人、群体和社会来说，不可能将过去发生的每一件事毫无遗漏的全部记住，想要全部记住就等同于将之全部遗忘。尼采在1874年发表的《论历史于生活之利弊》中批评历史主义的时候提到了这一点。他认为过多的记忆必然成为历史的重负，有必要借助于遗忘而使记忆更加经济地运行，由此才能辨清经纬。在这种意义上，系统论的学者们假定了"遗忘的优先性"，并且主张说"记忆的主要功能在于遗忘，由此避免这一系统因为累积了先前行为产生的各种结果而导致自我阻塞，同时还释放出各种处理能力"[1]。符号学家乌波托·艾科（Umberto Eco）[2] 就此提出过一个有趣的观点，他指出有一种"遗忘的艺术"，即有意识的遗忘。这种说法稍显夸张，看似矛盾，实则有理。

记忆与遗忘总是完全交织在一起，彼此相连。"忘记"某事意味着意识到自己的记忆中曾经存在这件事。也就是说，遗忘意味着记忆，如果我们说某件事情被搞忘了，肯定是因为我们回忆起了这件已被忘记的事情，必定有一个模糊的阴影盘旋在某人意识的边缘。否则，这件事情不会被"忘记"，而是根本不会存在于意识之中。在遗忘之中存在记忆的成分；而且同样地，记忆之中必定有遗忘的成分。

奥古斯汀对此做过一个简洁的评述。他说他之所以能想到"健忘"这个词，而且意识到这个词的意思，只是因为他记得什么是真正的健忘："当我记住记忆时"，他说，"我的记忆独自显现出来；但是当我记住健忘时，在场的是两样东西"。这里的两样东西首先是记忆自身，凭借记忆他才能够记住健忘，另一样东西是健忘，即"我所记住的内容"[3]。另外，遗忘对于记忆至关重要：如果我们将每一件事情都记住，我们在当下的生活就无法正常运行，我们无法行动以塑造未来。行动打造个人的未来，这在一定程度上依赖于某种特定形式的遗忘。

---

[1] Esposito, Elena. "Social Forgetting: A Systems–Theory Approach." *Cultural Memory Studies: An International and Interdisciplinary Handbook*. Eds. Astrid Erll and Ansgar Nunning. Berlin: Walter de Gruyter, 2008. p. 182.

[2] Eco, Umberto. "An Ars Oblivionalis? Forget it!." *Publication of the Modern Language Association of America* 103.1 (1988): 254–261.

[3] Augustine. *Confessions*. Trans. R. S. Pine–Coffin. Harmondsworth: Penguin, 1961. p. 222.

第六章　文化记忆的选择性

的确，记忆是遗忘这片汪洋大海中的小岛。在处理现实经验的过程中，遗忘是常态，记住才是例外。其实在认知和社会系统中遗忘的功能至少与回忆的功能同样重要。正如哈拉尔德·维利希（Harald Weinrich）在他的研究《忘川河：遗忘的艺术和批评》①中所说，记忆研究重建了有关遗忘的精神史，并且强调遗忘以及与之相关的各个方面，包括失忆症、湮灭、沉默和宽宥等的社会意义、历史意义以及伦理意义。不过，遗忘现象终归和记忆一样是全然不可观测的。作为研究的客体它只能通过对于回忆所进行的观察而进入视野，比如通过思考它的各种特殊性、差错和变化，或者通过聚焦弗洛伊德所描述的凝缩、转移和屏蔽记忆来进行研究②。

正如阿莱达·阿斯曼对文化记忆所做的分类，其中的功能记忆具有选择性和阐释力，而且最为重要的一点是遗忘不可避免地伴随着文化记忆的过程：决定记住某件事往往意味着同时做出了另外一个与之相对的决定，即决定不去考虑其他的也许值得记忆的事情。尼可拉斯·卢曼（Niklas Luhmann）的社会学系统理论特别强调了社会记忆的这种两面性。传统观念认为社会由属于这个社会的全部个体的总和构成，卢曼的社会理论则提出了另外一种看待社会的理念。卢曼笔下的社会被分为一系列各不相同的功能系统，而个人（卢曼称之为"心理系统"）则管理着特定情形下某一特定社会系统的运行，例如：在法律系统中做出裁决，在经济系统中花钱，在科学系统中定义真理，或者在艺术系统中对客体进行价值评估。这些特定系统的运行全都表现为交流。但是，在此起决定性作用的不是进行交流的人，而是这种交流输入是否能够被归入相应系统的运行之中，或者它是否属于这个系统环境，这也正是系统论与其他理论之间的本质区别。也就是说，社会系统论与个人无关，系统运行全部表现为交流形式。系统只考虑那些属于系统环境的交流，对所有其他的活动则一律视而不见③。

卢曼的社会理论的基本思想能够帮助我们理解记忆在社会交流中所发

---

① Weinrich, Harald. *Lethe: The Art and Critique of Forgetting*. Trans. Steven Rendall. Ithaca/London: Cornell University Press, 1997.
② Erll, Astrid. *Memory in Culture*. New York: Palgrave Macmillan, 2011. pp. 8-9.
③ Luhmann, Niklas. *Social Systems*. Trans. John Bednarz Jr. Stanford: Stanford University Press, 1984.

挥的作用。因为社会是由交流而不是由人构成的，所以社会只能被看作是一个当前的交流行为。然而，为了避免在某个时刻从头开始，这样一种交流行为可能会选择利用之前的交流中的某些元素，并且根据当前的情况相应地调整自己的操作。卢曼提出的社会模式纯粹是系统交流的操作和运行，这与阿斯曼的模式完全不同，后者将文化记忆看作是物质存储空间和仪式化的提取方式，将之看作是一种"档案"，一种已存在且可以进行详细描述的遗产。虽然阿斯曼也考虑到了文化记忆在当下的选择性和功能性，但是他更为关注的是如何保存过去。而卢曼则认为文化记忆是由时不时必须要做的决定构成的：它经常要决定是否应该将交流与过去联系起来，如果回答是肯定的，那么接下来要考虑的问题是应该与过去的哪些元素或者哪个版本相联系。依照卢曼的说法，如果决定要参照过去，这就是一种"重复"，如果做出相反的决定，则是一种"变化"。因而阿斯曼的如何保存过去的问题在卢曼这里变成了如何在当下进行选择的问题。

因而，从系统论的观点出发，根本不存在记忆问题。从潜在的可能性来说，任何过去的事情都可能成为指涉的客体，至于所指涉的过去是实际存在还是纯属建构与交流性的操作无关。从系统理论的视角来看，有关过去的真实性的问题被依据什么样的标准选择哪种过去的问题所取代，卢曼认为"文化"可以帮助我们解决这个问题。如果我们不把记忆定义为过去的回忆，而是将之定义为当下对于记忆和遗忘进行区分的一种操作，那么我们就可以将"文化"理解为一种调节和控制这个区分过程的"过滤器"。在这个意义上来说文化起到了"社会的记忆"的作用[1]。依据卢曼的观点，文化不是一个社会传递下来的显性内容的目录清单，例如：一个城市里博物馆、图书馆、纪念碑、歌剧演出的总和并不是文化。他认为文化是现存的一种框架，当一个社会勾画未来时文化会引导社会首先确定过去的哪些部分与之相关或者与之无关，然后在此基础上做出决定和比较。因此文化不是对于既定过去的保存，而是对于潜在过去的一种管理，潜在过去中只有一少部分被选中并且进入当下，变为现实。这种对于潜在过去的限制不

---

[1] Luhmann, Niklas. *Theory of Society Vol 1*. Trans. Rhodes Barrett. Stanford: Stanford University Press, 1997. p. 355.

应当被看作是社会的记忆能力有限而造成的结果，相反应该将之看作是出于生存的需要而进行的一种操作。如果一个社会想要囊括过去的全部内容，哪怕只是其中一大部分内容，那么这个社会将会变得僵化，完全沦为对过去的重复，即完全是对于过去的交流的重复。而且这还会阻止现实的发展，因为只有当现在背离过去的时候现实才能发展。其结果正如卢曼所写："因而记忆的主要功能在于*遗忘*，预防系统因为固守先前的评价而为自己设置障碍"①。

因而，系统理论与文化记忆理论完全相反：文化不是由过去保存下来的永恒的价值观构成，而是一个不断地反复进行确认的决策过程，删除与过去的某种潜在关联，寻求新的发展。总而言之，卢曼的社会系统理论将文化记忆作为一种社会性的遗忘。有关过去选择哪些事件和人与其本身的价值无关，这纯粹是一种选择，因为必需通过忽略其他才能让系统继续运行而不至于陷入停滞状态，这样才能保持平衡状态。

扬·阿斯曼是一位埃及学家，他说文化在过去是一个涵盖人类历史所有内容的概念，现在被缩减为仅限于人类现代时期的一种模式。当然，在现代之前同样也存在对记忆和遗忘进行划分这种文化操作行为。西方文化史不仅重视记忆，也同样重视遗忘，因为两者都在文化传统中起到了核心作用②。在西方古代神话中，阴间有一条象征遗忘的"忘川河"，取饮忘川河的河水是灵魂去往天界获得重生之前必须要做的一件事。赫西奥德的《神谱》里记忆女神是九位缪斯的母亲，其首要职能是"忘却邪恶"③。另外遗忘在古希腊的哲学中起到了基础性的作用，因为遗忘是灵魂永生理论抛不开的话题，遗忘标志着新一轮生命循环的开始。另一方面，记忆是人类学习过程的一个必要条件。中世纪和现代哲学主要依靠记忆掌握各种知识，因而遗忘行为被看作是一个需要矫正的缺点。自 17 世纪开始随着现代

---

① Luhmann, Niklas. *Theory of Society Vol* 1. Trans. Rhodes Barrett. Stanford: Stanford University Press, 1997. p. 349.

② Weinrich, Harald. *Lethe: The Art and Critique of Forgetting*. Trans. Steven Rendall. Ithaca/London: Cornell University Press, 1997.

③ Hesiod. *Theogony, Works and Days, Testimonia*. Trans. &Ed. Glenn W. Most. Cambridge, MA/London: Loeb, 2006. p. 7.

图书市场的建立出现了知识爆炸，大量的书籍远远超出了人类的记忆能力，于是人们不再只是守着几个精选出来的文本进行反复研读，相反文本不断被更新，人们开始广泛阅读，这种学习模式的转变使得人们对遗忘的价值有了新的哲学认识。

在今天的心理学领域也是如此。过去人们认为遗忘是记忆痕迹或记忆路径衰败的结果，为此心理学家建立起复杂的干预模式，将各种记忆内容彼此之间的影响和互动纳入考虑之中，因而遗忘行为被看作是一个动态的、由动力驱动的过程[1]。约翰·巴恩斯（John A. Barnes）提出了结构性失忆这个心理学概念，这个概念同样也适用于文化史，可以将之转用于文化领域中，指通过行政管理手段对档案进行销毁和和废止的过程，例如焚书就是一种结构性失忆行为。在这种情况下人们认定有必要销毁那些不必要的材料，为新的材料腾出空间。换言之，媒介存储能力越强，储存和传递的内容越多，则越有必要对这些内容进行删减，以便于有计划地存取[2]。

然而，意大利的符号学家和作家乌波托·艾科（Umberto Eco）却坚决反对将遗忘作为一种文化手段。他说任何删除记忆痕迹的行为终将留下删除行为本身的痕迹。当然我们可以将某些内容删除掉，但是删除行为本身却是删除不了的[3]。学习手段可以明确地要求人们记住指定的内容，但是遗忘却不一样，我们不可能要求某个人或某种文化忘记某件事，因为这是不可能做到的，往往当人们越是想忘记一件事或一个人的时候，反而会因此把它/他记得更清楚，所以遗忘不受人的意志所控制，并非是一件随心所欲的事。

其实很早之前奥古斯汀就已经在回忆所删除的内容和回忆删除行为本身两者之间做过区分，而且尼采也早已洞悉遗忘是个人行为和社会行为必要的、也是重要的部分。因而从系统论的观点来看，遗忘不仅促使人们应用各种文化存储和提取技术来补救自然记忆的缺陷，而且它也是文化的一

---

[1] Baddeley, Alan D. *The Psychology of Memory*. New York: Basic Books, 1976. pp. 69–96.

[2] Barnes, John A. "Structural Amnesia." In *J. A. Barns, Models and Interpretations: Selected Essays*. Ed. S. R. Barrett. Cambridge, MA: 1947. pp. 227–228.

[3] Eco, Umberto. "An Ars Oblivionalis? Forget it!." *Publication of the Modern Language Association of America* 103.1 (1988): 254–261.

种基本操作和前提条件。记忆浓缩了那些人们认为持久稳定的东西，所以人们才有可能记住，并且同时有可能忘记所有其他的东西。正是遗忘的能力使得一个系统能够发展其认知力，并且理解新事物。

因而从文化史的视角来看，遗忘应该被理解为一种积极的操作，一种作用显著的文化因素。同样地神话和历史志作为古代城邦国家的文化记忆被世代传递下来，而过去的那些不符合集体自我形象的政治事件则被人修改，或者从官方历史中删除掉。例如，有些政治和军事领导人死后人们为之塑像，立碑，写颂歌，甚至设立节日纪念他们，而对于那些不受欢迎的政客人们则会彻底删除有关他们的记忆。当然，现代也存在类似的操作程序，例如：法国大革命从内容到形式上都对古代政治体制的文化记忆造成了破坏。此外，2001 年塔利班用现代战争武器彻底摧毁了阿富汗境内巴米扬地区被列为世界文化遗产的佛像和石窟，这种行为所删除的不仅仅只是民族记忆，这在很大程度上也是全球文化记忆的一大损失。2020 年 6 月在美国和欧洲很多国家掀起了"黑人的命也是命"（"Black Lives Matter"）的反种族歧视抗议活动，声援美国黑人乔治·弗洛伊德在警察执法中被扼颈致死所引发的大规模示威游行。在英国的布里斯托尔参与抗议的示威者推倒了该市市中心的一座 17 世纪的雕像，并且将雕像抛入河中。这座雕像的原型是爱德华·克斯顿（Edward Colston），他靠奴隶贸易起家，后来将大部分财产捐给了慈善机构，因而关于他的这座雕像一直存在争议。雕像被推倒并且清除具有象征意义，这是英国当代年轻人对于本国历史和文化所做的一次选择，表达了他们想要摆脱种族主义、重塑文化记忆的愿望。

在所有这些例子中，很明显文化记忆总是建立在什么应该被记住或者什么不该被记住的基础之上。所以文化记忆是一个记忆和忘却同时并存、彼此互动的动态过程。记忆还是忘却？是文化记忆过程中永恒存在的问题，正是因为需要在二者之间不停地进行选择，所以形成了推动文化记忆发展和变化的动力。

第二节　卡农与审查制度

　　如今新媒介存储记忆的能力一直在持续地增加，所以更加有必要对所存储内容进行筛选。在口述社会中，文化记忆的基础是个人记忆，传递文化记忆的责任由精选出来的专家承担，这些负责传递过去的专家只会记住那些他们想要传递下去的内容，所以在记忆存储过程中人们就已经对内容进行了筛选。1947年心理学家约翰·巴恩斯（John A. Barnes）创造了一个新的术语"结构性失忆"，以此指示对于相关事件进行的预筛选。现实生活中失忆症作为一种恼人的疾病让病人饱受失忆之苦，而"结构性失忆"却恰恰相反，强调遗忘是一种必需，因为过去是一个如此宽泛庞杂的概念，除非我们选择性地遗忘那些与我们的叙事无关的内容，否则我们无法将焦点放在相关的内容上面并且形成完整的、有意义的叙事。反过来也可以这样说："文字社会，因为没有删除系统，没有'结构性失忆'，所以阻止个人像在非文字社会里一样充分参与到整个文化传统之中。"① 然而，如果我们仔细检视书面文化中的文化记忆就会发现这种说法不成立，因为在文字社会中依然存在筛选，只不过由存储过程转移到了存储数据的使用过程。当然，从理论上来说文字社会可以将所有一切全部存档，但是其中只有一部分能够被人使用。此外，当文字社会处理外部存储媒介、进行存档的时候也会出现有目的的失忆现象，比如焚书行为。

　　由此我们可以得出结论，文化记忆与其他形式的记忆一样，如果想要完成文化传递的任务则必须对过去的事件和人物进行选择，因而也必须有所遗忘。例如：焚书这个例子表明这些选择活动主要与当时的文化政治或政治利益有关，因为到底是将之归入传统还是使之消亡这个问题关系到一个群体到底想要传递和保存一种怎样的自我形象。从文化史的视角出发，这些活动可以用两个相互关联的术语来描述："卡农"和"审查制度"。

---

① Goody, Jack and Ian Watt. "The Consequences of Literacy." *Comparative Studies in Society and History* 5.3 (1963): 304-345. p.334.

"卡农"指的是将特定的文本汇编、固定下来，然后一代一代地传递下去，而"审查制度"指的是阻止"卡农"之外的其他文本传播和扩散的法律程序。但是卡农和审查制度超越了文本文化的范畴。扬·阿斯曼在《文化记忆与早期文明》这本书中就分别讨论了埃及寺庙建筑所反映出的非文本的卡农现象以及犹太文化中的卡农文本《托拉》（即《摩西五经》）。由于文本的数量巨大，超出了个体读者的接收能力，导致人们不得不对文本进行删减和控制。古希腊将荷马史诗奉为正典，而在中国《四书五经》作为儒学文化的经典传承了几千年，在 20 世纪以前一直是中国知识分子必读的最基本的文化文本。

赫伯特·格雷布斯（Herbert Grabes）于 2008 年发表了一篇题名为《文化记忆和文学卡农》[①]的文章，在这篇文章中他说，在当前最重要的是明白"卡农最基本、最重要的功能是将大量令人应接不暇的内容转化为'可以为我所用的过去'"[②]，而且这种卡农化是群体或社会控制集体记忆的内容，以某种方式处理并且阐释这些内容最为常用的方法。他坚持认为"抛弃卡农将意味着抛弃文化记忆"[③]，因为卡农是评估和选择的结果，不言而喻它是客体化的价值观，代表着文化内部各个群体在某个时期所共享和推行的价值观。因而当我们应对较大的群体或者整个社会共同体时必须考虑到文化记忆内部所存在的竞争关系。

卡农既是一个选择的过程，也是选择的结果。长久以来卡农成为一个用来判断文本优劣的准则，因而在犹太教和基督教的传统中关于《旧约》和《新约》有"圣典"和"伪经"之分，而在中国的文化传统中一直将《红楼梦》作为代表中国文学最高成就的经典之作，《金瓶梅》则被贬抑为不入流的、淫秽鄙俗的市井之作，成为禁书，尽管这两本书在主题、叙事结构等方面有诸多类似之处。显然在确定"卡农"的过程中质量是一个重

---

① Grabes, Herbert. "Cultural Memory and the Literary Canon." *Cultural Memory Studies*. Eds. Astrid Erll and Ansgar Nünning. Berlin/New York: Walter de Gruyter, 2008. pp. 311-320.
② Grabes, Herbert. "Cultural Memory and the Literary Canon." *Cultural Memory Studies*. Eds. Astrid Erll and Ansgar Nünning. Berlin/New York: Walter de Gruyter, 2008. p. 314.
③ Grabes, Herbert. "Cultural Memory and the Literary Canon." *Cultural Memory Studies*. Eds. Astrid Erll and Ansgar Nünning. Berlin/New York: Walter de Gruyter, 2008. p. 318.

要的选择标准，依据这个标准一些作品被纳入"卡农"体系，成为正典，而其他的文本则被拒之门外，似乎被抛弃了。当然，对于选择的标准及其后果一直存在反对和质疑的声音，甚至可以毫不夸张地说文化商品的传递过程基本上就是一场关于什么样的东西应该被卡农化的争论。在这场争论中，文本的"经典性"既是争论中的论据，也是争论的结果，这样质量和传统进入了一个自我辩护的循环论证体系：因为具有经典性，所以成为经典；因为是经典，所以具有经典性。这就等于说，有些文本之所以被反复地阅读并且将继续被人阅读，是因为人们选择如此，这是一个选择的结果。"卡农化"就是人们从整个的一大套备选"传统作品"中进行选择，决定哪些东西将会真正地被传递下去。与此相对的是审查制度，一种有意识的操控过程，将某些作品从文化记忆中剔除出去，使之丧失进入传统的资格。例如，一些在政治上、宗教上或者道德上不得体的作品被没收、销毁，或者其中一些令人不适的段落被删减掉。常常有人将这些审查行为归咎于专制体制或者集权社会，这些社会对于文化记忆的强权控制遭到了开明的民主社会里自由意识形态的反对。但是很明显西方现代社会也在实行审查制度，乍一看这些审查措施的目的不在于文化记忆，其重点在于维护社会成员的心理健康，但是很明显一个群体的自我形象总是建立在排除某些特定内容的基础之上，无论有多么正当的理由。

　　卡农化和审查制度都是文化记忆的组织形式，两者相辅相成，直接相关。有时候审查措施反倒会增强公众对于某个文学产品或者电影产品的认知度，由此促成这个作品后来被卡农化。1960年在伦敦举行的那场关于英国作家D. H. 劳伦斯的小说《查特莱夫人的情人》的世纪审判最终确定了这部作品作为文学经典的地位。然而，从另一方面来说，如果卡农的筛选标准过于严苛也会产生负面影响。例如：古典音乐或者经典的文学作品常常与陈旧过时或者枯燥乏味联系在一起。

　　这些例子说明文化记忆具有双重功能：卡农和审查制度，两者既不完全遵循政治意识形态的标准，也不完全受制于现代数据流的筛选标准。相反，文化总是通过不断地在记忆和遗忘之间进行划界而获得动力。同样的，我们可以选择集中关注卡农化的过程，也就是文化传递的显性状态，或者正好相反，选择探究过去被隐去的那些方面，即那些未能通过审查而被遗忘的人和事件，它们最终的结局是在群体的典仪和话语中彻底消失，了无遗痕。大多数记忆理论和文化记忆理论，尤其是阿斯曼夫妇的著述，选择了第一种方法，将文化记忆看作是一种成功建立群体身份的行为。奥古斯汀提出了这样一个有名的悖论：我们不仅要记住遗忘这一行为，还要记住被遗忘的内容，文化研究所面临的问题是如何应对奥古斯汀所提出的这个挑战。

第三节 "无名者"的沉默

德国的哲学家和历史评论家沃尔特·本雅明意识到了遗忘对于我们理解文化史的意义并且对这个问题进行了思考。本雅明生活在20世纪二三十年代，第一次世界大战的爆发改变了西方世界，传统的思想范式已经无法准确地描述当时的社会状况。在他看来，第一次世界大战以及19世纪工业技术现代化的各种表征对西方的文化记忆造成了威胁。这不仅仅是因为存储数据出现了增长，与此同时还出现了一个记忆的劲敌，即现代生活中"经验的贫乏"，本雅明认为这造成了现在和过去之间连续性的断裂：

> 不，这一点很明显：经验已经贬值，这一代人从1914年到1918年不得已经历了一些世界史上最为可怕的事件。或许这没有表面看起来那么引人注目。难道你没有注意到当时有多少人静悄悄地从前线返回家园？可以交流的经验非但没有增多反而变得更少？……这一代人曾经坐着马拉的街车去上学，如今他们站在田间野外，周围的山川地貌找不到一点原来的样子，除了天上的云朵，以及在大地的中央，在破坏性的气流和爆炸的能量场中，那个小小的、脆弱的人的身体。①

依照本雅明的看法，现代生活具有冲击性的效果，从战壕里的炮弹到蒙太奇的电影图像，这些东西使人们不再像之前一样能够在个人的各种感

---

① Benjamin, Walter (1933). *Selected Writings*, Vol 2: 1927-1934. Cambridge, MA/London: Belknap Press of Harvard University Press, 1999. pp. 731-732.

知之间建立起联系。如果我们想要以一种人们能够理解的方式传递经验，其前提条件就是建立起这种联系。本雅明认为传统的主要表现形式为讲述和重述，在这个过程中被讲述的过去与正在叙述的现在连为一体。如今这种传统形式被现代生活中极度孤独的个人经验所取代，人们从中一无所获，没有历史，也没有教训，两手空空，没有任何东西留给后人。

  本雅明对现代生活所作的诊断提醒我们在构建或研究文化记忆理论时应该将过去与现在之间的不连续性纳入考虑。本雅明的最后一部作品是《论历史概念》，这是一个残篇，他在这篇文章中对不连续性进行了评论，并且分析了传递过程中卡农和审查制度之间的辩证关系。本雅明没有采用通常的方法将这两种活动看作是对立面，相反他将两者看作是一个整体，在他的笔下将一个历史客体卡农化就隐含着对其他客体的审查，若不是因为文化记忆的容纳力有限，这些被筛除的客体原本也是可以入选卡农的："每一个文化文档同时也是野蛮文档"①。依照这种观念，一项文化遗产能够在传递过程中彰显自己暗示着有许多别的文化资产被它所取代，因而没有机会被传递下去。相应地，从整体上来说历史是胜利者的历史，因为只有那些留在历史舞台上的人才能决定什么可以被传下去以及什么不可以传下去。文化记忆往往以建筑、博物馆和图书馆的形式出现在我们的眼前，它们的重要性不在于保存下了什么，更为重要的是它们是一种见证，证明自己被保留了下来，同时这也是对那些被忘却的人和事的隐性的纪念。

  历史主义和思想史在方法论上明确地将整体性和连续性作为一种理想状态，本雅明的这个历史哲学观点正好与之相反。历史主义所宣称的客观性是对过去的挪用，它忽视了这样一个事实，即看似真实的过去是历史的胜利者选择和建构的结果。记忆的任务之一是将历史的另一面，即被忘却的部分和受害者的视角纳入视野。解决"无名者的记忆"这个问题不需要重新调整那些传下来的资源和材料，只需要腾出一些空间收留传统形成过程中的受害者。依照本雅明的观点，如果所有的传统都代表野蛮，因为它通过强力压制非传统的成分，那么这个非传统的成分就不能成为传统的一

---

  ① Benjamin, Walter. *Selected Writings*, *Vol* 4: 1938—1940. Cambridge, MA: Belknap Press, 2003. p. 392.

部分，也不能被重建，否则它也会以同样的方式压制别人，成为传统的同谋者。因此，背离征服者的历史首先意味着背离连续的叙事模式："历史的连续性是压迫的连续性。连续性的观念扫荡了一切，非连续性的观念是真传统的基石"①。

本雅明由现代生活中各个事件之间缺乏连贯性这个现象得出结论，认为人类的经验丧失了连贯性。然而，本雅明并没有因此而呼吁让一切恢复原状，相反他提议通过与之相应的破坏性的记忆活动来直面这个世界破碎的现状，也就是说打破历史中的个人因素并且解析其官方语境，一般说来这种语境指的是历史的胜者传下来的有关过去的叙事版本。与此形成对照的是，历史的弱者归于沉默，伴随着他们的是另外一个版本的历史，如果他们有机会从自己的视角讲述这段历史的话。与历史语境和因果关系决裂至少打开了一个潜在的空间，使那些被消除的声音在一个去语境化的模式中重新被人们听到。但是如果我们想要避免这些声音被扭曲从而形成一种新的连续性，那么我们就不能用历史志的形式来发声。形成连续的"弱者的历史"并不能还原过去事件的真相，同样地以任何形式代表被消音的弱者发声都不足以做到这一点。至于那些被历史遗忘和消音的人他们的故事最终只能以一种沉默的方式来讲述，这个"基本的悖论"②，一直指导着本雅明的历史哲学思想，成为一个悬而未决的问题。

文化记忆理论的兴起其隐含的一个大的命题就是二战后的德国如何记忆和看待自己在二战中的罪与责，这关涉到德国人民的民族形象和自我认同问题。因而如何记忆、纪念在德国纳粹统治下被屠杀的殉难者是讨论文化记忆时绕不开的一个话题。尤其在1990年德国统一之后这更加成为文化记忆研究的一个重要议题。现在二战已经结束了七十多年，经历了德国纳粹在欧洲对于犹太人的种族屠杀并且幸存下来的见证人大多已经逝去，余者无多，这也意味着有关这场大屠杀的记忆正在从交流记忆转为文化记忆：1985年克劳德·朗兹曼（Claude Lanzmann）拍摄了电影《浩劫》

---

① Benjamin, Walter. *Selected Writings*, Vol 4: 1938-1940. Cambridge, MA: Belknap Press, 2003. p. 1236.

② Benjamin, Walter. *Selected Writings*, Vol 4: 1938-1940. Cambridge, MA: Belknap Press, 2003. p. 1236.

（Shoah）；2005年大屠杀博物馆在德国首都柏林建成并且开放；而且早在1953年耶路撒冷就建成了犹太人大屠杀纪念馆，其"大屠杀世界纪念中心"每年都会举行以色列"大屠杀殉难者及英雄纪念日"的纪念活动，而且这也被联合国认定为全世界的大屠杀纪念日。此外，还有一些项目将重心尤其放在了幸存者所作的证言上，例如：斯蒂芬·斯皮尔伯格，美国知名的电影导演，也是电影《辛德勒名单》的执导者，支持创建了"大屠杀幸存者视觉历史基金会"。一方面交流记忆要依靠人与人之间的互动，所以持续的时间有限，一般认为不超过三代人，在80年到100年之间，因而社会通过开设各种记忆机构并且举办纪念仪式和活动来补偿这一缺陷。但是另一方面文化记忆的问题是缺乏对个人生活故事的适当再现，因而这些有关大屠杀的记忆就彰显出在所谓的后现代主义时代重构历史语境的意义所在。法国哲学家让·弗朗克斯·洛塔德（Jean-Francois Lyotard）认为二战后的世界不再具备"宏大叙事"，没有进步叙事之类大的总体框架来阐释历史发展，因此他判定世界进入了后现代主义。在当代人们无法继续以一种涵盖一切的、笼统宽泛的方式阐释和说明历史，这一点在大屠杀记忆中表现得十分明显。当今文化记忆的任务是要记住本雅明所说的"无名的"历史的弱者，在他们所留下的沉默和空白中寻找所忘却的内容，以此证明这种努力终将是一场徒劳，注定无解。所以本雅明的记忆模式根本不在于重建过去，而是抹去记忆的内容，留出一片空白，以此昭示那些本该被人记住并且在此留下痕迹的人和事。

第七章 文化记忆的建构性

遗忘是文化记忆中潜藏的一个十分重要的维度。保罗·利科在他的大作《记忆、历史、遗忘》[①] 中向我们阐明,遗忘是记忆成为可能的必要条件。而且阿莱达·阿斯曼也在她的文章《卡农和文档》中也指出了记忆和遗忘之间的紧密联系:"当我们思考记忆问题的时候,我们必须以遗忘作为起始点。个人记忆的动态过程存在于回忆和遗忘的永恒互动之中。……在文化记忆的层面上,有一个类似的动态过程在发挥作用。持续不断的遗忘过程是社会的一种常态"[②]。

文化记忆不仅意味着在记忆和遗忘之间进行选择,同时也是一个动态的建构过程。尽管记忆这个词不可避免地存在异质性,但是学界普遍认同有意识的回忆具有两个核心特征:其与现在的关系和建构性[③]。记忆不是过去感知的客观镜像,更不是过去现实的客观再现。记忆是主观的,是依据回忆时所处的情境而进行的具有高度选择性的重构。回忆是对现时所发生的可用数据进行的组装行为。每一次回忆都会因当下情境的变化而生成不同版本的过去。无论个人记忆还是文化记忆,记忆从来都不是过去的镜像,它指向现在,表达在当下进行回忆的个人和群体的需要和利益。因而,记忆研究并非指向所回忆的过去,而是指向正在回忆的某个当下

[①] [法] 保罗·利科:《记忆,历史,遗忘》,李彦岑、陈颖译,华东师范大学出版社 2018 年版。

[②] Assmann, Aleida. "Canon and Archive." *Cultural Memory Studies: An International and Interdisciplinary Handbook*. Eds. Astrid Erll, Ansgar Nünning & Sara B. Young. Berlin/New York: Walter de Gruyter, 2008. p. 97.

[③] Erll, Astrid. *Memory in Culture*. New York: Palgrave Macmillan, 2011. p. 8.

时刻。

扬·阿斯曼在《集体记忆与文化身份》中明确提出,文化记忆理论有三个主要支柱:记忆(当代化的过去),文化和群体(社会),其研究目的在于建立起三者之间的内在联系,并且用文化记忆这一概念将之整合为一体。而且他认为文化记忆具有建构性:记忆无法保存过去;社会总是处于具体的时代之中,只能在其时代的指示框架中重构自己的过去。因而,文化记忆是一个重构过程,也就是说,它总是将文化知识与当前的实际情况联系起来。①

杰弗里·奥立克曾经说:"记忆不是一个将过去搬到现在的不变的容器。"② 传统上记忆被模式化为存储、保留和提取过去经验的"档案"。但是依据时兴的"重构主义"模式,回忆并非从一成不变的过去经验的宝库中提取各种再现形式,相反它是出于现在和将来的利益需要,对过去经验的一种选择和重构,而且记忆很容易受到人为的操控和影响。这种重构主义模式导致人们普遍怀疑记忆的可靠性,并且担心回忆者会受到他人的暗示或者支配③。

同样,哈布瓦赫也在其著作《记忆的社会框架》中指出要将过去原封不动地保存下来是根本不可能的,人们只能在现时存在的文化框架中重构过去。所以说,记忆是主观的社会构建,正如阿斯特莉特·埃尔所说,"文化记忆的建构性是该领域的一个基本假设"④。

本章将从历史和神话这两个概念入手,解析两者与文化记忆之间的内在联系,揭示文化记忆作为各种记忆竞争的场域,是如何通过历史和神话之间的协商和互动建构起来的。

---

① Assmann, Jan. "Collective Memory and Cultural Identity." Trans. John Czaplicka. *New German Critique* 65 (1995): 125-133. p. 130.

② Olick, Jeffrey K. and Joyce Robbins. "Social Memory Studies: From 'Collective Memory' to the Historical Sociology of Mnemonic Practices." *Annual Review of Sociology* 24 (1998): 105-140. p. 122.

③ Campbell, Sue. *Our Faithfulness to the Past: The Ethics and Politics of Memory*. Eds. Christine M. Koggel and Rockney Jacobsen. New York: Oxford University Press, 2014. p. xv.

④ Erll, Astrid. *Memory in Culture*. New York: Palgrave Macmillan, 2011. p. 13.

第七章 文化记忆的建构性

第一节 记忆与历史

近年来记忆正在替代自然、文化和语言等词汇，成为一个热门的学术词语，而且它经常与另外一个词"历史"一起出现。记忆，尤其是文化记忆，已经成为当代历史学、社会学和文化研究关注的焦点。

哈布瓦赫对于历史和记忆曾经做过明确的区分。他认为虽然两者都指涉过去，却是两个各自独立的概念，彼此泾渭分明。在《集体记忆》一书中，哈布瓦赫在比较"活态"记忆和"书写"历史时，一开始便强调说"总体而言，历史仅仅始于传统终止和社会记忆消退或消解的时候。"[1] 在哈布瓦赫看来，历史与记忆互不相容：历史是普世性的，其特点是采用中立的态度描述过去的事件；历史的核心是冲突和断裂，变化和矛盾。比照之下，文化记忆则是特定的；它的载体是某个时间或空间范围内的特定群体，其记忆具有强烈的主观性，是评价性的，具有阶级分层的特点。在文化记忆框架之内对于往事进行回忆，其核心功能是形成身份认同，因为所回忆的是那些符合群体形象和群体利益的事物。哈布瓦赫还特别强调文化记忆具有相似性和连续性，正是文化记忆的相似性和连续性证明并且保证了群体的稳定和持久。所以，参与文化记忆暗示着回忆者属于某个特定群体。

此外，对于哈布瓦赫而言，从时间维度来看，历史和记忆的指向不同。历史是与过去打交道，而文化记忆虽然有关过去，却倾向于当下某个群体的需要和利益，因而遵循的是一种具有高度选择性和建构性的方式。在回忆的过程中，所回忆的事物有可能被扭曲变形，甚至出现虚构记忆、与事实完全不相符的情况。因而记忆并不能完全忠实地复现过去："在很大程度上每一次回忆都是借助于现在所提供的数据对于过去进行的一次重构，如果更进一步说，即在之前的各个时期已然经历了多次重构，过去的

---

[1] Halbwachs, Maurice (1950). *The Collective Memory*. Trans. Francis J. Ditter and Vida Yazdi Ditter. Intro. Mary Douglas. New York: Harper and Row, 1980. p.78.

镜像发生了改变，这些都为当下的回忆作了预先准备"①。哈布瓦赫的这一观点已经被普遍接受，例如：20世纪后半叶结构主义提出"现实的建构"，所讨论的正是记忆的建构性。

但是，阿斯曼的文化记忆理论反转了历史和记忆的关系。社会通过各种纽带联结为一个整体，而记忆是形成社会纽带的基础，有了记忆人类社会才成为可能。同时记忆也是我们与同代人互动交流的基石，因为代表庸常生活的时间横轴唯有通过记忆才能够与神圣化的时间纵轴形成交点。②阿莱达·阿斯曼认为记忆在许多方面先于历史，她在评述记忆与历史志的关系时，通过回溯希罗多德以及其他的编年史作者，发现这些史学家著书立史，显然是为了确保希腊人的赫赫战功被永远铭记。历史书写是一种辅助记忆的手段，被看作是记忆的延伸，时至今日依然如此。

阿格尼斯·海勒（Agnes Heller）评价说如果没有文化记忆就不可能有集体身份③。历史为记忆的建构提供资源，并且通过记忆影响到身份的构建。记忆作为一种有关过去的知识来源，与历史相比，其真实性和准确性不占任何优势。无论是文化记忆的社会学，还是经常被称作是记忆史的历史志，两者共同关注的一个问题是过去对于现在的合法性具有怎样的影响，以及当代社会的自我理解模式对于建构过去产生了怎样的影响。但是当我们讨论记忆方式、记忆内容以及记忆主体的时候不可能不涉及记忆的真假对错问题。这些问题在民族叙事中显得尤为紧迫，在所有的冲突背后都存在某种叙事的脱节以及真理标准和政治驱力等问题。当我们置身其中，或者成为当代历史事件的见证人的时候，这些彼此竞争的视角就会令人倍感压力。

"记忆"和"历史"都是我们为当代人和后代保存过去的方式，到底是记忆更为重要还是历史更为重要，这取决于我们看待这个问题的角度、

---

① Halbwachs, Maurice (1950). *The Collective Memory*. Trans. Francis J. Ditter and Vida Yazdi Ditter. Intro. Mary Douglas. New York: Harper and Row, 1980. p. 68.

② Assmann, Jan. *Religion and Cultural Memory: Ten Studies*. Trans. Rodney Livingstone. Stanford, CA: Stanford University Press, 2000. pp. 155-77.

③ Heller, Agnes. "A Tentative Answer to the Question: Has Civil Society Cultural Memory?" *Social Research* 12 (2001): 1031-1040.

目的以及我们所处的具体语境。对于法国的历史学家雅克·勒高夫（Jacques Le Goff）而言，记忆应该与历史成对出现，因为记忆"是历史的原材料……历史学家取材的活水源头"[1]。同时勒高夫也注意到历史和记忆之间的相互依存关系：历史要利用各种文化记忆，有时候还会受到文化记忆的质疑，反之文化记忆也受益于历史研究的各种新发现。此外历史和记忆之间的关系还涉及有关过去的真实性问题。关于历史和记忆与真实性之间的关系存在各种不同的看法。有人认为历史不过是某个群体的文化记忆。这种历史与真实性之间的关系很不稳固，因为在很多时候所谓的"文化记忆"不过是为了满足当前的社会意识形态需要而杜撰出来的叙事。与这种历史相对的是保罗·维恩（Paul Veyne）所说的"历史学家的历史"，这种历史"以绝对真实为基础"，并且以真实性作为评判的标尺[2]。但是海登·怀特[3]对此提出了相反的看法，他认为历史叙事与现实无关，历史和记忆一样，并不一定非要以真实性作为标准。

关于真实性的问题，因为历史是从各个不同的阐释角度来书写的，所以在这个领域中如果一心想要寻求真相，注定会以失败告终。例如：人们常说的官方历史，是由政治统治集团、宗教权威机构等书写或批准的历史，当这些官方机构书写历史时，为了使其统治地位合法化，常常会对历史记录进行有意识的操控，有时甚至故意混淆是非。即便历史研究能够免受政治力量以及其他因素的影响，"人们认识到，历史事实是建构起来的，而且档案也并非清清白白，这好似将一道强光投向了历史知识的建构过程，让我们看到每一个层面都存在人为操控。"[4] 但是，针对这个问题当代的许多历史志和历史哲学一直在努力地向我们澄清，虽然历史无可避免地存在选择性，并且经常受到人为操控，但是我们不能因此而摒弃历史具有真实性这一观念。的确，真实性是历史永恒的追求和规范，有关过去的叙

---

[1] Le Goff, Jacques. *History and Memory*. Trans. Steven Rendall and Elizabeth Claman. New York: Columbia University Press, 1992. p. xi.

[2] Le Goff, Jacques. *History and Memory*. Trans. Steven Rendall and Elizabeth Claman. New York: Columbia University Press, 1992. p. 114.

[3] White, Hayden. *Metahistory*. Baltimore: Johns Hopkins University Press, 1973.

[4] Le Goff, Jacques. *History and Memory*. Trans. Steven Rendall and Elizabeth Claman. New York: Columbia University Press, 1992. p. xviii.

事的准确性是评估历史研究的质量和成果的基本标准。这一点对于文化记忆而言同样具有重要的规范性作用。文化记忆并非完全独立于历史,所以很容易为历史所修正。而真实性是历史的规范性目标,因此文化记忆必须以历史真实性作为基础。

从很大程度上来说,文化记忆只有通过几个包括历史在内的核心概念才能确定自身的意义。这些核心概念塑造了我们对于文化记忆的理解,而历史只是其中之一。另外,有必要将历史与另外一个与之相对的概念,即神话,区分开来。文化记忆与历史之间的区别可以通过文化记忆与神话之间共有的特点或者功能来加以解释。诺拉将"真正的记忆"置于"所谓的原始社会或者远古社会"之中,他说在原始社会中文化记忆将群体"与那个将英雄、起源和神话混为一体的时代"[1] 联系在了一起,诺拉的这些话暗示出文化记忆与神话之间的关联。历史学家尼阿尔·弗格森(Niall Ferguson)评价英国历史学家 J. H. 普拉姆(J. H. Plumb)在 1968 年所作的系列演讲时,也对历史学科和神话进行了对照,很大程度上将记忆与神话联系在了一起:

>……这些符号象征摇摆不定的时代,其实这并非普拉姆所说的"过去的死亡"。不过他在此所讨论的问题对于今天来说与三十五年前同样重要。这个问题在于学术史将我们大家所接受的过去观瓦解了,所以它本质上是一项具有破坏性的工程,有能力驱走具有神话色彩和社会功能的"过去",却没有能力找到取而代之的东西。过去能够增强社会凝聚力,而专家却故意制造出修正主义历史,普拉姆担心两者之间存在对抗,从许多方面来看他是对的。[2]

这段话说明,那种能够增强社会凝聚力的过去大体上是神话式的,普拉姆所担心的是那些已经被我们接受的过去观无法抵御史学家笔下的历史

---

[1] Nora, Pierre. "Between Memory and History: Les Lieux de Memoire." Trans. Marc Roudebush. *Representations* 26 (Spring 1989): 7–25. p. 8.

[2] Ferguson, Niall. "Introduction." *The Death of the Past*. By J. H. Plumb. New York: Palgrave Macmillan, 2004. pp. xv–xxvi.

所产生的腐蚀性，因而不能继续履行其社会功能。的确，历史不能取代文化记忆，因为文化记忆不只是一种历史的雏形，它还具有其他一些重要的功能。这些功能与真实性无关，因而历史不具备这些功能。但是历史与记忆一样，也有其社会功能。正如卢森·费布赫（Lucien Febvre）所言："历史依据当前的需要进行系统化的采集，然后对过去的事实进行归类和分组……依据当前的情况对过去进行管理：这被人们称作是历史的社会功能。"[①] 当然在任何情况下，文化记忆都肩负着一定的历史责任：好的记忆具有真实性，这是其价值所在，而真实性是历史必须遵循的原则。

虽然历史不能替代文化记忆，但是这并非意味着两者之间没有关联，再加上文化记忆与神话之间的密切联系，由此在文化记忆内部形成一种张力。普拉姆用了"过去的死亡"这样一个富有戏剧性的词，以此暗示这种对立所引发的危险：如果文化记忆的过去基本上是神话式的，它被历史学科修正之后还能够继续存在下去吗？我们也可以将之看作是不同价值观之间的对立：一方面，有价值的过去继续在行使其"神话式"的社会功能；另一方面，文化记忆负有求真务实的历史责任。然而，真实性不仅是记忆的价值所在，在某些情况下，记录、讲述和传播真实的过去也是记忆的义务所在，是记忆的一项道德准则。过去的某些事件应该被记住，但是不止于此，道德准则还要求我们尽力以一种准确的方式记住过去，揭露凭空捏造、混淆是非和人为篡改等种种行为，将过去的事实真相保存下来并且传递给后代。显然，历史学科在这一方面发挥了关键性作用。如果人们打算履行自己对于文化记忆所肩负的道德责任，那么公共争论和公共话语就需要对历史学科有所了解。然而，这仅仅是文化记忆道德责任中的一部分。有时候群体成员回忆过去的方方面面既是一种责任，也是一种乐趣，因为记忆对于维持他们的集体生活起到了重要的作用。记忆有助于维持或者增强社会凝聚力，可以体现出并且强化成员之间的联系纽带。无论记忆是否能够保存并且传递真实的过去，它依然可能成为一种道德要求，因为文化记忆同时还具有"神话式"功能，这些功能会产生一些不牵涉历史真实性

---

① Le Goff, Jacques. *History and Memory*. Trans. Steven Rendall and Elizabeth Claman. New York: Columbia University Press, 1992. p.109.

的责任,例如:那些与社会凝聚力、公共价值观、集体认同等相关的责任。

第二节 历史、神话与文化记忆

皮埃尔·诺拉认为古时候文化记忆与历史之间是一种对立关系:他将古代的文化记忆概括为具有"依恋和情感属性",这与历史学家死气沉沉的学术著作截然不同。但是这种说法并不能准确描述现代世界中的文化记忆。现代的文化记忆与过去的关系当然不同于历史与过去之间的关系,但是它的确具有一定程度的历史功能,至少我们认为文化记忆能够以某种方式保存有关过去的记录,这一点可以从历史学家那里得到印证。同时,文化记忆还具有其他一些不同的功能,这些功能从本质上来说是非历史性的,而且也完全不受历史话语规范的限制。文化记忆的这些功能与其历史功能呈对立关系,但是并非完全不兼容,而且从某种程度上来说是古代文化记忆形式的属性的回归。关于这些非历史性的功能,柯文·克莱恩(Kerwein Lee Klein)认为,我们希望通过文化记忆"重现我们与世界之间的魔幻关系,将现在抛回过去"[①]。由此可以看出,文化记忆与历史之间的区别在于文化记忆具有某些类似于神话的属性。

对于"神话"存在各种理解方式:神话是所有群体成员都相信的一种虚构性叙事,是非理性的,小说式的,不真实的;或者神话是统治阶层为了蒙骗被统治者而进行的一种意识形态建构;或者神话发生在想象中的、遥远的、永恒的过去,讲述人类、动物和超自然力量的起源故事;或者神话是一则寓言故事,诸如此类各种不同的神话定义。其中有一类神话就功能而言最接近于文化记忆,即人们通常所说的基础性神话(foundational myth)。无论过去和现在,基础性神话在社会生活和社会研究中都显得尤为重要。如果借用莫西娅·埃利亚德(Mircea Eliade)的话来定义,基础

---

① Klein, Kervin Lee. "On the Emergence of Memory in Historical Discourse." *Representations* 69 (Winter 2000): 127–150. p. 145.

性神话"为人类的行为提供了各种模式……它对信念进行表达,加以强化,并且编辑整理;它维护道德,并且加以施行……并且包括引导性的现实规则"①。基础性神话与历史不同,并不要求对过去进行严格而准确的历史性描述,但是它所作的有关过去的叙事虽然历经世代依然能够将事件的意义保留下来。

基础性神话具有重要的社会功能,而这正是它与文化记忆重合的部分。当然,文化记忆同时还存在其他的历史性功能。伯纳德·威廉姆斯(Bernard Williams)在《真理和真实性》中讨论了神话的本质及其与真理的关系。他先是发问:"如果人们讲故事的时候采用的是真理模式,而不是神话模式,该承担怎样的责任呢。"② 然后他回答说,这是一种不同的责任,因为在神话模式中,故事该不该讲其实是这个故事适不适合听众的问题,而"真理与听众无关"③。这个观点改变了我们评判故事讲述者的标准。威廉姆斯借用保罗·维恩在《希腊人相信他们自己的神话故事吗》这本书中提出的观点,概括总结了古希腊人对神话真实性的看法:

> 古希腊人对他们的政治神话似乎不是很相信,在庆典仪式中当人们大讲特讲神话时,他们会放声大笑。他们的原因论流于形式;其实,神话早已变成了修辞学意义上的真理。……因而出现了一种特殊的信念模式:设定好的演讲内容在人们看来无所谓真假,只是口头说说而已。……但是,涉事的各方对此并无异议,因为他们能够领会到文字背后的善意:尽管不真实,但是说得很巧妙。④

这段话可以被概括为,假使神话包含真理,这种真理是"修辞学的"或者"口头的"真理,是一种妥帖得当的真理。一个人所说的话妥帖得

---

① Eliade, Mircea. *Myth and Reality*. New York: Harper and Row, 1963. pp. 2.5–6.
② Williams, Bernard. *Truth and Truthfulness: An Essay in Genealogy*. Princeton: Princeton University Press, 2002. p. 164.
③ Williams, Bernard. *Truth and Truthfulness: An Essay in Genealogy*. Princeton: Princeton University Press, 2002. p. 165.
④ Veyne, Paul. *Did the Greeks Believe in Their Myths? An Essay on the Constitutive Imagination*. Trans. Paula Wissing. Chicago: University of Chicago Press, 1988. p. 79.

当,是因为它能够激发某些情绪,或者适合当时的事件和地点,或者完全领会到另一个作家或者另一个时期的风格,或者激发听众采取必要的行动,或者因为任何其他的原因,无论哪种原因终归都无关内容的真实性。与此形成鲜明对照的是,对于历史叙述的评判标准是真实性,而非妥帖与否,而且"真理与听众无关"。至少从理论上来说历史学家的观点或论断可以以真假作为评判标准,而神话则适用于一种不同的"特殊的信念模式"。关于希腊人到底信不信神话这个问题,维恩的回答是:"他们相信神话,并且利用神话,但是说不准哪天没兴趣了,也就不信了。"① 兴趣和利用价值决定了我们是否应该相信神话,这完全不同于我们判断历史书写的标准。

神话与历史之间的差异不在于前者是隐晦的历史,而后者为透明的历史。这是一种关于神话和历史的错误认识。神话的目标不是历史研究以及其他学科领域所理解的那种真理,所以神话不是历史。同时"透明的历史"这种说法也是对历史的一种误解,因为忠实于过去这种想法过于天真,限制不了历史叙事的建构过程。即便是历史学家,只需反思一下自己的史学方法,便不得不承认这一点。关于过去有一种幼稚的经验主义看法,认为评估历史叙述的真实性很简单,只要看"事实"就行,因而从根本上误解了历史研究的性质。历史研究本质上是一种理论性的阐释活动,哪怕有个别的历史学家不愿意承认这一点。事实是历史学家的工作基于一系列的预设,例如:哪些内容是有价值的历史研究对象,如何定义历史的主要参与者,如何解释那些被拣选出来的研究对象,等等,这说明历史学家负有各种历史责任并且秉持特定的政治和道德立场。

正如前面所说,历史学科的规范是力求准确地描述过去所发生的事件,但是历史准确性不仅仅是历史叙述是否能正确还原过去的问题。换言之,历史真理是由什么构成的,是一个重要又复杂的问题。在此必须说明一点,即关于过去的事件存在多种解释是一个无可否认的事实,但是我们并不能因此否认存在关于过去的真理,何况历史学科就是以真理作为规范

---

① Veyne, Paul. *Did the Greeks Believe in Their Myths? An Essay on the Constitutive Imagination*. Trans. Paula Wissing. Chicago: University of Chicago Press, 1988. p. 84.

第七章 文化记忆的建构性

的。虽然历史学家的工作必定会受到特定的阐释框架的限定,但是这并不妨碍他们表述有关过去的真理,他们不仅"从记录中还原过去",同时还会"填补"一些内容①。

有些学者否认存在真理,他们宣称:历史学家沉迷于阐释活动或者阐释性的观点,他们的阐释反映了社会、政治等方面的需要和利益。针对这一观点有不少历史学家和历史哲学家提出了一些颇具代表性的观点,他们承认历史叙事的本质是一种阐释,但是否认历史学家会因此而陷入自己的阐释框架中无法自拔,并且主张给予历史研究工作相应的真理价值。

下面我将提到的这些哲学家以各自不同的方式说明有可能存在历史客观性和历史真理。例如:阿瑟·丹徒(Arthur Danto)评价说,因为在历史学家当中存在各种不同的预设,或者关于这些预设的可接受性存在各种不同的标准,所以有人以此为据质疑历史是否是一种知识。接下来他指出这是一种无妄的怀疑,因为任何经验式的研究,包括科学,一般都处在一个大的背景之中,即某些超越给定条件的前观念和构成原理②。历史哲学领域中存在两个立场截然相反的派别:一派是客观主义,认为历史是客观存在的真理,因而忽视不同历史视角之间的差异;与之相对的是相对主义,拒绝历史知识,否认历史是一种客观存在的知识。克里斯·洛伦茨(Chris Lorenz)借用希拉里·帕纳姆(Hilary Putnam)的"内在现实主义",采取折中态度对这两种观点进行了调和。在他看来,不能因为存在视角多元化的现象而否认历史是一种知识,因为当我们描述现实的时候,我们总是处在特定的语言学框架之中,这决定了"什么是真"这个内在性问题③,但是这种情况并不会影响到历史研究工作的客观性。对此玛丽·福尔布鲁克(Mary Fulbrook)持有类似观点,她赞成一种"在理论上更为复杂的历史观,同时认识到在当代的实践活动中构建和想象所起到的作用,依然坚信

---

① Williams, Bernard. *Truth and Truthfulness*: *An Essay in Genealogy*. Princeton: Princeton University Press, 2002. pp. 247-250.

② Danto, Arthur. *Narration and Knowledge*. New York: Columbia University Press, 1985. Chapter 6.

③ Lorenz, Chris. "Historical Knowledge and Historical Reality: A Plea for "Internal Realism." *History and Theory*: *Contemporary Readings*. Eds. Brian Fay, Philip Pomper&Richard Vann. Oxford: Blackwell, 1998. p. 351.

有可能找到更为充分地再现过去的方法"①。她与其他人一样，一方面想要远离经验主义，因为经验主义方法粗鲁地忽视、甚至拒绝承认史学研究理论阐释的重要性，而另一方面，她也与后现代主义立场保持距离，因为后现代主义以史学研究依赖"框架"和"阐释"为由得出结论，认为历史不过是另外一种小说而已。

对此杰弗里·布勒斯坦（Jeffrey Blustein）的立场是：我们完全可以将这两个方面调和起来，一方面我们承认历史研究是有条件的、历史性的，并且受到文化的限制；另一方面我们相信历史学家有能力对过去作出断言，因为历史学对原始资料进行严格的调查研究，因而能够比其他那些非科学的研究方法作出更加准确的判断。用相对主义哲学观看待历史可能会有所偏颇，我们将之用于神话则不存在任何问题，因为神话与历史不同，它不受过去事实的限制。神话的问题不在于是否真实，而在于是否找到了合适的听众，而且这一点取决于神话的目标听众具有哪些特征②。

有关神话和记忆的关系存在一个根本性问题，即神话是对过去的一种指涉，但是神话究竟是不是一种记忆？历史研究与神话一样，也有目标听众。历史不仅仅只是适应当前的社会利益和需要，其最终目的是寻求有关过去的真相，并且将之传递给听众，即社会、共同体或者家庭的成员。如果他能够成功地说服听众，如果听众相信他所再现的历史以及他对历史所作的解释是公正而准确的，那么他的历史阐释就会成为听众的文化记忆的一部分。当然，听众也有可能对自己的过去以及一些重要的历史事件的意义形成一种不同的理解。神话则与之不同，具有不同的功能。神话也有听众，但是讲述神话的目的不是为了让听众了解过去实际发生的情况，"实际情况"对于神话而言不具有约束力，所以神话的典型特点是其内容去历史化。

神话可以用各种方式来影响记忆，例如：它可以使具有传统意识的群体减少或者增强对于自身记忆真实性的信心。讲述神话的目的绝对不是忠

---

① Fulbrook, Mary. *Historical Theory*. London: Routledge, 2002. p. 187.

② Blustein, Jeffrey. *The Moral Demands of Memory*. Cambridge: Cambridge University, 2008. p. 193.

实地记录和保存真实的过去。所以说，神话不是对于过去的一种回忆，而是群体自我认知的一种具体表现形式。那么，对于我们而言神话的价值何在呢？威廉姆斯认为，神话和历史研究两者都很重要，出于同一个原因，因为我们需要"理解自己的处境，因而我们必须求助于过去"[①]。我们通过过去来理解现在，而且可以用各种不同的方式来满足这一需要。

我们思考文化记忆与神话在特点和功能方面的相似性，目的是为了更好地理解文化记忆的性质。神话，主要是础性神话，与社会群体的统一身份，即群体成员共享的身份，联系在一起。而且神话对于每个个体理解自己的群体身份起到了重要作用，例如：在英雄主义社会中基础性神话以具象化的方式表现荣誉、高贵等理想，在民主社会中这些理想则变成了自由和平等。神话涵括了一组共享的价值观和指导性的信念，为群体成员所在的社会提供了一个意义框架。神话，尤其是基础性神话或者具有类似功能的神话，依然是形式多样、井然有序的社会生活中至关重要、不可或缺的因素，因为神话是个体作为共同遗产的参与者形成和表达自我存在感的手段。神话里包含的某些内容对于当前而言也很重要，而且这些内容将我们凝聚为一个整体。神话不仅包含这些独特内容，并且为这些内容赋予特别的意义。

我们以过去作为参照点理解现在，通过阐释过去从中获得教训，或者过去会以某种方式向我们揭示那些构成我们的公共生活的原则、实践活动和体制机构。这也正是神话的功能所在：神话故事讲述的过去的事件、情节或者时代成为现在的映照或者象征性资源。这些神话叙事的特别之处在于过去与现在不是一种因果关系，而是产生一种象征意义上的共鸣。如果神话与当下的社会生活中某些重要的方面相关并且产生共鸣，我们就可以说神话具有某种"真理"。但是我们不应该将神话的"真"等同于历史的"真"。

神话为现在提供了具有象征意义的资源，但是神话的功能不止于此。否则人们就会像斯蒂芬·纳普（Steven Knapp）一样提出这样一些问题：

[①] Williams, Bernard. *Truth and Truthfulness: An Essay in Genealogy*. Princeton: Princeton University Press, 2002. p. 263.

"如果想要找象征性叙事,为什么不转而去看其他民族的历史……这些叙事与我们自己的传统叙事相比毫不逊色,甚至更佳"①。也就是说,为什么我们应该更加重视那些关于自己的过去的故事,认为它比其他民族过去的故事更为重要?只要这些过去与现在具有象征意义上的关联性或者类比性,能够为我们提供象征性资源,至于到底是谁的过去,这难道很重要吗?当然,答案是肯定的,过去属于谁这一点十分重要。神话之所以对于一个群体具有如此重要的意义,其中的部分原因在于这个神话讲述的是我们这个群体的过去,而不是其他群体的过去。而且这些神话故事通过我们和我们的先辈一代一代传承下来,成为我们的共同遗产的一部分,由此让我们产生群体身份的认同感。正如历史学家大卫·罗温瑟(David Lowenthal)所说:"遗产将我们与他人区分开来;它不仅被传给了子孙后裔,也渗入了我们的身体和血液。"② 神话所指涉的过去以及从过去取材的内容对于一个群体而言尤为重要,其中的部分原因在于这个过去属于这个特定群体。正因为属于这个群体,所以这些神话中所展现出来的独一无二的过去有助于这个群体理解自我并且确定自我身份。其实,神话中过去的这种归属关系经常能够激发群体成员的责任感,并且让群体回归某些群体价值观或者某种生活方式。神话之所以具有这种功能是因为神话取材于群体自己的过去,是它自己的过去,而非其他群体的过去对它产生了这种激励作用。

上述分析道出了神话与历史之间的区别,同时这也是文化记忆和历史的区别。尽管历史讲述一般也是关于某个群体的,当然这个群体的历史也是有归属性的,不能用来替代另一个群体的历史,但是历史叙事采用的是外部平行视角,也就是说,历史学家站在群体外面,以局外人的身份对群体的过去作适当的品评。与此相反,神话叙事讲述的是"我们"的故事,

---

① Knapp, Steven. "Collective Memory and the Actual Past." *Representations* 26 (Spring 1989): 123–149. pp.130–131.

② Lowenthal, David. "Identity, Heritage, and History." *Commemorations: The Politics of National Identity*. Ed. J. R. Gillis. Princeton: Princeton University Press, 1994. p.47.

采用的是内部视角,力求与过去融为一体,使过去成为集体身份的一部分。① 神话的价值不在于故事的真实性,而在于它与目标群体的集体生活之间的关联度。所以,当我们对神话进行评判的时候,完全可以采用相对主义的立场,因为历史学的真理标准不适用于神话。

上面提到的神话的特点与其呈现过去的方式有关,因此神话是"我们"讲给"我们"自己听的叙事,是专属于某一特定群体的特权,不能从外部借用。相应地神话还具有另外一个特点,即社会整合功能。安德鲁·冯·亨迪(Andrew Von Hendy)曾经提到现代的神话概念有着"浪漫的渊源",其实神话的社会整合功能可以被看作是"浪漫的神话定义所产生的一个主要结果——神话被定义为是一种将文化凝聚成型的信念"②。神话之所以具有这项功能,其部分的原因在于,广泛的社会实践活动和文化表现形式下面潜藏的各种价值观、原则和理想可以通过神话表现出来并且得以验证。换言之,群体利用神话故事来表现各种基本规范,这些规范将多样化的文化、社会形式整合为一个整体,也正是因为各种文化、社会形式的多样化使得这些规范具有隐蔽性。另外,神话具有社会整合功能的另外一个原因是这类故事能够培养个人对于群体的忠诚度,并且使其成员具有一种共同的使命感,由此将所有人凝聚为一个整体。所以,神话的一个显著特点是能够引领人们笃信某些基本的社会价值观,并且激发群体成员的感情共鸣和集体行动。

总体而言,神话,尤其是具有广泛社会意义的基础性神话,具有以下三个相互关联的特征:以象征方式表现构成群体身份的价值观、体制机构、理想等,成为具有象征意义的资源;将一个群体的现在与过去联系起来,有助于群体成员获得归属感,建立身份认同;作为社会规范的具体表现形式,不仅能够获得群体成员的心理认同,还能产生情感依恋。这些特点与神话叙事是否具有历史真实性了然无涉,这既是文化记忆的价值所在,也是文化记忆与历史的不同之处。简而言之,神话是有关过去的故事,它对于特定人群具

---

① Booth, W. James. *Communities of Memory: On Witness, Identity, and Justice*. Ithaca, NY: Cornell University Press, 2006. p. 93.
② Von Hendy, Andrew. *The Modern Construction of Myth*. Bloomington, IN: Indiana University Press, 1989. pp. xii-xiii.

有各种规范性意义,但是所有这些意义却与真实性无关。

第三节 历史与神话之间的互动

固然神话有别于历史,但是它与历史之间也存在某些重叠。历史和神话一样,经过引导能够激发集体行动;历史和神话都有助于群体身份的形成和塑造;历史故事和基础性神话都是有关某个群体的过去的叙事。但是历史和神话毕竟是两个不同的概念,所以两者之间存在本质性区别,这种区别关系到各自的真理观以及与真理之间的关系。历史阐释的目的是还原过去事件的真相,因而与神话有着不同的规范。历史叙事有严格的方法论标准,对史实的阐释力求准确、充分,而无需考虑是否能够为目标群体所接受。然而,对于神话却存在着不同的评判标准,因为神话不以真理作为追求的目标。神话所面临的问题是该不该讲,威廉姆斯提醒我们,这"是故事是否针对合适的听众的问题,正如我之前所说,是故事是否适合听众的问题"[1]。与历史相反,评估神话的关键在于将"适合"定为标准,然后看神话故事是否适合其目标听众,以此对其进行评判。

前面已经分别讨论了文化记忆的不同方面:文化记忆与历史的关系以及文化记忆与神话的关系。现在我们来看历史和神话是如何在文化记忆内部互动并且结合为一体的。首先,文化记忆具有两极:历史和神话,这两个极端彼此进行激烈的竞争。文化记忆卡在中间,无所适从,于是文化记忆成为历史和神话角逐的竞技场,其内部分裂,动荡不安。之所以出现这种情况是因为文化记忆具有与神话类似的属性,所以无法轻易地与求真务实的历史达成和解。一方面文化记忆被拖入历史的领地之中,实际上它也的确在某种程度上顾及到了历史真实性[2]。然而另一方面,历史有可能会

---

[1] Williams, Bernard. *Truth and Truthfulness: An Essay in Genealogy*. Princeton: Princeton University Press, 2002. p. 165.

[2] Irwin-Zarecka, Iwona. *Frames of Rememberance: The Dynamics of Collective Memory*. New Brunswick, NJ: Transaction Publishers, 1994.

第七章 文化记忆的建构性

威胁到其履行类似于神话的功能,所以文化记忆又从历史领域中撤回来①。此外,文化记忆的两极具有各自不同的规范性标准,可能会在规范性方面产生冲突。

文化记忆面临的问题很多,其中一个主要问题是它容易被滥用,经常受到人为操控,为了满足某些人的私利而被肆无忌惮的篡改,为了狭隘的实用主义目的而抹杀历史真相。因而有必要将文化记忆置于批判性历史的审视之下,但是这种努力常常遭到抵制,遇到重重压力,这也是文化记忆经常受到诟病的一个重要原因。滥用文化记忆是一个严重的,也是最为常见的问题,但是文化记忆所面临的问题不止于此。即使文化记忆以较为正常的方式运行,没有这些人为的操作过程或者篡改行为,不存在极端自私自利的动机,文化记忆仍然会面临另外一个难题,即它卡在历史和神话之间,如履薄冰,左右为难。尽管文化记忆或多或少都要参照历史来理解过去,但是它理解过去和社会现实的方式与史学方法之间存在根本性差异,甚至于我们可以说在这个方面它更接近于神话。

人们从不同的立场出发看待过去,彼此之间的冲撞导致文化记忆内部出现各种矛盾。现代社会中关于过去的真相人们了解得越来越多,而且这些知识在人群中广为传播,因而文化记忆无法像古时候一样继续以神话的形式存在并且发挥功用。换言之,文化记忆可以吸纳批判性历史研究的成果,同时依然保留自身的神话式功能,例如:打造归属感,形成共同体以及产生依恋感,等等。当然,随着人们关于文化记忆的争论,其两极属性被逐渐揭示出来,有关记忆的话语也在不断地修正和重塑。将历史融入文化记忆对于具体的社会而言有可能是一个十分艰难而痛苦的过程,有可能其社会和历史环境不允许,或者接纳程度很有限,至少短期内是这种情况。文化记忆的使命不仅仅是保存有关过去的真实描述,即批判性历史研究的成果。真实的过去是历史研究最为基本也是最为核心的规范,因而我们不能将评判历史叙事的标准作为评判文化记忆的唯一标准。但是当有关某些事件的历史叙事被纳入文化记忆之后这些事件便获得了某种重要性,

---

① Irwin-Zarecka, Iwona. *Frames of Remembrance: The Dynamics of Collective Memory*. New Brunswick, NJ: Transaction Publishers, 1994. p. 99.

会在群体成员的生活中占据一个特别的地位，并且具有整合性作用。这个历史叙事也许会影响到这个群体的自我理解，并且以深远而持久的方式助力形成群体的身份感。另一方面，文化记忆为真实的过去赋予某种象征意义，在历史事件中找出规范性的资源，以推动、加强或者挑战某些伦理和政治观念、集体意愿和社会政策。简而言之，历史叙事被文化记忆吸纳和整合之后，能够塑造集体的自我观念，并且成为群体公共生活的构成性因素，由此使得过去发生的事件对于现在具有各种规范性意义。另外，文化记忆也属于共同体中的每个成员，并且进行代际传递。当文化记忆吸纳历史以之作为参照的时候，历史自身也成为集体遗产的一部分，随之被一代一代地传递下去。这些都是文化记忆利用历史并且对之进行改造的方式，之所以要改造历史是因为文化记忆具有一些与活态的基础性神话类似的特性。

所有这些都是记忆对于历史的增益。这个过程当中当然有可能出现变形和篡改，但是这些问题都是不可避免的。另外，有时候文化记忆中类似于神话的性质与客观事实或者历史真相无法兼容，这种情况下文化记忆只有撤离历史以求自保。但是，文化记忆与历史之间并非只能是对立关系。虽然历史和记忆构成了文化记忆的两极，是现代世界中文化记忆不得不面临的严峻挑战，但是只要能够成功地找到两者的平衡点，就有可能实现历史和社会的进步。

唯一的大写的历史是一个抽象概念，囊括所有有关过去的事实，冉科（Ranke）曾经说过历史是"如实还原的过去"，历史的角色是还原真相，对过去的真实性进行评判和裁决。① 但是，历史所秉持的科学姿态在20世纪经受了严重的打击，而记忆相对于历史具有得天独厚的优势，它存储于具体的人或者物之中，被看作是一种与历史相对的知识形式。于是记忆成为历史学家进行反思时的内在定位点。民族主义研究、种族研究和有关传统的发明的研究全都关注文化身份构建的问题，因而三者互相交融在一起，唯有历史对此视而不见，置若罔闻。因而霍布斯鲍姆说：历史必须跨

---

① Macintyre, S. &A. Clark. *The History Wars*. Melbourne: Melbourne University Publishing, 2003. p. 29.

界，此前历史在认知学规范的指导下进行研究，现在应该转而研究构成政治身份基础的记忆①。

耶鲁沙尔米与诺拉一样，坚持认为记忆和批判性历史"从本质上来说，与过去有着截然不同的关系"②，而且"只凭解释无法让那些与过去疏离的人走近过去；他们还需要唤醒感召"③。耶鲁沙尔米的这些话揭示出文化记忆的本质。历史可以用因果关系来解释过去发生的事件及其与现在的关系，但是同时这也导致群体不关心自身的历史，至少关心的程度不够，不像文化记忆那样可以激发集体成员将自己所了解的过去传递给子孙后代，并且将过去作为现在的重要资源。对于那些不关心过去或者不再关心过去的人来说，历史解释仅凭自身无法让他们克服与过去的疏离感："找回来的过去的确是一个被遗失的过去，但是这并不是那个［他们］自己感觉到的遗失的过去。"④ 他们可能明白这是他们的过去，但是这不是他们集体认同的那个过去，这个过去对于形成群体认同感所起的作用不大。历史叙事本身就是一种记忆的产物，如果想要获得某个群体的集体认同，就必须被纳入到文化记忆之中。历史所描述和解释的过去必须被文化记忆征用和保存，因为文化记忆具有类似于神话的性质和运行方式，能够产生与过去的认同感，并且使过去充满价值和动力。

我们理应将历史纳入文化记忆，并且有理由要求文化记忆符合公认的、有关过去的事实，并且以此作为判断文化记忆的标准。如果我们想要从过去学到历史教训，在道德方面取得进步，并且预防未来可能发生的恶行，唯一的办法是诚实地面对过去，并且准确地予以呈现。但是历史不是文化记忆的全部内容，史学研究的标准也不是评判文化记忆的唯一标准。文化记忆独立于真理，但是这并不等同于罔顾事实，颠覆真理。例如：神

---

① Hobsbawm, E. "Introduction: Inventing Tradition." *The Invention of Tradition*. Eds. Hobsbawm and T. Ranger. Cambridge: Cambridge University Press, 1983. pp. 1–14.

② Yerushalmi, Yosef Hayim. *Zakhor: Jewish History and Jewish Memory*. Seattle: University of Washington Press, 1996. p. 94.

③ Yerushalmi, Yosef Hayim. *Zakhor: Jewish History and Jewish Memory*. Seattle: University of Washington Press, 1996. p. 100.

④ Yerushalmi, Yosef Hayim. *Zakhor: Jewish History and Jewish Memory*. Seattle: University of Washington Press, 1996. p. 114.

话就是这样一种叙事,尽管讲真话不是它必须遵从的规范,但是它也不一定就会颠覆真理。它所讲述的过去的故事映照出一个群体共同的历史价值观和对未来的期许,能够定义一个社会的性质。尽管文化记忆具有与神话类似的整合社会、激发群体成员的功能,但是它仍然要遵从真实性的原则,否则就会成为无妄的虚构,违反有关记忆的基本道德规范。

然而,将文化记忆这些类似于神话的特性与历史真实性适度地结合起来往往是一种不现实的理想状态。现实中由于各种原因会导致这两个特性彼此对立,因而无法兼容。例如:这种神话的特性使得文化记忆不愿意接受新生代对之进行的重新审视,而且它还会尽量避免因为社会现实发生变化而进行的校正和调节。此外,政客常常试图维护神话式的文化记忆,他们害怕社会的审视,因为维持某种静态的过去观是他们延续权力的基础。而且有些神话自称与真实的历史事件和人物存在某种联系,这种联系往往很脆弱,经不起严格的历史审视。在这些情况下,如果将记忆置于历史研究的范围之内,神话很有可能被打破,其整合性、激励性功能必然随之受损。由于各种各样、诸如此类的原因,神话和历史之间难免存在紧张的对立关系,由此导致文化记忆在现代形成这样一种令人不安的特质。

阿斯曼反复强调文化记忆是一个动态过程,这种动态不仅意味着一个群体在记忆和遗忘之间不停地进行选择,而且这也是群体内部历史与神话之间彼此竞争、相互协商的互动过程。一方面文化的建构应该遵从历史学的真实原则,以真实的历史事件和人物作为基础,否则无异于痴人说梦、天方夜谭。另一方面,文化记忆的核心功能是形成并且世代传递连续稳定的集体身份,因而它不能完全依赖于历史,成为冷冰冰的事实和数据,相反它必须发挥其内在的神话式的凝聚功能,将群体成员联结成一个具有共同情感和心理结构的文化共同体。

阿维夏伊·玛格利特(Avishai Margalit)在论述文化记忆和神话的关系时说:"现代人共享的记忆位于相互作用的两极之间:历史和神话。"[①]记忆通常与历史形成对照,这种对照就像传统智慧与科学之间的关系。现

---

① Margalit, Avishai. *The Ethics of Memory*. Cambridge, MA: Harvard University Press, 2002. p. 63.

代的文化记忆在历史和神话之间徘徊和纠结。神话不只是有关过去的错误信念，它充盈着象征意义和强烈情感；历史也不只是有关过去的貌似可信的信念，它冰冷而且具有批判性。记忆被夹在中间，一边是寻求真理的历史，另一边是寻求"高贵"谎言的神话。同时，集体记忆还夹在两种世界观之间，一边是科学，一边是神话。这是韦伯式的对照，一边是神话，将世界看作是魔界，另一边是解除了魔法的批判性历史。文化记忆就是在神话所代表的魔界与批判性历史之间徘徊游移和寻求平衡的动态过程。

荣格提出过一个颇具争议的观点，他将神话定义为集体的梦想，而神话是由记忆构成的。所以，文化记忆一方面具有神话的特点，另一方面又必须遵从历史的终极目标，发现和还原过去的事实和真相。虽然两者属于不同的概念和范畴，但这并不意味着我们应该将之看作是截然对立、互不相容的两极。文化记忆是两者之间协商、互动的过程和产物。

第八章　文化记忆的伦理性

　　文化记忆与交流记忆不同，它是一种体制化的记忆形式，必须依赖于客体化的物质符号：卡农文本、节庆礼仪、纪念碑、博物馆等。物质性是文化记忆形成和传递的基础，但是这一点却常常被传统的精神与物质二元论记忆话语所忽视。文化记忆经过社会体系有意识的选择和建构，最终以具象化的物质形式固定下来，才能得以不断地延续和传承，成为一个群体确立自我身份，将自己与其他群体区分开来的凭借和明证。

　　身份问题是记忆研究绕不开的一个话题，而且我们研究记忆或者文化记忆首先基于这样一个预设，即人类有记忆，而且记忆对我们很重要，它关系到"我"或者"我们"是谁，因而是一种需要和责任。自从洛克以来，记忆在有关自我的统一和连续性的话题中一直占据着十分重要的位置。二战之后，历史学家、政治学家和法学家纷纷著书立言，讨论一个社会应该如何面对自己在过去所犯的大规模严重罪行，同时也涉及与此相关的记忆问题，但是哲学家们却很少从事记忆研究，对记忆进行定性分析和阐释。因而，在哲学领域中有关记忆与历史正义的关系这一方面的文献为数不多。此外，很少有分析性的哲学家参与有关犹太人大屠杀的记忆的讨论，而且也几乎没有人反思大屠杀事件发生之后记忆在其所造成的影响中发挥了多么重要的作用。

　　目前有关记忆研究的专著和文章大多着眼于记忆的历史、分类、产生和延续过程以及记忆与历史、文化、文学、媒介之间的关系，但是关于记忆本身的合法性问题鲜有涉及。记忆的伦理维度似乎被忽视了，有这样一些有关记忆伦理的问题有待人们的关注和回答：记忆是否是一种责任？记忆为什么是一种责任？记忆是谁的责任，这一责任的性质是什么？哪些人

第八章 文化记忆的伦理性

或事是我们应该记住或者忘记的？谁来决定记忆的责任？这些问题构成了记忆的伦理，也是讨论和研究记忆问题的前提和出发点。

2002 年美国犹太裔学者阿维夏伊·玛格利特（Avishai Margalit）出版了《记忆的伦理》（*The Ethics of Memory*），这是一本系统阐述记忆的伦理责任的哲学专著。玛格利特重点关注的是集体记忆，他首先对道德和伦理做了明确区分，在此基础上将记忆定义为一种伦理责任。六年之后美国学者杰弗里·布勒斯坦（Jeffrey Blustein）延续了这一话题，著书《记忆的道德要求》（*The Moral Demands of Memory*），对记忆的道德和伦理责任进行了翔实细致的阐析和论证，是一部颇具分量的力作。同年美国华人学者徐贲所著的《人以什么理由来记忆》（2008）以《记忆的伦理》为基础，从汉娜·阿伦特的存在主义哲学角度深入讨论了犹太大屠杀道德见证人的道德价值和哲学意义。

第一节 尼采论记忆之利弊

回忆是每个人生活中不可或缺的内容，无论是美好甜蜜还是遗憾痛苦，我们都会有意无意地回想过去所经历的事情以及遇见的各色人等。记忆之所以重要是因为它能够将我们与过去联系起来。正如尼采所说，回忆是人类特有的能力，正是记忆使我们成为具有反思力的人。在牧场上吃草的牛羊总是悠然地吃草，享受当下的美好生活，人类却因为记忆的牵绊而负重前行。

关于回忆和遗忘之间的相互作用、人类记忆的潜在成本以及遗忘的价值，很少有哲学家具有弗雷德里希·尼采那样深刻的理解力。对于尼采而言，问题不在于我们是否应该记忆，而在于我们应该如何记忆，即记忆应该如何被融入个人和集体生活之中并且发挥其作用。他猛烈地抨击各种滥用记忆的行为，而且无论我们是否完全接受他关于记忆所作的论述，他捍卫遗忘价值的初衷总是能够帮助我们深刻地理解记忆的文化和道德含义。

关于记忆的道德含义不仅仅只是涉及作为记忆主体的个人，其实这是一个更为复杂的问题。正如哈布瓦赫所说，记忆是有社会框架的，回忆总是与个人生活和社会生活中的构成因素交织在一起。要理解记忆的价值必须首先理解遗忘的价值。更确切的说，必须首先领会遗忘的必要性，明白必须将过去的某一部分内容从我们的关注体系的中心移至外围，才能够调节和锻造出记忆的责任。尼采是最早关注记忆和遗忘问题的哲学家，他反对沉溺于记忆，认为记忆是一种道德要求，是社会强加给个人的文化枷锁。他早期的著作《不合时宜的沉思》第二卷中《论历史于生活之利弊》这篇文章针对的是19世纪德国历史哲学领域中盛行的"历史主义"，通过讨论各种不同的历史观清晰地揭示出我们与记忆之间的复杂关系。

尼采用吃草的牛群作比，他认为这些愚笨的动物不会感到无聊或痛苦，因为它们没有回忆。它们既没有能力记忆，也没有能力遗忘，所以它们享有一种人类所没有的幸福感。对于人类来说，记忆是一种与生俱来的能力，无法抛弃，所以人类享有幸福感的关键在于具备有意识地抛弃过去的能力，即遗忘的能力：

> 然而，无论幸福感是多么轻微或者多么强烈，幸福感之所以成为幸福感的原因都是同一个：遗忘的能力，或者用更为学术性的话语来说，即在这个过程当中不存在历史感。……如果一个人想要一遍又一遍地回味历史，他就像是一个被强行剥夺了睡眠的人，也好似一只唯有通过反刍、甚至是反复不停的反刍才能存活下来的动物。①

人可以像动物一样过上没有记忆的幸福生活，但是"人活着绝对不可能没有遗忘"（尼采原文中为斜体）②。对于个人和群体而言幸福取决于遗忘的能力，更确切地来说，取决于适时地遗忘的能力：一个人不仅要有能力在适当的时候回忆，还要有能力在适当的时候遗忘；人需要拥有很强的

---

① Nietzsche, Friedrich Wilhelm. "On the Uses and Disadvantages of History for Life." *Untimely Meditations*. Ed. Daniel Breazeale. Trans. R. J. Hollingdale. Cambridge: Cambridge University Press, 1997. p. 62.

② Nietzsche, Friedrich Wilhelm. "On the Uses and Disadvantages of History for Life." *Untimely Meditations*. Ed. Daniel Breazeale. Trans. R. J. Hollingdale. Cambridge: Cambridge University Press, 1997. p. 62.

第八章　文化记忆的伦理性

直觉去感知什么时候需要历史感，什么时候不需要历史感①。依照尼采的观点，我们需要在非历史性的生活，即忘却自己的历史，和回忆之间达成一种微妙的平衡。尼采描述了几种对待过去的不同态度，这些态度未能实现这种平衡，因而无助于个人和群体的健康和幸福。尼采提出了三种不同的历史观：丰碑式历史、古董式历史和批判性历史，以此来说明这些不同的历史意识形式的利弊。尼采警告我们，尽管每一种意识形式都"能够为生活提供帮助"②，尽管它们都在个人性格以及社会特性的形成过程中发挥着重要的、宝贵的作用，"如果它们变得过于强大，并且远远胜过其他各种看待过去的模式，则会存在诸多危险。"③ 这些危险对个人、群体及其文化造成了威胁。

丰碑式的历史，或者"丰碑式的过去观"④，指笃信前人所取得的丰功伟绩，认为其"值得效仿，可以复制，并且有再次出现的可能性"⑤。过去的事件被描绘成史诗，富有价值，并且能够激发当今人们的英雄主义行为和自我牺牲精神，以此来维护历史，向历史致敬。如果我们以这样一种方式、本着这种目的来看待过去就可以"从伟人所取得的成就中获得勇气，在当今有所作为，提升自己的品性，在绝望中获得安慰"⑥，但是这种看待

---

① Nietzsche, Friedrich Wilhelm. "On the Uses and Disadvantages of History for Life." *Untimely Meditations*. Ed. Daniel Breazeale. Trans. R. J. Hollingdale. Cambridge: Cambridge University Press, 1997. p. 63.

② Nietzsche, Friedrich Wilhelm. "On the Uses and Disadvantages of History for Life." *Untimely Meditations*. Ed. Daniel Breazeale. Trans. R. J. Hollingdale. Cambridge: Cambridge University Press, 1997. p. 77.

③ Nietzsche, Friedrich Wilhelm. "On the Uses and Disadvantages of History for Life." *Untimely Meditations*. Ed. Daniel Breazeale. Trans. R. J. Hollingdale. Cambridge: Cambridge University Press, 1997. p. 75.

④ Nietzsche, Friedrich Wilhelm. "On the Uses and Disadvantages of History for Life." *Untimely Meditations*. Ed. Daniel Breazeale. Trans. R. J. Hollingdale. Cambridge: Cambridge University Press, 1997. p. 69.

⑤ Nietzsche, Friedrich Wilhelm. "On the Uses and Disadvantages of History for Life." *Untimely Meditations*. Ed. Daniel Breazeale. Trans. R. J. Hollingdale. Cambridge: Cambridge University Press, 1997. p. 70.

⑥ Nietzsche, Friedrich Wilhelm. "On the Uses and Disadvantages of History for Life." *Untimely Meditations*. Ed. Daniel Breazeale. Trans. R. J. Hollingdale. Cambridge: Cambridge University Press, 1997. p. 8.

过去的方式也存在种种危险。丰碑式历史"促使勇者变得莽撞，让心怀雄心壮志的人变得狂热"①。如果历史被政治神话所取代，我们沉迷于保存过去的丰功伟绩，为之欢呼喝彩，这时候我们就陷入了一种困局，我们与过去之间的关系不仅令人窒息，而且还具有潜在的破坏性。

历史意识的第二种模式是古董式的，因为个人或国家怀着"爱和忠诚"②盯着自己的过去。古董式历史观的价值在于它为个人和民族提供了一种稳固踏实的历史连续感，由此让人产生一种确定的存在感。也就是说，尽管从局外人的角度来看一个民族的生活方式或者其中的个人生活具有偶然性，但是这种古董式的历史观将人们从冷漠、绝望和无规则中拯救了出来。这种历史观让身处其中的人和民族明白，他们的生活和生活方式与过去相连，过去为现在的生活赋予了一种意义和目的。但是，如果仅仅因为事物发生在过去而盲目尊崇，不就其自身的价值进行区分，那么这种古董式的历史观就会出现问题。换言之，如果认为时间的流逝为过去赋予了某种特别的权威地位，因而对过去倍加推崇，那么这种古董式历史观便会十分危险。这种无差别的状态"阻碍了人们尝试新鲜事物的决心"③，并且通过过分强调某种记忆或者某种过去观而导致人们丧失行动力。如果出现这种情况，过去就没有未来，因为在过去的笼罩之下现在失去了其自身的价值。尊崇过去使我们变得软弱无力，无法超越过去，同时也丧失了未来。

第三类历史是批判性历史，这是尼采哲学生活中的一个重要主题。对于尼采而言，丰碑式历史和古董式历史两者既有裨益，也有严重的局限性。对于丰碑式的过去观，历史准确性并不重要，相反过去的事件常常被

---

① Nietzsche, Friedrich Wilhelm. "On the Uses and Disadvantages of History for Life." *Untimely Meditations*. Ed. Daniel Breazeale. Trans. R. J. Hollingdale. Cambridge: Cambridge University Press, 1997. p. 71.

② Nietzsche, Friedrich Wilhelm. "On the Uses and Disadvantages of History for Life." *Untimely Meditations*. Ed. Daniel Breazeale. Trans. R. J. Hollingdale. Cambridge: Cambridge University Press, 1997. p. 72.

③ Nietzsche, Friedrich Wilhelm. "On the Uses and Disadvantages of History for Life." *Untimely Meditations*. Ed. Daniel Breazeale. Trans. R. J. Hollingdale. Cambridge: Cambridge University Press, 1997. p. 75.

第八章 文化记忆的伦理性

转化为鼓舞人心的神话故事。但是这种看待过去的模式也存在危险,因为历史与神话之间的界线变得模糊了,或者神话有可能会取代历史,而且这将对个人和民族造成潜在的灾难性后果。至于古董式的过去观,其价值在于将个人和民族与比自身更为宏大、更为持久的事物联系在了一起。对过去虔心尊崇、顶礼膜拜,这种做法超越了极端个人主义,同时也超越了"短暂的存在"①。但是这里也同样存在种种危险:如果不加以抑制,古董式历史观会迷失在过去之中。它不加区别地迷恋于过去,沉溺古旧的事物,这种历史观是一种倒退,它所依恋的过去,与丰碑式历史一样,是一种非真实的虚构。为了消除这两种历史观所带来的危险,个人和民族有必要养成对自己的历史保持距离并且对之进行批判性反思的习惯。尼采认为,批判性历史有助于遏制丰碑式历史和古董式历史的过度泛滥:"如果要生存下去,人必须拥有意志力,并且时不时地凭借意志力将过去的一部分破除并消融掉:要做到这一点他就得将过去置于庭坛之上,仔细的审视,最后对之进行裁决"②。

从当前的需要、利益、信仰和价值观出发,以批判的态度审视过去,这样过去就会成为个人成长以及政治和社会进步的动力。另外,依据尼采的观点,没有哪个群体或者个人可以毫发无损地安然通过这种批判性审视:"然而,每一个过去都有受人指摘之处——因为这是人类事务的本质特点:人类的暴力和弱点总是在其中发挥着强大的作用。"③ 丰碑式历史和古董式历史需要通过批判式历史加以限制,以防止其过度泛滥而造成恶果。同样地对于批判性历史也是如此,必须适度,过犹不及。对此尼采警告说,人们有可能走极端,采取一种完全与过去相脱离的批判态度,由此

---

① Nietzsche, Friedrich Wilhelm. "On the Uses and Disadvantages of History for Life." *Untimely Meditations*. Ed. Daniel Breazeale. Trans. R. J. Hollingdale. Cambridge: Cambridge University Press, 1997. p. 75.

② Nietzsche, Friedrich Wilhelm. "On the Uses and Disadvantages of History for Life." *Untimely Meditations*. Ed. Daniel Breazeale. Trans. R. J. Hollingdale. Cambridge: Cambridge University Press, 1997. p. 75-76.

③ Nietzsche, Friedrich Wilhelm. "On the Uses and Disadvantages of History for Life." *Untimely Meditations*. Ed. Daniel Breazeale. Trans. R. J. Hollingdale. Cambridge: Cambridge University Press, 1997. p. 76.

造成与过去之间的间离和疏远：

> 批判性历史总是一个危险的过程，尤其是对生命自身。……因为我们是先前一代又一代人的产物，也是他们离经叛道的行为、他们的激情和错误的产物，而且其实也是他们所犯罪行的产物；一个人不可能完全摆脱这个链条。也许我们会谴责这些离经叛道的行为，认为我们自己与之毫不相干，但事实上我们自身就源于这些离经叛道的行为，这一点是无法改变的。①

为了避免丰碑式历史和古董式历史的危险，正如尼采所说，我们需要在某种程度上"忘却"过去，换言之，我们需要将历史置于身后或者超越历史。尼采宣称，批判性历史通过一种回顾性的历史重构帮助我们摆脱过去的禁锢："批判性历史是我们所做的一种努力，努力为自己创造一个自己想要的起源史，仿佛这是后验的产物，与之相对的是自己真实的起源史。"② 但是批评史可能会在这个方向走过了头，遗忘得过多，丧失了对某个人或某个社会的依恋感，生命因此而失去内涵和意义，而且我们将无法承认自己真实的过去："有时候……生命既要求遗忘，同时也要求将这种遗忘状态暂时地悬置起来。"③ 这要求我们对丰碑式态度和古董式态度加以节制，同时也要求我们节制批判性历史的冲动。

尼采之所以关注记忆和遗忘的问题，是因为他认为与过去之间的关系决定了"一个人、一个民族、一种文化的可塑力"，即"以自己的方式、由自身发展出来的、将过去和异质化的内容改造后融入自身的能力"。它是某个人或某种文化的一种韧性，"几乎不受最为糟糕也最为可怕的灾难

---

① Nietzsche, Friedrich Wilhelm. "On the Uses and Disadvantages of History for Life." *Untimely Meditations*. Ed. Daniel Breazeale. Trans. R. J. Hollingdale. Cambridge: Cambridge University Press, 1997. p. 76.

② Nietzsche, Friedrich Wilhelm. "On the Uses and Disadvantages of History for Life." *Untimely Meditations*. Ed. Daniel Breazeale. Trans. R. J. Hollingdale. Cambridge: Cambridge University Press, 1997. p. 76.

③ Nietzsche, Friedrich Wilhelm. "On the Uses and Disadvantages of History for Life." *Untimely Meditations*. Ed. Daniel Breazeale. Trans. R. J. Hollingdale. Cambridge: Cambridge University Press, 1997. p. 76.

的影响，甚至也不受自身恶行的影响"①。个人和民族凭着这股不大不小、力度适中的韧劲，从过去的禁锢中解脱出来，同时还不会丧失自己的身份。

尼采的这篇文章揭示出我们与过去之间的关系可能出现的问题以及记忆在其中所发挥的作用。同时尼采的这篇文章也表明，无论我们如何看待记忆的责任这个问题，记忆自身都具有某种价值。什么时候回忆、回忆什么、如何回忆以及回忆多少内容，思考并且回答这些问题，将这些理解融入我们的个人生活和集体生活，这对于我们来说意义重大，因为这意味着我们具有某种"可塑力"，一种承认过去并且正确应对过去，同时又不为过去所奴役的能力。

第二节　玛格利特论记忆的伦理

阿维夏伊·玛格利特是著名的美国犹太裔哲学家，从事政治哲学、伦理哲学和宗教哲学研究。《记忆的伦理》是玛格利特于2002年出版的一部力作，他在这本书中厘清了集体记忆的责任和义务这些规范性问题，其中最核心的一句话是："记忆从根本上属于伦理问题，而不是道德问题"②。

玛格利特在《记忆的伦理》这本书的前言中提到自己年幼时听到的父母之间有关记忆的争论。玛格利特的母亲认为犹太人作为一个种族已经被消灭了，这无可挽回；对幸存下来的犹太人来说，唯一的荣光便是形成各种记忆的团体，成为"有灵魂的蜡烛"；人们像蜡烛一样，当举行仪式的时候被点燃，纪念亡者。对此他的父亲表示不可理解：我们这些活着的犹太人是人，而不是蜡烛；如果人活着只是为了保存对于死者的记忆，这太可怕了，应该尽量避免这种情况；最好是创建一个团体，着眼于现在，以

---

① Nietzsche, Friedrich Wilhelm. "On the Uses and Disadvantages of History for Life." *Untimely Meditations*. Ed. Daniel Breazeale. Trans. R. J. Hollingdale. Cambridge: Cambridge University Press, 1997. p. 62.

② Margalit, Avishai. *The Ethics of Memory*. Cambridge, MA: Harvard University Press, 2002. p. 38.

未来为重，而不是受制于那些已经入土的死者。两人之间的对话涉及集体记忆和历史的关系，争论的焦点在于现在的民族社会或政治生活是否有义务保存对于已经逝去的先辈，尤其是那些受害者的记忆。玛格利特的母亲相信，犹太人可以通过形成集体记忆保存历史，表达对于死者的尊重和敬意。但是他的父亲却坚持应该放弃历史，立足于当下，面向未来。相应的，这也同时提出了另一个紧密相关的问题，即现在活着的这一代人是否有义务为前代人所犯的罪过承担责任并且做出赔偿。

玛格力特之所以提出记忆伦理是出于三种担忧。他的第一重忧虑是有人将记忆伦理等同于宗教和神学。记忆伦理的核心概念，例如：宽恕和忘记，其意义和正当性都源于宗教，与神对人类的宽恕有关。因而可能会有人质疑，记忆伦理是否是一种经过伪装的宗教教义，抑或是政治神学。他的第二重忧虑与传统主义有关，这也是他最为忧虑的一点。他担心人们将记忆等同于传统主义。记忆与传统主义之间的关联性显而易见：传统主义可以被定义为捍卫传统，忠实于过去；而记忆是来自于过去的知识或感受，是已然消逝的不在场回归当下的一种再现和在场，记忆伦理的任务是弄清楚记忆的忠实性由哪些因素构成。

这两种狭隘的观念一个将记忆伦理看作是宗教的一个分支，另一个则将其当作是传统主义的一个流派，除此之外他还有另一个担心，他称之为道德主义，即一种滥用道德的倾向，对不适用于道德评判的对象进行道德评判。有人倡导信念的伦理，甚至是小说的伦理，在他看来这些本该属于道德问题。玛格利特认为，如果用道德准则去评判记忆是一件可怕的事情，所以有必要将伦理与道德区分开，将所谓的道德问题转变为伦理问题，这样就可以遏制道德主义蔓延的趋势。

当然，解释道德和伦理关系的方法有许多，玛格利特所作的划分只是其中的一种。而且会有许多哲学家认为没有必要对两者进行区分，因为道德领域中包含着一些典型的伦理方面的关系。在现实生活中我们需要对行为进行评估考量或者设限进行约束，但是浓厚关系和浅淡关系等各种因素经常交织在一起，彼此相互作用的方式颇为复杂，如果出现冲突则很难进行权衡和抉择。所以，玛格利特所作的这一基本划分可以有效地帮助我们梳理各种不同的规范性关系，由此我们才能厘清思想、理出头绪。

第八章　文化记忆的伦理性

曾经有许多哲学家对伦理和道德及其相应的责任和义务做过某种形式的划分。玛格利特对这两个哲学概念的划分基于对"浓厚"关系和"浅淡"关系的区分：前者对应的是伦理，是促生或者维系共同体的核心人际关系，而共同体一般以共同的过去为基础，并且通过集体记忆统一为一个整体；浅淡关系对应的是道德，是我们与陌生人的关系，即因为彼此都是人类而产生的人与人之间的关系。"有些人与我们的唯一联系在于大家同属人类"，道德关系约束和指导的行为就是我们与这些人之间的关系①，而伦理所考虑和约束的行为则涉及那些与我们存在更为亲近的关系或者与我们有血缘关系的人，例如"父母、朋友、恋人、同胞"②。总体而言，伦理关系中所包含的一系列评估标准或者思维模式与道德范畴中的情况截然不同。定义伦理关系的主要概念包括关爱、关系和偏爱，而权利和义务、客观公正这些概念则属于道德领域。

此外，记忆对于维系这些规范性领域中的核心关系起到了不可或缺的作用。记忆是亲密的个人关系的标志，例如友情、家庭关系和恋爱关系，这种关系不仅存在于人们在世的时候，当人们去世之后仍然有可能继续延续。因为有记忆所以当我们所爱恋的人离开或者逝去之后我们不会很快地忘记他们，而且我们还会努力地避免遗忘。与遗忘一样，记忆也是对我们的关爱之心的一种考验，回望过去时我们常常会通过记忆的情况来判断对于那些曾经与我们亲密无间的亲友，自己是否真的爱他们或者到底爱得有多深。对此玛格利特说："如果我不仅关爱米拉，而且也有能力记住米拉，那么我对她的关爱本身就包含着记住米拉。我不可能记不得米拉，还去继续关爱她。"③

在玛格利特有关记忆的评估标准的论述中，关爱是一个十分重要的概念。他提出记忆主要属于伦理范畴，这一论断就建立在记忆与关爱之间存

---

① Margalit, Avashai. *The Ethics of Memory*. Cambridge, MA: Harvard University Press, 2002. p. 37.

② Margalit, Avashai. *The Ethics of Memory*. Cambridge, MA: Harvard University Press, 2002. p. 7.

③ Margalit, Avashai. *The Ethics of Memory*. Cambridge, MA: Harvard University Press, 2002. p. 30.

在的特定关联性之上。他认为,"关爱"涉及对他人"福祉的关心和考虑"①,这是一种"必须要有的对待他人的态度"②,要求"无私地关注他人特定的需求和利益"③。关爱在个人关系和相对亲密的关系中表现得最为明显,但是玛格利特的目的不止于此,他将关爱延伸到了一个更广的领域,即集体记忆。这一点在有关"记忆的自然共同体"④ 的讨论中表现得尤为明显,他认为集体记忆工程是由共同体的所有成员出于对彼此的关爱而共同承担和建构起来的。

由此玛格利特提出一个问题:我们是否有可能扩展以关爱为基础的家庭关系,将人类塑造为一个伦理的共同体?对此玛格利特回答说:

> 这个问题的关键是,如果没有对照,作为伦理共同体的黏合剂的关爱是否成立。如果没有敌人,朋友从何谈起?如果这种对照是必要的,那么人类无法提供这种对照,因为这是我们所能想象得到的范围最广的共同体,在这个范围之外没有可供对照的人和物。关爱有可能变为一个苍白、无意义的概念。如果无对照的关爱在概念上无法成立,那么将人类转变为一个关爱的伦理共同体,其本身就不合逻辑,而不仅仅是在经验上难以实现。⑤

由此可以看出,玛格利特认为仅仅因为是"人类同胞"就对他人表示关爱从概念上来说是不成立的,因为关爱是一个相对的概念,只有当存在对照的时候,才存在"关爱"。也就是说我对某人或某一群人的关爱是相

---

① Margalit, Avashai. *The Ethics of Memory*. Cambridge, MA: Harvard University Press, 2002. p. 32.

② Margalit, Avashai. *The Ethics of Memory*. Cambridge, MA: Harvard University Press, 2002. p. 33.

③ Margalit, Avashai. *The Ethics of Memory*. Cambridge, MA: Harvard University Press, 2002. p. 33.

④ Margalit, Avashai. *The Ethics of Memory*. Cambridge, MA: Harvard University Press, 2002. p. 69.

⑤ Margalit, Avashai. *The Ethics of Memory*. Cambridge, MA: Harvard University Press, 2002. pp. 75-76. (本书已有中文译本:[美] 阿维夏伊·玛格利特著:《记忆的伦理》,贺海仁译,清华大学出版社 2015 年版。参见 68 页。)

对于我与他人或这个群体之外的人的关系而言的。如果将全体人类作为一个共同体,就无法找到参照物进行比较,当然也就谈不上关爱。鉴于概念和经验上的双重困难,他建议我们降低要求退而求"其次"①,即建立一个以记忆全人类为使命的道德共同体。这种共同体的回忆是出于一种责任感,而非基于对逝者或者不在场的人的关爱,也不是出于某种具体的人际关系。一个记忆共同体得以形成的基础是承认人们有"那么一丁点儿的记忆责任"②。人们认识到也许我们不属于同一个集体或者共同体,但是大家同属人类这个大家庭,所以有一些事情是我们应该记住的,由此所有的人被联系了一起,形成了一个道德共同体,而不是伦理共同体。与此相反,由于人类的心理能力有限,所以限制了我们给予关爱的范围,因此关爱只能构成范围较小的社会关系形式,并且通常出现在带有明显地域化的环境之中,在这种情况下记忆主要是由伦理关系来调节的。

然而,玛格利特对于全体人类构成这样一个道德共同体终究并未抱过多的希望,遑论全人类伦理共同体。他称这两个想法为"乌托邦式的世界级工程"③,两者都不可能产生能够激发集体行动的共享记忆。在他看来,更有可能成为集体记忆之场的是"自然的记忆共同体",这些共同体包括"家庭、家族、部落、宗教群体和国家",如果"任由他们自己发展,很可能会成为记忆共同体,通常是自发形成的,而且经常需要辅以人为操作"④。或许人类有记忆的道德义务,但是以此将所有人聚合起来的可能性很小,相较而言规模较小的伦理共同体更容易形成。伦理共同体以关爱为纽带,并且通过忠诚、爱国之类的情感将某个群体的所有成员彼此联系起来,形成一个整体。因而人类记忆的道德责任就落在了自然共同体的身上,因为从现实主义角度来看,只有通过自然共同体才能履行这种普遍的

---

① Margalit, Avashai. *The Ethics of Memory*. Cambridge, MA: Harvard University Press, 2002. p. 78.

② Margalit, Avashai. *The Ethics of Memory*. Cambridge, MA: Harvard University Press, 2002. p. 47.

③ Margalit, Avashai. *The Ethics of Memory*. Cambridge, MA: Harvard University Press, 2002. p. 82.

④ Margalit, Avashai. *The Ethics of Memory*. Cambridge, MA: Harvard University Press, 2002. p. 70.

道德责任。

　　有关集体记忆的道德规范由人们普遍公认的道德准则构成，统管着集体记忆的内容和实践活动，具体规定了那些内容应该被记住，以及纪念活动应该采用哪些形式。关于记忆的这些道德责任，玛格利特划定了一个明确的、较小的范围，对于这个范围之内的人类的行为人们有责任记住，因为这是一种道德义务："那么哪些是人类应该记住的呢？简要的回答是：最明显的例子是极端的恶行以及反人类罪行。……我坚持认为，记忆义务的源头来自于极端的恶势力企图破坏道德观本身，它的破坏方式花样繁多，其中就包括改写过去和控制集体记忆。"①

　　记忆的道德责任意味着对全体人类都具有约束力，当发生大规模的严重违反人权的事件时，这种极端的恶行威胁到道德标准的权威性，这时候记忆就成为一项道德责任。针对玛格利特所做的这个"简短回答"，杰弗里·布勒斯坦（Jeffrey Blustein）表示赞同，记住这些严重的恶行的确是人类普遍的道德责任，但是他认为，除此之外还有其他一些行为也是我们应该记住的，例如：超凡的自我牺牲和英勇行为，以及体现美德的模范行为，这些行为要么是为了反抗不公，争取正义，要么是为了追求其他一些有价值的目标②。玛格利特断言说在此存在一种不对称：记忆"道德噩梦"是责任和义务，但是记住"人类的胜利时刻"却不是③。对此他没有提出任何论据支持这一结论，但是其实我们可以从尼采的《道德谱系学》中得到一些启示。尼采认为记忆是社会强加给个人的责任和义务，因而记忆是一种人为制造的、规训人类的文化手段，而且记忆总是通过痛苦、流血和受害者得以实现的④。

　　玛格利特特别强调说记忆责任是集体性的，为了履行集体记忆的责任

---

① Margalit, Avashai. *The Ethics of Memory*. Cambridge, MA: Harvard University Press, 2002. pp. 78, 83.

② Blustein, Jeffrey. *The Moral Demands of Memory*. New York: Cambridge University Press, 2008. p. 209.

③ Margalit, Avashai. *The Ethics of Memory*. Cambridge, MA: Harvard University Press, 2002. pp. 82-83.

④ Nietzsche, Friedrich Wilhelm. *On the Genealogy of Morality*. Ed. Keith Ansell-Pearson. Trans. Carol Diethe. Cambridge: Cambridge University Press, 1994. p. 41.

必须要在共同体内部进行"记忆劳动分工",对此他是这样解释的:

> 共同记忆的责任落在记忆共同体的每一个人和所有人的身上,这样才能确保记忆被保存下来。但是并非每一个人都有责任记住所有的一切。确保记忆被保存下来是一种责任,这可能会要求共同体中的每一个人都要记住那么一点儿,但是仅此而已。①

显而易见,玛格利特最为关心的是伦理责任,而非道德责任,因为在他看来,"记忆根本上是伦理问题,而非道德问题"。记忆的伦理责任不适用于全体人类,或者换言之不是因为我们同属于人类大家庭而产生的责任。伦理责任只适用于特定的家庭、部族、宗教或者民族共同体中的成员,而且主要涉及公民美德、情感纽带以及共同体的福祉。这些伦理义务类似于罗纳尔德·沃金(Ronald Dworkin)所说的"联系性义务"②。我们与其他某些人发生某种特定的关联,并且共同汇聚为一个群体,包括所谓的自然群体,例如:家庭、种族群体和民族共同体,由此便产生了伦理义务。这些群体的义务各不相同,依这种关联的具体性质而定。记忆的道德义务无关乎我们和他人之间是否存在某种关联,相形之下我们记忆过去的伦理义务要包括更多的责任,因为我们与他人一起拥有共同的过去,因而彼此会发生某种关联。

总而言之,依据玛格利特的归类,记忆义务既属于道德范畴,也属于伦理范畴,既是因为我们同属人类这个大家庭,还因为我们彼此之间存在各种各样的联系。另外,自然共同体被委以承担这两种义务,这是因为让全世界所有人形成道德的共同体,同时履行这两种义务只是一种不现实的愿望而已。玛格利特对于集体记忆的范式研究作出了极具价值的贡献,他提出我们担负着两种不同的记忆责任,并且对伦理责任和道德责任作了明确的区分。

---

① Margalit, Avashai. *The Ethics of Memory*. Cambridge, MA: Harvard University Press, 2002. p.58. (本书已有中文译本:[美]阿维夏伊·玛格利特著:《记忆的伦理》,贺海仁译,清华大学出版社2015年版。参见52页。)

② Dworkin, Ronald. *Law's Empire*. London: Fontana Press, 1986. pp.199–201.

第三节　记忆、身份和责任

乔·芬博格（Joel Feinberg）指出，"有一些行为有可能是人们自己想要做，而且其实也是他应该做的事，即使他没有义务也没有责任做这件事。"芬博格继续说道：所有的义务或者责任"都有一个共同的特点，即这是对你的一种要求"①。记忆行为有可能是人们在道德方面所选择的善，更多时候是道德准则对人提出的强烈要求。记忆的道德具有选择性，我们无须记住日常生活中的每一件事，其中有些内容道德要求我们必须记住，还有许多事情即使我们忘记了，也无关乎道德责任和义务。然而，一些特别的、具有重大创伤性的事件则另当别论。因为在这种情况下记忆行为事关重大，而且我们与之存在某种关联，所以我们负有记忆的道德责任。如果我们没有记住，或者至少没有尽力去记住，那我们就犯了错。

将记忆作为一项道德准则或者道德责任可能会受到质疑，因为依据大多数哲学家的观点，道德责任成立的一个前提条件是人们可以自主的选择或者具有自主的控制力，而记忆并非是我们直接可控的。玛格利特在论述记忆的责任时也提到过这个问题："如果记忆不受我们的控制，我们就不会因为记住了某事而在道德或者伦理上得到赞誉，也不会因为忘记了某事而受到责备。……毕竟记忆和遗忘有可能不适合进行道德裁决或者伦理评价。"② 然而，事实上我们有时候的确会因为人们记住或者忘记了某件事而夸赞或者怪罪他们，这表明记忆的确是一项道德准则，而且意义重大，因为社会要求我们具有责任感，兑现我们所做的承诺，为自己过去的所作所为负责，而为了兑现承诺、履行责任，我们首先得记住它们，所以记忆是道德责任的基础和前提条件。而且我们的生活经验表明，事实上我们可以采用一些方法来掌控自己的记忆，这是我们大多数人完全有能力做得到

---

① Feinberg, Joel. "Supererogation and Rules." Eds. Judith J. Thomson and Gerald Dworkin. *Ethics*. New York: Harper and Row, 1968. pp. 393-394.

② Margalit, Avashai. *The Ethics of Memory*. Cambridge, MA: Harvard University Press, 2002. p. 56.

事情。如果我们从个人记忆转向集体记忆，这一点则表现得更为明显。社会可以轻松地使用各种手段人为地控制集体记忆，确保其成员不会忘记重要的历史事件，而且还可以决定将来人们应该以怎样的方式回忆这些事件。竖立纪念碑，建造博物馆，定期地举行纪念仪式，这些都是管理集体记忆的方式，尽管这些方式通常会随着时间的流逝而日渐失效。

人们常常感叹记忆的脆弱和短暂。即使是我们深爱的密友和亲人，在他们刚刚离去的时候我们一开始会如有所失，悲痛不已，但是随着时间的流逝他们会变得无关紧要，甚至最终会完全被我们忘却。所以谈论记忆的责任和义务不仅重要，而且很有必要，因为我们必须以此来对抗时间对于记忆的侵蚀。

记忆不仅受限于个体短暂的生命长度和有限的大脑功能，还易于受到各种社会力量、文化力量和政治力量的影响。历史中不乏当权者压制过去的真相，有意识地操控记忆的例子。但是即使没有直接的人为操控手段，记忆也会逐渐消退，尤其是在我们所处的这种非传统的、高度个人主义的社会中，代际缺乏强烈的延续感，而且没有辅助个人记忆的社会结构。时间的流逝带来各种社会变化，个人的人生记忆转瞬即逝。例如，迈克·米塞恩（Michael Miscione）曾经这样评价纽约市那些被人们遗忘的纪念碑："纽约人的集体记忆太短暂了，这简直令人难以启齿。……纽约人对于纪念碑的关注和青睐没有哪一次能成功地超过一代人或者两代人。"[①] 在大都市里各种社会力量侵蚀集体记忆的速度可能会比其他地区更快，但是显然这种现象不仅仅限于大都市，其分布蔓延的范围很广。

记忆是道德准则，这意味着人们，无论是个人还是集体，必须尽力捍卫过去，将过去延续下去，或者通过过去所留下的痕迹找回过去。以这种方式看待记忆，记忆是一种要求或者义务。然而，我们作出这种判断的依据在哪里呢？或者说，如何论证记忆是一种道德要求？正如尼采在《道德谱系学》里所说，社会要求个人成为具有责任感的公民，即个人应当为过去所作的承诺和行为负责，为过去负责意味着首先得记住自己在过去的所作所为。因而记忆成为一种要求和责任，其合法性在于：为过去负责是我

---

① Miscione, M. "The Forgotten." *New York Times*, December 23, 2001. p.55.

们应该承担的一项责任，所以在某些情况下记忆是一种责任。无论是个人还是集体都应该认识到自己有记忆的责任，并且依此采取行动，因为这不仅有利于为过去负责，同时也是为过去负责的一个构成部分，而且这也是人们在某些情境下应该做的事情。为过去负责是一个重要的概念，正是以此作为大的规范性框架，我们才能够提出记忆是一种责任和义务这个命题并且证明其合法性①。

关于记忆的责任，人们可能会问：记忆的价值何在？或者换言之，记忆能带来那些好处？关于记忆的价值和记忆的原因存在几种不同的理论，如果借用伊丽莎白·安德森（Elizabeth Anderson）②的观点，可以将这些理论分为两种基本的类型：结果论和表现论。结果主义主张，理性原则是行为的导向，它为人的行为提供了奋斗目标，并且通过诉诸奋斗目标内在的善或者价值使行为变得合理化。依据这一原则我们的社会行为的目的是最大限度地营造或者促进事态向有利于我们的方向发展。如果以这种方式来考虑，记忆或者记忆活动的价值是外在的，因为其价值源于记忆能够导致事态朝着有利于我们的方向发展。而且，后果主义认为，某种事态与过去状态之间有可能存在一种固有的良性关系，所以记忆活动可能是构成良好事态的基本要素。在这种情况下，后果主义可能会引导我们采取措施，促使事态朝着有利的方向发展，其关键就在于保留和传播记忆。平时我们经常说，前事不忘，后事之师，这是从结果主义角度出发来证明记忆应该被看作是一种责任。从这个角度来看，我们需要承认我们在过去的所作所为，以便进行改进；这样在将来我们会更加警醒，防止过去的错误再次出现；或者通过回忆可以加速集体或者个人的恢复。

然而，如果我们转而想一想逝去的朋友和爱人，那些离我们而去的最亲近的人，后果论关于记忆的理由和回忆的价值的说法显然无法完全令人信服。当然，关于逝去的亲友，记忆或许也具有重要的功用，但是如果完全从后果主义的立场来考虑记忆，将无法充分体会到当人们沉浸在回忆之

---

① Blustein, Jeffrey. *The Moral Demands of Memory*. New York: Cambridge University Press, 2008. pp.34-41.

② Anderson, Elizabeth. *Value in Ethics and Economics*. Cambridge, MA: Harvard University Press, 1993.

第八章 文化记忆的伦理性

中时的感受和态度。相反,我们需要采用另外一种不同的视角,将回忆看作是向逝去挚爱表达的一种爱心和敬意,这种感情和态度的表达不仅仅局限于他们在世的时候,即使在他们离世之后还将适当地延续下去。这代表了另外一派的观点,即表现主义的批评维度。依据表现主义,我们应当根据行为及其环境本身的性质来判断人们是否对之负有记忆的责任,即使这样做有可能造成不良的后果。表现主义理论认为,关于逝去亲友的记忆所表现出来的这种情感和态度具有其内在的价值,这样一来我们不用诉诸事态固有的价值就可以证明记忆是一种责任。仅凭后果论来理解记忆责任是不够的,我们只有采用这种表现主义理论才能做到充分完整地说明记忆责任的道德基础。斯图亚特·汉普舍(Stuart Hampshire)在讨论记忆的义务时表达了类似的观点:

> 背叛和忘恩负义是无法消除的、对于过去的冒犯,它让过去显得空洞、没有价值。……在许多有关善的概念中,有一种损和恶与将来有可能发生的任何不良后果无关。这从根本上对实用主义道德观持反对态度,而后者在解释责任和义务时只看对将来是否有益。①

依据康德的观点,对自己的过去负责在某种程度上意味着愿意从中获得一种道德感,而且愿意以一种新的方式去理解过去,而这很有可能与自己当时实施这一行为时的理解方式有所不同。我们一般认为,记忆是一种媒介,使得某种形式的道德进步成为可能,而且一个人的记忆方式和塑造记忆的方式会告诉我们他是一个怎样的道德主体②。总而言之,如果为自己的过去负责是一项义务,至少可以将之看作是对自己的一项义务,那么记忆必定是一项义务,因为从很大程度上来讲,只有借助于记忆我们才能重温过去。

在某些情况下记忆对于个人和群体都是一种道德义务,具有规范性作

---

① Hampshire, S. *Innocence and Experience*. Cambridge, MA: Harvard University Press, 1989. p. 147.

② Campbell, Sue. *Relational Remembering: Rethinking the Memory Wars*. Lanham, MD: Rowman and Littlefifield, 2003. p. 186.

用，其部分原因在于通常我们认为无论个人还是群体都应该为过去负责，这是一项道德义务，记忆则是履行这一义务的前提，并且是其中的一项内容。此外，记忆经由身份认同与义务之间还存在着另外一层关系。在这种关系中，记忆不仅建构身份，同时也是身份的一种表达；而身份在一定程度上是由义务构成并且定义的，记忆就是其中的一项义务。①

　　心理连续性被公认为是历时性个人身份的关键要素，洛克的心理连续性身份理论可能是哲学文献中最为有名的一个。大致来说，洛克的理论是一种记忆理论，其主要观点是如果我能够回忆起过去的经历，或者能够通过自我意识将其挪用到自己身上，这就构成了作为经验主体的我的身份。因而记忆对于个人身份起到了至关重要的作用：记忆将过去的经验、行为、关系以及其他一些内容保存下来并且供我们使用，这些内容帮助我们产生自我。心理学家杰佛逊·辛格（Jefferson Singer）和彼得·萨拉维（Peter Salovey）对这种具有自我定义功能的记忆作过如下评价：这些记忆"塑造了我们的生活，并且也为生活所塑造，记住了我们最为辉煌的成功以及令人感到耻辱的失败，我们恋爱以及失恋的记忆——这些记忆反复地影响我们亲密相处的方式以及我们对于权力的追逐——这些记忆就是我们是谁这个问题的答案"②。这些记忆和我们的自我认知感之间的关系是相互作用并且不断发展的。我们当前的经历限定了我们记忆过去的方式和内容，而且过去的经历在某个时期对于我们的意义很有可能与多年之后我们所理解的意义大不相同。但是在某个特定的时间点，这些定义自我的记忆映射出我们身份的各个维度，并且塑造了我们理解自己的生活以及与他人互动的方式。

　　我们可以由此类推出集体记忆对于集体身份的重要性。我们大多数人都因为属于某个国家、某个种族或者某个宗教团体而拥有某种群体身份，但是这种群体身份是个人身份的一部分。真正的集体身份不属于单个的你或者我，这个身份属于我们全部所有的人。因为我们所有的人都属于同一

---

① Blustein, Jeffrey. *The Moral Demands of Memory*. New York: Cambridge University Press, 2008. pp.41-49.

② Singer, Jefferson and Peter Salovey. *The Remembered Self*. New York: Free Press, 1993.

个群体，因而我们拥有一个共同的身份。历史学家查尔斯·迈尔（Charles Maier）评价说，记忆不仅对于每个人的个人身份来说重要，对于国家共同体的集体身份而言也同样重要，而且在这两种情况下记忆之所以重要基于相似的理由：

> 记忆当然是身份的前提条件。……对于记忆的渴求已经成为过去十年间一个显著的文化特点。它潜藏在日常生活的热潮之下，人们不由自主地通过过去的各种惨痛事件、媒介的再现和博物馆来思考。……个人身份这一概念预设了一种个人意识，这种个人意识以某种方式被心理整合，并将随着人体的死亡而消失。民族身份充其量只是一种类比而已。……在这两种情况下记忆（或者历史）似乎构成了身份的主体部分，因此个人或者集体的气质不需要无时无刻地重新塑造。从这种意义上来说我们是我们所成为的那个自己。①

身份认同可以部分地解释记忆与义务之间的关系，因为社会学家和心理学家普遍认为记忆是身份认同的前提条件，同时两者之间是一种相互塑造的关系。

身份不仅是一个描述性的范畴，也是一个规范性的范畴，而且身份之所以具有规范性意义，部分的原因在于它是价值观的源头。由于一个人具有某种特定的身份，所以对他而言某些事情是有价值的，值得去做，而对于其他身份的人来说这些事情则没有价值，或者价值没有这么大。或者有些价值观是某些具有某种特定身份的人所特有的，而且由于他们的这种身份他们必须要顾及这些价值观；而其他身份的人根本就没有这些价值观或者不会像他们那样顾及这些价值观。例如，普通人如果出现婚外情或者私生活混乱，他会辩解说这是自己的个人生活，这只不过是一种道德的瑕疵，而且通常社会也不会因此而对他过分地苛责。但是，如果同样的事情发生在政治人物、社会名流或者教师学者的身上，则会成为丑闻，不仅会受到民众的谴责，还有可能因此而失去自己的职位和影响力。2020 年 7 月

---

① Maier, Charles S. *The Unmasterable Past: History, Holocaust, and German National Identity.* Cambridge, MA: Harvard University Press, 1997. pp. 149–150.

中山大学的一位副教授在腾讯课堂上给学生上网课时意外泄漏的聊天信息被曝光后,他不仅遭到网民的声讨和痛骂,其任教的大学随后也很快发文通报,认为他的这种行为违反了师风师德,宣布将其调离教学岗位。身为教师就必须顾及传统的婚姻观以及性道德,因为这是教师这种身份固有的规范性要求。另外,例如:我的身份是一个中国人,所以我的国家所取得的成就以及国旗、国歌对于我以及其他的中国人具有特别的价值和意义,当然我不会期望其他国家的人也像我一样看重中国的成就和国旗、国歌,与我拥有同样的价值观。由这些例子我们看出,有一些价值观是因为拥有某个特定的身份而产生的,其性质为内生性的,只有通过这种身份才能得以解释,如果没有这种身份就不存在这些价值观①。

身份之所以具有规范性和权威性是因为它与义务之间存在内在的关联。当然,如果没有义务就不可能形成真正具有规范性作用的身份,因为身份在很大程度上就是由义务构成的。与个人身份一样,集体的职责和义务构成了具有规范性意义的集体身份,换言之,这种规范性的身份包含着各种责任和义务。集体身份是由集体生活中的各种组织原则构成的,这些原则对集体行为设限,规定哪些行为可以做,哪些行为不可以。

记忆的道德或者伦理意义与身份之间的联系表现为几种不同的形式。首先,记忆塑造了身份,同时也为身份所塑造,而且身份与义务和价值观之间存在内在的联系。我们的记忆方式和内容部分地决定了我们是谁,而我们是谁对我们具有规范性作用,构成了我们的价值观和各种义务的基础。简而言之,义务源于身份,记住我们过去的方方面面就是其中的一项义务,因为我们的过去是构成我们身份的要素,或者至少会影响到我们的身份。

第四节 道德、伦理与集体记忆

集体记忆具有两个不同的维度和功能:一方面集体记忆指涉真实发生

---

① Appiah, Kwame Anthony. *The Ethics of Identity*. Princeton:Princeton University Press, 2005. pp. 24-26.

的过去，它需要对历史负责，并且有责任传递历史的真相；同时集体记忆具有类似于神话的功能，具有整合和激励群体的作用，而且能够建构群体身份。第二种功能与真实性无关，但是可以很好地解释集体记忆的社会价值和意义。

伦理涉及具有排他性的依附感、忠诚以及某些特别的责任，因为伦理不同于道德，它所要求的不是人与人之间的一般责任。这种伦理观正好契合集体记忆所包含的一些类似于神话的属性，因为正是这些属性使得集体记忆具有一种排他性。道德正好与此相反，秉持的是一种客观公正的立场，它是一种普遍的责任和义务，道德主体是作为人类大家庭中的一员而出现的，他不必与特定的人或者特定的群体发生某种特别的联系。在此，我们可以看出道德与集体记忆的历史维度具有某种关联。作为人类大家庭中的一员，我们每个人都有责任和义务向我们的人类同胞告知有关过去的人和事情的真相。这项责任不只是针对那些与我们存在特别关联的人。道德责任与伦理责任不同，不要求具体化，是一种普遍而抽象的责任，而且它不以存在特殊的社会关联为条件，因而寻求历史真相成为其责任和义务。换言之，道德责任要求我们公正地对待过去，因而我们必须找出历史的真相并且将之公之于众。在这个过程中历史发挥着关键性的作用，因为真理是历史学的主导原则。

保罗·利科在《时间和叙事》中这样评价历史学家与过去的关系："历史学家与过去之间的关系首先是一个人与其所欠债务的关系，历史学家代表我们每一个人，即其作品的读者，还债"①。在利科看来，欠债这个观念很关键，它有助于我们理解历史学家研究过去的重要性，他们只有通过尽可能忠实地描述过去才能还清这笔债。对此大卫·考科伯恩（David Cockburn）也持有类似的观点，他认为力求忠实地再现过去是历史学的定义性特征，这"本身就说明……我们对逝者的亏欠"，表明"记住过去的人和社会是我们欠下的债"，而且回忆是一种道德要求②。同样，耶鲁沙尔

---

① Cockburn, David. *Other Times: Philosophical Perspectives on Past, Present and Future*. Cambridge, UK: Cambridge University Press, 1997. p. 298.

② Cockburn, David. *Other Times: Philosophical Perspectives on Past, Present and Future*. Cambridge, UK: Cambridge University Press, 1997. pp. 298-299.

米(Yerushalmi)也提到了"历史使命的基本尊严"及"其道德责任"问题,他认为这个道德责任"现在比之前的任何时候都要紧急。……对抗各种湮没历史、销毁文献、抹杀记忆、篡改典籍、悄然密谋的力量"①。

因为集体记忆要对历史负责,所以它具有道德责任。这些学者提醒我们道德责任不仅仅只是记住过去的人、社会或事件,更确切地说还要记忆得准确,恪尽职守,避免变形和暧昧,尽力发现并且说出真相。在这个语境中,准确是一个复杂的概念,需要加以仔细分析。首先,历史学中对于过去的再现不仅要准确,还要真实。此外,历史的准确性是一个如何正确理解过去的问题。这里所说的正确理解不仅仅只是搜集和记录一堆零散的事实,也不是将有关过去的各种细节和事实堆积得越多,准确性就越高。历史准确性另外还要求将事实以某种方式组合在一起,由此传达它们在道德、政治、文化等方面的意义。所以历史的准确性不仅在于所描述的事实和细节的数量,还要看这种历史描述的方式是否为这些细节赋予了正确的意义。因而,如果人们认为一个历史叙事不准确,不仅是因为它包括有关过去的错误陈述,或者省略了关键性的细节,还可能是因为它组合过去事实的方式具有误导性,或者这种组合方式使过去发生的事实对于现在和将来的意义要么被减弱,要么被夸大。

集体记忆的道德责任其核心内容是维护和保存有关过去的真理。一个群体是由许多个体构成的,集体记忆的道德责任是如何分解到每个群体成员身上的呢?玛格利特提出的"记忆劳动分工"概念有助于我们思考这个问题。他解释说:"共同记忆的责任落在记忆共同体里每一个人和所有人的身上,以此确保记忆被保存下来。"②显然,我们不可能奢望共同体中的每一个人都是历史学家、档案学家或者传记作家。就像社会劳动分工一样,记忆分工可以让共同体更为高效有序地运行。至于个人在记忆劳动分工中应该记住哪些内容以及如何记住这些内容,当然取决于他们各自的背景、脾性、兴趣和才能。此外,集体记忆的分工合作和多样化能够强化和

---

① Yerushalmi, Yosef Hayim. *Zakhor*: *Jewish History and Jewish Memory*. Seattle: University of Washington Press, 1996. p. 116.

② Margalit, Avashai. *The Ethics of Memory*. Cambridge, MA: Harvard University Press, 2002. p. 58.

第八章 文化记忆的伦理性

丰富群体的记忆活动。

依据记忆劳动分工这一概念,共同体中的成员会以各种不同的方式共同参与集体记忆。历史学家利科认为,历史学家在这种记忆分工中起到了不可或缺的重要作用:他不仅要还清亏欠过去的债,还要代表我们每一个人讲述过去。他运用严谨的研究方法获取真理,这个过程中他会付出很多,不仅花费时间和精力,而且还会遭遇风险。当我们寻求有关过去的真理时,经常会遇到来自内部和外部的各种阻碍。

准确地记忆有关过去的事实并且将之公之于众是某些共同体肩负的一项普遍责任,因为这些共同体最有能力也最有资格履行这一义务。现在我们已经明确了哪些共同体应该担负起这种记忆的责任,但是还存在另外一个问题,即哪些人和事以及行为应该被纳入这一记忆责任的范围。虽然准确地记忆过去是一项道德责任,但是我们不能奢望一个群体将过去所有重要的历史人物和事件悉数记住,当然也不能在任何时候都苛求历史的准确性。这时候我们需要建立起某种标准帮助我们判断事物的重要性。例如,我们大多数人可能都会赞同玛格利特的观点,认为人类的一项重要责任是准确地记忆"极端恶行以及反人类罪行最为明显的例子,例如:蓄奴,驱逐平民百姓,以及大规模屠杀"①。此外我们还可以举出另外一些与此相对的例子,比如:典型的人性之善和自我牺牲的例子。

但是,关于准确记忆过去的道德重要性存在一些争议,其中一个问题涉及道德义务的范围,即应该包括哪些事件和行为。玛格利特将这种义务限定为大规模的恶行,但是他没有说这些大规模的恶行中的哪些内容应该被记住。比方说,记住犹太人大屠杀中的受害者是一项基本的道德义务,这当然合情合理、无可厚非,但是对于其他的那些人,例如:有的人冒着生命危险保护犹太人免遭纳粹屠杀,记住他们是否也是我们的一项基本责任呢?另外还有一些人卓尔不凡,其所作所为令人称赞,我们是否也应该记住他们?第二个问题涉及记忆的时间维度,即集体记忆应该追溯到过去的什么时候?我们只需要记忆离现在不远的过去吗?还是要一直回到遥远

---

① Margalit, Avashai. *The Ethics of Memory*. Cambridge, MA: Harvard University Press, 2002. p. 78.

的过去？如果是这样，那么这个过去应该离我们有多远。显然，在此我们需要另外一个选择标准对时间范围设限，因为时间距离会影响到重大灾难性事件对于现在的规范性意义。过去所发生的事件即便具有普遍的重要意义，但是如果它在时间和空间上离我们太远，则不应该成为我们的一项记忆责任，因为它与我们当下的社会环境相差太远，甚至于完全无关。

关于记忆的道德责任尚有许多未解的问题，我们尚且无法对道德责任作出完美的诠释，也就是说这项责任的原则很灵活，人们有相当大的自由度选择记住哪些事情或者不记哪些事情。另外还有一点很重要，记忆除了保存和传播有关过去的真理之外，还有许多别的功能，所以过去那些与真理无关或者没有直接关系的事物也有可能成为我们的记忆责任。

布勒斯坦认为可以从尊重历史真理的角度来解释集体记忆的道德责任，即群体有责任准确地记忆过去，发现、保存并且讲述有关过去的真相[1]。如果一个集体在过去针对群体和个人实施了非正义行为，它就应该对此负责，其中一项责任是准确而真实地对这些非正义行为及其受害者进行回忆。如果要让群体对其所犯的非正义行为负责，准确的回忆是最基本的条件，它既是责任的构成性因素，也是其起始条件，而且如果没有记忆，集体就无法进行适当的补救。无论于理于法群体都应当对这些非正义行为承担责任，所以群体成员具有相应的记忆责任。而且集体回忆的道德义务具有普遍性，它是我们同为人类而彼此负有的责任，因而具有广泛而普遍的约束力。

集体记忆自身要对过去负责，必须以历史作为其约束目标。但是，不是所有的集体记忆义务都属于道德范畴。如果我们想要理解集体记忆中的伦理义务，就得将注意力由历史转向集体记忆其他的特点和社会功能[2]。前面已经说过，集体记忆具有类似于神话的性质和功能，这些性质和功能与历史不同，是独立于真理的。在这个方面集体记忆与基础性神话很像，它所关注的不是历史准确性，而是象征意义和感情共鸣。它体现并塑造一

---

[1] Blustein, Jeffrey. *The Moral Demands of Memory*. New York: Cambridge University Press, 2008. pp. 211-221.

[2] Blustein, Jeffrey. *The Moral Demands of Memory*. New York: Cambridge University Press, 2008. pp. 222-228.

个共同体的身份感,对于自己的过去以及过去对于现在的意义形成共同理解,由此将所有成员聚合为一个整体,并且激发集体行为。伦理义务是关联性义务,基于浓厚关系,源于特别的纽带关系,而集体记忆具有类似于神话的功能,有助于形成特殊的纽带关系,因此在伦理义务和集体记忆的神话功能这两者之间存在明显的契合点。在集体记忆的形成过程中,仪式以及共同记忆的其他表现形式对于凝聚群体成员、塑造和表现身份感起到了至关重要的作用,因而在有些情况下,集体记忆的伦理义务就是以这些纪念活动作为其内容的。简而言之,集体记忆的伦理义务有益于某种形式的集体生活,因而也有助于维持这种集体生活,而且两者之间的这种关系是内在的。

群体生活一般会延续很多代,在这个过程中集体记忆发挥了怎样的作用?一般来说集体记忆具体表现为各种记忆活动和记忆地点,这些记忆活动和地点构成了代际延续的共同体。如果不用这些方式将集体记忆保存和传递过去,共同体便无法完好无损地幸存下来。此外集体记忆还具有规范性意义,因为集体记忆的活动和地点有助于群体成员身份的构成和确认。拥有一个共同体并且属于这个共同体有益于个人,其部分的原因正在于此,而且参与一个具有持久性的共同体的公共生活其价值和重要性可以通过这些记忆活动和地点体现出来。当然,并非所有的记忆活动都具有这种规范性作用。有一些记忆活动虽然被保存了下来,但是已经失去了其原有的意义,也许它们曾经代表重要的公共利益,是群体关注的焦点,但是现在只剩下一副空荡荡的躯壳。另外,专制体制为了维护自身的合法性也会强制实施一些记忆活动。这些活动无助于构成好的群体成员身份,所以不存在参与这些活动的伦理义务。但是如果存在伦理责任,它必须有益于它所维持的那个群体,只有这样这项伦理责任才具有合理性和合法性。

即使集体记忆在社会生活中起到了基础性作用,并且是群体身份的核心部分,但是这并不足以产生集体记忆的伦理义务。集体记忆有益于维持某种特定的浓厚关系,因为这种浓厚关系部分地由持续的记忆活动构成,这正是集体记忆的伦理义务存在的理由所在。但是集体记忆是否构成一种伦理义务取决于这个群体的道德性质以及其成员之间的关系,因为道德规范是判断伦理关系的基础。伦理关系如果不符合道德,就是坏的关系,就算不上伦理关系。伦理关系必定合乎道德，不可能是不道德的。道德成为判断伦理关系的第一道门槛，合乎道德是伦理关系的必要条件①。一个群体及其群体成员之间的关系必须达到基本的道德门槛，只有这样才能够由这个群体的成员身份引出集体记忆的伦理责任或义务。例如，意大利黑帮是一个组织严密的群体，黑帮有其固定的帮会仪式，成员参加这些仪式能够确立其作为黑帮一员的身份，并且有助于维持黑帮的集体记忆。但是黑帮组织所从事的活动包括谋杀、勒索和恐吓，其性质不合乎道德规范，因而其集体记忆不符合构成伦理责任或义务的条件。道德义务是构成伦理义务的门槛，如果一项义务不合乎道德要求，那么它就不可能成为伦理义务。黑帮成员参加集体的帮会仪式和活动的确有助于增强帮会成员之间的联系，使之形成群体归属感，但是由于群体本身的性质不合乎道德规范，所以黑帮社会的集体记忆不是一种伦理义务。

对于一个民族共同体而言其集体记忆存在一种特别的伦理责任，即爱国主义。爱国主义是群体归属感的一种形式。但是爱国主义是否构成一种伦理责任是一个复杂的问题，斯蒂芬·耐瑟森（Stephen Nathanson）曾经委婉地说："爱国主义是一个理想，它让许多有识之士感到不安。"② 爱国主义之所以令人不安是因为它不仅意味着爱自己的国家和传统，还包括对祖国的忠诚以及特别的偏爱之情，历史上这种偏爱之情经常表现为民族沙文主义和盲目效忠。此外，有时候集体记忆会受到民族或国家的掌权者的操控，以此激发民族主义情绪，煽动爱国主义情绪。所以，爱国主义是否构成集体记忆的伦理义务，要考虑具体情况，看爱国主义对于民族共同体有哪些益处的同时还要考虑它是否合乎道德规范。我们完全可以在道德可接受的范围内坚持爱国主义精神，在这种情况下爱国主义就成为伦理义务。

总而言之，是否构成集体记忆的伦理责任，与集体成员之间的关系是否具有价值有关，即成员之间的关系是否值得维持下去。从这个意义上来

---

① Margalit, Avashai. *The Ethics of Memory*. Cambridge, MA: Harvard University Press, 2002. p. 86.

② Nathanson, Stephen. "In Defense of "Moderate Patriotism."" *Ethics* 99 (1989): 535-552. p. 535.

说,这种责任是否成立取决于这种关系本身的性质。因而,集体记忆的伦理责任与道德责任建立在不同的基础之上。我们对他人负有道德责任源于大家同属人类大家庭,所以从这个意义上来说我们每一个人都负有某种道德责任,而伦理责任则是某些人所负有的责任,责任的对象是那些与之存在浓厚关系的人,而且这种关系可能会持续很多代人。不同的群体有着不同的历史、文化和宗教传统,政治管理方式和社会所认可的公共习俗也各不相同,因而这些记忆责任必须根据群体的特征而具体化。

人类共同体无论是哪种形式,只有认真对待它所担负的责任才有资格成为人们效忠的对象,才能得到尊重和认可,而其中有些责任是由于其先辈的所作所为而造成的结果。为了认真对待其责任,尤其是那些在或远或近的过去所发生的事件,并且对这些事件负责,当然必须首先得记住它们。之所以存在记忆责任,部分的原因在于有了记忆才有供现在使用的历史记录。另外,集体记忆还与道德方面和社会学方面的集体身份存在密切关联。亚纳·汤普森(Janna Thompson)关于集体记忆做过这样一个评价:"因而记住那些关系到一个民族国家的责任和权利的事件是其成员所谓的'道德身份'的一部分。拥有这种身份意义重大,这可以解释为什么有关这些事件的记忆应该受到尊重,而不应该被看作是一种不幸的心理条件,任由摆布或者受人操控"[①]。这段话将集体记忆与责任和身份联系在了一起,为集体记忆的道德和伦理责任提供了合情合理的依据。

总而言之,集体记忆既可以是一种道德责任,也可以是一种伦理责任。作为一种道德责任,衡量集体记忆的标尺是其所讲述过去的真实性,因此履行道德责任必须要依靠批判性历史。集体记忆具有道德责任,对此历史的贡献功不可没,而且集体的道德身份在一定程度上是由记忆构成的,因而必须以真实的过去作为依据,包括集体自身的过去。集体记忆内部存在劳动分工,为了履行这些记忆责任,群体成员必须分工协作,各司其职,了解并且尊重"历史使命的基本尊严",因为讲述有关过去的真相是历史的职责。虽然有时候真实的过去令人难过伤心、无以面对,但是我

[①] Thompson, Janna. *Taking Responsibility for the Past*. Cambridge: Polity Press, 2002. p. 68.

们无法回避记忆的道德责任，只能以史学的真实作为基准，砥砺前行。

与此同时，我们必须认识到集体记忆不仅是历史真相的记录者、保管者和传播者，它还具有其他一些重要的社会功能。这些功能与探求真理无关，是集体记忆与神话的共通之处。集体记忆的伦理义务是否成立，取决于其所构成和维护的那种关系的性质好坏，只有当这种关系符合道德规范的时候，才构成伦理义务，值得群体成员通过公共的纪念仪式和其他体制化的文化活动加以维护和巩固。

第五节　跨国文化记忆的道德责任

二战后有关记忆的道德和政治意义的著述基本上与犹太人大屠杀相关，个人和公众对于这一事件的反应成为这些著述的大框架。1978年美国全国国家广播公司首播了犹太人大屠杀的电视短片，由此开启了西方世界"记忆转向"的热潮①。对于玛格利特而言，犹太人大屠杀事件构成了二战后记忆观的大背景，并且指示出其特定的发展方向："犹太人大屠杀已经成为当前记忆讨论的焦点：该如何回忆过去，如何纪念过去，记忆和历史之间应该是怎样的关系"②。大屠杀这一主题激发了人们有关记忆、创伤和历史的各种思考，而且当今在历史和文学研究以及其他学科中人们对于记忆的执着在很大程度上已经超越了这一研究领域本身的范围。加布里尔·斯皮格尔（Gabrielle M. Spiegel）曾经这样评论："有关犹太人大屠杀的话语，倾向于优先考虑记忆问题，而且尤其是创伤，已经滋生出了一个产业，这个产业因这些话题而存在，且不断壮大，现在这些话题被泛化后实际上已经进入了这一行当的所有领域之中。"③ 皮埃尔·诺拉也曾经含蓄地

---

① Shandler, Jeffrey. *While America Watches: Televising the Holocaust*. New York: Oxford University Press, 1999.

② Margalit, Avishai and G. Motzkin. "The Uniqueness of the Holocaust." *Philosophy and Public Affairs* 25 (1996): 65-83. pp. 81-82.

③ Spiegel, G. M. "Memory and History: Liturgical Time and Historical Time." *History and Theory* 41 (2002): 149-162. p. 150.

第八章　文化记忆的伦理性

表达过类似的观点:"任何人只要一说起记忆,必言大屠杀"①。

丹尼尔·列维(Daniel Levy)和纳坦·斯奈德(Natan Sznaider)在他们的犹太人大屠杀记忆理论中使用了跨国记忆(Transnational Memory)的概念,这涉及记忆的伦理。他们在《全球时代的犹太人大屠杀和记忆》那本书中讨论了"世界记忆",指出犹太人大屠杀如今已经被全球化,成为一个全球性的、普遍的参照点,有关人权的讨论就是一个例子②。两位作者提出的问题是在全球化时代文化记忆的政治形式和文化形式正在经历怎样的变化。他们认为,在当今的全球化语境中文化记忆不仅错位,而且还"跨国",此外他们还指出了各种特定的地方语境和文化语境之间的差异。

正如玛格利特所说,奴隶制、种族屠杀、驱逐平民等反人类罪行破坏了道德基础,所以记住这些极端的恶行是全人类的道德责任。但是这些罪行往往涉及不同的种族、宗教或者文化群体,影响的范围远远超出了单个民族或国家的领域。不同的政治和文化共同体关于过去的事实和责任经常会提出各不相同、彼此竞争的版本,而每个版本都力争使自己成为权威的阐释者。所以,对于过去的阐释一向是各种政治、宗教和种族群体竞争的场域,如何达成一致以及最终能够达成多大程度的一致是一个充满争议和相互协商的过程。但是无论这些历史争议最终是否能够形成定论,作为一个群体都应该为自己过去的行为和活动负责。

显然,玛格利特在论述"世界性的伦理共同体"③时就意识到了这个问题。他认为,全体人类形成一个记忆共同体的想法不切实际,但是依靠小的自然共同体保存和扩散集体记忆存在很大风险。种族身份、宗教身份、部族身份和民族身份的构建在一定程度上要依靠这些共同体的集体记

---

① Winter, Jay. "The Generation of Memory: Reflections on the 'Memory Boom' in Contemporary Historical Studies." *German Historical Bulletin* 31 (2002). Available at http://www.ghi-dc.org/bulletin27F00/b27winterframe.html.

② Levy, Daniel and Natan Sznaider. *The Holocaust and Memory in the Global Age*. Trans. Assenka Oksiloff. Philadelphia: Temple University Press, 2006.

③ Margalit, Avashai. *The Ethics of Memory*. Cambridge, MA: Harvard University Press, 2002. pp.74-83.

忆中所保存的那些有关过去的故事，这些叙事在塑造和构建群体身份的同时也常常会加剧群体之间的冲突。通观历史，自然共同体往往编造出有关过去的故事，使其权力和统治合法化；集体记忆所讲述的这些故事得到了社会的普遍认同，为其集体行动提供辩护并且激发集体行动，而这些集体行动经常为了推进共同体自身的利益而罔顾共同体之外其他人的合法权利和利益。对此玛格利特认为我们必须采取措施抵制各种罔顾他人、本民族至上的图谋，制止那些无视道德或者背离道德规范的行为。对此他提出的解决方案是，求助于那些建立在互惠互利基础上的国家组织，期望这些国际性的合作机构能够在这一方面发挥作用，抑制这种滥用记忆的极端现象。

针对这类棘手的跨国文化记忆现象，斯戴菲·霍布（Steffi Hobuß）综合运用路德维希·维特根斯坦（Ludwig Wittgenstein）、约翰·奥斯汀（John L. Austin）和朱迪斯·巴特勒（Judith Butler）的相关理论，提出语言的述行性有助于我们思考文化记忆的伦理问题。他指出，要解决跨国文化记忆中出现的冲突，关键在于根据具体的语境明确说话者或者主体所处的位置，以此确定各自应当承担的道德责任[①]。

当今记忆伦理处于全球化语境中，分析各种语境中实施的记忆行为可以使我们超越个人记忆与集体记忆、民族记忆与全球记忆之间界线分明的二元对立，超越真实历史与集体阐释性记忆之间的对立。维特根斯坦在讨论所谓的个人语言问题时反对一些语义理论将语言作为个人的精神活动，以此来定义语言的意义。如今人们的共识是，记忆根本不可能以私人化的方式构建起来，否则就会陷入一种纯粹主观性的记忆观。没有人能够创造出一种单独属于自己的、私人化的语言，同理也不存在个人专属的、私人化的记忆。总体而言，记忆以社会因素作为框架和支撑。关于记忆人们作了各式各样的划分，例如：哈布瓦赫提出了"集体记忆"概念，阿斯曼夫妇在此基础上将集体记忆进一步划分为交流记忆和文化记忆；哈拉尔德·韦尔策曾经就家庭如何记忆纳粹罪行和犹太人大屠杀做过实证研究，他的

---

① Hobuß, Steffi. "Aspects of Memory Acts: Transnational Cultural Memory and Ethics." *Journal of Aesthetics & Culture* 3.1 (2011): 7188-5. [DOI: 10.3402/jac.v3i0.7188].

实验结果证实存在三种不同类型的记忆：社会记忆，传记式记忆和交流记忆。埃利森·兰兹伯格（Alison Landsberg）2004年出版了一本有关美国大众集体记忆的书，其中提出了"假体记忆"的概念。但是斯戴菲·霍布建议我们不要拘泥于各种记忆类型之间的区别，而是应该将注意力放在记忆行为的各个不同维度上。他认为，奥斯汀的述行理论有助于我们审视记忆行为的各个维度，我们可以以此作为记忆研究的方法论范式，研究记忆行为在具体语境中的实施过程和协商方法，这样我们就会发现在各种研究语境中、在各种历史语境和经验语境中记忆的作用各不相同。

霍布指出后全球化的跨国文化记忆研究不应该是天下一统的局面。通过探索记忆行为的各个方面我们发现记忆是一种多声部的、自身具有多维度的行为。觉察到记忆行为的各个方面可以使我们超越由个人记忆和集体记忆以及给定的过去和阐释的过去构成的二元论思维。记忆伦理研究中记忆行为的各个方面涉及这样一些问题：记忆行为在不同语境中是如何展现的？某件事情应该被记住还是遗忘，这应该由谁来决定？记忆或者遗忘的权利和义务是如何制定的？谁构成了"我们"，这个背负着记忆或者遗忘义务的群体？这个"我们"是如何形成的？因为记忆建立在施为性的社会实践活动之上，所以没有哪一个人或者哪一个主体能够独自制定规则，规定哪些内容应该或者不应该被记住。相反，记忆和回忆过程总是要经过协商，无论达成一致与否，而且往往是以一种隐含的方式进行，当然有时候也会表现为暴力的战争形式。在这些协商过程中，各个说话者或者主体的权利并非是平均分配。因为记忆建立在施为性的社会实践活动之上，所以个人或者群体需要具有社会权威，而且必须处于适当的位置，才有权决定应当实施哪些记忆行为或者哪些事情没必要继续记忆下去。例如，那些遭受暴力、仇视言论或者压迫的群体和主体所处的位置使得他们有权要求实行某些记忆行为，而加害者和相关的群体或者主体所处的位置则完全不同，因而他们所拥有的权利或者所担负的责任也迥然相异。

中日关系一直起伏动荡，近几年尤其紧张，二战中日本对华发动的侵略战争以及"南京大屠杀"事件的性质始终是两国之间纠结不清的话题，成为无法解开的死结。日本国内坚持军国主义的右翼政党拒绝承认日本二战的侵华历史，任何赞同澄清历史、为战争受害者争讨权利的做法都被当作是与日本国民为敌。而对于广岛、长崎的原子弹之痛他们却念念不忘，一直以受害者的身份以各种形式纪念和诉说。日本政府始终不能将人道主义的范围延伸到本族人民之外，这样的双重道德原则，使得中日冲突无休止地继续下去。如果允许这种态度继续蔓延，不仅会严重破坏地缘政治关系的稳定，也会危及以实现世界和平为理想的普世化道德原则。斯戴菲·霍布的观点为这个问题的解决提供了一个有力的理论支持，他认为跨国文化记忆是一个协商过程，各个主体的记忆权利和义务取决于各自在记忆实践活动中所处的位置，显然受害者与加害者所处的位置不同，这也决定了受害者有权要求加害者记住他们曾经实施的暴行，因为这是一个有责任感的民族共同体理应承担的道德义务。

玛格利特在《记忆的伦理》中讲到行善的撒玛利亚人的故事，以此说明故事中那个受伤的犹太人不仅有道德责任对行善的撒玛利亚人心存感念，同时在另一方面，他作为一个受害者，在道义上也有权强迫那些加害者接受他的苦难记忆。玛格利特由此延伸，继续发问："朝鲜的慰安妇难道在道义上没有权利强迫日本人接受她们关于二战期间日本士兵恐怖暴行的记忆吗？犹太人在道义上难道没有权利强迫那些加害他们的德国人以及那些了解真相却冷眼旁观者接受犹太人被屠杀的记忆吗？"①。

接下来玛格利特在讨论德国人所背负的痛苦的集体记忆时说，将德国重建为伦理共同体的方法是，德国人为他们对犹太人犯下的残暴罪行而悔罪。而且这也同样适用于日本人应该如何对待韩国慰安妇的问题②。由此我们完全有理由将这一道德责任推而广之，用于日本应该如何对待南京大屠杀受害者这一问题。正如斯戴菲·霍布所言，"记忆的集体框架和文化记忆理论表明，没有谁能够随心所欲地决定哪些事情我们不需要或者不应该记忆"③。将二战期间南京市民所经历的惨无人道的南京大屠杀这一历史

---

① Margalit, Avashai. *The Ethics of Memory*. Cambridge, MA: Harvard University Press, 2002. p. 47.

② Margalit, Avashai. *The Ethics of Memory*. Cambridge, MA: Harvard University Press, 2002. pp. 81-82.

③ Hobuß, Steffi. "Aspects of Memory Acts: Transnational Cultural Memory and Ethics." *Journal of Aesthetics & Culture* 3.1 (2011): 7188-5. p. 21. [DOI: 10.3402/jac.v3i0.7188].

事件纳入日本人的集体记忆，承认这些无名的受害者所经受的苦难和伤痛，使他们通过记忆得以重生，这应该是日本人悔罪的第一步。必须通过协商确立受害者和加害者的身份和性质，明晰加害者应当承担的记忆责任和义务，这是达成和解与宽恕的必经之路，唯其如此，南京大屠杀这一历史事件才有可能最终尘埃落定，归于平静。

结　语

第一节　文化记忆的"变"与"新"

"文化记忆"这一概念自诞生之后经常受到质疑，对此我们可以运用修辞学将"文化记忆"看作是对于个人记忆的类比或比喻。这个比喻之所以成立，是因为就功能而言，文化之于群体正如记忆之于个人，具有身份认同的作用。因而，阿斯曼将文化看作是一个群体的共同记忆，这成为文化记忆理论合法性的依据。笔者认为文化记忆是一个由多维度构成的动态系统。从文化记忆内部的运行来看，它是一个在记忆和遗忘之间选择，在历史和神话之间协商互动的动态建构过程。文学是文化记忆系统中一个重要的构成部分，同时也是文化记忆进行自我观测和自我反思的一个手段。文化记忆与个人记忆不同，它的生产、存储和流通必须借助于具象化的物质客体，例如：身体、空间和媒介，所以物质性是文化记忆不容忽视的定义性特点。此外，文化记忆的另一个重要维度"伦理性"也常常受人冷落，其实这个问题涉及文化记忆作为一种记忆其自身存在的理由，所以我们有必要从哲学的角度分析和论证记忆自身的价值和必要性以及由此产生的记忆责任和义务。人类需要通过记忆将现在与过去联系起来，因为过去塑造了现在的我们，也为我们的存在提供了理由，证明我们不是偶然性作用下的产物。记忆不仅是一种需要，也是一种伦理和道德责任。社会要求我们对过去负责，而记忆是我们对过去负责的前提条件，同时也是其中的一项重要内容。有些大规模实施的严重罪行对普世道德观造成了威胁，例如：大规模屠杀和严重的反人类罪，这时候文化记忆是一种道德责任和义务，也就是说，因为我们都是人类这个大家庭的一员，所以我们每一个人都有记忆的责任和义务。然而，更多的时候文化记忆是一种基于浓厚关系的伦理责任。我们作为群体的一员，必须要记住大家共享的过去，唯有如此，我们才能与其他群体成员之间产生某种关联，彼此给予特别的关爱之情。我们不仅只是泛指意义上的人，而且是有明确身份的、属于某个共同体的、具体的个体。身份认同是文化记忆的一项核心功能，而文化记忆本身是一个动态的建构过程。这个建构过程不可能像个人记忆一样，停留在抽象的概念和无形的意识之中。它必须具象化为实在的物，才能实现其保存和传递集体记忆的功能，这些具有保存和传递记忆功能的物就是媒介。媒介是文化记忆系统的一个主要内驱力：文化记忆通过媒介进行选择和建构，决定文化文本的取舍和兴衰，例如：文学就是其中一种重要的记忆媒介；记忆的媒介化和再媒介化是文化记忆保持活力、持续更新的动力之源。记忆媒介的每一次更新都意味着记忆系统的一场变革，上个世纪末出现的数字媒介如今已经在全球广泛应用，对传统的文化记忆形式造成威胁，同时也对文化记忆理论提出了挑战。

进入 21 世纪之后，数字媒介技术加速了时间和空间的转型，提供了一种新的天涯若比邻的即时感，人们为此评说纷纭，欢呼喝彩。"此时此地"成为一种贴切的隐喻，罗杰·弗里兰德（Roger Friedland）和狄德罗·博登（Deirdre Boden）举办了一场同名的展览，他们总结说，"现代性中此时此地的体验……其实是一种无处安身却又无处不在的感觉。"[①] 但是，21 世纪涌现的数字技术和媒介带来了各种新的讲述、展示和观察记忆的方式。电视里的新闻、体育报道曾经因为其视角的多样化和即时性而广受欢迎；它们可以在屏幕上提供近距离的、更为复杂的多视角。显然，数字"互动性"使得观众在电视内容方面享有更大的控制权，例如：可以进行暂停、回放、快进、存档等各种操作。此外，如今人们可以通过数据库来获取新的档案视角，以此解读各种事件。当然，电视也在逐渐增强互动性

---

① Roger Friedland and Dierdre Boden (Eds). *NowHere: Space, Time and Modernity*. Berkeley, CA: University of Alifornia Press, 1994.

和联结性,其自身也日渐具有了数据库的功能。如今在网络上兴起了一种考古压缩法,将先前零星散落的、与事件有关的媒介信息压缩在一起。这些风潮引发了新的"超级叙事",将线上环境的即时性(即刻可用、可操作)与数字档案拼接融为一体。例如,英国广播公司在其新闻网站上创建了一个有关2005年伦敦爆炸案的密集的、多模态档案"时间线",对各个地点发生的爆炸袭击以及紧急回应做了多角度的全面讲述。

  文化记忆理论中有一组很重要的二元对立的概念,即主动记忆与被动记忆,或者功能记忆与存储记忆。这组概念可以部分地解释新的文化记忆动力系统。阿莱达·阿斯曼提出文化记忆有两种模式:"主动记忆"的体制所保留的*过去成为现在*,而被动记忆的体制所保留的*过去成为过去*[1](原文里有斜体)。阿斯曼用博物馆里的不同空间区域来解释两者之间的区别:主动记忆是仍然在沿用的记忆,好比是博物馆里观众可以看到的那些展品,对此她用了"卡农"这样一个专门的术语,而"被动的存储记忆"则由那些没有被拿出来展示的藏品构成,她称之为"档案"[2]。这个模式的确能够准确地描述物质形式的文化记忆,但是它无法很好地解释数字数据系统(包括数据库技术和网络)。在文字文化时代,卡农作为权威性的文化文本享有特殊的地位,它不仅是一种具象化的物质存在,而且具有在公共空间展示的特权。但是在新的数字环境中,当下的社会技术活动模糊了卡农与档案之间的界线,对卡农的中心地位构成了消解和挑战。

  网络承诺提供档案,但是同时它也引入了一种新的时间观念,以新的方式使记忆媒介化。它所产生的不仅仅只是交织在一起的过去和现在,而是一种由联结性和数据传送构成的新的网络"即时性"。广播、电视和报纸等传统媒介给我们的时间感觉是事件总是"准时发生"[3],而网络的时间性正好相反,让我们感觉时间呈现为一种持续生成的状态。例如,我们可

---

[1] Assmann, Aleida. "Canon and Archive." *Cultural Memory Studies*: *An International and Interdisciplinary Handbook*. Eds. Astrid Erll, Ansgar Nünning& Sara B. Young. Berlin: Walter de Gruyter, 2008. p. 98.

[2] Assmann, Aleida. "Canon and Archive." *Cultural Memory Studies*: *An International and Interdisciplinary Handbook*. Eds. Astrid Erll, Ansgar Nünning&Sara B. Young. Berlin: Walter de Gruyter, 2008. p. 98.

[3] Warner, Michael. *Publics and Counterpublics*. New York: Zone, 2002.

结　语

以将数字网络与纸质刊物和广播电视媒介进行比较，报纸和期刊一般为定期出版，而广播电视为循环播放模式，依据时钟的时间全天候滚动播出新闻。

有时候网页会出现这样一些情况，比如：很容易被不断地更新，或者永久性的断网以及删除，因而无法重新找到或者恢复到初始状态或者之前的状态。其实这不只是网页才会出现的问题。数字化的数据因为包含新兴媒介的内容，所以它最终很容易过时，如果找不到能够与之兼容的技术工具就无法恢复。与因特网相连的时间观发生了变化，当我们试着去捕捉和保留时间的时候就能感受到这一点。例如，电视、电影、印刷这些媒介的生产、出版和发行日期相对来说都是比较准时准点的，而且这一特点也体现在其生产和归档的文化之中（包括因特网上再媒介化之后的版本），但是网络出版作为一个事件却没有一个全世界普遍认同的、确定的时间点。

的确，实时地捕捉、存储和复制网页，这种即时性的效果到底如何的确令人担忧。丽莎·吉特曼（Lisa Gitelman）提到了"文化无时间性的逻辑"，这适用于"威廉·布莱克档案"（William Blake Archive）之类的在线出版项目，这些项目正在"通过增强文化威信力，通过将新的手段和现存的公众记忆主题糅合在一起，使一种新媒介具有了权威性"①。"威廉·布莱克档案"网站宣称这是"一个多功能一体化的混合体、目录、数据库，一整套能够充分利用新信息技术资源的学术工具"（www.blakearchive.org/blake/archive.html）。这个项目的目标是吸纳"尽可能多的布莱克在绘画和文学方面的卡农之作"②，在这种情况下阿莱达·阿斯曼所划分的两种模式："主动"记忆（卡农）和"被动"记忆（档案）之间的流动性就大大增加了，换言之，两者之间的界线不再清晰分明。如此下去，这种划分前景何在？用阿斯曼的话来说，因特网代表了大量积累的档案记忆，因为

---

① Gitelman, Lisa. *Always Already New: Media, History and the Data of Culture*. Cambridge: MIT Press, 2006. p.141.

② Gitelman, Lisa. *Always Already New: Media, History and the Data of Culture*. Cambridge: MIT Press, 2006. p.141.

其存储力"已经远远超过了人类主动记忆的容量"①。然而,网络和其他交流技术的时间性以及数字内容的流动性正在改变档案的性质,个人记忆、社会记忆和文化记忆所组成的各种文化也在同时发生改变。因而,将主动记忆等同于将过去保存为现在,将被动记忆等同于将过去保存为过去,这种观念无法解释网络和其他媒介中的一些现象,例如:现在通过数字媒介形成了连续的、网络化的文化记忆,将有关过去的所有记忆源源不断地带入现在,其中不仅包括以卡农形式存在的主动记忆,也包括阿斯曼所说的那些本该留在过去的档案。此外,因为记忆与技术的协同发展,导致文化记忆里一些区别明显的模式,比如"私人"记忆与"公共"记忆有可能同时共存。

从另一方面来说,档案在塑造"记忆作品"的潜力方面具有重要的作用,这一点在当代新闻领域表现得十分明显。芭比·泽丽泽(Barbie Zelizer)认为,有一种"趋势是通过这些新闻机构,动用最大范围的档案来生产记忆作品"②。数字记忆至少能够加速这一进程,而且我们可以将之延伸至广义的档案,关注业余新闻与专业新闻之间界线模糊的问题以及所谓"全民记者"("Citizen Journalist")的兴起③。

文化记忆的物质性是阿莱达·阿斯曼提出"卡农"和"档案"这两个概念的基础,这一点可以由伦敦皇家战争博物馆于 2000 年开放的"永久性"大屠杀展览得到印证。这个展览虽然也使用了电子媒介,有许多块屏幕,使用了影片、录像、声音、图像等媒介,但是主要还是用与大屠杀事件相关的实物作为证据来进行叙事。关于这个例子胡森(Huyssen)作了如下评价:"即便这时候博物馆使用了视频和电视节目作为补充性的教育手段……这也只是多了一种替代转换频道的方法,最终还是得落脚于展品

---

① Assmann, Aleida. "Canon and Archive." *Cultural Memory Studies*: *An International and Interdisciplinary Handbook*. Eds. Astrid Erll, Ansgar Nünning&Sara B. Young. Berlin: Walter de Gruyter, 2008. p. 104.

② Zelizer, Barbie. "Why Memory's Work on Journalism Does Not Reflect Journalism's Work on Memory." *Memory Studies* 1.1 (2008): 79-87. p. 84.

③ Gillmor, Dan. *We The Media*: *Grassroots Journalism By the People*, *For the People*. Sebastapol: O'Reilly, 2006.

的物质性及其时间氛围。"①

2002年12月,在大屠杀展览开放两年半之后,在伦敦皇家战争博物馆的上面一层开放了另外一处展馆,名为"反人类罪展览"。这个展馆位于博物馆的中庭,没有任何实物,完全通过屏幕呈现有关当代所发生的种族大屠杀的叙事。这两个展览空间的主导性再现模式大不相同,前者以人工制造的实物为主,将大屠杀事件视觉化,呈现为一种相对固定的叙事模式。而后者则完全依靠屏幕和数据库将大媒介时代所经历的种族屠杀事件再媒介化了。虽然在当时电视和媒介的影响力日渐增强,但是这些大媒介为历史留下的初稿很容易被修改和转化,它们最终在21世纪新媒介时代汇入了"数据传送"的洪流。

近年来在社会科学领域中存在一种普遍的看法,认为人们应该更多关注"国际化转向",即国内社会对于跨国领域的敏感性,或者借用贝克(Beck)的话:"国际化意味着内部的全球化,从国际内部发生的全球化。这使日常意识和身份发生了重大改变。引发全球关注的事件正在成为日常地区性经验的一部分,并且成为民众的'道德生活世界'。"② 在这一背景下,尽管大多数致力于集体记忆的研究围绕着民族记忆的构建展开,但是在全球化时代集体记忆以及集体纪念活动处于国际化的背景之中③,因而不一定就会推动民族价值观的形成。例如:每年世界各主要国家都会举行纪念二战结束的仪式和活动,这场战争已经成为一种国际现象,是全世界人共享的集体记忆;2020年席卷全球的新冠肺炎病毒引发的全球抗疫活动,不止关涉到某几个特定的国家或民族,而是成为全世界人民共同的集体性记忆,这不一定会影响到民族价值观,反而会涉及更为普世主义的价值观,引发人们对于一些国际化问题进行反思,例如:人与自然环境的问题,人类命运共同体的构建问题。

---

① Huyssen, Andreas. *Twilight Memories: Marking Time in a Culture of Amnesia*. London: Routledge, 1995. p. 32.

② Beck, Ulrich. "The Cosmopolitan Society and its Enemies." *Theory, Culture & Society* 19 (1-2) (2002): 17-44. p. 17.

③ Levy, Daniel and Natan Sznaider. *The Holocaust and Memory in the Global Age*. Trans. Assenka Oksiloff. Philadelphia: Temple University Press, 2006.

文化记忆领域中大多数研究所涉及的集体记忆是单数的，而且将某个给定的集体，一般是民族或国家，与其集体记忆等同起来。例如：将法国的集体记忆等同于国家共同体，将美国总统的纪念仪式等同于美国人的集体记忆，等等。但是实际上在国家共同体或其他共同体的框架中存在内部的社会冲突，各种版本的集体记忆在互相竞争，各自试图确立自己的合法性以及相应的话语权。例如：伯德[①]（Bird）就阿萨巴屠杀事件所做的记忆研究表明，即使当权的政体消除了不同的叙事声音，仍然可以利用新媒介形成有关这一事件的叙事，并且在民众中间进行传播，从而构建和塑造出与官方历史进行竞争的集体记忆。

主动记忆/被动记忆或者功能记忆/存储记忆这两对概念在未来是否仍然可用，这取决于因特网以及其他数字记录和交流方法所带来的巨大转型，即记忆逐渐成为个人化的表达。民众生活的再现和历史化已经在性质和潜力方面出现了转变。例如，原先传记作家所获取的许多信息以及档案馆和博物馆里所陈列的资料都是纸质的硬皮书，但是现在人们的生活痕迹日益显现为数字交流的形式。目前日益兴起的日常社会技术实践活动影响到我们如何搜索、保存和流通这类数字数据，而且也对文化的记忆与遗忘产生了潜在的影响。数字数据为我们提供了前所未有的信息可及性，而且数字数据易于操控，但是与具有物质性的纸质书本相比这些数据在将来被重新找回的可能性大大减小了。例如，电子邮件、手机短信和社交网站里面存放着大量私人的和半公开的交流信息，虽然在现在看来可以随时存取，但问题是如果今后要将这些数据转化为文化记忆，那么应该以什么样的形式将数据留存下来，又应该留存哪些内容呢？

数字交流形式总体上具有即时性和同时性，而且很多具有系统性删除功能，比如：电子邮件、微信等都有永久删除和批量删除的功能。这种情况有助于减少那些我们不愿意保留下来的信息的数量，而在传统的媒介环境中，信息以物质形式存在，虽然有各种形式的损毁，但是如果以实物的

[①] Bird, S. Elizabeth. "Reclaiming Asaba: Old Media, New Media, and the Construction of Memory." *On Media Memory: Collective Memory in a New Media Age.* Eds. Motti Neiger, Oren Meyers, and Eyal Zandberg, et al. Basingstoke: Palgrave Macmillan, 2011.

形式存储下来，在将来会更容易被人发现，进行解释和再解释。数字媒介的形式很多，包括手机短信、邮件、照片、视频以及网页，它们总体上都具有时间性、流动性和可及性，所以将来建立文化记忆库的时候这些数字信息的内容可以随时撤销，难免会造成一些混乱。

数字网络记忆在将来有可能被删除或者遭遇断网，这就使得物质客体形式的文化记忆，包括照片、磁带、录像带、书信、纪念碑、博物馆等形式，显得尤为重要。当然物质性记忆仍旧会是文化记忆的一部分，但是它的确面临着各种形式的挑战。康纳顿于2009年出版的《现代如何遗忘》关注的正是"文化记忆遗失"这一问题。他认为21世纪全球化社会的特点是文化遗忘造成了"一系列断裂"①。在当下的社会中，消费品迅速过时，物品的更换频率加快，康纳顿从中觉察出保存文化记忆所面临的一个重大威胁，即随着信息技术的激增物质文化变得越来越非物质化了。物被定义为"可以拿在手里的东西"②，但是在快速变化的影视屏幕、计算机存储器和电子图像中，物变成了"非物质"，"所有实在的物都融化为了信息"③。鉴于这种情况，非物质性的网络记忆与以实物形式保存过去的记忆方式是否可能会同时并存？现在我们在网络上分享照片，这些标签式的、一闪而过的图像在将来是否也会变成"卡农"或者"档案"，成为文化记忆的一部分？

所有这些变化只是技术与记忆协同发展过程中的一部分内容。随着媒介网络系统和基础设施的连接和转型，将会出现新的机遇与风险，相应的文化记忆不得不重新调整其动力系统，同时这也要求我们重新对文化记忆进行定义，只有这样才能对新的记忆生态环境做出有力的解释。记忆研究将记忆分为个人记忆和集体记忆，文化记忆和交流记忆，虚拟记忆和物质记忆，这种曾经可靠的二元体系如今被日渐消解。尽管技术和媒介隐喻正

---

① Connerton, Paul. *How Modernity Forgets*. Cambridge: Cambridge University Press, 2009. p. 132.
② Connerton, Paul. *How Modernity Forgets*. Cambridge: Cambridge University Press, 2009. p. 124.
③ Connerton, Paul. *How Modernity Forgets*. Cambridge: Cambridge University Press, 2009. p. 124.

在迅速地同步更新，紧跟记忆媒介化的速度和规模，但是现在已经无法让记忆回归其原初状态。如今，媒介生活即记忆生活。记忆是通过媒介生态系统而存在的，这个系统中的各种交流网络和数字媒介内容对过去进行重新评估，这些信息不仅体量大、范围广，而且很容易获取。因而，需要建立一种新的记忆生态模式来阐明可能存在的各种记忆线路是如何互相联系并且整合为一个动态系统的。

新媒介对于文化记忆研究既是一种重要的挑战，同时也意味着某种转型。它们要求对复杂的数字时代做一种更为丰富、更为复杂的解读：即要求一种后广播时代的数字范式。当我们试图理解数字媒介所带来的迅速而深刻的变化时，广播时代大众媒介交流模式残留下来的痕迹会让我们遭遇到评论家所说的"前范式的"困阻。我们所面临的困难不仅在于很难马上找到合适的术语描述和分析我们在不停变化的媒介化环境中的体验，还在于一些引发争议的术语和参数在概念和理论上仍然具有残留的影响力，而且这种情况会持续很长的时间。

随着新的数字媒介的出现和广泛应用，文化记忆的形成和发展呈现为一个完全为动态的、持续变化的过程，所以急需建立起新的思想框架或者理论模式，这是一项极具挑战性的任务。记忆与技术在迅速地协同发展，为了应对这种情况我们需要在理论和方法上重新定位，进行根本性变革。例如：当我们从时间维度对数字网络记忆的兴起和影响进行研究时，需要充分考虑到因特网动态的、不确定的时间性。

探索建立新的记忆生态系统是一项宏大的工程，因为在认识和理解"革新"的过程中会遇到各种挑战，例如：这种尝试自然会遭到某些人的反对，而且前范式模型自身就具有不稳定性。不过，记忆与技术两个生态系统彼此相依，正在齐头并进、协同发展，其标志就是最近出现的联结性转向。联结性这个概念是作为目前盛行的"集体记忆"概念的对立面出现的，因为我们需要将重心由个人记忆和集体记忆转向当下相互联系的动力系统。然而，通过数字媒介和交流形成的联结性以及潜在的联结性不仅在决定什么该记忆、什么该遗忘方面发挥着越来越重要的作用，而且它还塑造了记忆本身的特点和性质。在晚期现代社会里媒介化记忆的特点一直在迅速地演变，只有改变现有的记忆和遗忘的参照系，打造出新的记忆生态系统，才能够利用信息丰富、存取便捷的新媒介塑造出连续、稳定并且具有深度的文化记忆。

第二节 西方文化记忆研究的"瑜"与"瑕"

法国社会学家莫里斯·哈布瓦赫被公认为文化记忆理论的先驱，他所提出的"集体记忆"概念成为"文化记忆"理论创立的基石。扬·阿斯曼在此基础上，对哈布瓦赫的集体记忆理论作了历时维度的拓展和延伸，不仅关注共时性的、日常生活化的"交流记忆"，还将目光投向更为遥远的体制化记忆形式，由此超越当下，将记忆研究推向历史的纵深悠远之处，探求绵延不断、源远流长的文化之源。

当代西方文化记忆研究历经三十年的发展，成果十分丰富。以阿斯曼夫妇为首的一批西方学者纷纷著书立言，建树颇丰，在文化研究和历史人类学的大框架下开辟出文化记忆研究领域。目前已创建 *Memory&History*、*Memory Studies* 等国际期刊，路特里奇出版社、斯坦福大学出版社、德古意特出版社以及帕尔格雷夫·麦克米兰公司分别出版了"Studies in Memory and Narrative"（1998）、"Cultural Memory in the Present"（1998）、"Media and Cultural Memory"（2004）、"Memory Studies"（2009）等系列丛书。这些国际期刊和系列丛书交叉、融合了历史、叙事、媒介、文学、社会学等多学科，拓展、开创了人文社会研究中的一个新兴领域。如今文化记忆理论的学术影响力早已跨越了德国的国界，甚至超越了欧美大陆这一地缘边界，成为国际学术界的研究热点。扬·阿斯曼于1988年正式提出"文化记忆"这一概念，1984—1992年法国历史学家皮埃尔·诺拉出版了他的里程碑式巨著《记忆之场》，对象征法国的文化符号做了全景式描绘。受其影响，美国、以色列、荷兰、德国、意大利、英国、中国先后掀起了"文化记忆热潮"，文化记忆研究已然成为一个国际现象。

当代西方文化记忆理论研究跨学科特征凸出，与各学科的交叉研究系统、深入。这些丰富的文化记忆研究成果为本书提供了宝贵的文献资源，由此形成了一个系统而完整的参照系。但是，笔者汲取、借鉴这些理论资源的同时也对之进行了观照和审视，由此发现当代西方的文化记忆理论总体上存在以下几点不足：

首先，从研究视角、取材范围和研究广度来看，基本上局限于欧美文化，对东方文化的研究不足。的确，文化记忆理论的创始人扬·阿斯曼是一位埃及考古学家，他对古埃及文化和犹太文化都做了深入细致的研究，但是总体说来，文化记忆研究还是以西方世界作为主要的研究对象和研究内容。二战期间德国对犹太人实施了大规模种族屠杀，由此在西方世界引发了有关记忆问题的广泛讨论，这是文化记忆研究兴起的政治和文化背景，也成为文化记忆研究的一项重要内容。相对而言，东方世界似乎被忽视了。例如：同样是发生在二战时期的南京大屠杀事件，却很少被西方学者纳入研究视野，更谈不上对之进行专门的文化和历史研究。一方面，发生在欧洲德国的"犹太人大屠杀"事件已经成为全球性话语，而另一方面，几乎与此同时发生的"南京大屠杀"事件却几乎被消音。通过这种对照我们可以看出，文化记忆研究领域中潜藏着西方中心主义思维，东方作为"他者"被有意无意地忽视、边缘化，甚至抛弃了。

其次，当今的文化记忆研究偏重于学理阐释和理论构建，实证主义研究相对薄弱。文化记忆是客体化的集体记忆形式，而集体记忆与个人记忆总是交织在一起，相互依存。也就是说，集体记忆最终要落实到每个具体的个体的记忆之中，否则集体记忆便成为无源之水、无本之木。在这一方面目前存在的问题有：个人记忆与集体记忆之间相互转化的过程有待进一步阐释和厘清；个人层面的文化记忆研究目前大多以代际记忆研究或口述文化研究为主，认知学、心理学、神经生物学这些传统的个人记忆研究方法应该更多地运用于文化记忆研究之中。

再次，文化记忆作为一种体制化的集体记忆形式，承担着凝聚群体成员、教化民众的社会功能。学校、教会、寺院、图书馆、博物馆等体制性机构在文化记忆的存储和传递过程中发挥着主导性作用，文化记忆的传递模式是自上而下，个体处于被动接受的位置。但是现在我们身处新的数字媒介时代，如何在媒介记忆的联结性和国际性转向过程中，紧跟时代节奏，充分利用新媒介存取便捷、即时互动、网状融通的特点，加强文化记忆对于当下现实的介入力度，同时提高民众对"文化记忆"工程的参与程度，加强民族凝聚力和社会向心力，倡导个体以更为平等、民主的方式参与文化记忆的构建过程，这是时代对文化记忆理论研究者提出的挑战，目前看似无解，期望在将来听到学界回应的声音，找到应对之策。

针对西方文化记忆理论的跨学科特点，作者运用多学科研究方法对其进行全面、系统、深入的学理研究。研究对象除了文化记忆理论的创建者阿斯曼夫妇之外，还包括埃尔和纽宁等其他重要的理论家；不仅为文化记忆理论研究绘制出一部完整的谱系图，论证"文化记忆"作为一个新生概念和新生理论的合法性，并且用多学科的方法阐析其主要特点和内在机制。文化记忆理论已经诞生了三十余年，目前形成了较为成熟的理论体系。其理论创始人阿斯曼夫妇不止一次地提到，文化记忆是一个动态的过程，但是关于文化记忆内部的重要维度和互动机制并未作具体阐释。笔者以此为基础，通过对文化记忆理论的多学科研究，提出文化记忆是一个以媒介为主要内驱力，由文学性、物质性、选择性、建构性、伦理性等多维度构成的动态系统。其中，文化记忆的物质性特征是本项研究的重点和亮点，因为这是文化记忆与交流记忆之间最为明显的区别之一，既是文化记忆的定义性特征，也是文化记忆理论立足的基石。交流记忆以群体成员之间共时性的、面对面的交流为主，而文化记忆是客体化的记忆形式，也就是说，它必须借助于外在的物质媒介才能将身处不同时空的各代人彼此联系起来，构成一个有明确身份的群体，由此实现文化的记忆功能。但是由于传统的精神、物质二元论的影响，记忆一直被认为是一种以人类作为主体的认知现象，物被当做认知的客体和内容，沦为一种背景式的存在。笔者采用实践存在论视角，凸显文化记忆的物质性特征，提出在记忆活动中物与人通过实践结合在一起，形成主体间性关系。由此，重置文化记忆活动中物与人的关系，物拥有与人平等的地位，人在记忆的同时也被物所记忆。

针对西方世界普遍存在的、或隐或现的西方中心主义思想，笔者作为一名中国学者，对当代西方文化记忆理论进行研究和审视的目的在于反观和建构以中国作为本体的民族文化记忆，自觉抵制外部势力对本体文化的误读和曲解，在促进文化自觉的同时积极主动地构筑本民族文化身份和国家形象。所以，本项研究的旨归在于将西方文化记忆理论与中国语境结合起来，讨论本民族的文化记忆问题。近几年兴起的"跨国记忆"涉及不同的民族或国家，常常引发道德和伦理方面的争论和冲突，"南京大屠杀"就是这样一个典型例证。关于这一问题笔者秉持中国学者的立场，应用美国哲学家阿维夏伊·玛格利特的记忆伦理观，结合约翰·奥斯汀的言语行为理论，明确提出记忆"南京大屠杀"是全人类的一项道德责任，中国人民作为受害者有权要求加害者承担并且履行记忆的责任和义务。

  烛照隅隙，广观衢路，是笔者求索的目标。但是，与文化记忆相关的研究成果卷帙浩繁，限于笔者有限的学识素养和时间、精力，本书的研究视野中必然存在某些盲区；而且在当今数字媒介网络时代，信息迅速流动、持续更新，而书稿的撰写和修改过程持续时间较长，在此期间来不及同步更新文献资料，在文献的收集和吸纳方面存在一定程度的延迟。对于这些"尚在路上"的最新文献资源，我将在后续的完善工作中补充、吸纳，即时更新，照亮由于这种"时差"而导致的视点盲区。另外，本书作者与国内大多数研究者一样，以中、英文为主要工作语言，因而许多用德文写作的研究文化记忆理论的著述未能纳入本书的视野，这种语言方面的限制必定会在一定程度上造成视点盲区和时间延迟。今后笔者需要克服现有的语言局限，着重在一手文献资料的搜集和参阅方面多下功夫。同时，希望随着国内外文化记忆研究的推进和发展，未来有更多的德文研究成果被译为英文或中文，也希望有更多通晓德文的中国学者加入这一研究领域，因为文化记忆理论不仅跨学科，同时它也是跨语言和跨文化的研究。

参考文献

中文文献：

［德］阿莱达·阿斯曼：《回忆空间：文化记忆的形式和变迁》，潘璐译，北京大学出版社 2016 年版。

［德］阿莱达·阿斯曼：《记忆中的历史》，袁斯乔译，南京大学出版社 2017 年版。

［德］扬·阿斯曼：《文化记忆：早期高级文化中的文字、回忆和政治身份》，金寿福、黄晓晨译，北京大学出版社 2015 版。

［德］扬·阿斯曼：《宗教与文化记忆》，黄亚平译，商务印书馆 2018 年版。

［德］阿斯特莉特·埃尔：《文化记忆理论读本》，冯亚琳主编，北京大学出版社 2012 年版。

［德］阿斯特莉特·埃尔、安斯加尔·纽宁主编：《文化记忆研究指南》，李恭忠、李霞译，南京大学出版社 2021 年版。

陈新、彭刚主编：《文化记忆与历史主义》，浙江大学出版社 2014 年版。

冯亚琳等著：《德语文学中的文化记忆与民族价值观》，中国社会科学出版社 2013 年版。

冯亚琳选编：《德国文化记忆场》，中国言实出版社 2016 年版。

冯亚琳：《文学与文化记忆的交会》，《外国语文》2017 年第 2 期。

［法］莫里斯·哈布瓦赫：《论集体记忆》，毕然、郭金华译，上海人民出版社 2002 年版。

金寿福：《扬·阿斯曼的文化记忆理论》，《外国语文》2017 年第 2 期。

景天魁、冯波主编：《时空社会学：记忆和认同》，中国传媒大学出版社 2017 年版。

康澄：《文化记忆的符号学阐释》，《国外文学》2018 年第 4 期。

［法］雅克·勒高夫：《历史与记忆》，方仁杰、倪复生译，中国人民大学出版社 2010 年版。

［法］保罗·利科：《记忆，历史，遗忘》，李彦岑、陈颖译，华东师范大学出版社 2018 年版。

［美］阿维夏伊·玛格利特：《记忆的伦理》，贺海仁译，清华大学出版社 2015 年版。

［法］皮埃尔·诺拉主编：《记忆之场：法国国民意识的文化社会史》，黄艳红等译，南京大学出版社 2017 年版。

邵鹏：《媒介记忆理论——人类一切记忆研究的核心与纽带》，浙江大学出版社 2016 年版。

时晓：《当代德国记忆理论流变》，《上海理工大学学报》（社会科学版）2016 年第 2 期。

［美］史景迁：《利玛窦的记忆之宫：当东方遇到西方》，陈恒、梅义征译，上海远东出版社 2005 年版。

陶东风：《阿维夏伊·玛格利特论道德见证者》，《学术月刊》2018 年第 7 期。

陶东风：《〈记忆的伦理〉：一部被严重误译的学术名著》，《文艺研究》2018 年第 7 期。

王建：《从文化记忆理论谈起—试析文论的传播与移植》，《学习与探索》2012 年第 11 期。

王蜜：《文化记忆：兴起逻辑、基本维度和媒介制约》，《国外理论动态》2016 年第 6 期。

王霄冰、迪木拉提·奥迈尔：《文字、仪式与文化记忆》，民族出版社 2007 年版。

［德］哈拉尔德·韦尔策：《社会记忆：历史、回忆、传承》，季斌、王立君、白锡堃译，北京大学出版社 2007 年版。

［美］埃里克·沃格林：《记忆：历史与政治理论》，朱成明译，华东师范

大学出版社 2017 年版。

徐贲:《人以什么理由来记忆》,吉林出版集团有限责任公司 2008 年版。

[美] 简·雅各布斯:《集体失忆的黑暗年代》,姚大钧译,中信出版社 2007 年版。

[澳] 克莱夫·詹姆斯:《文化失忆——写在时间的边缘》,丁骏、张楠、盛韵、冯洁音译,北京日报出版社 2020 年版。

张欣:《文化记忆理论研究》,硕士学位论文,中国海洋大学,2015 年。

赵静蓉主编:《记忆》,暨南大学出版社 2015 年版。

赵静蓉:《文化记忆与身份认同》,生活·读书·新知三联书店 2015 年版。

英文文献:

Anderson, Benedict. *Imagined Communities: Reflections on the Origin and Spread of Nationalism.* London: Verso, 1983.

Anderson, Cooper. *The Long Tail: How Endless Choice is Creating Unlimited Demand.* London: Random House, 2007.

Anderson, Elizabeth. *Value in Ethics and Economics.* Cambridge, MA: Harvard University Press, 1993.

Angel, Maria and Anna Gibbs. "Media, Affect and the Face: Biomediation and the Political Scene." *Southern Review* 38.2 (2006): 24-39.

Appiah, Kwame Anthony. *The Ethics of Identity.* Princeton: Princeton University Press, 2005. 24-26.

Arendt, Hannah. *Vita activa oder: Vom tätigen Leben.* München: Piper, 1981.

Assmann, Aleida. "Canon and Archive." *Cultural Memory Studies: An International and Interdisciplinary Handbook.* Eds. Astrid Erll, Ansgar Nünning & Sara B. Young. Berlin/New York: Walter de Gruyter, 2008.

Assmann, Aleida. *Cultural Memory and Western Civilization: Functions, Media, Archives.* New York: Cambridge University Press, 2011.

Assmann, Aleida. "The Holocaust—a Global Memory? Extensions and Limits of a New Memory Community." *Memory in a Global Age: Discourses, Practices and Trajectories*. Eds. Aleida Assmann and Sebastian Conrad. London: Palgrave Macmillan, 2010.

Assmann, Aleida. *Shadows of Trauma: Memory and the Politics of Postwar Identity*. Trans. Sarah Clift. New York: Fordham University Press, 2016.

Assmann, Aleida. "Texts, Traces, Trash: The Changing Media of Cultural Memory." *Representations* 56, Special Issue: The New Erudition (Autumn, 1996), 123-134.

Assmann, Jan. "Communicative and Cultural Memory." *Cultural Memory Studies: An International and Interdisciplinary Handbook*. Eds. Astrid Erll and Ansgar Nünning. Berlin/New York: Walter de Gruyter, 2008.

Assmann, Jan. "Kollektives Gedächtnis und kulturelle Identität." *Kultur und Gedächtnis*. Eds. Jan Assmann and Tonio Hölscher. Frankfurt am Main: Suhrkamp, 1988.

Assmann, Jan. "Collective Memory and Cultural Identity." Trans. John Czaplicka. *New German Critique* 65 (1995): 125-133.

Assmann, Jan. *Religion and Cultural Memory: Ten Studies*. Trans. Rodney Livingstone. Stanford, CA: Stanford University Press, 2000.

Augustine. *Confessions*. Trans. R. S. Pine-Coffin. Harmondsworth: Penguin, 1961.

Baddeley, Alan D. *The Psychology of Memory*. New York: Basic Books, 1976.

Barnes, John A. "Structural Amnesia." *J. A. Barns, Models and Interpretations: Selected Essays*. Ed. S. R. Barrett. Cambridge, MA: 1947.

Barth, John. *Lost in the Funhouse*. New York: Doubleday, 1968.

Barthes, Roland. *Mythologies*. Paris: Èditions du Seuil, 1957.

Bartlett, Frederic Charles. *Remembering: A Study in Experimental and Social Psychology*. Cambridge: Cambridge University Press, 1932.

Beck, Ulrich. "The Cosmopolitan Society and its Enemies." *Theory, Culture & Society* 19.1.2 (2002): 17-44.

Beck, Ulrich and N. Sznaider. "Unpacking Cosmopolitanism for the Social Sciences: a Research Agenda." *British Journal of Sociology* 57.1 (2006): 1-23.

Bellah, Robert N. "Civil Religion in America." *Daedalus* 96 (1967): 1–21.

Ben-Amos, Dan and Liliane Weissberg (Eds.). *Cultural Memory and the Construction of Identity*. Detroit: Wayne State University Press, 1999.

Benjamin, Walter. "Experience and Poverty." In *Walter Benjamin: Selected Writings*, Vol 2: 1927—1934. Eds. Howard Eiland, Michael W. Jennings & Gary Smith. Trans. Rodney Livingston, et al. Cambridge, MA/London: Belknap Press of Harvard University Press, 1999.

Benjamin, Walter. *Selected Writings*, Vol 2: 1927—1934. Cambridge, MA/London: Belknap Press of Harvard University Press, 1999.

Benjamin, Walter. *Selected Writings*, Vol 4: 1938—1940. Cambridge, MA: Belknap Press, 2003.

Benjamin, Walter. *The Storyteller: Tales out of Loneliness*. Trans. &Eds. Sam Dolbear, Esther Leslie & Sebastian Truskolaski. London: Verso, 2016.

Bergson, Henri. *Creative Evolution*. Mineola, NY: Dover, 1998.

Bergson, Henri. *Matter and Memory*. Trans. Nancy Margaret Paul and W. Scott Palmer. New York: Zone Books, 1991.

Bergson, Henri. *Mineola*. New York: Dover, 1998.

Bird, S. Elizabeth. "Reclaiming Asaba: Old Media, New Media, and the Construction of Memory." *On Media Memory: Collective Memory in a New Media Age*. Eds. Motti Neiger, Oren Meyers & Eyal Zandberg, et al. Basingstoke: Palgrave Macmillan, 2011. 88–103.

Bloch, Marc. "Memoire collective, tradition et coutume." *Revue de Synthese Historique* 40 (1925): 73–83.

Blustein, Jeffrey. *The Moral Demands of Memory*. New York: Cambridge University Press, 2008.

Bolter, Jay David and Richard Grusin. *Remediation: Understanding New Media*. Cambridge: MIT Press, 2001.

Booth, W. James. *Communities of Memory: On Witness, Identity, and Justice*. Ithaca, NY: Cornell University Press, 2006.

Bourdieu, Pierre. *La Distinction*. Paris: Èditions de Minuit, 1979.

Bourdieu, Pierre. *Outline of a Theory of Practice*. Trans. Richard Nice. Cambridge: Cambridge University Press, 1977.

Bourdieu, Pierre. *The Field of Cultural Production*. Cambridge: Polity Press, 1993.

Bowker, Geoffrey C. *Memory Practices in the Sciences*. Cambridge: MIT Press, 2005.

Broderick, Mick and Mark Gibson. "Mourning, Monomyth and Memorabilia." *The Selling of* 9/11. Ed. Dana Heller. New York: Palgrave Macmillan, 2005.

Brown, Steven D. and Andrew Hoskins. "Terrorism in the New Memory Ecology: Mediating and Remembering the 2005 London Bombings." *Behavioral Sciences of Terrorism and Political Aggression* 2.2 (2010): 87-107.

Brubaker, Rogers and Frederick Cooper. "Beyond 'Identity'." *Theory and Society* 29 (2000): 1-47.

Burke, Peter. "Shaping Memories." *Literature and Cultural Memory*. Eds. Mihaela Irimia, Dragoş Manea& Andreea Paris. Leiden/Boston: Drill Rodopi, 2017.

Campbell, Sue. *Our Faithfulness to the Past: The Ethics and Politics of Memory*. Eds. Christine M. Koggel and Rockney Jacobsen. New York: Oxford University Press, 2014.

Campbell, Sue. *Relational Remembering: Rethinking the Memory Wars*. Lanham, MD: Rowman and Littlefifield, 2003.

Carey, W. J. "Political Ritual on Television: Episodes in the History of Shame, Degradation and Excommunication." *Media, Ritual and Identity*. Eds. Tamar Liebes and James Curran. London: Routledge, 1998.

Carruthers, Mary. *The Book of Memory: A Study of Memory in Medieval Culture*. Cambridge/New York: Cambridge University Press, 1990.

Casey, Edward. S. *Remembering: A Phenomenological Study*. Bloomington, IN: Indiana University Press, 2000.

Cassirer, Ernst. *An Essay on Man: An Introduction to a Philosophy of Human Culture*. New Haven/London: Yale University Press, 1994.

Certeau, Michel de. *The Practice of Everyday Life*. Trans. Steven Rendall. Berkeley/Los Angeles/London: University of California Press, 1980.

Chambers, Robert. *Cyclopaedia of English Literature*, 2 vols. Edinburgh: Chambers, 1843—1844.

Chambers, Robert. *History of the English Language and Literature*. Edinburgh: Cambers, 1836.

Cohn, Dorrit. *The Distinction of Fiction*. Baltimore: Johns Hopkins University Press, 1999.

Cockburn, David. *Other Times: Philosophical Perspectives on Past, Present and Future*. Cambridge, UK: Cambridge University Press, 1997.

Collier, William. *History of English literature*. London: T. Nelson and Sons, 1862.

Confino, Alan. "Memory and the History of Mentalities." *Cultural Memory Studies: An International and Interdisciplinary Handbook*. Eds. Astrid Erll and Ansgar Nünning. Berlin/New York, 2008.

Connerton, Paul. *How Modernity Forgets*. Cambridge: Cambridge University Press, 2009.

Connerton, Paul. *How Society Remembers*. Cambridge: Cambridge University Press, 1989.

Danto, Arthur. *Narration and Knowledge*. New York: Columbia University Press, 1985.

Dayan, Daniel and Elihu Katz. *Media Events: The Live Broadcasting of History*. Cambridge, MA: Harvard University Press, 1992.

De Holan, P. M., N. Phillips & T. B. Lawrence. "Managing Organizational Forgetting." *MIT Sloan Management Review* (Winter 2004): 45-51.

Deleuze, Gilles and Felix Guattari. *What is Philosophy?* London: Verso, 1994.

Derrida, Jacques. "Freud and the Scene of Writing." *Writing and Difference*. Trans. Alan Bass. London/New York: Routledge, 2001.

Derrida, Jacques. " 'This Strange Institution Called Literature,' An Interview with Jacques Derrida." *Acts of Literature*. Ed. Derek Attridge. London/New

York: Routledge, 1992.

Deuze, Mark. "Media Life." *Media, Culture & Society* 33.1 (2011): 137-148.

Diers, Michael. "Warburg and the Warburgian Tradition of Cultural History." Trans. Thomas Girst and Dorothea von Moltke. *New German Critique* 65 (1995): 59-73.

Draaisma, Duwei (1995). *Metaphors of Memory: A History of Ideas About the Mind.* Cambridge: Cambridge University Press, 2000.

Durkheim, Fimile (1915). *The Division of Labor in Society.* Trans. W. D. Halls. New York: Free Press, 1984.

Dworkin, Ronald. *Law's Empire.* London: Fontana Press, 1986.

Eagleton, Terry. *The Idea of Culture.* Oxford: Blackwell, 2000.

Easthope, Antony. *Englishess and National Culture.* London/New York: Routledge, 1999.

Ebbinghaus, Hermann. *Memory: A Contribution to Experimental Psychology.* Trans. Henry A. Ruger. New York: Columbia University Press, 1913.

Eco, Umberto. "An Ars Oblivionalis? Forget it!." *Publication of the Modern Language Association of America* 103.1 (1988): 254-261.

Edgerton, Gary. "Television as Historian: an Introduction." *Film & History* 30.1 (2000): 7-12.

Eliade, Mircea. *Myth and Reality.* New York: Harper and Row, 1963.

Eliot, T. S. *The Waste Land.* New York: Boni and Liveright, 1922.

Ellman, Richard. *James Joyce.* Oxford: Oxford University Press, 1982.

Erll, Astrid. "Literature, Film, and the Mediality of Cultural Memory." *Cultural Memory Studies: An International and Interdisciplinary Handbook.* Eds. Astrid Erll, Ansgar Nünning & Sara B. Young. Berlin: Walter de Gruyter, 2008.

Erll, Astrid. *Memory in Culture.* New York: Palgrave Macmillan, 2011.

Erll, Astrid and Ansgar Nunning (Eds.). *Cultural Memory Studies: An International and Interdisciplinary Handbook.* Berlin: Walter de Gruyter, 2008.

Erll, Astrid and Ann Rigney. "Introduction: Cultural Memory and its Dynamics."

Mediation, Remediation, and the Dynamics of Cultural Memory. Eds. Asrid Erll and Ann Rigney. Berlin/New York: Walter de Gruyter, 2009.

Erll, Astrid and Ann Rigney. (Eds.). *Mediation, Remediation, and the Dynamics of Cultural Memory*. Berlin/New York: Walter de Gruyter, 2009.

Ernst, Wolfgang. "The Archive as Metaphor: From Archival Space to Archival Time." *Open* 7 (2004): 46–53.

Esposito, Elena. "Social Forgetting: A Systems–Theory Approach." *Cultural Memory Studies: An International and Interdisciplinary Handbook*. Eds. Astrid Erll and Ansgar Nunning. Berlin: Walter de Gruyter, 2008.

Feinberg, Joel. "Supererogation and Rules." Eds. Judith J. Thomson and Gerald Dworkin. *Ethics*. New York: Harper and Row, 1968.

Ferguson, Frances. "Romantic Memory." *Studies in Romanticism* 35.4 (Winter, 1996): 509–533.

Ferguson, Niall. "Introduction." *The Death of the Past*. By J. H. Plumb. New York: Palgrave Macmillan, 2004.

Fish, Stanley. *Is There a Text in This Class? The Authority of Interpretive Communities*. Cambridge, MA: Harvard University Press, 1980.

Foucault, Michel (1967). "Of Other Spaces: Utopias and Heterotopias." Trans. Jay Miskowiec. *Diacritics*, Vol 16.1 (Spring, 1986): 22–27.

Foucault, Michel. *The Archeology of Knowledge and the Discourse on Language*. New York: Pantheon Books, 1972.

Franklin, Benjamin. *Autobiography*. New Haven: Yale University Press, 1964.

Freud, Sigmund. "Beyond the Pleasure Principle." Trans. James Strachey. *The Standard Edition of the Complete Psychological Works of Sigmund Freud, Vol. XVIII*: 1920—1922. London: Vintage, 2001.

Freud, Sigmund. "Civilization and its Discontents." Trans. James Strachey. *The Standard Edition of the Complete Psychological Works of Sigmund Freud, Vol. XXI*: 1927—1931. London: Vintage, 2001.

Freud, Sigmund. *Moses and Monotheism*. Trans. Katherine Jones. New York: Vintage Books, 1967.

Freud, Sigmund. "Moses and Monotheism." *The Origins of Religion: Totem and Taboo, Moses and Monotheism, and Other Works*. Ed. Albert Dickson. Trans. James Strachey. Harmondsworth: Penguin, 1985.

Freud, Sigmund. *The Origins of Religion: Totem and Taboo, Moses and Monotheism, and Other Works*. Ed. Albert Dickson. Trans. James Strachey. Harmondsworth: Penguin, 1985.

Freud, Sigmund. *The Standard Edition of the Complete Psychological Works of Sigmund Freud*. 24 Vols. Trans. &Eds. James Strachey, et al. London: Vintage, 2001.

Freud, Sigmund. *Totem and Taboo: Resemblances between the Psychic Lives of Savages and Neurotics*. Trans. Abraham Arden Brill. London: George Routledge & Sons, 1919.

Freye, Northrop. *Anatomy of Criticism: Four Essays*. Princeton, NJ/Oxford: Princeton University Press, 1957.

Friedland, Roger and Dierdre Boden (Eds.). *Now Here: Space, Time and Modernity*. Berkeley, CA: University of California Press, 1994.

Friesen, Norm and Theo Hug. "The Mediatic Turn: Exploring Concepts for Media Pedagogy." *Mediatization: Concept, Changes, Consequences*. Ed. Knut Lundby. New York: Peter Lang, 2009.

Fritzsche, Peter. *Stranded in the Present: Modern Time and the Melancholy of History*. Cambridge, MA: Harvard University Press, 2004.

Fulbrook, Mary. *Historical Theory*. London: Routledge, 2002.

Fussel, Paul. *The Great War and Modern Memory*. Oxford: Oxford University Press, 1975.

Gadamer, H. G. "Wahrheit und Methode." *Gesammelte Werke*. Stuttgart: 1975, vol. I.

Garde-Hansen, Joanne, Andrew Hoskins & Anna Reading (Eds.). *Save as… Digital Memories*. Basingstoke: Palgrave Macmillan, 2009.

Garfinkel, Harold. "Two Incommensurable, Asymmetrically Alternate Technologies of Social Analysis." *Text in Context: Contributions to Ethnomethodology*.

Eds. Graham Watson and Robert Seller. London: Sage, 1992.

Gedi, Noa and Yigal Elam. "Collective Memory—What Is It?" *History & Memory: Studies in Representation of the Past* 8.1 (1996): 30–50.

Geertz, Clifford. "The Interpretation of Cultures." *Selected Essays*. New York: Basic Books, 1973.

Gillmor, Dan. *We The Media: Grassroots Journalism By the People, For the People*. Sebastapol: O'Reilly, 2006.

Gitelman, Lisa. *Always Already New: Media, History and the Data of Culture*. Cambridge: MIT Press, 2006.

Gleick, James. *Faster: The Acceleration of Just About Everything*. London: Little Brown and Company, 1999.

Goertzel, Ben. *Creating Internet Intelligence: Wild Computing, Distributed Digital Consciousness, and the Emerging Global Brain* (IFSR International Series on Systems Science and Engineering). New York: Kluwer, 2001.

Gombrich, Ernst H. *Aby Warburg: An Intellectual Biography*. Chicago: University of Chicago Press, 1986.

Goody, Jack and Ian Watt. "The Consequences of Literacy." *Comparative Studies in Society and History* 5.3 (1963): 304–345.

Grabes, Herbert. "Cultural Memory and the Literary Canon." *Cultural Memory Studies: An International and Interdisciplinary Handbook*. Eds. Astrid Erll and Ansgar Nünning. Berlin: Walter De Gruyter, 2008.

Gronas, Mikhal. *Cognitive Poetics and Cultural Memory: Russian Literary Mnemonics*. New York: Routledge, 2011.

Grosz, Elizabeth. *Becomings: Explorations in Time, Memory, and Futures*. Ithaca, NY: Cornell University Press, 1999.

Halbwachs, Maurice (1950). *The Collective Memory*. Trans. Francis J. Ditter and Vida Yazdi Ditter. Intro. Mary Douglas. New York: Harper and Row, 1980.

Halbwachs, Maurice. *Les cadres soci aux de la memoire*. Paris: Alcan, 1925.

Halbwachs, Maurice. *On Collective Memory*. Trans. & Ed. Lewis A. Coser. Chicago/London: The University of Chicago Press, 1992.

Hacking, Ian. *Rewriting the Soul: Multiple Personality and the Sciences of Memory*. Princeton: Princeton University Press, 1998.

Hamburger, Kate. *The Logic of Literature*. Trans. Marilynn J. Rose. Bloomington: Indiana University Press, 1957.

Hampshire, S. *Innocence and Experience*. Cambridge, MA: Harvard University Press, 1989.

Hansen, Mark. B. N. "Affect as medium, or the 'Digital Facial Image'." *Journal of Visual Culture* 2.2 (2003): 205–228.

Hansen, Mark. B. N. *New Philosophy for New Media*. Boston: MIT Press, 2004.

Haverlock, Eric. *The Literate Revolution in Greece and its Cultural Consequences*. Princeton: Princeton University Press, 1982.

Hayles, N. Katherine. "Traumas of Code." *Critical Inquiry* 33.1 (2006): 136–157.

Heinrich, Horst-Alfred and Verena Weyland. "Communicative and Cultural Memory as a Micro-meso-macro Relation." *International Journal of Media and Cultural Politics* Vol 12.1 (2016): 27–41.

Heller, Agnes. "A Tentative Answer to the Question: Has Civil Society Cultural Memory?" *Social Research* 12 (2001): 1031–1040.

Hering, Edwald. *On Memory and the Specific Energies of the Nervous System*. Chicago: Lakeside Press, 1905.

Hesiod. *Theogony, Works and Days, Testimonia*. Trans. &Ed. Glenn W. Most. Cambridge, MA/London: Loeb, 2006.

Hirsh, Marianne. "Surviving Images: Holocaust Photographs and the Work of Postmemory." *Yale Journal of Criticism* 14 (2001): 5–37.

Hirst, W. and R. Meksin. "A Social-Interactional Approach to the Retention of Collective Memories of Flashbulb Events." *Flashbulb Memories: New Issues and New Perspectives*. Eds. O. Luminet and A. Curci. New York: Psychology Press, 2009.

Hjarvard, Stig. "The Mediatization of Society: A Theory of the Media as Agents of Social and Cultural Change." *Nordicom Review* 29.2 (2008): 105–134.

Hobsbawm, E. "Introduction: Inventing Tradition." *The Invention of Tradition*. Eds. Hobsbawm and T. Ranger. Cambridge: Cambridge University Press, 1983.

Hobuß, Steffi. "Aspects of Memory Acts: Transnational Cultural Memory and Ethics." *Journal of Aesthetics & Culture* 3.1 (2011): 7188-5. [DOI: 10.3402/jac.v3i0.7188].

Hoskins, Andrew. "Anachronisms of Media, Anachronisms of Memory: From Collective Memory to a New Memory Ecology." *On Media Memory: Collective Memory in a New Media Age*. Eds. Motti Neiger, Oren Meyers & Eyal Zandberg, et al. Basingstoke: Palgrave Macmillan, 2011.

Hoskins, Andrew. "7/7 and Connective Memory: Interactional Trajectories of Remembering in Post-Scarcity Culture." *Memory Studies* 4.3 (2011).

Hoskins, Andrew. *Digital Memory Studies: Media Pasts in Transition*. New York: Routledge, 2017.

Hoskins, Andrew. "Digital Network Memory." *Mediation, Remediation, and the Dynamics of Cultural Memory*. Eds. Astrid Erll and Ann Rigney. Berlin, New York: Walter de Gruyter, 2009.

Hoskins, Andrew. "Flashbulb Memories, Psychology and Media Studies: Fertile Ground for Interdisciplinarity?" *Memory Studies* 2 (2009): 147-150.

Hoskins, Andrew. "Media, Memory, Metaphor: Remembering and the Connective Turn." *Parallax* 17.4 (2011): 19-31. [DOI: 10.1080/13534645.2011.605573].

Hutton, Patrick H. "The Art of Memory Reconceived: From Rhetoric to Psychoanalysis." *Journal of the History of Ideas* 48.3 (1987): 371-392.

Hutton, Patrick H. *History as an Art of Memory*. Burlington: University of Vermont Press, 1993.

Huyssen, Andreas. "Present Pasts: Media, Politics, Amnesia." *Public Culture* 12.1 (2009): 21-38.

Huyssen, Andreas. *Twilight Memories: Marking Time in a Culture of Amnesia*. London: Routledge, 1995.

Irimia, Mihaela. , Manea Dragoş&Andreea Paris (Eds.) . *Literature and Cultural Memory*. Leiden/Boston: Drill Rodopi, 2017.

Irwin-Zarecka, Iwona. *Frames of Rememberance: The Dynamics of Collective Memory*. New Brunswick, NJ: Transaction Publishers, 1994.

Iser, Wolfgang. *The Fictive and the Imaginary: Charting Literary Anthropology*. Baltimore: John Hopkins University Press, 1993.

Jenkins, Henry. *Convergence Culture: Where Old and New Media Collide*. New York: New York University Press, 2006.

Jones, Andrew. *Memory and Material Culture*. New York: Cambridge University Press, 2007.

Jung, Thomas. *Geschichte der modernen Kulturtheorie*. Darmstadt: Wissenschaftliche Buchge-sellschaft, 1999.

Kansteiner, Wulf. "Finding Meaning in Memory: a Methodological Critique of Collective Memory Studies." *History & Theory* 41 (2002): 179–187.

Kansteiner, Wulf and Harald Weilnböck. "Against the Concept of Cultural Trauma." *Cultural Memory Studies: An International and Interdisciplinary Handbook*. Eds. Astrid Erll and Ansgar Nünning. Berlin/ New York: Walter de Gruyter, 2008.

Klein, Kervin Lee. "On the Emergence of Memory in Historical Discourse." *Representations* 69 (Winter 2000): 127–150.

Knapp, Steven. "Collective Memory and the Actual Past." *Representations* 26 (Spring 1989): 123–149.

Kontopodis, Michalis. "Material, Time and Multiplicity (Editorial) ." *Memory Studies*: Vol 2. 1 (2009): 5–10. [DOI: 10. 1177/1750698008097391] .

Koselleck, Reinhart. *Future's Past: On the Semantics of Historical Time*. Trans. Keith Tribe. Cambridge: MIT Press, 1985.

Lachmann, Renate. *Memory and Literature: Intertextuality in Russian Modernism*. Trans. Roy Sellars and Anthony Wall. Minneapolis/London: University of Minnesota Press, 1990.

Landsberg, Alison. *Prosthetic Memory: the Transformation of American Re-*

membrance in the Age of Mass Culture. New York: Columbia University Press, 2004.

Le Goff, Jacques. History and Memory. Trans. Steven Rendall and Elizabeth Claman. New York: Columbia University Press, 1992.

Levy, Daniel and Natan Sznaider. The Holocaust and Memory in the Global Age. Trans. Assenka Oksiloff. Philadelphia: Temple University Press, 2006.

Lipsitz, George. Time Passages: Collective Memory and American Popular Culture. Minneapolis: University of Minnesota Press, 2001.

Livingstone, Sonia. "On the Mediation of Everything: ICA Presidential Address 2008." Journal of Communication 59 (2009): 1-18.

Locke, John. An Essay Concerning Human Understanding. Ed. Roger Woolhouse. London/New York: Penguin, 1997.

Lorenz, Chris. "Historical Knowledge and Historical Reality: A Plea for Internal Realism." History and Theory: Contemporary Readings. Eds. Brian Fay, Philip Pomper & Richard Vann. Oxford: Blackwell, 1998.

Lowenthal, David. "Identity, Heritage, and History." Commemorations: The Politics of National Identity. Ed. J. R. Gillis. Princeton: Princeton University Press, 1994.

Lowenthal, David. The Past is a Foreign Country. Cambridge: Cambridge University Press, 1985.

Lucas, Gavin. "Time and the archaeological archive." Rethinking History 14.3 (2010): 343-359.

Luckmann, Thomas. The Invisible Religion. New York/London: The Macmillan Company, 1967.

Luhmann, Niklas. Art as a Social System. Trans. M. Knodt Eva. Stanford, CA: Stanford University Press, 2000.

Luhmann, Niklas. Social Systems. Trans. John Bednarz Jr. Stanford: Stanford University Press, 1984.

Luhmann, Niklas. Theory of Society Vol 1. Trans. Rhodes Barrett. Stanford: Stanford University Press, 1997.

Macintyre, S. & A. Clark. *The History Wars.* Melbourne: Melbourne University Publishing, 2003.

Maier, Charles S. *The Unmasterable Past: History, Holocaust, and German National Identity.* Cambridge, MA: Harvard University Press, 1997.

Mannheim, Karl. "The Sociological Problem of Generations." *Essays on the Sociology of Knowledge.* Ed. Paul Kecskemeti. New York: Oxford University Press, 1952.

Manovich, Lev. *The Language of New Media.* Boston, MA: MIT Press, 2001.

Markowitsch, Hans J. "Cultural Memory and the Neurosciences." *Cultural Memory Studies: An International and Interdisciplinary Handbook.* Eds. Astrid Erll and Ansgar Nünning. Berlin/ New York: Walter de Gruyter, 2008.

Margalit, Avishai. *The Ethics of Memory.* Cambridge, MA: Harvard University Press, 2002.

Margalit, Avishai and G. Motzkin. "The Uniqueness of the Holocaust." *Philosophy and Public Affairs* 25 (1996): 65-83.

Marshall, P. David. *New Media Cultures.* London: Hodder Arnold, 2004.

McLuhan, Marshall. *Letters of Marshall McLuhan.* Eds. Matie Molinaro, et al. Oxford: Oxford University Press, 1980.

McLuhan, Marshall. *Understanding Media: Extensions of Man.* New York: McGraw-Hill, 1964.

Middleton, David and Derek Edwards (Eds.). *Collective Remembering.* London: Sage, 1990.

Miscione, M. "The Forgotten." *New York Times*, December 23, 2001.

Misztal, Barbara. *Theories of Social Remembering.* Maidenhead: Open University Press, 2003.

Monk, J. "The Digital Unconscious." *Virtual/Embodied/presence/Practice/Technology.* Ed. John Wood. London: Routledge, 1998.

Moses, A. Dirk and Dan Stone (Eds). *Colonialism and Genocide.* London: Routledge, 2007.

Nathanson, Stephen. "In Defense of Moderate Patriotism." *Ethics* 99 (1989):

535-552.

Neiger, Motti. , Oren Meyers & Eyal Zandberg, et al. *On Media Memory: Collective Memory in a New Media Age.* Basingstoke: Palgrave Macmillan, 2011.

Nietzsche, Friedrich Wilhelm. *On the Genealogy of Morality.* Ed. Keith Ansell-Pearson. Trans. Carol Diethe. Cambridge: Cambridge University Press, 1994.

Nietzsche, Friedrich Wilhelm. "On the Uses and Disadvantages of History for Life." *Untimely Meditations.* Ed. Daniel Breazeale. Trans. R. J. Hollingdale. Cambridge: Cambridge University Press, 1997.

Nora, Pierre. "Between Memory and History: Les Lieux de Memoire." Trans. Marc Roudebush. *Representations* 26 (Spring 1989): 7-25.

Nora, Pierre. *Realms of Memory: Rethinking the French Past Vol 1: Conflicts and Divisions.* Ed. Lawrence D. Kritzman. Trans. Arthur Goldhammer. New York: Columbia University Press, 1996.

Nunning, Ansgar. "Crossing Borders and Blurring Genres: Towards a Typology and Poetics of Postmodernist Historical Fiction in England since the 1960s." *European Journal of English Studies* 1.2 (1997): 217-238.

Nussbaum, Martha. "'Finely Aware and Richly Responsible': Moral Attention and the Moral Task of Literature." *The Journal of Philosophy* 82.10 (1985): 516-529.

Olick, Jeffrey K. "Collective Memory: The Two Cultures." *Sociological Theory* 17.3 (1999): 333-348.

Olick, Jeffrey K. *The Collective Memory Reader.* Eds. Vered Vinitzky-Seroussi and Daviel Levy. New York: Oxford University Press, 2011.

Olick, Jeffrey K. "Genre Memories and Memory Genres: A Dialogical Analysis of May 8, 1945 Commemorations in the Federal Republic of Germany." *American Sociological Review* 64.3 (1999): 381-402.

Olick, Jeffrey K. (Ed). *States of Memory: Continuities, Conflicts, and Transformations in National Retrospection.* Durham: Duke University Press, 2003.

Olick, Jeffrey K. "From Collective Memory to the Sociology of Mnemonic Practices and Products." *Cultural Memory Studies: An International and Inter-*

disciplinary Handbook. Eds. Astrid Erll and Ansgar Nünning. Berlin/New York: Walter de Gruyter, 2008.

Olick, Jeffrey K. and Joyce Robbins. "Social Memory Studies: From 'Collective Memory' to the Historical Sociology of Mnemonic Practices." *Annual Review of Sociology* 24 (1998): 105-140.

Olivier, Laurent. "Duration, memory and the nature of the archaeological record." *It's About Time: The concept of time in archaeology*. Ed. H. Karlson. Gothenburg: Bricoleur Press, 2001.

Ong, Walter J. *Orality and Literacy: The Technologizing of the Word*. London / New York: Routledge, 2002.

Painter, George. *Proust: a biography* (1959). Harmondsworth: Penguin Books, 1983.

Pethes, Nicolas. *Cultural Memory Studies: An Introduction*. Trans. Manjula Dias-Hargarter. Cambridge Scholars Publishing, 2019.

Plate, Liedeke. *Transforming Memories in Contemporary Women's Rewriting*. London: Palgrave Macmillan, 2011.

Plato. *Theaetetus*. Trans. Robin A. H. Waterfield, Harmondsworth: Penguin, 1987.

Poole, Ross. "*Memory, History and the Claims of the Past.*" Presented at Pacifific Division meeting of the American Philosophical Association. March 26, 2004.

Poster, Mark. *Information Please: Culture and Politics in the Age of the Digital*. Durham: Duke University Press, 2006.

Proust, Marcel. *In Search of Lost Time*. Trans. C. K. Scott Moncrieff and Terence Kilmartin. Rev. D. J. Enright. 6 Vols. London: Vintage, 2002.

Quintilian. *The Orator's Education*, Books 11-12. Ed. &Trans. Donald A. Russell. Cambridge, MA/London: Harvard University Press, 2001. XI. 2.

Reading, Anna. "Memory and Digital Media: Six Dynamics of the Globital Memory Field." *On Media Memory: Collective Memory in a New Media Age*. Eds. Neiger Motti, Oren Meyers & Eyal Zandberg, et al. Basingstoke: Palgrave Macmillan, 2011.

Reckwitz, Andreas. *Die Transformation der Kulturtheorien*. Weilerswist: Velbrück Wissenschaft, 2000.

Rickert, Heinrich. *Science and History: A Critique of Positivist Epistemology*. Princeton/Toronto/New York/London: Van Nostrand, 1962.

Ricoeur, Paul. *Memory, History, Forgetting*. Trans. Kathleen Blamey and David Pellauer. Chicago/London: University of Chicago Press, 2004.

Rigney, Ann. "The Dynamics of Remembrance: Texts between Monumentality and Morphing." *Cultural Memory Studies: An International and Interdisciplinary Handbook*. Eds. Astrid Erll and Ansgar Nünning. Berlin: Walter de Gruyter, 2008.

Roediger III, Henry L. "Memory Metaphors in Cognitive Psychology." *Memory & Cognition* 8.3 (1980): 231-246.

Roger Friedland and Dierdre Boden (Eds). *NowHere: Space, Time and Modernity*. Berkeley, CA: University of Alifornia Press, 1994.

Rogers, Pat. *The Oxford Illustrated History of English Literature*. Oxford: Oxford University Press, 1987.

Rose, Steven P. R. *The Making of Memory: From Molecules to Mind*. London: Bantam, 1993.

Rossington, Michael. "Introduction: Enlightenment and Romantic Memory." *Theories of Memory: A Reader*. Eds. Michael Rossington and Anne Whitehead. Edinburgh: Edinburgh University Press, 2007.

Rothberg, Michael. *Multi-Directional Memory: Remembering the Holocaust in the Age of Decolonization*. Stanford: Stanford University Press, 2009.

Rüsen, Jörn. *History: Narration, Interpretation, Orientation*. Oxford: Berghan Books, 2005.

Ryan, Marie-Laure. *Narrative Across Media: The Languages of Storytelling*. Lincoln: University of Nebraska Press, 2004.

Saintsbury, George. *A Short History of English Literature*. London: Macmillan, 1898.

Samata, Susan. *The Cultural Memory of Language. Volume 5: Contemporary Applied Linguistics*. London: Bloomsbury Academic, 2014.

Schmidt, Siegfried J. "Conventions and Literary Systems." *Rules and Conventions: Literature, Philosophy, Social Theory*. Ed. Mette Hjort. Baltimore / London: Johns Hopkins University Press, 1992.

Schwartz, Barry. "The Social Context of Commemoration: A Study in Collective Memory." *Social Forces* 61 (1982): 374-402.

Semon, Richard Wolfgang. *The Mneme*. Trans. Louis Simon. London: Allen & Unwin, 1921.

Semon, Richard Wolfgang. *Mnemic Psychology*. Trans. Bella Duffy and Vernon Lee. London: Allen & Unwin, 1923.

Shandler, Jeffrey. *While America Watches: Televising the Holocaust*. New York: Oxford University Press, 1999.

Shattuck, Roger. "Perplexing Lessons: Is there a Core Tradition in the Humanities?" *The Hospitable Canon*. Eds. Virgil Nemoianu and Robert Toyal. Philadelphia: John Benjamins, 1991.

Silverstone, Roger. *Media and Morality: On the Rise of the Mediapolis*. Cambridge: Polity Press, 2007.

Singer, Jefferson and Peter Salovey. *The Remembered Self*. New York: Free Press, 1993.

Sontag, Susan. *On Regarding the Pain of Others*. London: Penguin, 2004.

Spiegel, G. M. "Memory and History: Liturgical Time and Historical Time." *History and Theory* 41.2 (2002): 149-162.

Stallybrass, P. "Marx's Coat." *Border Fetishisms: Material Objects in Unstable Spaces*. Ed. P. Spyer. London: Routledge, 1998.

Starobinski, Jean. "The Style of Autobiography." *Autobiography*. Ed. James Olney. Princeton: Princeton University Press, 1980.

Stearns, Peter N. *Encyclopedia of Social History*. London: Taylor & Francis, 1994.

Straub, Jurgen. "Personal and Collective Identity: A Conceptual Analysis." Trans. Anthony Nassar. *Identities: Time, Difference and Boundaries*. Ed. Heidrun Friese. New York: Berghahn, 2002.

Sturkin, Marita. *Tangled Memories: the Vietnam War, the AIDS Epidemic, and* the Politics of Remembering. Berkeley: University of California Press, 1997.

Sturken, Marita. *Tourists of History: Memory, Kitsch, and Consumerism from Oklahoma City to Ground Zero.* Durham: Duke University Press, 2007.

Taylor, Charles. *Sources of the Self: The Making of the Modern Identity.* Cambridge, MA: Harvard University Press, 1992.

Taylor, Diana. *The Archive and the Repertoire: Performing Cultural Memory in the Americas.* Durham: Duke University Press, 2003.

Terdiman, Richard. *Present Past: Modernity and the Memory Crisis.* Ithaca, NY/London: Cornell University Press, 1993.

Thompson, Janna. *Taking Responsibility for the Past.* Cambridge: Polity Press, 2002.

Thrift, Nigel. "Remembering the Technological Unconscious by Foregrounding Knowledges of Position." *Environment and Planning: D: Society and Space* 22 (2004): 175-190.

Urry, John. *Mobilities.* London: Polity Press, 2007.

Van House, Nancy and Elizabeth F. Churchill. "Technologies of Memory: Key Issues and Critical Perspectives." *Memory Studies* 1.3 (2008): 295-310.

Veyne, Paul. *Did the Greeks Believe in Their Myths? An Essay on the Constitutive Imagination.* Trans. Paula Wissing. Chicago: University of Chicago Press, 1988.

Von Hendy, Andrew. *The Modern Construction of Myth.* Bloomington, IN: Indiana University Press, 1989.

Wagner, Roy. *The Invention of Culture.* Chicago: University of Chicago Press, 1981.

Warburg, Aby. "Zur kurturwissenschaftlichen Methode, quoted in: Nicolas Pethes and Manjula Dias-Hargarter." *Cultural Memory Studies: An Introduction.* By Nicolas Pethes. Trans. Manjula Dias-Hargarter. Cambridge Scholars Publishing, 2019.

Wardrip-Fruin, Noah and Nick Montfort (Eds). *The New Media Reader.* Cambridge: MIT Press, 2003.

Warner, Michael. *Publics and Counterpublics.* New York: Zone, 2002.

Warnock, Mary. *Memory*. London: Faber, 1987.

Weinrich, Harald. *Lethe: The Art and Critique of Forgetting*. Trans. Steven Rendall. Ithaca/London: Cornell University Press, 1997.

Weinrich, Harald. *Sprache in Texten*. Stuttgart: Klett, 1976.

Weinstein, Philip. *Becoming Faulkner*. New York: Oxford University Press, 2011.

White, Hayden. *Metahistory*. Baltimore: Johns Hopkins University Press, 1973.

Whitehead, Anne. *Memory*. New York: Routledge, 2009.

Williams, Bernard. *Truth and Truthfulness: An Essay in Genealogy*. Princeton: Princeton University Press, 2002.

Winter, Jay. "The Generation of Memory: Reflections on the 'Memory Boom' in Contemporary Historical Studies." *German Historical Bulletin* 31 (2002). Available at http://www.ghi-dc.org/bulletin27F00/b27winterframe.html.

Wundt, Wilhelm. *An Introduction to Psychology*. Trans. Rudolf Pinteb. New York: Macmillan, 1912.

Wundt, Wilhelm. *Outlines of Psychology*. Trans. Charles Hubbard Judd. New York: G. E. Stechert, 1897.

Wundt, Wilhelm. *Principles of Physiological Psychology*. Trans. Edward Bradford Titchener. Periodicals Service Co, 1910.

Yates, Frances A. *The Art of Memory*. London: Routledge & Kegan Paul, 1966.

Yerushalmi, Yosef Hayim. *Zakhor: Jewish History and Jewish Memory*. Seattle: University of Washington Press, 1996.

Zelizer, Barbie. *Covering the Body: the Kennedy Assassination, the Media, and the Shaping of Collective Memory*. Chicago: University of Chicago Press, 1992.

Zelizer, Barbie. "Why Memory's Work on Journalism Does Not Reflect Journalism's Work on Memory." *Memory Studies* 1.1 (2008): 79-87.

后　记

窗外秋日暖阳，我和女儿却封在家中，足不出户。新冠疫情已经持续三年多了，依然此起彼伏，非正常的生活状态让人感叹世事无常，唏嘘无奈。2020年的复活节前后，我们母女俩蜗居在英格兰剑桥市的小屋里，当时由于新冠肺炎肆虐，英国实行了历史上最为严格的封城禁令。作为一个异乡客，我焦虑惶恐，为买不到回国机票愁眉不展。祸福相依，也正是在封城的那几个月我潜心写作，进展迅速，完成了博士论文的初稿，也是本书的雏形。

我是2020年7月到的英国，在剑桥大学英语系访学一年，有幸亲身感受这所世界名校的神秘气息。剑桥市格外的温婉雅致，她拥有国际化的学术共同体、丰富的图书文献资源、多彩的文化生活和浓郁的人文气息。市区随处可见古朴的建筑，这里是人类最伟大的灵魂曾经生活、居住过的地方，撷取并荟萃天地之灵气。静谧康河上的数学桥，以诗人弥尔顿、柯勒律治命名的道路，达尔文学院，霍金楼，维特根斯坦不起眼的墓碑、三一学院庭院中的苹果树，无一不昭示着浸润了八百年的学术精神。我愿作康河上的一叶浮萍，倚先贤明哲之气韵，明心静思，了然开悟！

回首我读博的过程，跌宕起伏，峰回路转。最终能够顺利完成博士论文，得益于众多师友、同事和亲人的扶助。首先，感谢导师张进教授对我的接纳和宽容。我是一个四十多岁的老学生，除了年龄大之外几乎一无所长。能够投在张老师门下求学，这种师生缘于我是莫大的幸运。张老师博闻广识、术业专精，在他面前我总是自惭形秽、压力山大，即使于不经意的闲谈慢聊中也能感受到他宏阔的学术视野和敏锐的理学思辨。高山仰止，张老师是立在我眼前的一座高峰，卓尔不群、壮丽恢弘，我只能仰慕赞叹，却永远无法企及。

感谢兰州大学文学院和外国语学院在我读博期间对我的关照和支持。文学院文艺所的王大桥教授、王莹副教授和姚富瑞博士拨冗参加了我的博士论文预答辩会，关于论文的形式和内容从宏观到微观提出了许多中肯的建议，为我继续修改论文指明了方向。文艺所的郭茂全教授年轻有为，我曾经有幸聆听郭教授的讲座，并且在讲座结束后向郭教授求教，他严谨、谦和的治学态度和亲切温暖的话语令我感动。文学院的牛春雷主任和王培培老师为我完成学业提供了持续而细致的行政支持。博士在读期间当我的工作与学业出现冲突时，外国语学院的领导和同事总是大力支持，绿灯常开，保我一路畅行。

感谢我的硕士导师李登科先生，我的大学老师袁洪庚教授和桂林教授！李先生已退休多年，隐居柏斋；2006 年我重返母校教书，忝列其间，与袁老师和桂老师共事。袁老师年届退休，桂老师已不幸离世。噫吁嚱！时光斗转，很多人和事已然淡忘，但是三位恩师的鼓励、提携成为我的长期记忆，无法忘怀。

我对自己向来没有信心，博士论文似乎是一项不可完成的任务，感谢老同学和好同事的安慰、鼓励和帮助，使得我人生中的不可能成为可能。师彦灵教授和蒋翃遐教授是我的硕士同门，论年龄大不了我几岁，专业造诣却甩我天远。无论生活还是学业，但凡遇到问题我都要向师姐求助。她俩是女中豪杰，性情中人，常常怒我不争、哀我不幸，于嬉笑怒骂中鞭策激励我完成学业。我时不时的无谓呻吟，消耗了她俩多少时光，为她们平添了如许烦恼，我宁愿不知！但是，我心如明镜，真真切切地感受到这种亦师亦友的付出为我带来了多少温暖和动力！

史菊鸿教授是大学念书时睡在我下铺的"兄弟"，现在成了我的顶头上司，在我写作论文的过程中不吝赐教，给了我不少具体的建议和精神的宽慰。她是我奋斗的标杆，让我胸怀信心，憧憬未来。

感谢我的大学好友王武娟教授。在我修改完论文的二稿之后，她耐心、细致地通读并且校阅了我的文稿，有些语误令我汗颜心惊。读无趣的学术论文是件苦差事，饶是如此，她每每"苦读"之后还要为我点赞喝彩。明知这是武娟对我的偏爱和眷顾，但是我蹈之舞之、如沐春风，怡然享受她的无私和热情。

感谢我同级的小师妹姚福瑞博士。她早已毕业留校,如今成了我的同事,虽然年龄小我许多,学业却远超于我,对我的困惑和求助总是有问必答、有求必应。

感谢我的家人。他们宽容我的不上进和坏脾气,一如既往地担待我的任性无理。父母一生辛劳,寂寂无闻。父亲于十年前离世;母亲风烛残年,病痛缠身,仍然牵挂我的工作和生活。她饱经生活之苦,曾经说希望能有人为她写一本书。目前我还没有能力帮助母亲了此心愿,于是将此书献给她和逝去的父亲,权且自慰。感谢我的先生王克进,每天早起为家人做早餐;感谢我的女儿王茗艺,始终陪伴在我的身边,经常对我表示质疑和不屑,时不时发起挑衅。每每听到我的好消息,小家伙都会鼠性迸发,一跳三尺高,欢呼雀跃。对此我还她以不屑,心里却悄悄地说:亲亲,谢谢你!谢谢你们!

深深地感谢我的母校——兰州大学。我人生中最重要的几个阶段都是在兰州度过的,十七岁离家求学,在兰州大学获得了学士、硕士和博士学位。很惭愧,我没有能力让母校为我自豪,但是我愿意为母校而自豪。因为母校我与兰州这座城市结缘,在这里工作、结婚、安家、生女,这是我的人生福地。黄河边,中山桥,春风古道绿。我爱兰州,我眼中的她越来越美、越来越好。